"海王"行动是英美联合行动，其目的在于从欧洲大陆夺取一处滩头阵地，以进一步展开攻势。它属于大规模战略计划的一部分，该计划旨在通过从英国、地中海和苏联向德国占领下的欧洲发动大规模集中袭击彻底击溃德国。

绝密"海王"行动命令 编号BB-44

1944年5月20日

诺曼底登陆

盟军进攻欧洲及『海王』行动

NEPTUNE

【美】克雷格·L.西蒙兹/著

CRAIG L.SYMONDS

刘嫩 黄海枫/译

上海人民出版社

本书的特色在于，作者能够在呈现以非凡的研究为支撑的学术历史的同时，又能以参与这次行动的海陆战士的个体叙述吸引读者。西蒙兹为对二战感兴趣的读者精心奉献了一部引人入胜、内容详实的读物。

——《出版人周刊》

广受欢迎的海军历史学家西蒙兹以教师的耐心笔触和广博的知识，通俗易懂地呈现了这一以海军努力为主的令人难以置信的广阔画卷。

——《柯克斯书评》

西蒙兹将自己广博的知识与写作技巧相结合，把一个老套的故事还原为鲜活的历史场景……西蒙兹触及了所有的细节……尤其对登陆进行了充分的描述。虽然结局早已众所周知，但他高超的文笔依然让读者感受到重重悬念。

——《海洋历史》

大多数对于诺曼底登陆攻势的描绘，都始于登陆艇打开舱门、勇敢的士兵们冲向德军炮火的那一刻，而西蒙兹精彩的叙述始于数年之前美国加入二战之时。读者们将了解到盟军领袖们所完成的后勤杰作，以及美国和英国之间小心翼翼地建立起来的至关重要的"特殊关系"，本书不容错过。

—— 美国Breitbart新闻网站

这部宏伟的作品是半个世纪以来第一部对于那一场生死攸关的海军行动的全面记录。那次海军行动将部队遣送到法国，让他们在D日登陆，并为他们提供支援。西蒙兹既挥洒自如地展现了艰难的战略决策会议，同时也展现了在战火纷飞的海滩上经受严峻考验的年轻水兵们尘封的经历。

——《瓜达康奈尔岛》（Guadalcanal）、
《毁灭：大日本帝国的灭亡》（Downfall: The End of the Imperial Japanese Empire）作者
理查德·B. 弗兰克（Richard B. Frank）

本书是一部全面的记录……西蒙兹既浅显又不失深刻。他的文笔堪比里克·阿特金森。本书通俗易懂、尖锐而忠实地反映了主要人物的人性弱点，他们的策划和勇气在1944年6月6日结出了硕果。

—— ARMY

1941年8月10日,罗斯福和丘吉尔在"威尔士亲王"号上共同参加宗教仪式之前开始变得熟络。他俩身后的许多人,在战争期间英美战略的发展当中将会起到核心作用。左为哈里·霍普金斯与埃夫里尔·哈里曼在交谈;中为欧内斯特·金与乔治·马歇尔在交谈;丘吉尔左肩后方的是约翰·迪尔爵士;右为哈罗德·"贝蒂"·斯塔克与达德利·庞德站在一起。(罗斯福图书馆提供)

身着五星上将军服的乔治·马歇尔，摄于 1945 年 1 月。他是美国陆军参谋长，同时也是同盟国战略的主要设计师。他性格冷静含蓄，但却竭力提倡尽早进攻被占领的欧洲，为了达到这个目的，他和他的英国同僚艾伦·布鲁克进行了长时间的争吵。（美国陆军照片）

英国将军艾伦·布鲁克，作为帝国总参谋长，他身陷两场战斗：一方面，他力图抑制或转移美国人对尽早向被占法国发起进攻的热切心情，同时，他又试图控制，或至少是减弱，丘吉尔对外围性的，甚至是对稀奇古怪的作战策略的嗜好。（美国陆军照片）

1942年11月"火炬"行动期间,在休伊特的旗舰 —— 重型巡洋舰"奥古斯塔"号上,乔治·巴顿(左)与肯特·休伊特正在开怀大笑。尽管巴顿此刻心情愉快,但他不敢肯定随和而谦逊的休伊特是否足够凶悍。巴顿因言谈举止引起争议而未能参与登陆日行动,但他于1944年8月被任命为美国第三集团军司令并参加了盟军的突破战。(美国海军学院提供)

从空中拍摄的"火炬"行动中,横渡大西洋的一部分船队。(美国海军学院提供)

作为盟军司令，艾森豪威尔的优势之一是能够灵巧地处理政治问题。然而，在北非面对战争时期法国人的忠诚和敌对行为的复杂性时，他一筹莫展。由于无法说服法国将军亨利·吉罗加入同盟国的阵营，他与前纳粹合作者、法国海军上将让－弗朗索瓦·达尔朗达成了交易。本照片中，艾森豪威尔似乎对自己的决定感到后悔，而达尔朗高兴地看着他。（美国陆军照片）

艾森豪威尔领导艺术的另一特点是他随时面带笑容，海军少将莫顿·德约认为这笑容值得上20个师。本照片中，艾森豪威尔对丘吉尔的俏皮话还以笑容。丘吉尔不停地试图说服艾森豪威尔将地中海的行动在1943年继续扩大。丘吉尔最终达到了目的，将盟军带入西西里和意大利的，除了事态的势头，还有丘吉尔的魅力和坚持。（美国海军学院提供）

罗斯福和丘吉尔在 1943 年 1 月的卡萨布兰卡会议上。他们身后大部分都是联合参谋长委员会成员（由左至右）：欧内斯特·金、乔治·马歇尔、达德利·庞德、查尔斯·波特尔、艾伦·布鲁克、约翰·迪尔和路易斯·蒙巴顿。（美国海军照片）

SHAEF 指挥官在朴茨茅斯附近索思威克庄园内的集体合影。前排就坐的为（由左至右）：艾森豪威尔的副官——空军中将亚瑟·特德爵士、艾森豪威尔和指挥盟军地面部队的伯纳德·蒙哥马利将军。后排站立者：美国第一集团军司令——陆军中将奥马尔·布莱德雷、作为 ANCXF 指挥海军部队的海军上将伯特伦·拉姆齐爵士、指挥空军部队的空军中将特拉福德·利－马洛里爵士、艾森豪威尔的参谋长沃尔特·"比特尔"·史密斯少将。（美国海军学院提供）

造船是同盟国战略和计划中主要的，甚至是决定性的因素。在本照片中，工人们排着长队进入俄勒冈州波特兰附近的亨利·J.凯撒造船厂（Henry J.Kaiser Shipyard）。该船厂是18家凯撒船厂之一，主要生产自由轮。大门口的标语上写着："铭记珍珠港。"（美国海军学院提供）

车辆人员登陆艇（LCVP），通常被称为希金斯艇，是二战中所有水陆两栖登陆的负重驮马，它一次能够装载36名士兵，或者一至二辆小型车辆。（美国海军照片）

1943 年年初在匹兹堡下游的内维尔岛造船厂（Neville Island Shipyard）中，一艘新的坦克登陆舰侧身落入俄亥俄河中。在战争结束前，这家船厂雇佣了 16000 名工人，生产了 147 艘坦克登陆舰。其他的坦克登陆舰生产场所包括伊利诺斯州的塞内卡（Seneca）和印第安纳州的埃文斯维尔（Evansville）。到 1944 年中旬，这些船厂的工人已经能够在两个月内完成一艘坦克登陆舰的生产。尽管如此，对原材料，特别是钢材的争夺，说明生产从未完全满足需要。（美国海军学院提供）

被船员们称为"埃尔西"的步兵登陆艇（LCI），是一种比希金斯艇更大型的船只，但不能携带车辆。最常见的是 LCI(L)，后面的"L"表示"大型"。这类舰艇每次可装载 200 名士兵，他们从船首两侧的跳板上登岸。（美国海岸警卫队照片）

"犀牛"渡船完全像是一艘船舶。它们由"海蜂"驾驶,由两台外置的马达作动力。它们大部分由坦克登陆舰拖曳着横渡英吉利海峡。本照片中,一艘满载的"犀牛"渡船于登陆日向诺曼底海滩开进。(美国海军照片)

为登陆日登陆而进行的演习大多发生在 1944 年春季,演习的地点在达特茅斯以西的德文郡南海岸被称为斯莱普顿沙滩的一片海滩上。铺满卵石的海滩、湿软的斯莱普顿草场和海滩后面起伏的地面,都非常接近诺曼底的地形。本照片中,一群士兵在演习中从希金斯艇冲向海滩。(美国海军照片)

早期的演习有时会令人失望。本照片中虽然一些美国士兵已经成功从坦克登陆艇登岸，但却在海滩上闲逛，没有目的性和紧迫感。这样的行为引起美国第五军军长伦纳德·杰罗的怀疑，在真正的进攻中，他们能否活着离开海滩。（英国博物馆收藏）

1944年4月，盟军的一场登陆演习成为悲剧。常被称为S艇或被盟军称为E艇的德国鱼雷快艇，袭击了在"老虎"演习中向斯莱普顿沙滩挺进的坦克登陆舰护航船队。E艇击沉了两艘坦克登陆舰，还有一艘受到严重损坏。本照片中LST289被鱼雷击中船尾之后严重受损。LST289设法回到码头，但无法在进攻之前完成修理。在计划实施迫在眉睫之前损失三艘坦克登陆舰是一个沉重的打击。（美国海军学院提供）

1944 年 6 月 1 日，在达特茅斯以北的布里克瑟姆，一组坦克登陆舰正在通过"突堤"装载大炮。照片中可见 LST382、LST499、LST384 和 LST380。LST499 于 6 月 8 日在进攻海滩外洋面上因撞上一枚德国水雷而毁坏。（美国海军学院提供）

盟军对目标海滩的轰炸始于 6 月 6 日清晨 5 点 36 分。照片中为美国战列舰"内华达"号（BB−36）上的火炮正在朝犹他海滩射击。在一个多小时的时间内，"内华达"号射出了 337 发 14 英寸炮弹和 2693 发 5 英寸炮弹。其他的美国和盟军的战舰同样也向进攻海滩实施了打击，但只有在宝剑海滩上，英国皇家海军战舰最初的炮击才产生了明显的效果。(美国海军照片)

一长队步兵登陆艇（L）船只，由美国海岸警卫队船员驾驶，装载 B 编队的士兵们。B 编队为奥马哈海滩的后续进攻部队。照片中他们于 6 月 6 日白天横渡英吉利海峡，他们头顶上的防空气球是为了防范德国飞机的射击，不过，盟军绝对的制空权让这样的威胁基本上不复存在。（美国海岸警卫队照片）

前往奥马哈海滩的士兵们作好了突袭的准备。照片的视角来自驾驶希金斯艇的舵手。舰艇被士兵们像牛一样塞得满满的，他们很难通过前面士兵的背后看到前方，不过，一位军官正通过船首左舷朝海滩张望。（美国陆军照片）

由美国海岸警卫队艺术家 H.B. 维斯塔尔（H.B.Vestal）创作的这幅画作，描绘的是美军驱逐舰"道尔"号（USS Doyle）（DD-494）于 6 月 6 日早上 9 点朝奥马哈海滩上方的峭壁开炮的情景。那天早上几艘驱逐舰近距离的炮火支援，对奥马哈海滩形势的转变起到了关键作用。（美国海岸警卫队照片）

在黄金海滩附近的阿罗芒什（Arrowmanche）海面上供英军使用的"桑树港"（桑树B）鸟瞰图，时间为进攻后一周。四艘自由轮停泊在"凤凰"沉箱线内，可以看到漂浮的"鲸鱼"堤道从莱布尼兹码头（Lobnitz Pier）一直延伸到海滩上。（美国海军学院提供）

6月19日至21日的风暴之后，奥马哈海滩外供美军使用的"桑树港"（桑树A）被损坏的部分"鲸鱼"堤道。背景中可见莱布尼兹码头的"土豆"。对损坏进行调查之后，美国海上救助监察员建议关闭"桑树港"。（美国海军学院提供）

1944 年 6 月 25 日，美国"昆西"号巡洋舰（前）和英国"格拉斯哥"号巡洋舰向瑟堡以西的屈埃尔屈埃维尔（Querqueville）炮台开火。尽管盟国海军特混舰队能够压制德军小型（6 英寸）炮台，但瑟堡以东 11 英寸的大型火炮却依然坚守。（美国陆军照片）

英国、美国和加拿大的海上救助专家奋力清理瑟堡港的船骸。德国人炸毁了码头、凿沉了船只，并布下 133 枚水雷。港口完全恢复运行至少需要一个月。（美国海军学院提供）

一长排坦克登陆舰正在往奥马哈海滩上卸载。比起在码头上，在海滩上卸载花费的时间较长，特别是坦克登陆舰在潮汐周期当中"变干"的时候。不过，宽阔的海滩能够允许更多的坦克登陆舰同时靠岸，尽管奥马哈海滩上的"桑树 A"被毁，但盟军能够为诺曼底的军队继续维持军队集结和后勤补给线。（美国海军照片）

致三位良师
杰夫·西蒙兹(Jeff Symonds)
苏珊·威特(Susan Witt)
卡罗尔·玛格丽特·梅森(Carol Margaret Mason)

目　　录

地图、图表目录

序　言

　　对于许多人,特别是美国人而言,一提到诺曼底登陆日(D日),他们眼前就会浮现出奥马哈海滩的画面,很可能就是这样的时刻:登陆艇船首的跳板落入拍岸的海浪中,年轻的战士们——有些人尚不足20岁——冲向海滩去迎接他们的宿命。不管是因为好莱坞的刻画,还是罗伯特·卡帕(Robert Capa)在那天拍摄的让人无法忘怀、悲壮惨烈的照片,这一时刻已经铭刻在我们民族的记忆中,也应该让我们铭记。它时时提醒我们战争的可怕代价、承受战争的人们所付出的牺牲。

　　而这一时刻背后的故事,却只流传下来一些支离破碎的片段,也常常被人们所忽略。在第一艘登陆艇推进到沙滩上之前,在第一个士兵冲上海滩,遭遇无情的机枪射击之前,太多的事情必定已经发生过。肩负着战略决策之责的人必须下达命令;促使它实现的人必须进行策划;还必须有人设计和建造船只,这些船只先从美国装载人员和装备来到英国,然后经过数月的训练,再横渡英吉利海峡去攻占法国。1944年6月6日盟军攻占诺曼底海滩被称为"霸王"行动,而在此之前的一切行动,包括横渡英吉利海峡和抢滩登陆本身,都属于"海王"行动,没有"海王"行动,诺曼底登陆就不可能发生。

　　"海王"(Neptune)一词,为罗马神话中的海神尼普顿,按照传统的描述,他是一位裸露上身、肌肉发达的白胡须神灵,常常手握一支三叉戟,驾驭着海马战车。在1943年5月的魁北克"四分仪"会议上,英美联合参谋长委员会确定,一年之后向德国占领下的法国发起进攻,这是一个拖延已久的决定。对于刚刚得到批准的这场大规模的水陆两栖行动,使用"海王"这个名称看来是恰如其分的。说"大规模"毫不夸张。"海王"行动是人类历史上最大的海上突袭行动,参与的舰船超过6 000艘,人员超过百万。本书旨在研究英美如何设法克服战略观的不同、苏联人的急躁、德国的U型潜艇、匮乏的船运、训练中的灾难和成千上万其他障碍,终将盟军带到诺曼底并让他们留守。

　　在魁北克会议上郑重决定于 1944 年春季进攻欧洲大陆的与会者当中,很多人当时都怀疑,这是不是痴心妄想,因为实施这样一场攻势所需的运输条件根本就不存在。美国人对于他们能够满足任何挑战的无与伦比的工业能力信心十足,因此远比英国人更为乐观。而英国人认为,一支 6 000 艘战船的舰队根本无法应对。因为从美国到英国和苏联的补给生命线需要船只维持;上百万士兵从美国横渡大洋需要更多的船只运送,然后还要为他们提供邮件和香烟;需要更多的船只将吉普车、卡车、坦克、炸弹、子弹、燃料等战争工具从美国运送到英国。同时,为了护卫这些船只免受敌军潜艇的攻击,还需要护航战舰——驱逐舰、小型护卫舰和辅助航母。为了发动进攻,还需要更多的专门化类型的船只,用以运送进攻部队和装备横渡英吉利海峡到达登陆海滩,然后还要运送伤员和俘虏撤回英国。要完成所有这一切需要有更多的船只——数以千计的船只,而在地球的另一端正在进行抗击日本的海战。无所不在的需要给决策制定者们带来了沉重的压力。在二战期间,船运的不足成为同盟国战略决策的主要后勤障碍,正因为如此,战时英美的战略决策,不是他们想干什么,而是他们能干什么。

　　军事历史中所有里程碑式的伟大事件,都有其战略、后勤和行动方面的决定因素。"海王"行动的战略策划,在美国参战之前,随着英美伙伴关系的形成和发展就已经启动。在英国远征军于 1940 年 5 月底 6 月初从敦刻尔克海滩撤退那一刻起,英国的策划者们——不久之后美国的策划者们——就开始考虑西方同盟国以哪种方式、在什么时候、从什么地方能够以武力重返欧洲大陆。这一策划的急迫性从 1941 年到 1944 年经历了戏剧性的变化,在貌合神离的伙伴之间也存在着巨大的差异。对于迅速重返欧洲大陆,英国人远不如冲动的美国人,或者 1941 年 6 月之后处于困境的苏联人那么热切。这类问题成为同说英语的同盟国之间不时尖锐交流的主题。国与国以及它们各自的海陆空各军之间也存在着意见分歧、误解和争执,其中包括扩大太平洋战争或全力投入战略轰炸孰轻孰重的争议。最终,虽然他们算不上团结,但还是达成了一致,欧洲终获解放。不过,如威灵顿公爵评价滑铁卢战役那样,它只是一场险胜。

　　本书的第二个要点,涉及确保共同目标的必要手段。这其中当然包括人员。在 1942 年至 1944 年间,上百万美国人不舍地离开它们在爱荷华的农庄、在布鲁克林的居所,转变为海陆空军人。其中同样包括女性,她们不仅出现在军队中,同时也出现在工厂和船厂中,这些工厂和船厂生产各种战争工具:飞机、坦克、卡车,尤其是将上百万人送到敌方海滩登岸,并支撑他们在那里战斗所需的船只。军事艺术的践行者当中流传着一句老话:"外行讲战略,内行讲后勤。"本着这句格言的精神,本书阐明了同盟国,尤其是美国的战时生产——特别着重美国数百家船厂对于各种船只的建造——所起到的至关重要的作用。美国在战争岁月中的生产能力令人惊异,但美国人也会意识到他们不可能无所不能,因为钢材是有限的,工人是有限的,时间也是有限的。

　　本书的第三个要点是作战方面:训练、装载、登陆和最终征服海滩的实现,不仅仅在于赢得这场战役并最终赢得二战胜利的士兵们,同样也在于那些清除水雷的人、将士兵们遣送到海滩上去的人、扫除海滩上障碍物的人、提供关键海军炮火支援的人,当然,还包括给士兵们供应粮食弹药的人。人们有一种倾向,认为历史事件的发生有其必然性,它促使人们相信,这一场攻势的结局是必然的,登陆日盟军的舰队是如此庞大,计划是如此的周密,尽管奥马哈海滩战斗惨烈,但成功几乎是必定无疑的。并非一切都如此。盟军的舰队纵然庞大,然而,1588年离开西班牙去征服英格兰的无敌舰队同样也很庞大①。在探究"海王-霸王"行动时,我们以结局未知的心态来面对这个故事是有益的,甚至是很重要的,因为那些经历过这次行动的人,必定也曾是这样的心态。

　　为了完整地讲述这些故事,本书从1941年12月7日美国参战开始,历数战略争议、后勤瓶颈,以及海陆军士兵们极其人性化的经历:曾经的平民成群结队地登上舰船被送往大西洋的对岸接受各种专门技术培训之后,再被抛入战争暴行的狂风骇浪中。本书旨在跟随这一史诗般事件的中心线索,从1941年冬天英美将领在华盛顿的第一次试探性的对话开始,一直到1944年夏天诺曼底海滩的风暴为止。

　　本着人是历史的推动力这一信念,本书强调了许多关键人物所作出的特殊贡献,他们的行动和决策,决定了事件的走向。其中的一些人引人注目,包括富兰克林·罗斯福和温斯顿·丘吉尔。但还有很多当时家喻户晓,而如今常被人过于忽略或低估的其他人:乔治·马歇尔、艾伦·布鲁克、欧内斯特·金、弗雷德里克·摩根、伯特伦·拉姆齐、哈里·霍普金斯和路易斯·蒙巴顿,这还仅仅是一小部分。70年过去了,还有更多的人被埋没了姓名:下级的将领们、舵手、炮手、拆弹专家、基建营队员(CB,由于这个缩写而被称为"海蜂"[Seabees])、海军和海岸巡逻队中平凡的军人们。本书着力展现的是英美同盟国的全貌,同时向

---

①　为了争夺海上霸权,西班牙和英国于1588年8月在英吉利海峡进行了一场举世瞩目、激烈壮观的大海战。这次海战,西班牙实力强大,武器先进,战船威力巨大,且兵力达3万余人,号称"最幸运的无敌舰队"。而当时英国舰队的规模不大,作战人员也只有9 000人。两军相比,实力悬殊,西班牙明显占据绝对优势。但是,出人意料的是这场海战的结局以西班牙惨遭毁灭性的失败而告终。从此以后西班牙急剧衰落,"海上霸主"的地位被英国取而代之。——译注

加拿大人致敬,正因为如此,苏联、法国、意大利,甚至德国人的角色,只是在他们
对英美的决策和行动有影响的限度内予以记载。

　　最后需要提及的是:1995 年 5 月,第二次世界大战欧战胜利 50 周年纪念日
之际,我当时已抽时间离开美国海军学院的职位,在不列颠皇家海军学院战略研
究系任教一年。作为课程的一部分,我参加了非军事院校所说的实地考察旅行,
军事组织所称的参谋骑乘旅行,前往诺曼底海滩。同行的有我的 40 名学生——
即将步入军队的英国海军学院的学员,以及我在战略研究系的同事埃文·戴维
斯(Evan Davies)。我们穿过英吉利海峡来到诺曼底,看到至今尚存的德军碉堡
和火炮掩体,并从海滩攀上峭壁,来到美军公墓。在一大片绿得不可思议的青草
掩映中,排列着茫茫的一片大理石十字架——我后来得知,总共 9 387 座——中
间偶尔间插着“大卫王之星”①的标记。我的学生们感受到这种景象带来的情感
冲击,其中一位学生轻声说:“我们知道您需要独自呆一会,先生,我们就在那
边。”我的确需要片刻的独处。对于埋葬在这座公墓中的人,以及成千上万的其
他英国人、加拿大人和美国人,我们所有人都是亏欠他们的。我谨以这部他们登
上这处历史性、标志性海滩的故事,送上一份久违的诚挚谢意。

---

① 　大卫王之星(Star of David),为犹太人的标记。——译注

第一章
德国优先

华盛顿时间下午1点47分,电话铃响了。富兰克林·D.罗斯福总统在白宫二楼椭圆形总统办公室书房内,刚刚吃过午饭——汤和三明治。罗斯福毕生酷爱收集各国邮票,他和国务院有长期的协议,每一天所有海外邮件的邮票都得交给他。就在他拆开一封最近的邮件之时,电话铃响了。住在白宫的哈里·霍普金斯(Harry Hopkins),这位公共事业振兴署前主管,作为罗斯福贴身个人顾问,当时也在场。不过,是罗斯福伸手到桌上拿起了电话。白宫接线员告诉他,是海军部长弗兰克·诺克斯(Frank Knox)打来的,他执意要和总统通话。"接进来"罗斯福说。

诺克斯省去了客套,直奔主题。"总统先生,看样子日本人袭击了珍珠港。"

罗斯福将左手掌重重地拍到桌面上,发出一声巨响,他大叫:"不!"

令罗斯福震惊的,不是日本人发动了袭击,而是他们袭击的地方。毕竟,国务院和日本外交官冗长的谈判,在最近几周陷入了僵局,他也知道,日本帝国海军的重头部队,近期已经离开本土岛屿港口,出海向南行进。这足以引起警惕,因此罗斯福早在11天之前,就向所有美军太平洋司令部下达了正式的"战争警报"。如果日本袭击法属印度支那、英属马来亚,或者荷属东印度群岛,甚至美国人占领的菲律宾,他都不会觉得惊讶。然而,曾经在海军服役的他,极为震惊且一开始难以相信的是,日本人居然能够令大批突击部队长驱两千多英里,横跨太平洋直指珍珠港美军海空军基地而未被发现。

不过,震惊和难以置信很快转变为愤怒和决心。当天下午受到紧急召见赶往总统办公室的顾问们,发现他板着面孔,镇静得异乎寻常,没有显露出恐慌,也没有困惑。好几位到场者甚至对总统表面的冷静议论纷纷。也许在某种程度上,对于过去数月以来的模糊不定,这一消息反而让人如释重负。至少他不必再和显然靠不住的日本外交官们小心翼翼、礼数周全地进行程式化的对话,也不必再在公开声明中遣词造句,以避免激怒美国强大而多疑的孤立主义派政客,对于他公开支持与希特勒德国作战的英国,他们是竭力反对的。日本人的袭击,把这一切一扫而空。战争会带来它自身的困难、牺牲和苦痛,但至少它是孤注一掷的机会。

或许它看来如此。珍珠港事件无疑意味着与日本的战争,但在法律上和地理上,美国依然远离欧洲战事,这就成了一个问题,至少是个难题。罗斯福之所以竭力避免和日本闹僵,是因为他确信希特勒统治下的德国,对于美国、对于西方、对于人类总体而言,才是更为严重的威胁。希特勒狂妄自大的意识形态是主要原因,除此之外,德国还因经济(4 120 亿美元)两倍于日本(1 960 亿美元)①,从而成为更为危险的敌人。在罗斯福看来,日本在远东的野心虽然令人担忧,但可以缓一步来对付它,希特勒才是急迫而现存的问题。德国军队已经征服了十多个欧洲国家,此时甚至已经长驱直入到苏联。英国之所以还未垮掉,全靠美国通过脆弱的跨大西洋补给线提供的支持。

为了保护这条补给线,罗斯福数月之前向在大西洋的美国海军下达了更为灵活的新指令。美国驱逐舰此时远至冰岛保护着英国的运输领域,甚至在此领域之外还与英国配合协作。在 9 月份,一艘德国 U 型潜艇的舰长,因美军驱逐舰干扰他的目标而不快,于是向美军"基尔"号(USS Greer)驱逐舰发射了一枚鱼雷。数周之后,10 月 17 日,一枚德国鱼雷又击中了美军"吉尔尼"号(USS Kearny)驱逐舰,导致美军 11 名水兵牺牲,另有 22 名受伤。当然,"吉尔尼"号很难说是无辜的旁观者,因为她当时正在用深水炸弹袭击潜艇。不过,这一冲突导致了在不宣而战的海战中首次有美国人丧生。不到两周,一枚德国鱼雷又击沉了美军"鲁本·詹姆斯"号(USS Reuben James)驱逐舰,军舰沉入水底,160 名美国水兵中 115 人丧生。这些事件或许标志着全面战争的开始,然而双方却都作出退让:希特勒是因为忙着对付苏联,而罗斯福是因为不确定美国公众是否会支持参战。在一次例行的新闻发布会中,有人就此向总统提问,他私底下回答说,"我们并不想向德国宣战,因为我们处于防守——自卫中,……而且要破坏外交关系,为什么呢,没有任何好处。"而后他便转移了话题。

从一开始,罗斯福就精心设计了自己的外交政策,清晰而审慎地着眼于宪法的认可和美国公众的容忍。他曾经以试图预先阻止英国失败的方式试探过这两方面的底线,第一次是在 1940 年 9 月,同意将 50 艘美军旧驱逐舰给予处于困境的皇家海军,以此为交换,获得位于加勒比海和纽芬兰的英国皇家海军基地的长

---

① 1941 年美国的国内生产总值(GDP)为 10 940 亿美元,高于德国和日本 GDP 的总和。

久租赁权。第二次是在三个月后，提议并支持《租借法案》①的通过。那些组成了喧嚣而政治上强势的美国孤立主义的议员、报刊编辑和牧师们，对这样的政策感到惊骇不已，对总统针对德国 U 型潜艇的海战当然也是极为愤怒。他们指控罗斯福为了英国的安全而蓄意惹起战事，即使不是公开战争，也是找借口扩大援运计划。他们也没有全错。内政部长哈罗德·伊克斯（Harold Ickes）4 月份在他的日记中就透露，"我们渴望着有一桩事件，能给我们正当的理由建立一个向英国派出运输船的系统"。另有一些人，包括财政部长亨利·摩根索（Henry Morgenthau），都认为总统过于犹豫不决，他在日记中抱怨说，总统不是在引领公众的意见，而是在等待公众的意见赶上他，以便他来跟进。如果能读到他们的日记，罗斯福有可能会认为他的政策调整大致没错。

如今战争已经到来，虽然不是对德国而是对日本。诚然，日本通过所谓的《三国同盟条约》（Tripartite Pact）已经和德国结盟，同时还包括意大利，但条约规定，只能在缔约各方中的一方遭受袭击时，而不是像日本那样发动侵略战争，其他方才有义务提供支持。希特勒很高兴地看到纠缠他的美国人因日本的袭击而受到重挫，但他没有义务介入其发动的战争。不过话说回来，他却有可能会这样做。通过美军的密码破译，罗斯福截获了一条发自德国外交部的密电，承诺如果日本"同美国交战，德国一定会立即参战"。当然，希特勒政府如此的承诺在过去并不意味着什么，而这一次，至少他有可能会兑现他的许诺而向美国宣战。

罗斯福本可以领先于他，向国会要求同时向日本和德国宣战。那天夜里前往白宫参加紧急内阁会议的数位议员，也建议他这样做。罗斯福不能确定国会或民众是否支持他，因此选择了等待和观望希特勒会采取怎样的行动。那天下午，温斯顿·丘吉尔从契克斯乡间别墅来电求证新闻报道，同时对美国在珍珠港的损失表示慰问，罗斯福向他保证，"我们如今是风雨同舟了"。但这在当时，还不能算是完全正确。

———————

如果希特勒没有宣战，那么对于美国，特别是对于罗斯福的政策，将会是异

———————
① 租借法案（Lend-Lease program）：法案在 1941 年 3 月 11 日生效，为第 1776 号案，授权美国总统"售卖、转移、交换、租赁、借出，或交付任何防卫物资，予美国总统认为与美国国防有至关重要之国家政府"。租借法案对二次大战的反法西斯胜利有着直接影响。罗斯福总统（Roosevelt）在 1941 年 10 月即以此案向英国提供超过 10 亿美元援助，在法案通过之前，美国已在 1940 年通过与英国达成的基地租用协议，向英国及加拿大提供驱逐舰，以换取使用英国在西半球的基地。而在美国正式参战后，《租借法案》仍然继续为盟国提供物资，一直至 1944 年。接受《租借法案》援助的国家包括英国（约占 40%）、苏联（约占 35%）、中华民国等，共 38 个国家，总值达 500 亿美元。——译注

常尴尬之事。因为在过去的两年里,美国对战争计划进行了大幅度重新定位,从聚焦于日本和太平洋,转向可能的,甚至是极大的可能的同时对德国和日本两条战线作战。新计划的主要内容——实际上是它的要素,就是在这样的战争中,有必要首先战胜德国。这样的估量标志着美国战略计划实质上的革命。在此之前,美国海军中的计划拟定者曾把注意力几乎完全放在了所谓的"橙色战争计划"(War Plan Orange)上。

橙色计划是所谓的"颜色计划"之一,颜色计划的起源可以追溯到 20 世纪初期,它们是针对有可能与各种潜在敌人作战的一系列应急计划,其中一些敌人的可能性较大。除了计划对日本作战的橙色,还有针对德国的(黑色)、英国的(红色)、墨西哥的(绿色)等多种。而在位于罗德岛纽波特的美国海军军事学院的军事模拟训练中,占主导地位的却是橙色计划。在这里,在普林格尔大厅巨大的棋盘地板上,军官学员们操纵着木制的军舰模型,重现一战中的日德兰海战①,同时也想象着相似的与日本帝国海军的对抗。不过在最初,橙色计划虽不是极其简单,相对而言也不算复杂。它假定日本试图占领菲律宾,由此引起位于夏威夷水域美国太平洋战斗舰队的调遣,接着便是跨中太平洋的战役,最后与日本在菲律宾海域以日德兰海战类似的决战而告终。经过定期的审查和调整,这个计划日渐精密,它的中心元素保留在美国海军计划的核心当中,它也通报了预算要求,以及每年春季举行的、以检验舰队是否准备就绪的年度舰队演习。

美国的计划拟定者们早在 1937 年就开始重新评估他们的推断,并不是因为日本看似不够野心勃勃或者不够危险,——就在那一年,日本入侵中国,发动了"七七事变",实际上这是一场全面的侵略战争,——而是因为国际局势的复杂性,让美国觉得必须扩展安全视界才不失为明智之举。为了实现这一点,罗斯福派出海军上校、海军战争计划处处长诺伊尔·E.英格索尔(Royal E.Ingersoll)前往伦敦,与英国进行私下磋商,探讨两国军队在战争中如何在太平洋及其他区域展开协调配合。这是两国在跨大西洋关系上迈出的第一步,在接下来的四年里,这种关系得到了显著的发展。两年后的 1939 年,橙色计划的关键设想遭到了公开的挑战。那一年,美国陆海军联合规划委员会提出,要在加勒比海和巴拿

---

① 日德兰海战(Battle of Jutland;德国称为斯卡格拉克海峡海战,Skagerrakschlacht):1916 年 5 月 31 日—6 月 1 日,英德双方在丹麦日德兰半岛附近北海海域爆发的一场海战。这是第一次世界大战中最大规模的海战,也是这场战争中交战双方唯一一次全面出动的舰队主力决战。最终,舍尔海军上将率领的德国公海舰队以相对较少吨位的舰只损失击沉了更多的英国舰只,从而取得了战术上的胜利;杰利科海军上将指挥的皇家海军本土舰队成功地将德国海军封锁在了德国港口,使得后者在战争后期几乎毫无作为,从而取得了战略上的最终胜利。——译注

马运河成功抵御德国人,就需要"在大西洋采取进攻性措施",如此一来,美国海军就应该"在东太平洋采取防御的态度"。同年秋天,美国陆海军联合委员会拟定了一整套新计划,在保留潜在敌人的颜色代号的同时,按照在同一时间与两种或多种"颜色"作战的可能性的设想而将它们分组。这套计划或许因此不可避免地被称为"彩虹"计划。除了这些迹象之外,大多数美国海军将领并不接受在太平洋之外进行重新定位的防御政策。海军将领们认为,日本依然是最主要、最可能的敌人,橙色计划的幽灵继续影响着他们的思维,左右着他们的训练。

在 1939 年 9 月希特勒入侵波兰之后,特别是在 1940 年春天,德军切入比利时和荷兰,驱逐英军从敦刻尔克海滩撤离,迫使法国求和之后,这种情况开始改变。1940 年 6 月 22 日,就在法国将军们签署了停战协议,承认他们失败的当天,罗斯福与陆军参谋长乔治·C.马歇尔(George C.Marshall)和海军作战部部长哈罗德·R.斯塔克(Harold R.Stark)会面,探讨法国的失败对美国的安全利益究竟会有怎样的影响。

马歇尔和斯塔克,注定要在即将到来的战争中扮演至关重要的角色。马歇尔是计划拟定和训练方面的专家,一战期间,他曾担任"黑桃杰克"约翰·潘兴①的参谋,协助其精心策划了默兹—阿戈讷战役。1936 年,马歇尔晋升为准将,后来又被罗斯福任命为参谋长,领口别上了四星上将军衔。饶有意思的是,正是在他走马上任的这一天,1939 年 9 月 1 日,德国入侵波兰。尽管马歇尔天生善于管理且智慧过人,但他最大的财富却是他的性格。他冷静、威严而不失耐心,极少提高自己的嗓音,也从不发脾气。他是其他人的出色裁判,总是带着一本小小的笔记本,记录着那些在将来的某些危机中可以担当指挥大任的军官的名字。

哈罗德·R.斯塔克在一个月之前,于 1939 年 8 月 1 日担当起第八任海军作战部部长的职责。他 1903 年毕业于海军学院,得到了一个不同寻常的绰号。当他 1899 年还是海军学院一年级新生时,有一位高年级同学问他是否和美国独立战争时期的将军约翰·斯塔克(John Stark)有亲戚关系。这位年轻的新生,无疑是为了符合自己的身份,采取了一个夸张的立正姿势,坦承说他从未听说过约翰·斯塔克将军。结果,那位学长,为了更有说服力但却有失准确地告诉这位年轻的新生,在美国独立战争中的佛蒙特本宁顿战役之时,约翰·斯塔克曾大声宣称:"今天我们必须取得胜利,否则贝蒂·斯塔克就会成为寡妇!"这位学长认为,

① 约翰·约瑟夫·潘兴(John J.Pershing, 1860 年 9 月 13 日—1948 年 6 月 15 日),美国著名军事家,美军历史上军阶最高的人——合众国特级上将(General of the Armies of the United States)。又称"铁锤将军",还有个绰号叫"黑桃杰克",一战时担任欧洲美国远征军总司令。——译注

每个新生都应该知道这则爱国故事,更何况这个新生名叫斯塔克。于是他命令这位倒霉的新生,从此之后,每当遇到高年级的学长,都必须大声背诵这句话。不久之后,学院里人人都知道斯塔克叫做"贝蒂",他在余生里也保留了贝蒂·斯塔克这个名字。甚至在成为海军作战部部长之后,他在备忘录中,包括那些给总统的备忘录中,都简单地签上"贝蒂"二字。①

马歇尔和斯塔克告诉罗斯福,如果德国控制了法国海军,大西洋的海军力量将会被改变。在这种情形下,他们提议,原本由罗斯福派到珍珠港阻止日本侵略亚洲的美国舰队,应该转向大西洋。罗斯福原则上表示同意,但他选择了等待,直到法国海军的状况变得明了。一些情况在 11 天之后得到澄清,此时英国皇家海军掌控了事态,在阿尔及尔的米尔斯克比尔(Mers-el-Kebir)率先向法国舰队发动袭击,击沉一艘法国战舰,重创 6 艘,在战斗中击毙 1 200 多名法国人。结果,虽然在 1941 年 6 月罗斯福也向大西洋派出了一支战列舰分队,包括两艘最新型的战列舰,但仍有 9 艘美国战舰留在了太平洋,其中 8 艘留在了珍珠港,它们在 5 个月之后的 12 月 7 日,还依然停留在那里。

德国在法国的胜利,使得美国的计划拟定者们得出一个结论,那就是欧洲,包括英国,都已经失去,美国目前能够采取的最现实的措施,是削减甚至停止对英国的物资援助,把武器装备运回来,保卫自己的国土。罗斯福虽然听取了这样的建议并点头称是,但他提出了许多附加条件,让它们成为实际上的不可能。他认为英国的存亡对于美国的安全生死攸关,不但没有削减援助,反而决定派出一名"特别观察员"前往英国,以便为战争消息提供独家来源。这个倡议来自以洛锡安勋爵(Lord Lothian)之头衔闻名的英国大使菲利普·克尔(Philip Kerr)。洛锡安勋爵让罗斯福回想一下,在第一次世界大战美国参战的最初几个月中,海军上将威廉·S.西姆斯(William S.Sims)②所扮演的至关重要的角色。当时他与英国合作,制定了大西洋协调战略。当然,西姆斯是在美国宣战之后才去到伦敦的,但罗斯福认为这不失为一个好主意,他提名海军少将罗伯特·L.戈姆利(Robert L.Ghormley)担任该职。虽然从严格意义上来说,戈姆利的任务只不过是去讨论武器的标准化,但他在战时伦敦的出现,却使得这两个说英语国家之

① 这个故事有讽刺意味的是,约翰·斯塔克的妻子实际上名叫莫莉,他在贝宁顿战役时所说的实际上是:"我们必须在天黑前打败他们,否则莫莉·斯塔克会成为寡妇。"如果那位学长对他的历史神话稍稍了解多一些,未来的海军作战部部长有可能一辈子用"莫莉"·斯塔克的名字。

② 威廉·索登·西姆斯(William Sowden Sims, 1858 年 10 月 15 日—1936 年 9 月 25 日),美国海军上将,在第一次世界大战期间,他是美国海军大西洋—欧洲战区司令。大战期间,他指挥美国舰队与英国皇家舰队在欧洲水域共同作战。他尽力与其他协约国海军部队紧密协调,并在采取确保协约国商船不受德国潜艇攻击的船队护航体制中发挥了主导作用。——译注

间的纽带更为牢固,也许这正是洛锡安勋爵一直以来心中所期许的。

那年夏天,英国对德国的入侵做好了准备,不过,德国却在9月的第一周,针对英国的港口和城市,展开了持续的空中轰炸行动——即闪电战(the Blitz)。日本仿佛因此而受到震动,于1940年9月27日与德国和意大利正式签订了《三国同盟条约》。眼下看来,美国在将来对三个轴心国的战争不仅是有可能,而且是极有可能,——甚至不可避免。不过,日本的决定却促使美国不是把注意力聚焦在太平洋,而是越来越重视大西洋。马歇尔曾在6月提出,这种局面"迫使"美国"重新构建我们的海军政策",在太平洋采取"单纯的防御"姿态,把"主要精力放在大西洋一侧"。不过,这能否让海军信服还是个未知数,而正是在此时此刻,斯塔克起到了关键的作用。

12月12日,日本签订《三国同盟条约》的两个多月之后,正值德国闪电战轰炸伦敦的高峰之时,斯塔克给海军部长弗兰克·诺克斯发了一份冗长的备忘录,其中他对美国战略思想的重新定位表示了拥护。如遇战事,斯塔克写道,"削弱日本的防御力量"可以"主要通过经济封锁"来实现,而美国应将主要的精力放在"对(欧洲)轴心力量的地面进攻上"。如此一来便需要"在大西洋的海军和军事上投入大量精力",在这个时间"我们……在太平洋除了保持严防死守之外,也能做点其他的"。他承认这样的计划使得日本能够巩固其早期的占领地。然而,斯塔克相信,更大的危险是德国完全统治欧洲,包括征服英国。如果发生这样的事,将来击败德国的战役,将会变得异常艰难。它意味着将来进攻欧洲,必须从美国的东海岸港口出发。进攻的舰队不是穿过20英里宽的英吉利海峡,而是必须横渡大西洋。

斯塔克展示了自己的观点之后,又提出了四条战略方案,将其编为A、B、C、D,最后一条是他优先考虑的选择,在海军术语中被称为"猎犬计划"(Plan Dog)。它主张如果美国发现自己面临着同时与德国和日本作战,那么就在太平洋保持严防死守,把"全部国防力量"投入到打败纳粹德国当中去。"如果我们被迫和日本开战",斯塔克写道,"我们应该……避免在远东或中太平洋地区作战,那样将会导致海军不能及时将兵力转移到大西洋上来,从而在英国一旦被击溃之后,无法充分保护自己的利益和政策"。虽然自6月以来,也有其他人提出这样的观点,但斯塔克的主张是决定性的,因为它将陆军和海军放入了战略辩论的同一阵营中。而且,斯塔克走得比马歇尔更远。他提出,由于未来对德作战极有可能,美国应该立即启动英国和美国高层军官的一系列参谋级对话,以制定联合计划。

对于斯塔克具有历史意义的备忘录中的观点和结论,诺克斯均表示赞同,并将其推荐给总统。罗斯福对此不置可否。他完全同意德国是主要的敌人这一点,但是,他却不愿意签署任何特别的计划,因为他的执政风格的中心要素,就是保持他所有的选择处于开放状态。他也担心斯塔克提出的启动与英国正式参谋级对话的建议,因为他害怕会对美国国内政策产生影响。虽然他刚刚再次当选,史无前例地蝉联第三届总统(实际上正好就在那一周),但他知道,与一个活跃的交战国开展正式的参谋级对话,会公然违反美国的中立立场。如果这样的新闻泄露给公众,将会引来愤怒的咆哮,且还不仅仅来自孤立主义者。最终,虽然他同意进行对话,但他要确保只是专业性的,任何政治领袖都不得介入或参与,他们之间的任何决定都与政府没有瓜葛。

————

随之而来的美英对话(American-British Conversation),即历史上所称的"ABC 会议",于 1941 年 1 月底至 3 月初在华盛顿举行。虽然不具备任何约束性,但它们终究得以召开的事实,标志着英美的伙伴关系正式形成。

罗斯福将自己置身事外。一开始,他本想安排他所信任的副国务卿萨姆纳·韦尔斯(Sumner Welles)参加,充当他的耳目,但经深一层考虑,他决定只有现役军官才能参加。对此敏感的陆海军联合规划委员会规定,"为了避免总统承担责任,他和任何内阁成员均不得接待英国军官"。即使是提出了开会这个想法的斯塔克,最多也就是和马歇尔一起为英国军官团举行了简短的正式欢迎仪式,然后便回避了。

不过,斯塔克和马歇尔倒是为与会者们拟定了一份目标列表,其中的中心目标是"在美国如果想要诉诸战争的情况下,为美国和英联邦的军队能够战胜德国及其同盟力量而确定最佳方法"。当他们将备忘录交给总统之后,罗斯福拿起钢笔,划掉了"想要"二字,以"被迫"二字取而代之。他改动的地方还不止一处。马歇尔-斯塔克计划书为代表团提供了六项指导方针,第一项是"击败德国及其同盟"。罗斯福对此完全赞同,但他读到下一项的时候停顿了一下:美国应该"把主要军事力量放在大西洋或地中海地区"。提到地中海让他觉得不快,他不想美国把主要精力放在直布罗陀到苏伊士一线来保护大英帝国的利益。他再次拿起笔,在"地中海"前面添上了"海军力量放在"几个字,这样至少为美国在这个地区可能将要扮演的角色设置了一个理论上的界限。

所有与会的军官们都身着便装,这不仅符合华盛顿和平时期的规章制度,同时也有助于掩饰英美军官参与制定战争计划的事实。虽然从严格意义上而言，这是一次平等的会议，但英国显而易见是来求助的。在座的每个人都知道，在1940年至1941年那个严酷的冬季，英国已经濒临饥荒和战败。英国迫切需要美国的物资援助，对英国而言，美国只将自己和这个饱受围困、重创、许多人认为连一年都难以为继的盟友拴在一起，是远远不够的。而且，参会的英国代表都带着明确而具体的目的，而美国人只是想仔细考虑一下实施新修改的意外战争计划的可能性方法。

经过两个月的"对话"，14名代表深感欣慰的是，他们的意见大部分都是一致的。第一个重要的成果就是双方承诺"在制定和实施战略政策和计划上继续保持合作"。仅这一条，就相当于英国取得了重大的成功，因为它确保了伙伴关系的延续，将美国更紧密地同英国的命运相连。除此之外，英国人还欣喜若狂地得知，美国愿意将大西洋和欧洲作为主要战场。"由于德国是轴心国的中坚力量"，他们的报告如是提出，"所以大西洋和欧洲地区应该被视为决定性的战区"。这虽然只是与马歇尔和斯塔克的结论相同，但这个消息却让英国人欢欣鼓舞。最终报告同样也引人注目，它于3月完成，其中不时点缀着这样的句子："如果美国参战……"、"如果美国卷入……"等，仿佛这是预料之中必定发生的事情。它给英国人带来了希望——而希望很快变成了期待。

既然所有的代表都承认击败纳粹德国是主要目标，那么接下来的问题就是如何达到这个目标。报告提出了一项通盘战略，列出了七项适用于德国的"进攻性策略"。虽然它被称为"计划"还显得过于粗略，但它确实阐明了一个全面的战略理念。七项策略包括进行地面封锁、从空中对德国进行轰炸、在希特勒帝国的外围实施突袭，以及对被占国进行援助等。报告只是在末尾才提及了"为最终向德国发动进攻"而进行军队集结这一问题本身。

这一计划立即凸显出其被动性和周边性策略——和英国一个半世纪之前同拿破仑帝国作战时的"间接路线"如出一辙。当然，任何更大的野心，都需要远胜于英国在1941年初所拥有的军事力量，且当时还未卷入战争的美国人，也无法更直接地作出任何推动。不过，这份战略蓝图有两方面值得特别关注。一个是列表中的第三个目标，是"尽早消灭轴心国的活跃同伙意大利"。这一条似乎和德国是敌人"中坚力量"的指导原则相抵触。如果与日本的战争都可以推到晚些时候，为什么同样的假设不可以适用于意大利呢？可能的原因是，在1941年初，代表们认为意大利是一个较为弱小的对手，打败它理论上不会耗尽他们有限的力量，而打败德国却不行。不管怎样，把意大利作为通向德国的第一步的共识，由此便早早地植入了同盟国的战略思想和规划中。

在这份"进攻性策略"列表中，另一个值得注意的因素，是夺取"向德国发动最终进攻的地点"这一目标。这暗示着同盟国尚还没有获得这样的地点，——换句话说，对德国的"最终"进攻，不会从英伦各岛发动，而是会从尚未确定、且眼下还未夺取的别的地点发动。联系到"尽早"打败意大利的意图，这两个目标预示着随后盟军会进入北非和地中海作战。尚不清楚这些战略目标的措辞，到底是英国故意回避从英格兰的基地直接袭击德国的义务，还是它们仅仅代表了因资源有限而产生的无明确重点的早期想法。不过有一点非常清楚，那就是尽管罗斯福在最初的指导方针中添上了粉饰性的"海军力量放在"几个字，但英国人已经在琢磨要向丘吉尔后来所称的欧洲"柔软的下腹部"发起进攻了。

有迹象显示，代表们也注意到，当来自两个国家的四支部队实施协同军事行动时，不可避免地可能产生指挥上的问题。美国人一贯害怕将美国军队置于外国指挥官手下，他们要求添上一条注意事项："作为一般规则，联盟各国的军队应由自己的指挥官指挥行动。"并且，某个战区的战略指挥官如果最终不得不指挥另一个国家的军队，那么他不能够将同一国家的军队拆分开来，只能将它们统一在一起，以便它们尽可能地处于自己军官的指挥下。

ABC 会议一个重要的成果，就是达成了在各自的首都成立永久性正式军事代表团的协议。两国同意各自向对方的首都派出一名高级海军上将和一名高级陆军上将。罗斯福已经派戈姆利前往伦敦充当观察员，而今这样的代表可以做的事情就远不止是观察了，因为新的代表团团长，在"代表他们各自的军队"的同时，还将与东道国一起"协作制定军事政策和计划"。它还称不上是个正式的联盟，且美国从严格意义上而言依然还是中立的，然而，唇齿相依的纽带已经开始形成并且日渐牢固。

这份日期为 1941 年 3 月 27 日的冗长报告（12 页密密麻麻打印的内容另加 54 页附件），按惯例递交到两国首都。在华盛顿，海军部长诺克斯于 5 月 23 日签名批准，陆军部长亨利·史汀生（Henry Stimson）于 6 月 2 日签名同意。但在下面还有第三排批注，也是手写字迹："总统未批准"。罗斯福并不是不同意报告的结论或者建议。毕竟，对于如遇战争必须优先对付德国的策略，他已经表示了强烈的支持，同时他相信，书架上有一份应急计划也大有好处。然而，他不愿意被一份和交战国有着危险合作倾向的文件束缚了手脚，也不愿意和它扯上任何正式的关系。至少到此刻为止，英美的伙伴关系，就像它之前一样，还仅局限于参谋级的对话，对公众也是保密的。

　　正当英美军官还在讨论将来一致对付希特勒德国的合作可能性时,美国海军已经在大西洋同德国 U 型潜艇打了起来。ABC 会议结束后仅仅 6 天,罗斯福就开始讨论海军同 U 型潜艇作战承担新的更多的职责的问题。他考虑从太平洋派出更多的军舰到大西洋,命令斯塔克拟定一份扩充性的更积极的运输计划。这份新指令,被罗斯福赋予奥威尔式①的名称“半球防御计划第 1 号”(Hemispheric Defense Plan No.1),它授权美国海军战舰可不经任何警告,直接向任何在大西洋西面行动的德国 U 型潜艇发起进攻。然而,在这份计划付诸实施之前,日本同苏联签订了一份中立条约,这样一来,对日本的掣肘又减少了一家。罗斯福由此确信他本考虑派往大西洋的战舰应该留在太平洋,因此,他以“半球防御计划第 2 号”取而代之,这份计划授权海军仅向船队和护航舰报告 U 型潜艇的位置。不管怎样,对于海洋表面的美国海军和海底下德国狩猎者之间的公开争斗,这无疑又试探性地迈进了一步。

　　6 月 10 日,有消息传来,一艘德国 U 型潜艇(U-69)击沉了一艘美国商船“罗宾·摩尔”号(Robin Moor)。幸无人员伤亡,因为德国 U 型潜艇指挥官令“罗宾·摩尔”号停下来,要求出示单据,发现它装载有违禁货物(一些打靶步枪和弹药)后,便命令乘客和船员疏散到救生艇上,然后才将其击沉。事件发生几周之后,人们发现救生艇、救出乘客之后,被延误的消息才传了出来。虽然没有 1915 年“卢西塔尼亚”号(Lusitania)②沉没那样的后果和残杀,但是如果罗斯福想借此做文章,它也不失为一个战争借口。罗斯福本可以发出一份最后通牒,就像他担任海军部长助理期间威尔逊总统所做的那样。然而,他仅仅给国会递交了一份措辞强硬的通报,远远算不上是最后通牒。希特勒对此根本不加理会,发

---

① 乔治·奥威尔(George Orwell, 1903 年 6 月 25 日—1950 年 1 月 21 日),原名艾里克·阿瑟·布莱尔(Eric Arthur Blair),英国左翼作家、新闻记者和社会评论家。《动物庄园》和《一九八四》是奥威尔的传世作品,在这两篇小说中,奥威尔以辛辣的笔触讽刺了泯灭人性的极权主义社会和追逐权力的人;而小说中对极权主义政权的预言在之后的五十年中也不断地被历史所印证,这两部作品堪称世界文坛政治讽喻小说的经典之作。他在小说中创造的“老大哥”、“新话”、“双重思想”等词汇,被收入英语词典,而由他的名字衍生出的“奥威尔主义”、“奥威尔式的”等词汇甚至成为通用词汇而广泛应用。——译注

② 1915 年 5 月 7 日,英国载重容量最大的“卢西塔尼亚”号客轮,被德国布设的水雷炸沉,船上 1 100 余人丧生。“卢西塔尼亚”号的沉没在大西洋两岸引起了极度的震惊。美国和英国纷纷指责这是一场残酷的谋杀,德国的报纸则声称“卢西塔尼亚”号是一艘军火船,否则不会这么快沉没(20 世纪 80 年代美国和德国人对躺在海底的卢西塔尼亚号残骸的勘测,证实了煤舱粉尘爆炸的观点)。美国国内“立刻对德国宣战”的呼声高涨。所以 1917 年威尔逊政府向德国宣战的决议,得到了美国人民的支持。从这个角度说“卢西塔尼亚”号可以说是改变第一次世界大战结局的邮船。——译注

生此事之际，他正在专注于其他问题：两天之后，他的军队突然入侵苏联。

事后我们知道，希特勒决定进攻苏联，而把反抗的英国人留在他们的岛上，这无疑成为第二次世界大战的转折点。这意味着德国将在两条前线作战，并且惊醒了沉睡的俄罗斯熊，使它最终成长为凶狠的军事巨人。希特勒以为，打败苏联只是比打败法国略具挑战性。为了确保取胜，他运用了绝对优势兵力。在第一天，就有上百个师穿越苏联边界。德国人完全让人猝不及防，并很快就攻入苏联内部。

此时罗斯福不得不决定苏联是否能像英国那样，符合获得《租借法案》物资和装备的条件。美国给英国"兄弟"提供战争物资是一码事，给斯大林和苏联提供武器和军事装备，就是完全不同的另一码事了。最后，实用主义战胜了意识形态，美国船队很快穿越大西洋，不仅仅驶往英国港口，同时也沿着狭长而险峻的挪威北角艰难行进，抵达在白海的苏联港口。这不但加重了美国海上补给的负担，而且使得美国对德国U型潜艇的不宣之战更加复杂化。

的确，到了盛夏，大西洋的局势变得岌岌可危。弗兰克·诺克斯坚持认为，派送珍贵的战争供给是愚蠢的，它们由美国工人制造，由美国人付钱，由美国船只运输，而结果只看到这些船只在通往英国的路上被击沉。斯塔克也表示同意，他提出，除非美国海军在保护运输船队方面更加积极，否则向英国供应物资的努力就会变得"徒劳无功"。但是，罗斯福如何把美国海军对船队的保护进行升级，而又使其不会变为敌对行动呢？他已经将中立的界限，推到了这个词汇公认的意义之外，他也意识到，有一道界限，一旦超越，就会造成主动的参战行为。他对这道界限的法律细节的担忧，远远比不上他对美国选民反应的担忧。尽管他是一名训练有素的律师，但他的直觉却完全是政治性的。最终，他逐步采取行动，将美国对船队的保护职责一点一点地提高，仿佛是在试探这个国家能够容忍的限度。

7月中旬的一天，罗斯福和霍普金斯坐在白宫内，总统把一张大西洋的地图从《国家地理》杂志中撕下来，铺在桌子上。他拿出一支铅笔，在地图上冰岛以东200英里的一个点上，由北向南画了一条线，一直画到亚速尔群岛，大致接近第26条纬线。他向霍普金斯提议，美国海军应该承担完全的责任来保护这条线以西的区域，由此可使疲于奔命的英国皇家海军把自己的注意力集中于更靠近欧洲的战争地带。这不仅仅是美国在大西洋对战争的主动介入向前迈进了一步，而且更是加深了英美海军之间的纽带关系。

此时，在海军上将欧内斯特·J.金（Ernest J.King）领导下的美国大西洋舰队，正处于全面战争条件的运转状态下。早在9月"基尔"号事件、10月"吉尔尼"号与"鲁本·詹姆斯"号被鱼雷击中之前，在大西洋的美国战舰就十分规律性地进行战斗部署，这几乎成为一种常规。到了夜晚所有的船只都将灯光熄灭。不管是白天或者黑夜，它们都采取之字形的航线，以摆脱有可能向它们瞄准准备攻击的敌方潜艇。在活跃的战争地带，这是合理的谨慎，也是应对战争到来的有效训练。

———

　　时不时地，罗斯福会设法逃离华盛顿，在海上消磨几天甚至几个星期，驾驶帆船、钓鱼，这两样他都在行，而且也乐在其中。在岸上，即使是最日常的活动也充满困难，偶尔还会令他难堪，特别是别人把他从一个地方搬到另一个地方的时候。然而，在海上，他却能够以简单的操控、用一只手把舵来驾驶帆船，也能够坐在钓鱼椅（fighting chair）①上，以自己数年来因双腿不便而练就的强有力的双臂和肩膀，将最大的鱼拽钓上来。由于从不晕船，当海船在波涛中上下颠簸，其他所有的人都挣扎着，想维护自己的尊严而往往徒劳无功时，他却保持着泰然自若，说不定他还从中获得满足感。他的有些顾问们，由于无法在变幻莫测的海洋当中像他那样从容不迫，都害怕受邀去陪伴他。

　　由于罗斯福频频出海度假，当1941年8月白宫宣布总统再次动身赴垂钓之旅时，媒体并未加以注意。8月3日，他从康涅狄格州新伦敦登上总统游艇"波多马克"号（Potomac），扬帆出海。然而，天黑之后，"波多马克"号却在马撒葡萄园岛附近海面与美国海军的战舰汇合，总统及其随同转移到重型巡洋舰"奥古斯塔"号（Augusta）上，随后战舰驶往加拿大海域。第二天，当总统一行人急速朝北行驶时，马撒葡萄园岛附近海面上坐在包船上的记者们，通过望远镜看到，"波多马克"号的船尾坐着一个人，身穿旧毛衣，戴着夹鼻眼镜，牙齿之间紧紧咬着一根烟斗，手里拿着一根鱼竿。记者们向岸上发回每日报道，称总统正在享受他的假期，就连特工处都被糊弄了。

　　这一精心策划的伪装，是为了故意误导德国人和唱反调的媒体，罗斯福实际上是前往靠近阿真舍（Argentia）的纽芬兰（Newfoundland）南海岸边的普拉森夏湾（Placentia Bay），去会见英国首相。面谈是罗斯福的主意，这是对自3月份的ABC参谋级会谈以来，英美关系到底提升了多少的一种估量。虽然他没有参与那次会议，但现在却乐意，甚至急于私下里和丘吉尔见一面。丘吉尔是英国抵抗希特勒战争机器的力量体现，这一点无人能比。除此之外，罗斯福是那种喜欢面对面

———

① 装在船甲板上供海上垂钓人让上钩大鱼蹦跳至疲竭用，亦称斗鱼椅。——译注

的政治家,他相信自己具备以人格的魅力影响事件走向的能力。他想估量一下丘吉尔,确保这位"前海军人员"(Former Naval Person)①能理解美国的政策,同时他也期盼着能够聆听丘吉尔到目前为止已经出了名的对战争进程的分析。

8月9日,"奥古斯塔"号和美国战舰分队中的其他战舰,包括一艘战列舰和不少于17艘驱逐舰,在浓雾的掩护下停靠在普拉森夏湾。大约在中午时分,薄雾中一个灰色的庞然大物逐渐显现,新乔治五世国王级皇家海军战列舰"威尔士亲王"号(Prince of Wales)缓缓靠向岸边。"威尔士亲王"号是最新型最大的皇家海军战列舰,它的排水量为44 000吨,配置有10门14英寸口径的大炮,此时身上还带着不久前打败德国战列舰"俾斯麦"号(Bismarck)而留下的伤痕。丘吉尔选择乘坐这艘战舰来与罗斯福会面,足以说明他认为这次会面是多么的重要。

罗斯福派他的海军副官约翰・R.贝尔达尔(John R.Beardall)上校前去邀请丘吉尔和他的随从当晚到"奥古斯塔"号上来共进晚餐。总统告诉贝尔达尔,这不能算是正式的国宴,只是非正式的聚会,这样他和首相才能惬意地交谈。丘吉尔当然是接受了,那天晚上取得了巨大的成功。两国首脑相处极其友好和睦,对于期盼听到详细而生动战争过程的人们,丘吉尔也没让他们失望。

第二天一早,作为回访,罗斯福参加了"威尔士亲王"号上的礼拜仪式。这象征着本次会晤达到至高点。两国海军的军官和水兵们在"威尔士亲王"号甲板上聚集在一起,以同样的语言吟唱着熟悉的赞美诗。罗斯福亲自要求加上海军赞美诗《永恒的天父》(Eternal Father),因为它提到"那些在大海中处于危亡的人们"。之后,罗斯福参观了这艘庞大的新型战列舰,——仅仅四个月之后,它就在中国南海被日本轰炸机击沉。在参观中二人都兴致盎然,丘吉尔充当导游,炫耀着皇家海军——他的皇家海军——这枚皇冠上的宝石,而罗斯福则是一位聪明而渴求一切海军知识的学生,不必假装饶有兴趣。有一位在场的目击者回忆说,总统和首相都度过了一段"愉快的时光"。

正式的会谈本身却是相当的虎头蛇尾。丘吉尔要求罗斯福向日本发出措辞强硬的最后通牒,当然,这样做他有自己的目的,但罗斯福提出了异议。罗斯福远远不是想寻找"不正当手段打仗",而是想将日本保持在伸手可及之处,先对付希特勒。他告诉丘吉尔,与其将日本人逼入死胡同,不如让他们"保全面子退出"。最后,罗斯福给日本发了一份模棱两可的公文,仅仅声称如果"再进一步谋求……军事上的统治"将会迫使美国出手捍卫其"合法权益"。

---

① Former Naval Person(前海军人员),是丘吉尔致罗斯福电报的署名代称。丘吉尔曾担任过海军大臣。——译注

在横跨大西洋前往纽芬兰的漫长旅途中,丘吉尔起草了一份意见书,探讨如果美国参战,战争应该如何进行的问题。他的意见书设想了一个以封锁、轰炸、破坏活动和宣传为特色的战争。将德国与外界隔离,从空中持续对其进行轰炸,不断地鼓动被占国人民起来反抗,丘吉尔认为以这样的方式,希特勒的帝国就会衰弱,就会不堪自身的重负而崩溃。这份文件出于敷衍而提出要"派军队登陆欧洲大陆",但只能是在德国奄奄一息之时。丘吉尔希望,甚至是盼望,封锁、轰炸和破坏活动能够"摧毁(德国)战争机器赖以生存的基础——支撑着它的经济、维持着它的士气、滋养着它的补给……以及激励着它的对于胜利的希望。"丘吉尔把这份文件分别抄送给了马歇尔、斯塔克和美国陆军航空部队司令亨利·H.阿诺德(Henry H.Arnold,绰号"快乐的阿诺德")少将。

在第二天的高级军官会议上,美国人对丘吉尔的看法表现出明显的冷淡。对于丘吉尔的优先生产重型轰炸机的提议,斯塔克提出了反对,他认为在船运处于如此危险的境地时,这样的做法不太合适。斯塔克和马歇尔都很奇怪地发现,文件中对于如何援助苏联几乎只字不提。难道英国人不希望苏联人挺住吗?美国人还很担心的是,丘吉尔的提案中只是含糊地提到在欧洲大陆地面作战的可能性,而且还是在德国摇摇欲坠、即将战败之时。在美国人的答复中,有可能是马歇尔写下了这样一句话:"如不使用地面部队,战争不可能最终取胜。"

尽管英美战争计划有着明显的分歧,但阿真舍会谈的真正意义,在于两国首脑之间建立的私人关系,而从中传出的唯一真实的新闻,就是《大西洋宪章》(Atlantic Charter)的宣布。就在8月10日周日那天激动人心的礼拜仪式之后,罗斯福向丘吉尔提议,"我们可以起草一份联合声明,制定一些概括性的原则,以指导我们的政策按同一条道路前进"。当天晚上,丘吉尔口述了这份声明的初稿,提出了战后处理问题的八项原则,包括"所有人民选择他们愿意生活于其下的政府形式之权利"。虽然没有提出多少具体的细节,但它勾勒了一幅战后世界和平与繁荣的愿景。

阿真舍会晤是英美伙伴关系新的里程碑。从1937年第一次向英国派出军方观察员,到1941年1月至3月的参谋级会谈,再到此时"奥古斯塔"号和"威尔士亲王"号上愉快的交流,对于打败德国的战略蓝图,美国已经做出了一个中立国所能做出的最大程度的承诺,不管这承诺有多含糊。首先是保卫大西洋补给线,然后再上升到大规模的轰炸作战,同时英美伙伴调集最终击败德国所需的人员和物资。不过,在何时、何地发动进攻,却是一个悬而未决的问题。

正逢此时,1941年12月7日,日本袭击了美国。

在历史性的那一天,弗兰克·诺克斯打进电话的几分钟之内,白宫接线员就开始召集内阁成员召开紧急会议。斯塔克致电总统确认发生了袭击,并补充说,迄今为止的报告显示,这是一场相当严重的袭击,美国的船只和人员都遭受了重创。罗斯福口述了一份给公众的新闻稿。3点,他会见了几个人,这几个人就是很快广为人知的他的战时内阁:马歇尔、贝蒂·斯塔克,以及两名部长史汀生和诺克斯,此次还包括国务卿科德尔·赫尔(Cordell Hull)。一般说来,罗斯福做事倾向于避开赫尔,赫尔也从未进入过白宫的核心集团。赫尔在此刻出现,完全是因为他刚刚才在办公室会见了日本特使,接受了他们对于美国最新和平提议的正式答复。在他们到来之前,罗斯福打电话告知了他珍珠港的消息。总统告诉赫尔,接到日本的答复后不要做任何评论,不动声色地"恭恭敬敬将他们送走"。然而,赫尔却无法保持沉默。他当着两名站在他桌子前面的日本代表,读完了日本的公文,抬头说道:"我从未见到过哪份文件像它一样充斥着无耻的谎言和歪曲——无耻的谎言和歪曲的程度是如此之严重,以至于我无法想象至今在这个星球上,还有哪个政府能够说得出来。"

对于罗斯福和他的智囊团,眼下已不再是意外战争计划的问题,意外已经到来。罗斯福命令斯塔克进行回击,舰队第一天就接到了"对日本实施无限制的潜艇战和空战"的命令。然而,此时尚还没有清晰的长远计划。过去两年来,战略计划太注重于德国,注重于与英国齐心协力打败希特勒。此刻坐在罗斯福椭圆形书房内的所有人,都曾是该计划的参与者,他们都依然相信希特勒是更危险的敌人,而且还相信美国很快就会同德国交战。不过,此时此刻,更详细的计划还必须等待事件的走向。

那天傍晚,在与内阁和国会领导人分别开过会之后,罗斯福把他的私人秘书格蕾丝·塔利(Grace Tully)叫到总统办公室来。"请坐,格蕾丝",他说,"明天我要去国会。我想口述我的咨文,不会很长"。他字斟句酌地缓缓开口说了起来,还说出了标点符号:"昨天,逗号,12月7号,逗号……"说完之后,他吩咐塔利将它隔行打印出来,以便进行修改。塔利几分钟便返回,罗斯福手拿一支铅笔,俯身看着文件,他读出第一句话:"昨天,1941年12月7日——必须永远记住这个世界历史中的日子……"作为一个曾经对世界历史严肃认真的学生,他感觉这句话缺乏他所寻求的冲击力。他划去"世界历史中"几个字,在上方添上了"耻辱"二字。

第二章

阿卡狄亚

温斯顿·丘吉尔当天晚上得知了消息。当时他正在伦敦以北白金汉郡的契克斯度周末。自1917年开始，那个地方就成为英国首相们的乡间别墅。得知消息时，他刚刚和两位美国人用完晚餐，一位是美国大使约翰·G.怀南特（John G.Winant），还有一位是罗斯福派往英国协调《租借法案》货物交付的埃夫里尔·哈里曼（Averell Harriman）①。晚餐之后，丘吉尔拧开一个小小的便携式收音机（哈里·霍普金斯送给他的礼物），收听最新的战争消息。三人听了关于苏联和利比亚战事的报道，报道在接近尾声之时，语焉不详地提及日本空袭了美国在珍珠港的船只——抑或是在珍珠河？转瞬即逝的消息，以及它没有成为新闻的头条，都让人犯糊涂。到底发生了什么？当丘吉尔的管家弗兰克·索耶斯（Frank Sawyers）进来清理餐桌时，丘吉尔向他问及此事，索耶斯确认了这个消息。"日本人袭击了美国"，他说。丘吉尔从椅子中站起身来，在房间中踱来踱去，声称要马上给外交部打个电话，安排向日本宣战。但怀南特说，也许应该先给华盛顿打个电话。于是丘吉尔走进他的书房，拨通了白宫的电话。几分钟之后，罗斯福出现在电话的另一端。"总统先生，这件关于日本的事是怎么回事？"丘吉尔问道。"千真万确"，罗斯福告诉他，"他们在珍珠港袭击了我们。我们如今是风雨同舟了"。

丘吉尔最直接最本能的反应是大喜过望，他立即得出一个结论，那就是这会把美国全面推入战争。他相信这不亚于是胜利在望——虽然不会立即，但最终也会取胜，这是毫无疑问的。一年多来，英国实际上是苦苦挣扎着在同希特勒的战争机器作战，遭受着因德国潜艇封锁而造成的物资匮乏，忍受着几乎每天都会

---

① 不知道丘吉尔是否清楚，怀南特和哈里曼都严重地滥用了他的盛情款待。身为已婚男人的怀南特，和丘吉尔27岁的女儿莎拉（Sarah）染上了绯闻。同样已婚、时年50岁的哈里曼，又和丘吉尔的儿媳妇、21岁的帕梅拉（Pamela）上了床。帕梅拉是此时在埃及服役的丘吉尔唯一的儿子伦道夫（Randolph）之妻。岁月流逝，30年后年近80岁的哈里曼和51岁的帕梅拉终成眷属。

出现的空袭,等待着步步紧逼的入侵。在这些日子里,丘吉尔就是英国抵抗和决心的化身,他向纳粹挥舞着自己的拳头,嘲弄着他们的自命不凡,同时号召英国人民作出牺牲("鲜血、辛劳、眼泪和汗水")。他保证最后将会取得胜利,但那样的保证在某种程度上更是他的决心,而不是真实的期望。虽然他像猛犬一样地抵抗,却不得不向富裕而强大的美国人摇尾乞怜,对于罗斯福要求的为了获得美国的支持而做出的妥协,不管多么有损尊严,他也不得不接受,因为必须要消除美国孤立主义者的怀疑,让他们相信美国并没有出卖任何利益。1941 年 6 月,当希特勒的装甲师横冲直撞进入苏联之后,英国不再是孤身作战了,丘吉尔的心中燃起了希望。如今,随着美国卷入战争,希望变成了胜券在握。他确信,以苏联的人力、美国的财富和英国的勇气,"希特勒的命运已经注定。"他情绪高昂。"英格兰将生存下去;不列颠将生存下去;英联邦和英帝国将生存下去。"以丘吉尔的标准,这个傍晚还时间尚早,他送走了客人,便立即投入到工作当中。他召集内阁成员,安排第二天下议院的特别会议。跟往常一样,他又将度过一个不眠之夜。最后,到了 12 月 8 日清晨,他才上床睡觉。他后来写道:"当我去睡觉的时候,心中充满了,并洋溢着感情与感想,所以睡了一个得到拯救而心怀感激的人所睡的觉。"

第二天上午醒来之后,他的兴高采烈依然保持着,不过现在又因他随时随地的政治盘算而有所变化。他深信希特勒会向美国宣战,由此美国就会被完全卷入全球战事。但他又担心,尽管在 ABC 会议上达成了暂时的协议,而且在阿真舍确认了这些协议,但日本发动袭击的这一特殊情况,有可能迫使罗斯福将美国人的愤怒直指日本,把在欧洲的战争降低到次级战区去。丘吉尔并不认为罗斯福会故意违背自己的承诺,但是他知道,罗斯福是民主社会选举出来的领袖,对公民的情绪和心情,他必须要保持敏锐。他认为"有一个严重的危险,美国可能在太平洋和日本开战,留下我们来对付德国"。

同样令人担忧的是,美国有可能减缓甚至停止按《租借法案》提供源源不断的物资和补给。英国越来越离不开这条补给线,它的中断,几乎和德国潜艇取胜一样,会威胁到英国的生死存亡。在这个问题上,丘吉尔的担心不是没有缘由的。听到珍珠港的消息后,美国国内许多人的本能反应,是战争部下令立即停止所有《租借法案》下的货物运输。在纽约,有三十艘船只已经满载战略物资,准备运往在中东的英国军队,结果接到了推迟起航的命令。忧虑之下,丘吉尔向他的朋友马克斯·艾特肯(Max Aitken)求助,这位英国报业大亨更出名的称呼是比弗布鲁克勋爵(Lord Beaverbrook),他给在华盛顿的哈里·霍普金斯打了一个电话,看他能不能摆平。霍普金斯告诉他不用担心,那只是暂时的误会。霍普金斯确信,一旦美国开始做好战争准备,"我们肯定会极大地增加我们的数量。"然而,这件事情提醒了丘吉尔这条补给线是多么的脆弱,确保它的延续是多么的重要。出于这些考虑,他决定尽快亲自去华盛顿拜访。

丘吉尔同他的战时内阁碰面以得到正式的批准,然后上书乔治六世请求允许在战时出国。他把理由陈述得十分清楚:"我们⋯⋯也必须留意,勿让我们从美国获得的那部分军火和其他援助受到更多的恐怕是无法避免的损失。"拿到国王的批准之后,丘吉尔当天给罗斯福发了一份电报,提出到华盛顿"根据现实和新的事实去检查全部战争计划。"

罗斯福起初并不热心。美国还处于日本当初突袭的影响下,此时同英国首脑进行高级别的会谈,他担心是否明智。美国海军正在试图为中太平洋小小的威克岛(Wake Island)上被围困的驻军组建一支救援军,同时军方也在试图为处于菲律宾的道格拉斯·麦克阿瑟(Douglas MacArthur)指挥下的军队增加兵力。珍珠港让孤立主义者安静了下来,如果他们疑心英国是过来设定战争方向的,那他们又会闹起来。不管真正的担心是什么,罗斯福以担忧丘吉尔再次横跨充满危险的大西洋为由,表达了他的保留意见。丘吉尔叫他别担心,并拒绝接受劝阻。

就在第二天,希特勒向美国宣战。他在对帝国议会发表的冗长而杂乱的演讲中,将整个战争描绘为德国人对于来自四面八方的阴谋和威胁的回应。他坚称,波兰、英国、法国和苏联都随时准备着发动袭击,结果却被无畏的德国士兵英勇的防御行动所挫败。至于德国和美国的关系,他从个人的角度认为,是他,一位德国人民顽强勤奋的斗士,与享有特权却无能的罗斯福之间的对抗。"罗斯福出生富裕家庭,所属的阶层在民主国家中道路是被铺平了的,"他告诉帝国议会的代表们。"而我来自一个微不足道而贫困的家庭,通过工作和勤勉闯出自己的道路。"富裕而享有特权的罗斯福,作为总统是完全失败的,希特勒坚称,"他唯一的解救方法,是将公众的注意力从国内转移到对外政策上来"。因此,"他本人从1939年3月起,就开始干涉欧洲事务,这些事务根本不需要美国总统来关心。"希特勒声称,德国一直很有耐心,但忍耐是有限度的。他并不是要求宣战,他只是宣布德国与美国现在处于战争状态中。他的演讲博得代表们欢呼喝彩。

美国终于如丘吉尔所说的,"完全和拼命到底地"投入了这场战争,两年多以来的意外战争计划可以付诸实施了。在三月份的时候,处于尝试性伙伴关系的英美曾确定德国是最近期的威胁、最危险的敌人。在日本的恶行之后,这样的确定还依然有效吗？为了找出答案，丘吉尔准备着四个月内第二次漂洋过海。

━━━━━━━━

12 月 14 日，珍珠港事件一周后，丘吉尔离开英国。他乘坐的战列舰为"约克公爵"号（Duke of York），是四个月前参加阿真舍会议所乘的"威尔士亲王"号的姊妹舰。纽芬兰会议之后，丘吉尔立即派遣"威尔士亲王"号同巡洋战舰"反击"号（Repulse，又译为"却敌"号）一起赴远东，去巩固马来亚和新加坡的防御。12 月 10 日，也就是他发电报给罗斯福，请罗斯福邀请他去华盛顿的那天，他得知这两艘战舰在日本的空袭下已经遭遇厄运。这是一桩沉重的打击，他写道，"在整个战争过程中，我从来没有受到过比这更直接的打击。"虽然他因得知日本的袭击将美国卷入了战争而大喜过望，而现在他面临的事实却是日本的进攻取得了惊人的成功。随着强大的"威尔士亲王"号沉入海底，丘吉尔领会到，在整个印度洋和太平洋，"日本获得了霸权，我们各处都虚弱且缺乏保护。"

"约克公爵"号也是一艘大船，丘吉尔带上了大量的随从，其中好几个人在设计和实施直至两年半之后的诺曼底登陆的英美战争计划当中，都扮演了关键性的角色。无需置疑，他们当中最重要的人物是陆军元帅约翰·迪尔爵士（Sir John Dill），他是英国陆军的代表。迪尔的加入有几分尴尬，因为丘吉尔刚刚才撤掉他帝国总参谋长（CIGS）的职务，由艾伦·布鲁克（Alan Brooke）将军接替他。丘吉尔认为，虽然迪尔的战争记录堪为楷模，但他过于保守和传统，不适合继续担任英国陆军的指挥官。另外，他对英国的战略规划中优先考虑地中海而不是远东持反对态度。迪尔还常常拒不认真对待丘吉尔的许多更为疯狂的建议，比如花里胡哨的武器和异想天开的战略等。首相起先打算将迪尔搁在一边让其去任印度总督。然而在珍珠港事件后，他决定去华盛顿时带上迪尔，把布鲁克留在伦敦料理事务。丘吉尔考虑在事情有了眉目之后，可将迪尔留在华盛顿做英国利益的代表。事实证明这是一个英明的见解，因为迪尔具备冷静和擅长外交的气质，有助于在同盟伙伴关系中调停偶尔的和不可避免的碰撞。他的不可多得，不仅体现在即将到来的会议中，而且贯穿在整个战争过程中，直至他1944 年去世。

英国代表团中还有一位成员是海军元帅达德利·庞德爵士（Sir Dudley Pound），他是英国皇家海军的代表。庞德 64 岁，健康状况欠佳，从外表可以看出身体已过了全盛时期。他有一个令人不舒服的习惯，开会的时候爱打瞌睡，然后会突然坐直了，阐明一个论据充分的观点，接着缩回椅子里又闭上眼睛。空军元帅查尔斯·波特尔爵士（Sir Charles Portal）是皇家空军的代表。他比庞德年轻 16 岁，在会议上更活跃更健谈。波特尔的牛津大学学位给予他某种知识上的声望，马歇尔认为他是"一群人中的佼佼者"，然而有时候很难说清波特尔的主要支持者是英国还是皇家空军。英国团队中还有一位关键人物是比弗布鲁克勋爵，这位加拿大出生的报业富翁，被丘吉尔钦点负责供应部。比弗布鲁克靠自己的努力取得了成功，拥有《每日邮报》（the *Daily Express*）和《标准晚报》（the *Evening Standard*）两家报纸，他看上去精灵古怪，精力充沛而善于组织，显著地提高了英国的战时生产能力。不过，他最重要的资历，是和首相的私人友谊，他对于丘吉尔的作用，正如霍普金斯对于罗斯福①。

　　丘吉尔和他的高级官员们，利用横渡大西洋的八天时间，制定了若干关于战时管理各个方面的意见书。丘吉尔亲自写了三份，分别关于大西洋战场、太平洋战场和 1943 年战略意见。这些文件不能算是具体的计划，只是一些宽泛的哲学观点（支持他的霍普金斯提醒他，抵达的时候手里不要带着非常详尽的计划，以免引起美国人的怀疑）。由于美国人还处在珍珠港事件之后的混乱中，他们还没有制定任何意见书，结果英国的意见书就成为随后讨论的依据。丘吉尔开会的目的有三重：再次确定美国对于"德国优先"战略的保证、确保《租借法案》货物的继续供应、获得尽早进入北非联合作战的认可。

　　他无须担心前面两个目标。到目前为止，美国已经如英国一样致力于"德国优先"的战略。继续执行《租借法案》也不会存在问题，正如霍普金斯预测的那样，货物不但没有减少，反而很快有所增加。而核心的问题，不仅在即将到来的华盛顿讨论中，而且在整个战争期间的英美会议中，就是如何能够最大程度地保证战胜德国。丘吉尔很快发现，美国对于"德国优先"计划的承诺，使得他们急于在这方面继续下功夫。对于丘吉尔而言，他并不反对最终向德国占领的欧洲发起进攻。实际上，他已经将这项行动放在他计划文件的中心。年轻的时候，丘吉尔爱宣称"要出拳就出制胜重拳"。但不是现在，也不是这一年。他考虑如果同盟国夺取了海上的控制权，在欧洲大陆上空获得了空中优势，同时他们能够生产大量的军需物资，那么"1943 年夏季"进攻欧洲就成为可能。但即使是在那个时候，他写道，进攻也需要"大规模的补给"，而这样艰巨的事业在 1942 年根本没有可能。

　　同时，丘吉尔也没有否认 ABC 报告中的建议，即日益猛烈的轰炸和欧洲的

---

①　2 月，从阿卡狄亚会议返回英国后不久，比弗布鲁克就辞去了供应部长的职务。表面原因是他的健康状况不佳，但其实比弗布鲁克亦反对丘吉尔让海军部控制造船业优先权的决定，而且他公然与丘吉尔的副首相克莱门特·艾德礼（Clement Attlee）不和。

物资匮乏，会在不甘被希特勒征服的国民中带来严重动荡。他从不放弃一个想法，就是"内部的崩溃永远是可能的"。当然，这不是板上钉钉之事，因此必须准备"派遣力量足以使被征服人民能够起义的英美军队，在适当地点相继或同时登陆，以解放西欧和南欧被占领的国家"。

这个观点的中心难题，就在于如果 1943 年之前无法进攻，那么盟国在这个时候该做些什么？距离 1943 年夏季还有 18 个月，盟国肯定不可能把所有的时间花在只是为最终进攻欧洲大陆积累所需的资金上。特别是成千上万的苏联人正在东部前线牺牲，急于对珍珠港事件报仇雪恨的美国公众希望向太平洋进军。在这样的压力下，1942 年绝对需要在大西洋战场做点事情。对于丘吉尔而言，所谓的事情是显而易见的："必须发动一场战役以占领或征服北非口岸。"他认为，这样的一场战役将会在希特勒的欧洲帝国周围形成一圈包围，抢先一步阻止轴心国进入伊比利亚半岛（西班牙和葡萄牙），若重新恢复使用地中海海上航线，发往中东的运输船就不必绕非洲而行。最后，这将迫使法国维希政府彻底地选择阵营。随着美国如今卷入战争，法国对英国的反感将会减轻，他们甚至会受到鼓舞重新加入同盟国的事业。起码，盟军在北非的出现会迫使德国去占领法国余下的地方，由此会牵制德国更多的军队，从而减轻苏联的重重压力。出于这些原因，丘吉尔主张，"北非战场是英美联合行动最有利的战场之一。"不过，他首先得说服美国人接受这个观点。

12 月 22 日，"约克公爵"号缓缓驶入位于弗吉尼亚海域汉普顿水道（Hampton Roads）的锚地。美国官员们本来邀请丘吉尔及随从从此处乘船前往华盛顿，但丘吉尔急于结束行程，于是便安排飞机从汉普顿直飞华盛顿国家机场，罗斯福到机场迎接他。两人如老朋友一般互致问候。在驱车前往白宫的途中，丘吉尔看到，尽管战争已经开始，这个城市依然被圣诞灯光装饰得灯火辉煌，而伦敦已经有三年都没有圣诞装饰了，对此丘吉尔略微感到有些不快。丘吉尔入住白宫，下榻在二楼的玫瑰卧房，和哈里·霍普金斯的房间隔厅相对。

接下来的几天，丘吉尔俨然成了这个家庭中的一员。由于他习惯熬夜睡过头，因此每顿早饭都吃不上，但他每天都与总统和霍普金斯共进午餐，而且还每天下午在罗斯福所戏称的"儿童时间"里喝鸡尾酒。喝完罗斯福调配的鸡尾酒之后，丘吉尔亲自推着坐在轮椅里的罗斯福去乘坐电梯，下楼共进晚餐。他后来强调这样做是"以示尊敬"，他把这比作沃尔特·雷利爵士（Sir Walter Raleigh）①

---

① 沃尔特·雷利爵士（1552—1618），伊丽莎白女王的宠臣。据传说，他曾经脱下他华丽的外衣铺在路上的泥地上让女王走过。——译注

把他的外衣铺在伊丽莎白女王面前那样，这是一个有几分矫揉造作的比方。罗斯福意识到丘吉尔习惯晚上活动，吃过晚饭之后，虽然他不喜欢，但也会呆到很晚，以免错失与丘吉尔和霍普金斯谈话的机会。英美两国的高级官员们，对于总统和首相之间的这种私人聚会都感到忧心忡忡。美国人害怕狡猾的丘吉尔会说服罗斯福采取支持英国利益而不是美国利益的行动。他们意识到罗斯福管理风格比较随意，习惯于对一切最近向他提出的见解，至少在最初，都会表示同意。而与此同时，英国的官员们却又害怕两人做出了什么决定、达成了什么协议，把他们拖入无法维持或不切实际的承诺当中。

除了迪尔、庞德和波特尔，丘吉尔还带来了一大批初级官员和公务人员，因为丘吉尔的难伺候是出了名的。有时候在白宫的走廊里，戴着红色领章（军衔的标记）、步伐坚定、来来往往的英国官员，甚至比美国官员还多。白宫里有一位年轻的官员后来回忆道，他瞥见丘吉尔"总是手里拿着一捆公文，在他的卧房和哈里·霍普金斯的小办公室、总统的书房之间来回穿梭"。除了卧房，丘吉尔还占用了总统办公室书房隔壁的麦迪逊房，随从们在这里布置好了首相所称的他旅行中的"地图室"，它的特征是巨大的战区地图，上面用彩色的大头钉标出盟军和敌军在世界各地的当前位置。罗斯福对此羡慕不已，会议结束后，他也下令在白宫的地下室布置了他自己的地图室。

就美国公众而言，这次访问的重要事件，是罗斯福和丘吉尔在平安夜共同点亮白宫圣诞树上的彩灯、他们于圣诞节早上出席卫理公会教堂的活动，以及圣诞节的第二天丘吉尔在国会参众两院联席会议中所做的正式演讲。三起事件标志着英美成功团结在一起。丘吉尔以他的开场白立即俘获国会议员们的心："我情不自禁地在想，如果我的父亲是美国人，我的母亲是英国人，而不是与之相反，我就有可能靠自己的力量来到这个地方。"[①]他是一个极富煽动性的人，谈到日本袭击珍珠港时，他咆哮着说，"他们把我们当做什么人看待？他们难道不明白我们永远会不屈不挠地和他们战斗，直到他们得到他们永不忘记、这世界也永不忘记的教训为止吗？"他的一席话，引得议员们纷纷站立起来怒吼。

不过，这次会议实际的工作却发生在公众视线之外，由英美两国军方头目聚在一起谋划联合战略。

[①] 丘吉尔父亲为英国人，母亲为美国人。他的父亲伦道夫·丘吉尔勋爵（Lord Randolph Churchill）是马尔巴罗公爵七世的第三个儿子，是保守党"樱草会"（保守党中的一个派系，以工人阶级为主）的创办人，曾担任过内阁中仅次于首相的财政大臣。丘吉尔的母亲珍妮·杰罗姆是美国百万富翁、《纽约时报》股东之一的伦纳德·杰罗姆的女儿。——译注

这次会议的代号为"阿卡狄亚"(Arcadia)①。这个词让人联想到世外桃源，那里和平而宁静，只有鸟儿温婉的啾鸣和牧童轻快的笛声。就在六天之前才被罗斯福任命为美国海军总司令(COMINCH)的执拗而缺乏幽默感的欧内斯特·J.金，认为这个名称"非常不吉利"。

丘吉尔在推行他的议程上一点没有浪费时间。就在到达当天的晚宴上，他就提出了英美联合对法属北非进行干涉的计划。罗斯福对这个意见表示赞同。他是一个精于政治的人，本能地理解到，如果美国军队不能很快地在欧洲战场的某处介入战争，那么他们在太平洋用兵就会遭遇巨大的压力。加之他们需要得到支援和补给，太平洋很快就会变成主要战区，从而破坏双方已经达成共识的大战略。由于进攻被占领的欧洲在 1942 年超出了盟军的能力，或许北非还不失为一个临时解决方案。而且，罗斯福在珍珠港事件之前就密切注意着非洲。他年轻的时候就是一个对世界地理兴趣盎然的学生(部分受到他收集世界各地邮票的影响)。他已经看出达喀尔这个位于非洲最西端的法属殖民地，是大西洋贸易航线和南美洲安全共同的潜在问题。他认识到，盟军占领法属非洲，就能够阻止德国将达喀尔发展成为它的重要基地。丘吉尔确信"对于在法属西北非采取行动，总统的想法和我一致"。

在第二天的阿卡狄亚会议第一次正式大会上，丘吉尔再次重申了他的战役。他对这场战役进行了一个大致的概括，强调对德国实施轰炸的重要性、在利比亚取得早期胜利的有利前景、维希法国(特别是剩余的法国舰队的部署)的难题，以及美国如何贡献力量。他建议美国可派士兵到冰岛或者爱尔兰，去接替那里的英国士兵，这样这些英国士兵就能够参加战斗任务。丘吉尔断定美国士兵还没做好真正参加战斗的准备，这点虽然令马歇尔不快，但他知道丘吉尔很可能是对的。最后，丘吉尔提出了一个想法，不管法国人是否邀请，盟军可联合向法属北非发起进攻。

轮到罗斯福发言，他赞成丘吉尔对越来越猛烈空袭的强调，同意美国的地面部队可前往冰岛和爱尔兰。但对于为了保卫和维护全球的交通航线而联合进攻北非的想法，他却轻描淡写一笔带过。丘吉尔深感失望，前一天晚上，总统好似还对北非的战役非常热心，显然有人影响了他。

---

① 阿卡狄亚，古希腊伯罗奔尼撒半岛中部一高原地区。居民主要从事游猎和畜牧。前 2 世纪并入罗马版图。后世西方一些文艺作品中，常以"阿卡狄亚"一词形容田园牧歌式的生活。今属希腊。——译注

肯定有这样一个人，——说不定是好几个这样的人。美国将领们对于进攻北非的热情，远远比不上他们的总统。一个问题就是船运：根本就不够。从美国东部海岸发动进攻，意味着要在大西洋3 800英里的距离之间来回穿梭，而此时德国的潜艇在大西洋的战斗中依然胜券在握。对于稀缺的船运，还有太多的其他需要，包括麦克阿瑟在菲律宾被围困的军队。很难看出怎样才能找到需要的船只。而且，在北非，取决于法国人的也太多。如果英美是被邀请的，那是一码事，但以一支防御军队强夺控制权，那就是另一码事了。罗斯福因此有所警觉，在公开言论中将他对北非战役的支持缓和下来。他想观望一下海陆军将领们是什么意见。

正式介绍之后，丘吉尔和罗斯福离去，官员们开始着手谈正事①。美国这一方，有马歇尔和斯塔克，加上欧内斯特·J.金和亨利·H.阿诺德——"快乐的阿诺德"，他时任美国陆军航空部队司令，而美国陆军航空部队六月份才从美国陆军航空兵改组而来。阿诺德尽管有这样一个绰号，但他本人却是军队的凶猛捍卫者，而且如波特尔一样，也竭力拥护实施战略轰炸。英国代表团包括迪尔、庞德和波特尔。两国还各有一名民品专家在场：罗斯福的顾问霍普金斯和丘吉尔的顾问比弗布鲁克。曾经出现了一点小小的混乱：当他们在位于宪法大道上的新的联邦储备大厦内举行第一次会议时，却发现安排给他们的房间太小了。不过，他们很快就找到了合适的地方，严肃认真地投入了工作。

英国人显然是满意的，因为斯塔克在会议的一开场，就主张"必须不惜一切代价地保护"不列颠群岛，并重申美国对于"德国优先"战略的承诺。在最初的几分钟，英国人远渡大西洋的主要目标之一就已经实现了。然而，除此之外，英国官员们却无比惊讶地发现，美国人对于下一步怎样做，没有具体的提议，甚至没有一个清晰的概念。迪尔给他在伦敦的继任者艾伦·布鲁克写信说道："这个国家对于战争意味着什么，没有——重复一遍，没有——一丁点儿概念。他们的军队对于战争准备的不足，大大超出人的想象。"对于美国人而言，他们在怀疑英国人提议背后的政治动机，害怕他们隐匿了某些与自己帝国利益相关的不可告人的目的。马歇尔听说，罗斯福同意将前往菲律宾的美国船只掉头派往被围困的新加坡，由此这种怀疑进一步加深。马歇尔就此事去见陆军部长史汀生，两人一起去找罗斯福对质，罗斯福以他那种随意的方式，把这个传闻斥为"胡说八道"。

---

① 丘吉尔前往加拿大，在加拿大议会做了一次令人难忘的演讲，嘲讽希特勒所宣称的他要把英国像一只小鸡一样拧断脖子。丘吉尔用他低沉的嗓音咆哮着说："难对付的小鸡……难对付的脖子。"然后他于1月6日飞往佛里罗达，在美国租借法案管理局局长爱德华·斯退丁纽斯（Edward Stettinius）（后来的国务卿）的冬屋中待了几天。在那里他享受了一次在战争期间很难得的真正假期。

会议在圣诞节继续进行,这样的时间安排很大程度地表明了一种紧迫感。正如美国代表团一位成员给他朋友的信中所说的那样,"我们整天都在集中精力研究……圣诞节对于在这儿的我们而言,就像宗教对于一条狗一样。"圣诞节是迪尔的 61 岁生日,然而,一封试图给他惊喜的歌唱电报①,却因为保安不允许西联电报公司的人员进门而宣告失败。在回到丘吉尔的北非计划之前,官员们讨论了远东的可怕局面,日本人在那儿的暴行依然层出不穷。马歇尔提出,日本人的优势是因为他们有统一的指挥,而盟军却分属四个政府,至少有八位指挥官。为了在远东战胜日本,他认为,盟军在战场上需要"统一的指挥"。

马歇尔考虑这个问题已经有一段时间了。作为一个曾经热衷于历史的学生,他知道在美国过去的战争中,由于缺乏统一的指挥曾造成了很多问题。在弗吉尼亚军校(Virginia Military Institute)期间,他曾到南北战争的一处战场上进行考察,他非常清楚联邦军和海军之间如何因缺乏统一的指挥,从而使数量和物资的优势遭到削弱。在一战当中出任潘兴的参谋期间,马歇尔同样也遭遇过缺乏统一指挥的危险情况。直到战争的最后关头,协约国才克服了联合部队中充满怀疑的民族主义,在西方战线建立了统一的指挥。由于马歇尔的书本知识和实际经验,在两次大战之间的岁月里,他竭力主张陆军和海军进行更紧密的配合,就在 12 月份珍珠港事件之前几天,他还在加勒比海确立了联合指挥。此刻他认为,美国陆军、美国海军、英国陆军和英国皇家海军如果分开,独立进行指挥,将会重蹈覆辙、重现混乱、重陷灾难。他心想,必须要有一个人来掌控全局。

事后来理解这曾是一个多么激进的主张是很困难的。将美国士兵置于英国的指挥之下,或者将英国士兵置于美国的指挥之下,或者将陆军和空军置于海军的指挥之下,这种想法简直无异于异端邪说。连斯塔克都本能地畏缩了,不过欧内斯特·J.金倒是给予了些许鼓励。波特尔建议,或许"华盛顿此处的委员会"可以充当某种统一指挥。不过马歇尔拒绝了由难以控制的委员会进行指挥的想法。"我确信,"他写道,"必须有一个人负责整个战区的指挥——空中、地面和舰船。我们无法通过合作来进行管理"。英国人已经相信美国人是未经检验的新手,认为他们需要花一些时间——甚至数年,才能对战争运筹帷幄。他们此刻在想象,如果把战争中千锤百炼的英国士兵,置于缺乏经验而老朽的西点军校毕业生的指挥下,会造成怎样的后果? 当然,这些他们都不能说,他们迫切需要美国人,不敢冒犯他们,于是只是对统一指挥的整体概念表达了所持的怀疑态度。

---

① 歌唱电报(singing telegram)系指雇人到有庆祝活动的人群面前唱歌祝贺的一种电报。——译注

马歇尔意识到,他把这个想法向代表团突然提出来,之前却没有在它该如何操作上做足必要的参谋工作,这不是他的风格。会议之后,他把他年轻的副手,新近被提拔为准将的德怀特·艾森豪威尔(Dwight Eisenhower)(大家都称他为"艾克"[Ike])拉到一旁,叫他准备一份正式的议案第二天进行介绍。马歇尔告诉他,文件以指示函的形式,写给将来被选为在远东指挥盟军的人。艾森豪威尔当晚熬夜写作,他也许万万没有想到,他这样做,是正在开创统一指挥的先例,这也使他自己后来作为盟军最高司令的任职成为可能。艾森豪威尔的目的是减轻英国人的疑虑,因此他以不厌其烦的方式强调一个战区的指挥官不能做什么。他不能接替另一支军队的指挥官,他不能改变战术编组,他不能把一个国家的补给用来支持另一个国家,他不能担任其他国家的军队的"直接指挥",只能指挥他们的战略行动。

与此同时,马歇尔还进行了必要的外围工作。他将统一指挥的想法抛给了史汀生,史汀生大加赞赏。于是他和陆军部长再次一同去见总统。罗斯福听完之后,如他惯常那样,大体上表示同意,然后吩咐马歇尔同诺克斯谈谈,因为确保海军同意是必要的。不光是诺克斯,马歇尔还必须拉拢海军将领们,因为他们几乎都不喜欢在陆军军官的指挥下作战这个主意。马歇尔在斯塔克的办公室里同海军的高级将领们碰头,他们依旧持怀疑态度,而且特别担心陆军航空部队获取对海军航空兵的控制。还是金打破了僵局。对于他而言,这是一个简单的逻辑:"如果代表着四个不同国家的三支军队,在一个地区没有一个直接上级而各自行动,那么就不可能有有效的行动。"一旦金表示支持,其他人也就默然同意了。

英国的将领们对这个想法谨慎地表示支持,少许人还公然表示热心。马歇尔将提案提出来之后,令他有几分惊讶的是,庞德(马歇尔在回忆录中称他为"老上将")匆匆从会议中冲出来追上他,用力地握着他的手。然后迪尔走上前来实实在在地给了他一个拥抱。虽然他们十分热心,但是,他们显然会遵从丘吉尔的领导,而"前海军人员"有极大的可能很难被说服。12月27日晚上在白宫和罗斯福的会谈中,丘吉尔坚持认为,统一指挥从原则上来讲很不错,甚至对于陆地战争也非常适合,比如对于1914年—1918年协约国的士兵们并肩作战的一战。但是,对于军队分散在世界各地的全球战争,统一指挥就太不现实了。比弗布鲁克和霍普金斯当时都在场。比弗布鲁克主动给霍普金斯递了一张便条:"你应该做做丘吉尔的工作。有人给他提出了劝告。他(对此)思想是开明的,需要谈一谈。"基于此,霍普金斯于是安排马歇尔单独和丘吉尔面谈。在霍普金斯的敦促下,丘吉尔邀请马歇尔第二天上午到他在白宫的卧房里见面。极有可能的是,丘吉尔相信自己能够以个性的力量制服这位谈吐温和的美国将军。这是一次不可抗拒的力量和不可动摇的目标之间的碰撞。

马歇尔看到丘吉尔靠在床上——这是他通常早上工作的地方,周围散落着各种政府文件。马歇尔拒绝了让他坐下的邀请,继续站立着,不停地一边来回走动一边进行汇报。他简直就是个移动的目标。丘吉尔像通常那样,一开始就滔滔不绝。马歇尔记得"他喋喋不休地高谈阔论"。丘吉尔坚持认为"舰船是非常特别的东西",不能交给陆军指挥官。"陆军军官如何知道怎么摆弄一条船呢?"他问道。马歇尔立即反驳:"那好,那海军军官又如何知道怎么摆弄一辆坦克呢?"当然,这不是关键所在。当丘吉尔开始叙述长达几个世纪的海军独立的传统时,马歇尔打断了他:"我对德雷克(Drake)或弗罗比舍(Frobisher)①不感兴趣,我感兴趣的是(建立)一个统一战线,对付穷凶极恶的敌人。"丘吉尔不习惯受到如此直接的挑战。过了片刻,他从床上起身,走进了浴室。马歇尔耐心地等待着,丘吉尔最后终于沐浴完毕走了出来,身上只围着一条毛巾。带着几分不情愿,他同意与"他的人"讨论一下这个问题,最后他退让了。"显而易见,"他后来写道,"我们必须迎合美国人的观点。"

对此帮助很大的是,马歇尔有意无意地透露,他心目中在远东进行统一指挥的人选是一位英国人,将军阿奇博尔德·韦维尔爵士(Sir Archibald Wavell)。他后来被任命为所谓的 ABDA(美英荷澳,——澳大利亚、英国、荷兰和美国首字母缩写)司令部的最高司令。韦维尔的指挥只维持了 49 天。虽然盟军处于统一指挥下,但是由于缺乏必要的装备,无法在远东抵抗日本的猛攻,特别是在空中。新加坡于 2 月 15 日出人意料、令人吃惊的陷落,标志着这项试验的失败,一周以后 ABDA 也解散了。但是马歇尔的努力并没有白费,因为他们开创了战场统一指挥的先例。从长远来看,最主要的受益者将是拟定这项议案的人——准将德怀特·艾森豪威尔②。

西北非的问题更为艰难。丘吉尔给盟军在此登陆的计划取了个代号叫"体

---

① 二人均为英国 16 世纪著名的海军将领及探险家。——译注
② 统一指挥原则的一项例外,是在阿卡狄亚会议上一致同意的美国海军"将继续负责菲律宾群岛以东的整个太平洋"。当然,美国海军于是不得不与道格拉斯·麦克阿瑟将军代表的同样专横独断的权威来协商指挥责任。麦克阿瑟随后被授予所谓的西南太平洋地区(SoWesPas)的指挥权,包括澳大利亚和菲律宾,而美国海军则负责太平洋地区(POA),总指挥为海军上将切斯特·尼米兹(Chester Nimitz)。

育家"（Gymnast）①，还有一个更野心勃勃的占领整个法属西北非的计划叫做"超级体育家"（Super-Gymnast）。然而，当阿卡狄亚代表们力图用他们匮乏的资源来应付全球战争不胜枚举的需求时，这样的计划越来越明显地成了一种痴心妄想。一如既往地，其瓶颈就是运输问题：要船队不间断地前往英国和苏联，保持太平洋交通航线的通畅，并发动对非洲的进攻，船只根本就不够。马歇尔承认他有可能调集三个师，其中一个是海军师，按计划向北非挺进，但这样一来，在大西洋就没有船只留下来，其他什么事也干不了。丘吉尔十分气馁，声称如果他们因为运输不足而放弃计划，他将会"极其不愉快"。他建议或许盟军可以用军舰运送部队。罗斯福对此表示怀疑，不过，他允诺说他看看能"筹集"点什么。由于运输问题的实际情况，进攻北非，至少在近期，显然是根本不现实的。

尽管如此，罗斯福和丘吉尔还是想把"体育家"的前景留待商榷。在1月12日会议快要结束的一次大会上，罗斯福问道，在可以找到足够船只的情况下，进攻北非最快何时可以启动。丘吉尔声称可以在3月3日进行——距离此时只有不到两个月了。马歇尔表示反对。他指出"短缺的不（仅仅）是运输部队的船只，而是运输货物的船只"。就算是找到船只，将士兵们运上岸还远远不够，他们在那儿需要得到补给。金表示同意。他强调，这样的行动至少要等到4月中旬。

尽管这些回答里面充斥着明显的怀疑态度，永远乐观的罗斯福却宣布，这个计划应该马上启动，他称之为"马歇尔将军的计划"。"我们让比弗布鲁克和霍普金斯去找船，我们将尽早从事'超级体育家'计划。"由此，同盟国向北非和地中海迈出了犹豫不定的第一步。

―――――――

阿卡狄亚会议还取得了一个重大的成果，对同盟国的伙伴关系产生了深远的影响。它来自对韦维尔将军指挥ABDA的实施。根据艾森豪威尔的备忘录，韦维尔应该受令于"一个合适的联合体"。问题是没有这样的一个组织来制定战略计划。为了创建这样一个组织，罗斯福建议成立一个永久性的委员会，由三名美国高级军官和三名英国高级军官组成，荷兰或其他国家偶尔参与提建议——换句话说，就是非常类似于参加阿卡狄亚会议的这样一个组织。同时，这个永久性组织应该在华盛顿开会，这点也是符合逻辑的，不仅仅因为他们认可美国在战争中有可能提供大部分的人员和物资这个事实，而且还因为华盛顿从地理上正

―――――――

① 1942年盟军制定的在法属西北非登陆的第一个作战计划，后改称"火炬"。——译注

好位于两个战场之间。在华盛顿碰头对于美国将领们是非常轻松的,但显然不能指望英国的将领们在自己家里战火纷飞的时候,还长期滞留在外国的首都。必须由一位不是将领的人来代表英国。这一问题可谓迎刃而解。就像丘吉尔所预见的那样,迪尔可以作为英国陆军的代表留在华盛顿,而皇家海军和空军的代表,可由在华盛顿的英国联合参谋长代表团(British Joint Staff Mission)的高级人员担任。斯塔克可前往伦敦担任美国驻欧洲海军(U.S.Naval Forces Europe)总司令(CINC-NAVEU),这样金就可以在作为美国海军总司令的同时,接管他的海军作战部长的职责。由此创建的这个决策和监督的新组织,被称为"联合参谋长委员会"(Combined Chief of Staff,简称 CCS)。

在战争余下的时间里,虽然重要的战略决策由政府首脑们制定,但 CCS 执行这些决策、制订计划、起草命令,基本上是在运筹整个战争。其中还包括负责按优先秩序安排、调拨和分配战争物资,这实际上就意味着分配美国的工业产品。当然,这也就是驱使丘吉尔和他的顾问们,包括比弗布鲁克,远渡重洋来同美国人会谈的另一个主要问题。他们在这个问题上早已准备好了具体的提案。英国人极力主张创立一个供应委员会,用于为军事努力建立采购优先权。同样,再创立一个军需品委员会和船运管理委员会,在这些领域设置优先权。美国人疑虑重重。他们不明白,为什么要由一个百分之五十以上的英国代表组成的委员会,来决定如何分配百分之百由美国生产的物资。最终,他们同意建立两个委员会,一个美国的、一个英国的,来推荐优先秩序。推荐递交给联合参谋长委员会,由这个组织来进行最终决策。这一附加的权力——决定将美国生产的船只、坦克和飞机派往何地的权力——给予联合参谋长会议更多的对于战争走向的掌控权。

英国和美国的公众对于这些磋商毫不知情。对于他们而言,阿卡狄亚会议最重要的成果是 1942 年 1 月 1 日的正式声明《联合国家宣言》(the Declaration of the United Nation)。罗斯福提出用"联合国家"一词取代"同盟国",因为美国和苏联实际上没有建立同盟——他们仅仅是站在同一边而已。新的宣言,在很大程度上是重申《大西洋宪章》所提出的目标,只不过此时此刻延伸到涵括所有与轴心国战斗的国家。它确定了"民族自决权"的原则,并宣布,参与签署的各国认为,"完全战胜敌人,对于保卫生命、自由、独立和宗教自由,对于在他们自己的国土和其他国土上捍卫人权和公平,是十分必要的"。基于这个原因,他们"现在同心协力对抗企图征服这个世界的野蛮而残酷的力量"。苏联人因宣言中含有"宗教自由"一词而犹豫不定,但最终随着 25 个国家代表签字,苏联人也同意签署。

此时,丘吉尔便急于想回到伦敦重新开始亲手掌控战争。罗斯福和霍普金斯亲自陪同他和庞德、波特尔前往火车站并同他们挥手道别——当然,迪尔留了下来。专列载着丘吉尔和他的随从前往诺福克,他们从这里登上一架巨大的四引擎波音314"飞剪"号远程水上飞机飞往百慕大。他们本打算从百慕大重新登上"约克公爵"号,水上航行6天之后回到英国。丘吉尔对这架巨大的水上飞机的体积和舒适度印象深刻,他问飞行员凯利·罗杰斯(Kelly Rogers),这架飞机能否从百慕大一直飞到英国。罗杰斯说可以,于是最后丘吉尔就以这样的方式回到了英国。距离查尔斯·林德伯格(Charles Lindbergh)孤身成功飞越大西洋还不到15年,各国首脑们如今就能够乘飞机旅行了。从那以后,英美同盟国的领导人便可以乘飞机互访,由此缩短了他们之间的地理鸿沟。

丘吉尔的出行取得了巨大的成功。"德国优先"的战略和《租借法案》的继续都双双得到了再次确认;《联合国家声明》撑开了一把大伞,为所有同德国战斗的国家遮风挡雨;在联合参谋长委员会当中建立了全球战略管理的机制。丘吉尔后来若有所思地说,"将来的史学家们"会将联合参谋长委员会的创建,视为阿卡狄亚会议"最有价值、最持久的成果"。他虽然被迫接受在远东建立统一指挥,但美国人已经同意派出几支军队去接替在冰岛和爱尔兰的英国军队,以便他们能脱身去中东参战。而且,尽管美国的高级指挥官不同意他进攻北非的"体育家"计划,但最关键的人物:美国总统,却对这个想法颇有好感。诚然,也有分歧出现。美国人显而易见地确信,有必要迟早,最好是尽快,发动全面的水陆两栖突击,直指德国的心脏。丘吉尔接受这个现实,但他依然希望,这样的一场进攻到1943年再实施,只是为了给摇摇欲坠的纳粹帝国最后的致命一击。

就负面性而言,阿卡狄亚会谈暴露了同盟国在物资上的薄弱,它使得任何早期的进攻都成为问题。即使是"体育家"计划也充满困难,除非能以某种方法摆脱船运不足的窘境——军队运输船、货物运输船、油船,特别是登陆艇,都太少太少。要克服这个薄弱环节,不但需要史无前例的建造计划,而且还要消除德国潜艇在大西洋的威胁。在同盟国认真计划进攻任何敌方海岸之前,他们必须首先保护大西洋海上通道,在将来可能属于敌方的海滩获得空中优势,并且筹集储存大量的军需品和补给。这些大部分都是调动和生产的问题,而美国人会适时解决这些问题。丘吉尔一开始就相信,美国工业的丰足会起到决定性的作用。他同时也知道,对抗希特勒的战争将会是一个持久而血腥的过程,但至少如今眼下,他相信他能够看到前进的道路了。

第三章
"我们必须去欧洲作战"

  乔治·马歇尔一口弗吉尼亚口音,他彬彬有礼的举止和恭顺的态度,有时候会让人低估了他内心的刚强。而罗斯福早就看了出来。早在1938年秋天,当战争尚还在隐隐逼近的时候,罗斯福曾召集了一屋子的军事顾问,来讨论这个国家如何为即将到来的暴风雨做准备。在此之前,他已经获得了国会的批准大举进行海军建设,此时他试图为陆军也如法炮制。马歇尔当时也在场,他仅仅是一名准将,远远坐在沙发一侧的尽头。罗斯福概述了一项着重进行军用飞机生产的激进计划。他告诉被召集来的军官们,他想要一支拥有两千架飞机的空军。他断定他可能只能得到国会同意的那个数字的一半,他说,但那是可以接受的,因为他真正的动机是发展飞机生产的工业设施,这样一来,将来一旦需要,军备武器就能够得到迅速的生产。他继续说道,为了达到这个目标,有必要将当年军队增加的拨款,大部分都集中在飞机生产上,而其他项目基本保持不变。他在屋里走了一圈,确保所有人都同意这个观点。他的眼光落在坐在沙发尽头、浅褐色头发的准将身上。"你说呢,乔治?"他问道。

  马歇尔是个拘泥于礼节的人,美国总统叫他一声"乔治",他也默默地站立起来。听着罗斯福的长篇大论,他越来越警觉,害怕这样的计划会让美国的地面部队陷入持续准备不足的困境中。总统说话的时候他一言未发,但现在既然被问到,他就发表了自己的意见:"对不起,总统先生,对此我完全不同意。"

  罗斯福显然大吃一惊,但他当时没有进一步追问马歇尔。休会后一行人陆续退出房间前往休息室,有几个人来到马歇尔面前表示慰问,因为他们敢肯定,他的光明前途到此为止了。然而,五个月之后,罗斯福却任命马歇尔为陆军参谋长,领四星上将军衔。

  马歇尔的性格是顺从与坦率的独特结合,这一点在对罗斯福的言辞中显露无遗,这也让他能够很好地与海军同僚(斯塔克和欧内斯特·J.金)相处,与英国人相处,甚至在阿卡狄亚会议中明显看得出,他也能与令人敬畏的丘吉尔相处。

几个月之后,挑剔而算不上让人彻底佩服的英国将军艾伦·布鲁克在他的日记中透露,虽然他认为马歇尔称不上是个战略家,但他承认他非常善于"在政治领域和军队领域之间牵线搭桥"。在一场全球联盟的战争中,这种技巧是无价之宝,能够使得马歇尔超越任何穿军服的人,成为同盟国胜利的缔造者。

然而,在1942年的头六个月,马歇尔却发现自己在困难面前屡屡失败,他认为取得胜利最佳最可靠的办法,是尽早跨过英吉利海峡进攻被占领的法国,但令他懊恼的是,他首先说服不了他的同僚将领们,其次也说服不了联合参谋长委员会,最后也说服不了丘吉尔和罗斯福。从1942年1月直到7月,他动用各种理由、论据,有一次还进行要挟,企图说服英美政府首脑接受他的不可或缺、智慧过人的战略远见。这是一场考验他的外交手腕、辩论技巧,更常常是考验他耐心的战役,而这场战役他以失败告终。

———————

阿卡狄亚会议成立的联合参谋长委员会,在战争期间碰头不下两百次,这一数字不包括每天都在进行的大量的私下讨论和非正式的对话。第一次会议于1月23日举行,当时丘吉尔返回伦敦仅九天。由于找不到其他地方,会议就在宪法大道上的美国公共卫生大厦(U.S.Public Health Building)内举行。马歇尔、金和阿诺德定期出席,在二月份被马歇尔任命为陆军战争计划处(Army's War Plans Division)①处长的艾森豪威尔偶尔参与。迪尔是英国的主要代言人,其次是海军上将查尔斯·利特尔爵士(Sir Charles Little),他是在华盛顿的英国联合参谋长代表团团长。他在那一年的晚些时候回到英国,海军上将安德鲁·坎宁安爵士(Sir Andrew Cunningham)接替了他。英国皇家空军的代表是空军中将D.C.S.伊维尔(D.C.S.Evill),他的名字引起了不少开心的评论②。还有一些其他的人轮流参加。7月份发生了一次较为永久性的变化。困难重重、如履薄冰地在维希法国担任美国大使的海军上将威廉·D.莱希(William D. Leahy)卸任回国,罗斯福将他任命为他的总统参谋长,由此他具备资格进入联合参谋长委员会并成为它的挂名主席。

在开始阶段,逐渐形成了一个不成文的规定,美国人在上午或者午餐之后单独聚在一起,确保他们下午和英国人会谈之前,自己先大致达成一致意见。美国

———————

① 战争计划处于1942年3月更名为作战处(the Operations Division),艾森豪威尔继续担任处长。

② D.C.S.伊维尔的全名为道格拉斯·克劳德·斯特拉森·伊维尔(Douglas Claude Strathern Evill)——译注

参谋长们召开这样的会议,没有一个正式的领头人,形成的组织也没有名称,不过,其他人很快就将其称为"参谋长联席委员会"(Joint Chiefs of Staff)(JCS),这个名字就此确定下来。后来在战争中,罗斯福以行政命令批准了这个组织和它的名称。不过在一开始,它的出现是出于方便和必要,为美国陆海空三军的合作——尚不能说是整合——迈出了重要的第一步,在此之前,它们还是各自为营单独作战。很快,参谋长联席委员会和联合参谋长委员会的会议就填满了将领们的工作日程。据金估计,战争期间除了作为美国海军舰队总司令和海军作战部部长的双重角色之外,他所有时间的三分之二都花在参谋长联席委员会和联合参谋长委员会的事务上。

不过,联合参谋长委员会并不是一个决策组织。它所做的一切,将由两国首脑监督和定夺。除了首相,同时还兼任国防大臣的丘吉尔,继续在白厅的地下作战室内操控英国的战略。对于他而言,不管是在伦敦的英国参谋长代表团,还是在华盛顿的联合参谋长委员会,都仅仅是顾问团体,他传奇般的英雄个性,在整个战争中支配着英国战略决策的制定。而罗斯福对他的将领们远不够强硬,但他本能偏好的松散而随意(有人说是混乱)的执政风格,不受条条框框的约束,反而使他能够给予参谋长联席委员会和联合参谋长委员会制订计划和建议政策的自由——只要每个人都明白,到了最后,最终的决策都是他的。即使那样,他也多半会改变主意。

在联合参谋长委员会的第一次会议上,马歇尔就开始为获准尽早发动跨海峡攻势而进行游说。在他看来,既然战略蓝图是"德国优先",那么最好就依此而行。对于将匮乏的同盟国资源分散到全球次要战场上的做法,他深感忧虑,竭力呼吁专注至关重要的中心:纳粹德国。艾森豪威尔对此表示赞同,他写道,"我们必须去欧洲作战——我们必须停止在全世界浪费资源——更何况是——浪费时间。"对于马歇尔和艾森豪威尔而言,同盟国显然不能够继续把它们的资源分散到全世界,以"小包便士"(Penny-Packet)的战术①来对付各个轴心国的威胁。

可惜,在战争的最初几个月,财力物力的分散在一定程度上是不可避免的,因为危险来自全球。德国潜艇在大西洋的进攻十分奏效,令人不寒而栗,在美国的海岸边都能看到滚滚燃烧的油轮发出的火光。在非洲,驻利比亚的英国军队费力地控制着埃及。印度和缅甸处于日本军队的威胁下,蒋介石在呼吁帮助中国。一支日军向英国在新加坡的驻地逼近,麦克阿瑟的队伍已经被迫撤离到菲

---

① "小包便士"(Penny-Packet)战术,是英国在二战早期使用的一种战术,提倡谨慎投入小规模力量,总是以一个或者最多两个中队的力量来迎击敌人。——译注

律宾的巴丹半岛。再往南,澳大利亚大陆,包括它与夏威夷不稳定的交通连接,也处于危险当中。当然,最主要的——比所有其他战场加起来都更为重要的战场——是在苏联。900万人正在1 200百英里长的前线相互厮杀,成千上万地死去。苏联的失败将会是灾难性的,它会扼杀任何随后进攻欧洲的可能性。用有限的资源来支撑这些濒临威胁而充满危险的战场,无异于企图用五根手指头来堵住11处泄漏的大坝。因此,在数周的时间里,同盟国力图不管凑集到什么增援,都以极度有限的船只所允许的能力,派到尽可能多的受到威胁的前线去。

正是处于这样的危险当中,马歇尔开始了他的堂吉诃德般的努力,想要停止——至少是限制——同盟国财力物力的分散,想把它们集中在决定性的战场上。他吩咐艾森豪威尔拟定一份正式的计划,打算在英国迅速建设盟军,随后大约在1943年4月1日,发动跨海峡对被占法国的袭击。艾森豪威尔在报告的开始指出,袭击法国北部是"直指德国心脏的最短路线",而且只有在法国北部,同盟国才能够建立从英国的机场到进攻海滩的完全空中优势。当然,在法国北部建立盟军前线还会为"苏联提供可能性最大的支持"。他的提案听上去有一种急迫感,主张行动的决定"必须现在做出",因为任何这样的袭击都必然需要进行"紧锣密鼓的长期准备"。马歇尔和艾森豪威尔的计划,与丘吉尔在阿卡狄亚会议上提出的计划是一致的,那份计划也是提议在1943年进攻法国。不过,在把这份提案向联合参谋长委员会提出之前,对政治十分敏感的马歇尔先去力求征得总统的首肯。

马歇尔于3月25日与总统在其椭圆形办公室书房会面。其他与会的包括代表海军的金和诺克斯、代表陆军航空部队的阿诺德,以及史汀生部长和无处不在的哈里·霍普金斯。会议的开头并不顺利。像丘吉尔一样,罗斯福以不着边际的讲话开始,他回顾了世界各地从中东到中国的许多问题区域,特别强调了地中海地区。马歇尔费了一些劲才把总统的注意力集中到他想讨论的问题上来:尽早袭击欧洲。马歇尔解释说,他的计划有三部分,每一部分都有一个代号。准备阶段("波莱罗行动"[Bolero])应立即启动,其中包括"大约100万士兵组成的美国空军和陆军朝不列颠群岛集结"。进攻阶段("围捕行动"[Roundup])将包括由这些士兵在法国北部"勒阿弗尔和布伦之间的滩头"发动的一场水陆两栖突击,时间大约在1943年4月1日。第三部分("大锤行动"[Sledgehammer])是一项应急计划,如果苏联失败,或者因德国"完全将注意力放在苏联前线"而出现机会,那么就在1942年秋天向法国发动小规模进攻。虽然公开演讲不是马歇尔的长项,但史汀生认为他"做了一次很好的发言"。

　　罗斯福听得非常仔细,但却没表现出热心。马歇尔的计划无疑有一个问题,它没有设计直接针对德国或其他相关国家的行动,而且是在超过一年的时间里。美国军队——这 100 万号人——在这段时间该干什么?要求苏联为有效的救援等待整整一年,不太可能加强苏联人对英美支持的信心。斯大林本能地就怀疑,甚至是偏执地怀疑他和西方盟国之间的伙伴关系,而他已经相信,丘吉尔愿意和苏联人一起与德国人战斗到底。(或者如丘吉尔说的那样,和共产党一起与纳粹战斗到底。)如果得知英美打算在接下来的 12 个月内置身于欧洲大陆之外,而苏联军队却背负着整个战争的重负,斯大林有可能会重新考虑他的选择。此外,罗斯福还担心美国公众的耐心。这个国家依然还在为日本袭击珍珠港而愤怒,如果将士兵派往英国去坐一年多的冷板凳,肯定会增加来自公众的压力,他们会要求至少把一部分人派往太平洋。总统相信"给这个国家一个他们处于战争中的感觉……让美国军队横渡大西洋在某处积极地打仗,对于鼓舞士气是非常重要的"。"德国优先"的概念已经在他脑海中根深蒂固,但他害怕,如果美国士兵不能很快——最好是那个夏天——在欧洲某处采取行动,那么这个战略在政治上就难以为继。

　　这些因素引得罗斯福向马歇尔问及北非的问题。虽然他之前曾致信丘吉尔称"体育家"计划不可能,但主要是出于船运的匮乏。从另一方面来说,如果能找到足够的船只将 100 万人运到英国,那么向北非发动袭击肯定也就够了。

　　马歇尔对此表示反对。如果苏联显示出失败的迹象,他反驳说,"大锤行动"便可以实施,但在北非发动袭击,却会挪用关键前线的资源,从而不可避免地推迟对法国北部至关重要而决定性的强行袭击。马歇尔的计划已经包括往新西兰派遣一支美国军队,往中国运送飞机;做得再多就会将美国的财力物力分散,在英国所需的军队集结就会受到连累。

　　霍普金斯表示同意。虽然他也理解早期行动的重要性,但他支持马歇尔计划中的要点。另一方面,霍普金斯也明白,没有丘吉尔的支持,任何计划都不太可能成功。因此他建议,与其把这份计划提交给联合参谋长委员会,不如马歇尔亲自将其带到英国,以获得首相的支持。罗斯福很喜欢这个想法,部分是因为这使得他可以对这个问题不做决定,静观它的发展。他强调马歇尔应该立即飞往伦敦面见丘吉尔,而霍普金斯应该随行。

　　罗斯福致信丘吉尔,告诉他马歇尔和霍普金斯已动身"乘上了一架我希望苏联人会热情迎接的飞机",那架飞机可以称为"联合国之机"。随后他又另发了一份电报,称马歇尔的计划"有我的心思和想法在里面"。尽管有这样的认可,总统和他的陆军参谋长的观点,却存在着内在的根本区别。对于马歇尔而言,最关键的是占领欧洲的进攻,且不能在1943年春天以后才进行;对于罗斯福而言,最重要的是迅速做点什么事情,让苏联人和美国公众士气高昂。这就是难题:他们可以于1942年在其他地方作战,或者于1943年在欧洲作战,但他们不可能两样都办到,他们必须进行选择。

罗斯福不喜欢做选择。他是一个不可救药的乐观主义者,他继续像两样事情都能办到那样去说、去做。无论如何,准备阶段("波莱罗行动")可以立即启动,不管同时会出现什么意外事件。这种准备是否能满足"大锤行动"或"围捕行动"——甚至"体育家"计划——将取决于一系列因素,包括英国的认可。就像霍普金斯写给总统的便条所说的那样,"这须得第一步由你和马歇尔、第二步由你和丘吉尔十分认真地定夺。"

在英国,丘吉尔与英国人带着期待与不确定相交织的心情,准备着迎接他们的客人。美国人和英国人,在一开始就显露出对于大战略的不同观点,有些分歧出现在阿卡狄亚会议上。造成这样的原因有好几种。首先是英国人在第一次世界大战期间有欧洲大陆的经验,而美国人在1914年至1917年保持中立,仅在战争的最后几个月,在整整一代英国成年人和年轻人战死在法国和佛兰德(Flanders)的战场上之后,才有大批部队参战①。英国远征军1940年在敦刻尔克的死里逃生,更是提醒他们这块大陆是一个危险的地方。

此外,英国人意识到,还有另外两个原因也使得迅速反攻欧洲大陆完全不现实。首先,美国人尽管有着强烈的渴望,但却完全没有足够的人力来实施他们提倡的早期进攻。虽然在美国的集结进行得十分迅速,但美国派往英国的先头突击部队要达到跨海峡进攻的实质数量,还需要数月的时间。马歇尔的计划要求美国在1943年春天之前,将大约800 000人运至英国。即使这个计划能够得到满足,到1942年秋天在英国也仅有105 000名美国人。所以,就算1943年的进攻具有可行性,但在这之前的行动,即使不是完全,也得大部分由英国士兵实施。马歇尔承认令他"非常尴尬的是,在1942年我们只能安排大约2.5个师来参与跨海峡行动"。美国人提出的应急计划,可能更合适的代号不是"大锤",而是"大槌",因为在1942年,同盟国根本不具备必要的资金或手段向法国北部发起全面

---

① 将英国在第一次世界大战中的人口损失(4 540万人口,死亡886 939人,约2%)和美国在南北战争中的人口损失(人口3 150万,南北双方共死亡约700 000人,约2.2%)相比较,具有启发意义。

进攻。

然后还有尚未解决的运输问题。美国造船厂以其惊人的生产能力,有可能在 1943 年把一支进攻舰队变为现实,假设,也就是说,盟军能够在大西洋打赢德国潜艇,然而在 1942 年,就算是能够找到军队实施跨海峡进攻,但是船只也不够。装载两个步兵师和两个坦克兵团(一次真正的袭击所需的绝对最小值)横渡英吉利海峡所需的海上补给能力和登陆艇,都超过了 1942 年秋天的实际提供能力。

除了这些看得见摸得着的不足之处,还有一个更为主观层次上的问题,那就是英国人小心地隐藏着的臆断,他们认为不管美国军队数量多寡,都完全没有做好与德军打仗的准备。的确,美国人急于向欧洲发动早期进攻的热切心情,既令人担忧,又让人感到好笑。在英国人看来十分滑稽的是,美国人尽管缺乏人力、船只和经验,却急于与这个星球上最精通作战的军队进行战斗。英国人发现他们自己好似父母,试图给自己六岁的孩子解释为什么他不能开车:你不知道怎么开车,你的脚踩不到踏板。当然,他们对此只能只字不提,因为他们极其需要美国人——他们的人手,特别是他们的财力和物力——来打这场战争。于是他们掩饰自己的怀疑,诚恳地听取并假装同意。长此以往,这种虚伪的姿态却损害了英美伙伴关系中的相互信任,特别是在英国人后来企图驾驭美国人的热情之后。正如一位英国高级将领后来所写的那样,如果他们自己一开始就说出来会好得多,"除非是板上钉钉的事,否则我们不予考虑"。然而,他们却像父母一般作答:"再说吧。"

最终,丘吉尔对战略决策的政治影响的担忧,左右了英国人的观点。这种担忧没有半点的不实或者不当。战争的目的,正是为了捍卫政治目标。然而,英国的目标,和美国的政治目标,却不完全一致。丘吉尔对于地中海的强调,部分是受到他的战略目标的驱动,那就是(如他所说)在德国周围"形成包围圈"。但这也是他决心保护大英帝国利益的产物,这一目的和美国人的正相反。直布罗陀、马耳他和苏伊士是通过地中海前往印度的跳板,是大英帝国的珍宝。值得注意的是,乔治六世,和他从维多利亚时期以来的前任们一样,除了"国王和信仰的捍卫者"(King and Defender of the Faith)这个正式头衔,还有一个头衔叫着"印度皇帝"(Emperor of India)。作为国王的首相,丘吉尔对此非常重视,于他而言,战争的主要目标,就是保持印度和大英帝国其余部分的完整。在战争期间,丘吉尔和罗斯福之间一些最尖锐的交流,正是关乎印度将来的政治地位问题。那一年的晚些时候,针对美国人谴责英国在印度的统治,丘吉尔向众议院宣布:

"我不愿成为国王陛下委任的第一个终结大英帝国的首相。"

尽管有着这样那样的担心,英国人并没有一笔抹杀1942年跨海峡进攻的想法。实际上,英国的参谋长们花去了许多日日夜夜,研究在加来海峡(Pas de Calais)或科唐坦半岛(the Cotentin peninsular)登陆的各种可能的情况。他们为迅速的海岸突击或建立永久性的据点制定了数种计划,而且有些英国军官成为早期进攻的热心倡导者。但在最后,结果并不理想。在1942年发动登陆,即使是小规模的突袭,造成哪怕是丝毫的错误,都会引起致命的后果,而且看样子是根本无法为苏联提供较大帮助的。当马歇尔和霍普金斯到达伦敦之时,丘吉尔已经得出结论,在1942年实施跨海峡行动是毫无可能的。

马歇尔和霍普金斯于4月8日抵达,第二天他们会见了艾伦·布鲁克将军,他就是接替迪尔担任帝国总参谋长,和马歇尔地位相当的人物①。布鲁克留着大卫·尼文(David Niven)②式的细八字胡,是一位矮小、整洁、像鸟一般敏捷轻快的人,与此相称的是,他一生热衷于鸟类观察和鸟类摄影。然而,从一开始,马歇尔和布鲁克就在自说自话。在某种程度上,其原因是许多人经历了很多年观察到的、乔治·萧伯纳(George Bernard Shaw)总结出的一种现象,那就是美国人和英国人是被同一种语言隔开的人。布鲁克是北爱尔兰阿尔斯特(Ulster)人,说话不但带有北爱尔兰的盖尔语口音,而且像连珠炮一样快,常搞得美国人完全不知所云。而且,布鲁克下牙带着牙托,时常给他机关枪似的发音造成妨碍。由于美国人不愿意缠着他不断地要求重复,因此他说的很多话都从他们耳边飞过,让他们简直摸不到头绪。而布鲁克却完全能听懂马歇尔柔和的弗吉尼亚口音——他觉得可笑的是讲话的内容。布鲁克个人非常喜欢马歇尔("一位愉快而容易相处的人,"他在日记中提到),但发现他的论点是那么的"不可思议",所以他得出结论说,马歇尔"不是战略家"。布鲁克承认马歇尔是"养兵的好将军",但"他的战略能力完全不能打动我"!! ——两个感叹号强调了他的怀疑。

马歇尔的中心论点是,同盟国应该停止在次级战场上继续点点滴滴地耗尽资源,应该为最终进攻欧洲而进行必要的认真准备。就像他曾向罗斯福解释的那样,"着重应该考虑的,是在尽可能早的时间里,在不列颠群岛调集尽可能大规

---

① 布鲁克的名字时不时会使美国的读者产生混淆。战争结束时他被升为贵族,在选择头衔时,他把自己的两个名字合在一起,成为艾伦布鲁克子爵(Viscount Alanbrooke),在本书中的注释和参考书目中用的就是这个名字。不过,在战争中他是艾伦·布鲁克,他的朋友们称他"布鲁克斯"(Brooksie)。

② 大卫·尼文(David Niven,1910年3月1日—1983年7月29日),英国著名演员,主要代表作有《铁血忠魂》《金龟婿》《红桃王后》《尼罗河上的惨案》《逃往雅典娜》等。——译注

模的陆军力量"。

　　不过,布鲁克听到的,却是一位美国将军对那个秋天必须认真考虑跨海峡军事行动的坚持,对于他而言,那纯属无稽之谈。布鲁克没有像四年前马歇尔对罗斯福那样进行回答("对此我完全不同意"),而是暗示出一种虽不完全接受,但大体上默认的态度。被丘吉尔调教过的布鲁克,害怕一旦美国人偏爱的战略被否决,他们会放弃"德国优先"的概念而转向太平洋。所以他"原则上"表示同意,而在具体问题上不置可否。说来也怪,也有几分讽刺,这恰恰是罗斯福遇到问题不愿意介入时经常采取的管理策略。

　　在一周的大部分时间里,马歇尔和霍普金斯会见了布鲁克、庞德和波特尔,讨论了布鲁克所称的"马歇尔的进攻欧洲计划"。他们白天会面之后,接下来通常会是一顿直至深夜的丰盛晚宴,多半都是由丘吉尔出面款待。马歇尔在持续到凌晨的社交活动中常常会疲惫不堪,但布鲁克却完全能轻松应付。毕竟,他工作的一部分就是陪同首相。当布鲁克听马歇尔说有时候好几个月都见不到总统时,他表示非常吃惊。布鲁克可怜巴巴地说,他哪怕能逃离首相六小时都很幸运。

　　在那一周,布鲁克对马歇尔的看法温和了一些("我见到他越多就越喜欢他",他写道),不过他依然认为美国人的计划既固执又愚蠢。尽管如此,英国还是在 4 月 14 日正式接受了美国人的计划,即布鲁克在他的日记里所写的那样,"对欧洲采取进攻行动 1942 年或许可能,1943 年肯定无疑"。这是给马歇尔所追求的目标的一个公平总结。但布鲁克私下的看法,在他的日记里有所透露,却是"对待马歇尔的'空中楼阁'不能太过于认真"。如果说布鲁克对于马歇尔不够坦率,那马歇尔也同样问心有愧。毕竟,他的真正计划,是打算用 1942 年进攻的预期来保证人员和补给源源不断来到英国,以免它们被送到次要战场而使得1943 年的进攻计划泡汤。此外,尽管英国同意,但马歇尔察觉出他们默认里的勉强和条件性。他在给美国同僚的信中写道,"几乎每个人原则上都同意,但是,即使不是大多数人,也有许多人,对于这个或那个持保留意见"。

　　但至少,它自始至终是官方的协议和共识。丘吉尔于 4 月 17 日致信罗斯福,"我们全心全意同意你们集中精力对付主要敌人的理念"。他唯一的限制条件是,由于日本人近期在印度洋的胜利,包括缅甸仰光的陷落,"我们的整合资源,在这一刻,必须留一部分出来以制止日本人向前推进"。他指出,"1943 年的战役是明确的,我们立即开始制定共同计划并开始准备"。不过值得注意的是,他在最后加了一条:"然而,我们有可能今年被迫采取行动。"丘吉尔这样写的时候,他脑海中想到的并不是"大锤行动"。美国人刚刚踏上归途,丘吉尔就和布鲁克坐下来,坦率地告诉他,在 1942 年那么少的登陆艇的情况下,在法国"不可能建立前线"。布鲁克听到总统如此"通情达理",不禁松了一口气,然而总统却告诉他,他心里想的是在 1942 年进攻挪威!

在罗斯福 4 月 17 日给丘吉尔的回电中,仿佛一切都已经确定。"我很高兴你和你的军事顾问们与马歇尔和霍普金斯达成了一致,"总统写道,"他们向我汇报了有关他们带来的提议所获得的一致意见。"

表面上的一致几乎顷刻便开始瓦解,而需求在继续,一会儿这里一个师,一会儿那里一支分队,一会儿其他地方又要船队支持。五月初,艾森豪威尔私下里写道,"波莱罗行动应该能得到总统和首相的同意。但要得到每个人的支持,并且通过到处空运部队的额外投入来防止高层毁掉这个计划,这样的努力永远没有尽头。"而且在那个夏天,华盛顿由于两位密使的到来,使这个计划受到几乎致命的一击:其中的一位是英俊迷人、彬彬有礼的英国贵族,另一位是戴副眼镜、缺乏幽默感、眼神冷峻的苏联现实主义者。

现实主义者率先到达。维亚切斯拉夫·米哈伊洛维奇·莫洛托夫(Vyacheslav Mikhailovich Molotov)是斯大林的外交部长,也正是他与德国的约阿希姆·冯·里宾特洛甫(Joachim von Ribbentrop)签订了瓜分波兰的 1939 年协约——这份文件为希特勒入侵波兰、发动战争亮起了绿灯。此刻,苏联正在为生存而战,莫洛托夫从莫斯科飞来,请教西方同盟国愿怎样来减轻红军的负担。莫洛托夫在伦敦与英国签订了一份 20 年的《互助协议》,但丘吉尔拒绝给予他任何关于第二战场的保证,于是莫洛托夫于 5 月 29 日飞抵华盛顿,与罗斯福进行会谈。在到访期间,他也像丘吉尔那样住在白宫内。在一开始,有一段尴尬的时刻,一位白宫的管家在给他打开行李的时候,在一块黑面包和香肠的旁边,发现了一支装子弹的手枪。管家问他武器该怎么办,他告诉他放在原处,什么也别说。莫洛托夫感到有必要自带食物和自卫工具的事实,充分说明了他的心态。

莫洛托夫是一位整洁、身材矮小的人,他的圆眼镜赋予他严肃聪慧的学者模样,他的行为举止拘谨而严肃,与热情而合群的罗斯福显得格格不入。而且,由于他们的叙述都需要费力地进行翻译,对话也因此而复杂化。两位译员在给出翻译之前,相互之间要讨论每种说法的细微差别,因此时常有长时间的拖延,结果,会谈进行得时断时续。5 月 20 日,罗斯福吩咐马歇尔、金和霍普金斯出席第一次全体会议,邀请莫洛托夫将"情况向他们摆明",并"对待主题的详细程度以他感觉方便为准"。莫洛托夫直接切入正题。他说,希特勒"是整个欧洲的统治者",由于他的实力,他"有可能在人力和物力上投入大量的后援,红军很可能坚持不住"。他认为希特勒在那个夏天将会试图"给予苏联强大的毁灭性的打击",因此他想知道:西方同盟国能否"发动能够转移德军 40 个师的进攻行动"?

罗斯福回答说,美国考虑"有义务帮助苏联",但其努力会因为"海洋运输"的限制而受到严重的制约。莫洛托夫不认同这种担心,他坚持认为,"困难……到 1943 年也不会减少。""如果你们推迟下决心",他说,"你们最终不得不承受战争的打击",而且"明年毫无疑问地比今年更艰难"。他开门见山:他的政府希望"以坦率的方式"知道,西方同盟国以怎样的态度来对待"开辟第二战场的问题"。他曾问过丘吉尔同样的问题,但首相把这个问题推给了罗斯福。所以现在他直截了当地询问美国总统:美国能否"发动这样的进攻行动"?

罗斯福转向马歇尔,问进展"是否够清楚,足以让我们告诉斯大林先生我们在准备开辟第二战场"?

马歇尔回答了一个字:"是。"

于是罗斯福又转向莫洛托夫,告诉他可以"报告斯大林先生我们预计在今年开辟第二战场"。

马歇尔无疑是惊觉他所肯定的"准备"开辟第二战场,和"今年"真正开辟第二战场之间的巨大差异,他很快做了极有条件性的补充:"我们正在尽一切努力创造一个可以开辟第二战场的局面。"在不公然反对总统的情况下,他最多也只能说到这个份上了。

莫洛托夫余下的访问可谓乏善可陈。罗斯福提出了其他问题,包括苏联 1939 年侵占的芬兰、解放地区战后的管理等。不过,他至少有两次重申,美国决定"在 1942 年开辟第二战场"。罗斯福询问莫洛托夫,苏联能否接受美国削减《租借法案》所承诺的货物,以便腾出更多的船只用于第二战场。莫洛托夫被此激怒。出于本能的不信任,他问道,如果苏联同意削减而第二战场并没有开辟,那又将如何。罗斯福力图让他打消疑虑,但莫洛托夫还是无法不怀疑,这个问题被搁置起来。同盟国只能设法克服船运问题。

同时,对于两人所达成的一致,起草一份公开声明是有必要的。最终文件中的关键句子既不精确也不明确:"在谈话当中,就 1942 年在欧洲开辟第二战场的当务之急达成了充分的理解。"虽然在声明中包含了"第二战场"和"1942 年",但是显而易见的是,明白当务之急与承诺完成它完全是两码事。显然,现在轮到美国人来说"再说吧"了。莫洛托夫接受了它,因为他明白他只可能得到那么多了。丘吉尔也接受了它,因为他认为它"可能会使德国人感到不安,"但他绝不认为它就意味着 1942 年会在法国开辟西部战场。为了确保莫洛托夫明白这一点,丘吉尔在这位苏联外交部长返回莫斯科途经伦敦时,准备了一份备忘录交给他。丘吉尔在其中小心翼翼地阐述,虽然英国和美国"在为登陆欧洲大陆做准备",但他们"在这个问题上无法做出承诺"。于是这个问题被束之高阁……至少是在此时此刻。

尽管没有做出承诺,罗斯福与莫洛托夫的会见却至关重要,因为美国总统发现,苏联失败的阴霾是如此令人恐惧,以至于他再次确认了有必要于 1942 年在欧洲的某个地方发动进攻的观点。他向丘吉尔报告说,他们"在苏联前线面临着真正的麻烦,必须制订计划来对付它"。即使 1942 年进攻欧洲不能为盟军夺得一个永久性的据点,但有可能会将德国空军拖入海滩上方的空战中,由此消耗德国的空中力量,而且至少也能展示一下善意。

莫洛托夫前脚离开华盛顿,另一位访客就接踵而至。新到贵客是海军上将路易斯·蒙巴顿勋爵(Lord Louis Mountbatten),他和刚刚离去的莫洛托夫有着太大的反差。蒙巴顿是维多利亚女王的曾外孙,乔治国王本人的远房表弟,他高大、迷人、老于世故而和蔼可亲。丘吉尔(像所有蒙巴顿的朋友那样称他为"迪奇"[Dickie])任命他为联合部队的负责人,筹划两栖登陆作战。在这个职位上,蒙巴顿同时成为英国陆军中将、皇家海军中将、皇家空军少将。蒙巴顿渴望同德国进行较量,但在仔细研究了登陆艇可用的数量之后,他确信在 1942 年采取跨海峡行动是毫无可能的。他告诉英国的将领们,继续策划明知道不可能的行动是不诚实的。丘吉尔知道他的观点,因此派他前往美国,以在美国人的思想里注入一点现实主义。

正如丘吉尔所期望的那样,蒙巴顿给美国人留下了极好的印象。马歇尔和金都认为他是一流的。不过更重要的是,他和罗斯福在白宫进行了五小时的会谈。总统对于苏联失败的担忧,因莫洛托夫的来访而加剧,他问蒙巴顿,"我们是不是不能够在今年的某个时候在欧洲大陆获得立足点。"蒙巴顿不仅解释了登陆艇的问题,同时也提醒罗斯福,德国在法国已经有 25 个机动师,因此"我们发动的登陆行动并不能从东欧战场转移任何军队"。罗斯福深感忧虑,他建议说,为了向苏联人表示善意,也许"牺牲性"的登陆行动无论如何是必要的。蒙巴顿返回英国,把这个想法告诉了丘吉尔。为了消除他的这个想法,首相决定再次跨越大西洋。"我觉得我有责任来见你,"他于 6 月 13 日致信罗斯福,不久之后,他再次乘上了西行的飞机。

<hr>

　　丘吉尔的水上飞机花了 28 个小时飞越大西洋,然后他登上了另一架更小的飞机飞往哈德逊河上的海德公园村,罗斯福正在那里度周末。布鲁克随丘吉尔一同前往,但他留在了华盛顿会见马歇尔和联合参谋长们。在海德公园村狭小的飞机跑道上颠簸着陆之后,丘吉尔发现罗斯福面带微笑,坐在为他特别改装的福特车的方向盘后面,这辆车可使他不用脚踏板就进行驾驶。总统心情不错,部分是因为从太平洋传来的好消息,美国海军在中途岛附近取得胜利,击沉了四艘日本航空母舰。这缓解了财力物力可能从欧洲转移过来支持盟军在那里的位置的担心。总统执意带着首相参观庄园,丘吉尔随后承认,当罗斯福带着随心所欲对生活的享受,驾驶着汽车沿着哈德逊河边的峭壁行驶的时候,他曾有过“一些深思熟虑的时刻”。

　　与此同时,布鲁克在马歇尔华盛顿的办公室内,同迪尔、金和艾森豪威尔坐了下来。这是华盛顿一个典型的湿热夏日(“热得发臭”,史汀生在日记里这样称它),大楼内没有空调,而且英国人还穿着冬季的制服。尽管如此,他们却立即着手工作。布鲁克首先指出,“波莱罗行动”进行准备的理由依然是有根据的——对此,至少“看法完全一致”。问题是,他们需要一份应急计划,以防苏联人在德国的春季攻势中坚持不住。他说,显而易见的是,由于“后勤的因素”,1942 年跨海峡进攻法国是不可能的,所以必须找到“大锤行动”的替代物,而最现实的就是进攻北非的“体育家”计划。马歇尔建议,在放弃“大锤”之前,应该先等等看苏联人是否能坚持住,同时在英国的准备进行得如何。或许推迟到 9 月 15 日之后再做决定。布鲁克表示反对。那时对于“修改现有的计划”就太迟了,对苏联人的帮助无论如何也会太迟了。“体育家”的策划现在就必须开始。迪尔表示同意。

　　马歇尔感觉被出卖了。就在两个月之前,英国人还“全心全意地”赞同的战略蓝图,如今他们却坚称不可能。欧内斯特·金同样也感到恼怒,而且远远没有那么克制。金的女儿有一次曾俏皮地说,她的父亲是美国海军中脾气最稳定的人——他总是在发火。不管是真是假,此刻却一点没错。金愤怒地宣布,他“坚决反对任何在 1942 年实施‘体育家’计划的想法”。他训斥英国人说,美国军人在太平洋冒着“极大的危险”,没有必要的装备和补给,就是为了把货物送到英国,为进攻德国做准备。现在放弃进攻,就意味着他们的生命白白牺牲了。马歇尔也进行了反击,只是情绪没那么激动。他坚称,击败德国的关键,是“压倒性的力量",而能够做到这一点的唯一的地方,就是在"欧洲西北部"。美国人出乎意料地从皇家海军中得到了支持,海军上将查尔斯·利特尔爵士认为,在"我们无法维持我们现有的海上交通"的情况下,在非洲另开辟一个战场是草率的。

到了最后,一切都无所谓了。算得上数的决定同一天在海德公园村已经做出。当罗斯福和丘吉尔单独会面的时候,马歇尔和金总是担心,这种担心不是没道理的。在庄园内冒险的汽车旅行之后,罗斯福、丘吉尔和霍普金斯在罗斯福狭小的书房内坐了下来。丘吉尔可怜巴巴地发现,美国人"对酷热似乎毫不在乎"。任何在1942年进攻法国的企图,丘吉尔断言,"肯定会导致灾难",除此之外,它还"帮不了苏联",而毕竟这才是重点。他们毫无作为是不能想象的,因此,有必要考虑他们能够做些什么。以这种方式,他回到了他在阿卡狄亚会议上提出的计划:向法属北非发动进攻。

罗斯福远比他的参谋长们更赞同这个主意。他从未完全放弃进攻法属非洲的想法,就在三天前,他在和战时内阁的会议中还作了这种表态。马歇尔一如既往地强烈反对,正因为如此,罗斯福此刻虽然倾向于接受丘吉尔的逻辑,但在与马歇尔和金再次对话之前,他不能做出承诺。为此,罗斯福、丘吉尔和霍普金斯登上了一列火车,连夜赶回华盛顿。他们于第二天一早到达,丘吉尔重新回到他在白宫带空调的客房后,充满喜悦地松了一口气。休息之后,他来到了罗斯福的书房。刚到几分钟,就有一位通讯员送来了一张粉红色的薄纸——一份电报——把它递给了罗斯福。罗斯福一言不发地看完了电报,然后告诉通讯员"把它给温斯顿"。消息的头几个字让首相脸色变得惨白:"托布鲁克(Tobruk)已经沦陷。"

除敦刻尔克大撤退和新加坡陷落之外,很少有战争的惨败能够给予英军更为沉重的打击。托布鲁克是英军在利比亚的要塞。33 000人的英联邦军队驻守着这个要塞,对抗着只有他们一半兵力的德军。丘吉尔把托布鲁克当做希望以重锤打击北非的铁砧。如今要塞被夺取,整个防御军队沦为战俘,很可能德国人就会长驱直入埃及。思量着这次惨败的后果,丘吉尔不得不坐了下来。

罗斯福立刻本能地表示同情。"我们能帮得上什么忙"?他问道。丘吉尔回答说,美国坦克——一些新型的谢尔曼坦克——也许能让英国人守住埃及。罗斯福当场命令马歇尔重新调整发货表,马上向埃及发送三百辆谢尔曼坦克和一百辆105毫米自行火炮。显然总统愿意走得更远。待其他人离开房间时,他吩咐马歇尔留下来。如果美国派一个师前往中东和英国人并肩作战,他会怎么看?马歇尔吓了一跳。认为资源的分散会毁掉同盟国事业这一点,他一直是个典范。

由于不敢肯定自己会说出什么话来,他告辞离开了房间。

丘吉尔返回伦敦处理北非危机之前,华盛顿还召开了一次战略会议。在那次会议上,布鲁克第一次见到了美国总统。他事先本来计划换上自己最好的制服,但丘吉尔坚称时间不够,带上他就走。布鲁克对罗斯福印象深刻("非常迷人的个性",他在日记中写道),对自己的寒酸的制服表示歉意。罗斯福打消了他的顾虑,叫他脱掉外衣,舒服自在一点。

丘吉尔意识到这是自己最后的机会,他竭力要求放弃"大锤"计划,投入"体育家"计划。然而,罗斯福这次却没有那么顺从。有霍普金斯和史汀生(他写给罗斯福说"为了'体育家'的利益而将'波莱罗'置于险境……将会是个错误")提交的备忘录的支持,以及马歇尔坚决的抵御,他顶住了首相颇具说服力的恳求。最终的备忘录约定"在西欧的行动"将会"比在其他任何战场的行动产生的政治和战略利益更多"。另一方面,同一份备忘录也规定,如果"尽一切努力之后不能确保成功,我们必须准备好做出另一种选择",而"最好的选择就是'体育家行动'。"

马歇尔感觉到这股潮流在与他作对。为了向丘吉尔和英国人展示美国人正在快速构建一支军队,以便 1942 年能在欧洲做点什么,他带着整个英国代表团乘火车前往南加州的杰克逊堡(Fort Jackson),去观看事先安排的军事演习。南加州让丘吉尔想起了"炎热天气中的印度平原",但他心情热切地目睹了上万人、数百辆战车目的明确地穿过松林砂砾地进行的演练。他尤其印象深刻的是 600 名伞兵从天而降的景象,也很开心地试用了新型的"边走边讲"式的手持无线电对讲机。然而,这并没有改变他的想法,不会让他认为把这样的军队扔到法国海滩是明智的。他询问他的军事助理黑斯廷斯·"普格"·伊斯梅(Hastings "pug" Ismay)①,他认为美国人的演习怎么样? 伊斯梅回答说:"拿这些军队去对付欧洲大陆的军队无异于谋杀。"

———

罗斯福已经明确地表示,他希望当年有些事情发生。不管事情是什么,马歇尔希望发生在欧洲,但是越来越明显的是,甚至他本人也觉得,"大锤"计划令人怀疑。7 月 8 日,丘吉尔终于把它画上句号,他给罗斯福发了一份毫不闪烁其词的电报:"英国陆军、海军或空军的负责将领不预备推荐'大锤'计划为 1942 年可能实行的作战行动。"他写道。不出所料的是,他心里已经有了另一个选择:"我

---

① 他名字中间的"Pug"音译普格,意译为哈巴狗。——译注

自己确信,'体育家'计划是在1942年使苏联战线获得缓和的最好机会。"

这样一来,马歇尔手上只剩一张牌。他和史汀生都有同一个想法,与英国人,——在某种程度上也是与总统,——"摊牌"。"由于英国人对同意的事情不执行下去",他告诉作战部长,"我们将背弃他们,专心与日本作战"。史汀生对他表示支持。当马歇尔将这个想法向参谋长联席委员会提出时,金自然地认为这是个绝妙好主意。于是马歇尔为总统拟定了一份备忘录,他在其中主张美国彻底转变战略:"如果美国将要参与的任何作战行动,不会有力地、坚定地遵守'波莱罗'计划,"他写道,"我们就应该打定主意转向太平洋,果断地反击日本,换言之,对德国除空袭之外采取防御的态势,而在太平洋使用一切可用的手段"。

在战争结束很久之后,马歇尔向他的传记作家福雷斯特·波格(Forrest Pogue)坦承,他的提案是让英国人让步的"骗术"。不过,罗斯福是一个老练的牌手,早就看穿了它的本质。他在海德公园村收到了马歇尔令人吃惊的备忘录,简要地同霍普金斯进行了商量,然后向马歇尔摊牌:也就是说,叫他准备一份详细的计划,包括太平洋目标的清单、登陆时间表、支持它们的后勤计划,以及这些行动如何帮助苏联人的说明。马歇尔承认说他没有这样的计划。于是,在7月13日周一那天,罗斯福正式拒绝了这份提案,说它就像"端起自己的盘子离去"一样。与此同时,他向马歇尔重申,他必须找出*同年*让美国军队进入欧洲战场作战的办法,为了实现这个目的,他派马歇尔同金和霍普金斯一道回到伦敦,同英国人达成最后的一致。他在备忘录上签上"富兰克林·罗斯福,总司令"几个字,不算太微妙地提醒了指挥系统的上下尊卑。

马歇尔、金和霍普金斯于7月18日降落在苏格兰的普雷斯蒂克机场(Prestwick Airport)。丘吉尔派了一列专列准备将他们送到契克斯,他在那里精心安排了丰盛的晚宴。然而,马歇尔和金依然对英国人的背信弃义感到愤愤不平,他们另行登上了一列火车抵达伦敦尤斯顿火车站,住进了克拉里奇酒店(Claridge's Hotel)。丘吉尔对他们的傲慢嚣张十分恼怒,霍普金斯不得不挺身而出扮演和事佬,他来到契克斯,试图安抚怒气冲冲的首相。他可能做的不止于此。有间接的证据表明,他同时也把罗斯福拒不考虑太平洋的情况告诉了丘吉尔。这当然极大地增强了丘吉尔坚持"体育家"计划的决心。

摊牌发生在7月22日。由于罗斯福命令要就1942年的军事行动达成一致,马歇尔和金竭力推行"大锤"计划,或至少是它的修改版本。丘吉尔和英国人却不为所动。丘吉尔已经将永久性的据点作为任何跨海峡行动的条件,而建立和维持这样一个据点的资源和手段却根本不存在。霍普金斯听着反反复复的讨论,很清楚双方都陷入了僵局,他潦草地写了一张纸条给马歇尔:"我真他妈感到沮丧。"

马歇尔建议采取一个折中的办法,先立即启动对"体育家"计划的认真准备,但将最后实施的决定推到 9 月份,以评估当时的形势。英国人愿意接受,但霍普金斯却反对。他害怕将决定推迟到 9 月份会意味着 1942 年不会有行动。他私下给总统发了份电报,请罗斯福出面干涉。霍普金斯提出,他不仅应该支持"体育家"计划,而且应该确定一个实施的时间,最好是 1942 年 10 月 30 日,并非巧合的是,这个时间距离国会选举仅四天之遥。罗斯福接受了霍普金斯的建议,命令马歇尔和金放弃"大锤"计划,在几种选择里面确定一种:北非、挪威、埃及或者伊朗。在这些选择里面,只可能有一个结果。霍普金斯那天晚上致电罗斯福,用一个词告知了最终的决定:"非洲。"罗斯福的回电也同样简洁:"感谢上帝。"

丘吉尔自然是兴高采烈,他致信罗斯福说,现在向新计划"全速前进",并把新计划改名为"火炬"计划。他愉快地接受了任命美国人做行动总司令的提议,甚至接受了前往莫斯科把坏消息告诉斯大林的苦差事。丘吉尔接下来的言谈和行动,就好像致力于"火炬"计划,对 1943 年的"围捕"计划并无大碍似的。他肯定也正是这样暗示了斯大林。他告诉这位苏联领袖,除了"火炬"计划之外,同盟国还计划派出四十八个师于春天登陆法国。也许他自己甚至还相信这一点。两个月之后,他有几分缺乏诚意地声称,他感到十分"惊讶"的是,"火炬"计划的实施,很有可能影响 1943 年的跨海峡进攻。过于乐观的罗斯福,同样也坚持认为同盟国能够鱼与熊掌兼得。他曾对一位军官说,"他不明白为什么 1942 年撤回少量的军队,会妨碍 1943 年实施'波莱罗'计划。"

马歇尔更明白。他看得很清楚,一旦西方同盟国全力投入,调集、准备和实施在非洲的大规模水陆两栖袭击的结果和后勤的现实,都将会使 1943 年春天进攻法国变为不可能。不过在现实面前,他也承认,"火炬"计划的决定,是此时此刻迫于政治和后勤的双重压力而不得不做出的。时间在流逝,盛夏已经过去,德国人已经发动了代号为"蓝色行动"(Case Blue)的两侧进攻,目标在于同时占领巴库(Baku)油田和以斯大林名字命名的城市斯大林格勒。必须要采取行动了,而"火炬"计划看来是唯一可行的。7 月 30 日,罗斯福正式宣布,"作为总司令,(他)已经做出了决定"。进攻北非现在成为美国人的"主要目标",为这次行动进行的船只、人员和物资的分配,将优先于其他所有的选择,包括"波莱罗"计划。马歇尔虽然失望但恪守职责,开始准备实施新的战略。

第四章

地中海的柏油娃娃①

　　在罗斯福 7 月底介入"体育家"即"火炬"计划最终决定之前,艾森豪威尔已经被马歇尔派往英国担任欧洲战场美军总司令。艾森豪威尔接替的是少将詹姆斯·E.钱尼(James E.Chaney)。钱尼有两个缺点:他悠闲地保持着每日 8 小时工作时间,甚至在办公室也身着便装,而且(据艾森豪威尔说)他暴露出"对次要规章制度的过度关心"。钱尼回到美国负责训练美国空军,艾森豪威尔于 6 月 24 日接替钱尼在英国掌握指挥权。正因为如此,当 7 月份马歇尔、金和霍普金斯在克拉里奇酒店计划就"大锤"对"体育家"向英国人摊牌时,艾克②也在场。实际上,正是艾森豪威尔写下的简报,提出:"'体育家'计划作为一项军事行动,不管是对于支持'围捕'计划,还是对于向苏联实施及时援助,在战略上都是不健全的。"他起初对进攻北非的决定感到不快,预言未来的历史学家会把 7 月 22 日作为"历史上最黑暗的一天"。但是,没过多久他就接受甚至赞成这项决定了。这样恰恰也好,因为几天之后他就被推选出来担任司令官。

　　1942 年,艾森豪威尔 52 岁,已经谢顶。他出生在得克萨斯州,在堪萨斯州的阿比林(Abilene)长大,他总把阿比林当做自己的故乡。高中毕业后为了工作,他推迟了两年申请西点军校,因此比大多数同班同学更为年长,1915 年毕业时已经 25 岁,排名在班上处于中等水平。令他极度失望的是,第一次世界大战期间他未能远赴海外,战争期间大部分时间都在宾夕法尼亚州的葛底斯堡(Gettysburg)附近训练坦克部队。在两次世界大战之间的岁月里,他的职业生涯是在有影响力的指挥官手下一连串日益重要的参谋职位:首先是福克斯·康纳(Fox Conner),他一直把康纳作为他的导师,然后是约翰·J.潘兴,最后是道

① 柏油娃娃是出版于 1881 年的《雷穆斯大叔》(Uncle Remus)故事系列第二本中的一个虚构角色,它是由柏油和松脂做成的玩偶,用于诱捕兔子老弟。兔子老弟和柏油娃娃斗得越厉害,他就被缠得越紧。在现代的用法中,"柏油娃娃"常指经过额外的接触才会加重的"棘手处境"。——译注
② 艾克(Ike),是艾森豪威尔(Dwight David Eisenhower)的昵称。——译注

格拉斯·麦克阿瑟。他和麦克阿瑟之间的关系特别具有挑战性,因为麦克阿瑟喜欢周围的人对他唯唯诺诺,艾森豪威尔不得不学着如何在忠诚的同时保持自我——这种保持微妙平衡的做法,使他后来能够与罗斯福和丘吉尔这类人物相处。实际上,艾森豪威尔能够在军队中升迁、在战争中取得胜利,关键都在于他从容不迫的性格。在一段日记摘录里,他写道:"在这样的一场战争中,在最高司令部总是有总统、首相、6位参谋长,以及一群下级的'计划者'参与的时候,必须要有极大的耐心。"艾克就像他最后的导师马歇尔那样,是一位细致周到、认真谨慎、深谋远虑的决策制定者,他长时间工作,坚持进行仔细的记录,确保每个人都能够充分得知。他自始至终保持着快乐,脸上常常浮现出他那著名的笑容,一位军官认为这笑容"值得上二十个师"。只有一件事情能看出他内心的不安,那就是他手上总是夹着香烟,他每天抽的骆驼牌香烟达四包之多。

在受命指挥"火炬"计划之前十个月,艾森豪威尔经历了一连串几乎是令人头晕目眩的升迁。1941年10月升为准将,1942年3月升为少将,7月升为中将。当然,在1941年至1942年美国军队快速扩张的过程中,有很多迅速升迁的例子,但没有人像他这样——其升迁尤其引人注目之处在于,他从未指挥过一个营以上的军队,也从未真正见识过一场战斗。此时被赋予战争中——实际上也是美国历史上——最大最复杂的使命之后,他开始逐步把指挥权统领在自己手里。他很快发现,制订计划是简单的,困难在于实施,因为协调这个复杂的多国行动所有部件的运转,可以说令人望而生畏。最后,"火炬"行动物资上、后勤上、组织上和政治上的困难,证实了1942年试图进攻欧洲是多么成问题。但另一方面,这也是宝贵的经验,让艾森豪威尔能够在18个月之后行使更为重要的职责,担任海王—霸王行动的司令。

艾森豪威尔的第一个挑战,是他扮演的是*盟军*司令,而不是美军司令的角色,因为他手下拥有英国军队。虽然他(和马歇尔一样)一开始就提倡统一指挥盟军行动,但英国人和美国人在指挥文化和组织习惯方面的显著差异却立即凸显。美国人喜欢直截了当,而英国人的传统是在继续下一件事情之前,要确保所有的问题都经过了仔细的检查。计划进展缓慢,因为英国人倾向于在"大型参谋会议和委员会会议"上公开讨论大多数决策。美国将领们灰心丧气,小部分人对此多有怨言。艾森豪威尔迅速制止了这样的言论,他毫不含糊地告诫下属们全心全意合作的必要性。"战争的胜利,"他坚称,"无疑依赖于……彼此之间的尊重感和信任感"。与英国人在任何程度上的摩擦,他写道,会"*完全给敌人以可乘之机*",而且他把这一句话画线进行强调。他不能容忍同盟国内部的不和。他告诉一位同事，他不在乎军官之间互称对方"狗娘养的"，士兵们也会这样做。但是，如果有人说"狗娘养的英国人"，他就会马上让他卷起铺盖走人。在整个战争过程中，在他指挥下消除国家差别的决心，是他领导才能的中心要素。

另一个限制条件是艾森豪威尔对政治问题没有掌控权，其中就有进攻的时候使用英国军队还是美国军队的问题。这个问题源自北非政治地位的复杂性和不确定性。所谓的独立维希法国政府，对摩洛哥和阿尔及利亚保留着殖民监管，因此，至少是在官方上，美国人入侵北非会构成对一个中立国的无端攻击，而美国名义上和这个中立国保持着友好的关系。但在另一方面，大部分法国人一直认为德国是他们真正的敌人，同盟国希望他们能把美国人作为解放者一般来欢迎。

如果英国军队牵涉进去，情况就不同了。虽然在两次大战中，英国都和法国结盟对抗德国，但他们的伙伴关系在1940年5月遭受了打击，在德国的闪电袭击下，英国军队为了自保，撤退到敦刻尔克，扔下法国人独自迎战德国。当然，那时候的军事形势已经完全处于崩溃状态，英国人的选择只能是毁灭或者屈服。尽管如此，法国人还是认为他们的放弃是一种背叛。而且更糟糕的是，英国皇家海军六周后在靠近阿尔及利亚奥兰（Oran）的米尔斯克比尔袭击了法国舰队。英国人辩解说，这次袭击是为了阻止法国海军的装备落入德国人的手中。但是，不管是否辩解，它都是一次故意的无端袭击，1 200名法国人因此而丧生。对于法国人而言，它和日本人在珍珠港对美国人的所作所为没什么两样，甚至有过之而无不及。罗斯福担心，法国人的愤怒会转换成对于任何包含英国军队的进攻的激烈抵抗，因此他希望北非的袭击全部由美国人来担当。出于自然的是，丘吉尔和英国人却也不想漏掉战争中第一次英美联合反攻。

第二个问题是军队应该在哪里登陆。法属北非从大西洋至突尼斯沙漠，延绵上千英里。英国人想尽量靠近地中海内侧稳固一个据点。这样一来，他们就能够迅速进入突尼斯，将德意志非洲军团夹在进攻部队和在埃及的英国第八集团军之间。美国的计划拟定者们，对于运送军队经过直布罗陀海峡并进入地中海这个死胡同感到没有把握，他们希望在地中海之外，法属摩洛哥的大西洋海岸登陆。罗斯福个人坚称"我们登陆的地点之一必须在大西洋"。英国人觉得这样的担心不可理喻。他们已经安然无恙地穿越直布罗陀海峡超过两百年，对于他们而言，它就像英吉利海峡一样亲切而熟悉。最后，这些问题在双方的妥协下得以解决。盟军将在三处登陆：在靠近卡萨布兰卡的大西洋海岸，由美军单独实施，在地中海海岸的奥兰和阿尔及尔的两处登陆，由英美联合实施。然而，这样的磋商严重打乱了时间表。艾森豪威尔直到9月的第一周才得到批准,并且直到这时他才能够着手调集组成进攻群的各个部件——军队、船只和补给品。

与此同时,英国于8月19日发动了一次针对法国海岸的袭击,地点在加来海峡和诺曼底之间的迪耶普(Dieppe)。正如丘吉尔在阿卡狄亚会议上明确表示的那样,他的长期战略愿景包括定期袭击纳粹占领的欧洲的外围,以试探德国的防御、给抵抗力量带来希望,也许还能够将纳粹德国空军拖入消耗战当中。他任命蒙巴顿为联合作战的指挥官,正是为了监督这样的袭击,同时英国人对勒阿弗尔(Le Havre)和圣纳泽尔(St.Nazaire)的袭击已经取得了成功。然而,对迪耶普的袭击,一开始就是灾难。事实证明,德国人的防御相当充分,导致参战的5 000名加拿大士兵和1 000名英军敢死队员的伤亡率达到骇人的60%。甚至连空战也朝德国人一边倒:德国空军只损失了46架飞机,而盟军损失达106架。如果这次行动还能给人一丝慰藉的话,那就是它为水陆两栖登陆行动提供了重要的教训,包括从登陆舰艇上将重型坦克送上岸的困难。在装船参加袭击的58辆40吨巨型"丘吉尔"坦克当中,上岸的还不到一半,其中又有不到一半最远只到达海堤。英国人为了保全面子而对灾难的严重程度保密不提,但迪耶普突袭还算不上全面的灾难,因为牵涉的人数有限。这次教训也引起了艾森豪威尔的注意,他在计划"火炬"行动当中的9月2日,写信给他的海军助手哈里·布彻(Harry Butcher)说,"我们担当的事情很有点绝望的性质。"

———————

为了指挥"火炬"行动,艾森豪威尔将他的司令部,从伦敦梅菲尔(Mayfair)区的格罗夫纳广场(Grosvenor Square)20号,搬至位于圣詹姆斯广场(St. James's Square)较大的诺福克之家(Norfolk House),离蓓尔美尔街(Pall Mall)只有一个街区。这栋房子的原址本是诺福克公爵的住房,在战争前被拆除,以容纳一座难看的红砖办公楼。在这里,艾森豪威尔和他的参谋团队长时间地处理着与进攻非洲相关的无数的细节,此时距离进攻只有两个月了。诺福克之家内的日常计划充满着几乎无法控制的混乱,焦虑随着忙乱而滋长。艾克的副官马克·克拉克(Mark Clark)(他喜欢使用自己中间的名字"韦恩"[Wayne])发现,对全球行动的各个方面保持跟踪根本是不可能的。物资和装备预定了、装运了,但却莫名其妙地不见了。当然,德国潜艇难辞其咎,但大部分却是由于管理的混乱造成的。不管是什么原因,短缺的数量必须要得到弥补,参谋官们仓促地去寻找替换物或替代品。他们受到的挫折令他们脾气烦躁、语言尖刻。不管个人感觉如何，艾森豪威尔表面上自始至终保持着冷静和自信。当克拉克找到他，再一次为另一个看似无法解决的危机而发狂的时候，艾森豪威尔最具特色的回答是，"沉住气，韦恩。"

艾森豪威尔还得让丘吉尔开心。首相喜欢事必躬亲，他坚持要艾森豪威尔和克拉克到唐宁街 10 号参加每周的午宴，有时还参加深夜会议。首相还招待美国人在契克斯度周末。丘吉尔认为这些会议是极其成功的，但艾森豪威尔觉得它们既浪费时间，又让他从必须要做的工作中分心。尽管如此，他却总是彬彬有礼，经常向丘吉尔夸奖桌上常有的爱尔兰炖肉，并且设法让首相相信，他对他主持的这些会议深感愉快。

诺福克之家的计划拟定者们面临的最大问题依然还是运输这个老问题。运送进攻部队的运兵舰不够，运送补给品的货船不够，提供保护的护航舰也不够，而最重要的是，没有足够的登陆艇将士兵和他们的辎重从船上运到岸上。如克拉克所说，"舱位总是不断出现危机，计划不得不频频修改，以克服永远的船只短缺"。战前对军队建设的强调，严重制约了后勤建设，而大西洋海战的损失，更是雪上加霜。因此，三处海滩的进攻舰队，都是盟军将就现成东西，拼凑起来的小型舰队。战前的游轮被用作运兵舰，货轮摇身一变成为攻击运输舰，甚至在格拉斯哥至贝尔法斯特之间摆渡的渡船也被征用。用美国的土话说，进攻舰队是"jury-rigged"（临时配备的东西），以英国人的说法，就叫做"lash-ups"（东拼西凑的东西）。

另一个问题就是空中掩护。在阿尔及利亚海滩的登陆能够得到保护，至少是部分得到保护，是因为飞机可以从英属直布罗陀刚扩建的单跑道机场起飞。但美军在摩洛哥的登陆，却必须完全依赖于舰载飞机，而大多数美军大型航母都在太平洋。实际上，在美国小型舰队于 10 月 23 日离开诺福克（Norfolk）①前往非洲后的第三天，美军航母就在太平洋参与了圣克鲁斯群岛战役（Battle of the Santa Cruz Islands），损失了"大黄蜂"号（USS Hornet）航空母舰（CV-8）。在大西洋唯有一艘小得多的"突击者"号（USS Ranger）航空母舰（CV-4）。作为它的补充，美军依赖于四艘由油轮改装的小航母，每艘航母可载 30 架飞机②。这些航母表现优异，不过对它们进行的匆忙改装，再一次显示出进攻部队东拼西凑的窘况。

---

① 诺福克为美国海军基地，位于弗吉尼亚州美国大西洋沿岸的中点。——译注

② 这四艘航母为"桑加蒙"（Sangemon）（CVE-26），这个等级以它的名称命名；"苏万尼"（Suwanee）（CVE-27），"切南戈"（Chenango）（CVE-28），"桑提"（Santee）（CVE-29）。

　　此时对于进攻部队的最大障碍就是登陆艇的不足。将全副武装、每人所带武器和装备超过五六十磅的士兵从运兵舰运送到海岸上，并且还要运送他们的补给，特别是军用车辆，是水陆两栖行动最为困难之处。美国海军于1930年代首创水陆两栖战术，并在每年的舰队演习中在波多黎各的库莱布拉岛（Culebra）进行了一系列登陆实战。但由于那几年预算吃紧，他们都是用船载小艇临时充当登陆艇。它无法满足实现"火炬"行动所需的大规模水陆两栖登陆。因此，盟军需要特别设计的船只，既要小得能够装在运兵舰上跨越海洋，又要大得能够运送二十多名士兵和他们的装备经数英里到达岸边。它们需要足够浅的吃水以靠近海滩——甚至到达海滩——但同时又得足够宽敞，以便装载支撑登陆部队上岸作战所需的军用吉普、卡车和坦克。尽管海军部在1930年代试用了一种早期设计的"坦克驳船"，但事实证明，要起到这个作用最有用的船却是一种叫"希金斯艇"（Higgins boat）的东西。

　　1930年代，为造船企业家安德鲁·杰克逊·希金斯（Andrew Jackson Higgins）工作的一个设计师团队，开发了一种最初称为"尤里卡艇"（Eureka boat）的船只，供猎人和石油勘探者在路易斯安那三角洲的浅沼泽中使用。美国海军对尤里卡艇用于军事产生了兴趣，1940年秋天，希金斯从海军那里获得了一份合约，建造335艘这样的船。这种第一代登陆艇为平底、胶合板船，36英尺长，船头为匙状，以便推进到浅滩上。最初它们使用汽油发动机作动力，但最终柴油发动机被证明更实用。希金斯是一位魅力不凡、坚忍顽强的商人，在战前和海军中的官僚主义打交道过程中，时不时也感到灰心丧气。有一次海军以内部设计简单为由，撕毁了131艘坦克运输船的口头协议，希金斯怒不可遏，他公开表示，海军学院是军官们学习"花哨的舞蹈、橄榄球、剑术、拳击——诸如此类东西"的地方，但是，他强调，"没有哪个军官……懂他妈的一点点小型舰船设计。"而反过来，海军领导者们却认为他"自以为什么都懂"。

　　珍珠港事件几乎将官僚主义障碍一扫而光，但却并没改变海军把登陆艇生产归入低优先级的局面。在1942年1月，航母、驱逐舰，甚至战列舰的生产，仿佛都比生产登陆艇更为急迫。在海军造船的优先级顺序中，登陆艇本来位列第八，两个月后降到了第十。不过，到1942年夏天，海军已经批准了将近两千艘登陆艇的建造。随着"火炬"计划最后期限临近，很多登陆艇还依然躺在生产线上，而且大多数最终都将发往太平洋。因此，在北非登陆能用的登陆艇只有几百艘。

希金斯登陆艇如此有价值的原因在于它独特的设计。它的平底、匙状船头和吃水浅（前部仅二十六英寸），使得它们可以直接开到海滩上。在新的型号中，它的船头做成了方形，船底增加了铰链，这样它就可以被拖放到沙滩上，士兵们冲上海滩时就不会湿脚。每艘登陆艇可以装载 36 名士兵，外加三名海军乘员。增加的船首跳板意味着它们可以装载军用吉普和卡车。不过，它们的长度为 36 英尺，宽度只有 10 英尺，每次只能装载一辆卡车或者两辆吉普。希金斯在这个基础上进行了改进，他设计并建造了一种 50 英尺的钢制型号，配备了更坚固的跳板，以便装载一辆 34 吨的谢尔曼坦克。按照一贯做法，海军用略有区别的缩写给这几种船只定名：最初的希金斯艇为"人员登陆艇"（LCP），带跳板的型号为 LCP（R），后来重新设计的为"车辆人员登陆艇"（LCVP），携带坦克上岸的较大的钢制希金斯艇被定名为"机械化部队登陆艇"（LCM），常被称为"麦克艇"（Mike boat）。

希金斯甚至负责培训操作这些笨拙舰艇的舵手。课程结束后，他们会从"美国新奥尔良希金斯尤里卡机动艇操作员学校"获得一份证书。在学校里，他们学习这些独特的舰艇各自不同的特点。比如，一艘朝海滩全速开进的船的操作员的自然本能，是在靠近岸边的时候减慢速度。然而，这样做的结果，有可能导致船在离岸边有一定距离的近海沙洲上搁浅。舵手们通过训练来保持在靠近岸边的时候油门全开，以便船只驶过沙洲，尽可能地深入海滩。甚至在人员和车辆下船的时候，发动机也保持着全速马力，以保持船只处于适当的位置。

希金斯登陆艇虽然重要，但却不能完全解决向防御海滩发动进攻的问题。正如法国那场战役所展示的那样，第二次世界大战是机械化战争，其中坦克是地面战中非常重要的组成部分——可以说是关键的组成部分。如迪耶普溃败所示，将坦克从离岸的船上运送到岸上具有特别的挑战性。机械化部队登陆艇（麦克艇）的数量有限，在任何情况下，不停地往返，一次只运载一两辆坦克上岸是根本行不通的。必须找到办法一次性运载很多坦克——几十辆，甚至几百辆坦克上岸。最终，这个问题被或许是战争中最重要的舰艇"坦克登陆舰"（LST）解决了。然而在 1942 年秋天，美国海军还没有这样的舰艇。为了解决这个问题，美国购买了"新泽西海洋列车"号（Seatrain New Jersey），这是一艘为用于在纽约和哈瓦那之间运送一百列满负荷火车车厢而建造的商船，是一种早期的集装箱船。它在"火炬"行动进攻舰队离开诺福克之前数天才被购进，被重新命名为"莱克赫斯特"号（USS Lakehurst）（APM-1），可装载 250 辆谢尔曼坦克。这么多装甲车肯定足以在战场上发挥威力了。但"莱克赫斯特"号的 V 形船体，意味着它满负荷的时候吃水达 23 英尺,无法在海滩上卸载。在盟军夺得可使用的海港之前,这 250 辆谢尔曼坦克将无法上岸。

英国人对待问题的方式有所不同。他们比美国人早很久,实际上在敦刻尔克大撤退之后,就开始考虑在防御海滩卸载坦克的问题,并且他们在迪耶普也进行了尝试,然而却并不是很奏效。因此,他们开发出一种早期的坦克登陆舰原型。跟太多的其他事情一样,这种舰艇的动力也是来自温斯顿·丘吉尔想象丰富的头脑。他早先主张一种轮船,可以装载 60 辆重型坦克,并可以直接开到海滩上,巨大的船首门可以像大橱柜那样打开,通过它们来卸载坦克。由于钢铁和造船台两样都缺乏,这种船只无法从龙骨开始建造,于是英国人对少量的原在委内瑞拉马拉开波湖(Lake Maracaibo)浅水域使用的平底油轮进行了改装。跟美国人依赖于"新泽西海洋列车"号一样,这并不是个完美的解决办法。这类船的船首吃水只有 4 英尺,而船尾吃水为 15 英尺,因此,在坡度平缓的海滩上,当船首离岸边还有二三十英尺的时候,船尾就很可能已经触底。这样就需要搭建极长且较为危险的船首跳板上岸。在"火炬"行动之时,这样的船英国有一艘大型的(称为"温斯顿"[Winston])和三艘小型的(称为"温内特"[Winettes])①。温内特可装载多达 20 辆的美制重型坦克,但它的长跳板需要 30 分钟进行铺设,在战火下极不理想②。

除了运输船和登陆艇,每一支进攻部队还需要军舰护航,不仅是为了保证军队安全到达海滩,同时也是针对岸上目标提供海军炮火掩护。经协商,美国海军将为横渡大西洋从诺福克到摩洛哥的美国进攻部队提供护航,而英国皇家海军将为从苏格兰到阿尔及尔和奥兰的进攻部队提供护航。美国战舰小分队包括崭新的战列舰"马萨诸塞"号(USS Massachusetts)(BB-59),加上更老的"纽约"号(New York)(BB-34)和"德克萨斯"号(Texas)(BB-35),还包括七艘巡洋舰和不少于三十八艘的驱逐舰。更多的驱逐舰当然更好,但在 1942 年夏末,各个地方都需要驱逐舰:同德国潜艇的大西洋海战正如火如荼,而就在那一周,在太平洋的美国海军驱逐舰在所罗门群岛遭遇了一系列激烈的海面交战。这次就像以前

---

① 值得一提的是,"温斯顿"用来装载"丘吉尔坦克"(Churchill tank)。这种情形既强调了首相在英国兵器和战略及规划各个方面的影响力,也强调了他欣然而理所当然地接受这些献媚而丝毫不觉尴尬的态度。尽管"温内特"的官方命名为"坦克登陆舰(1)"(LST)(1),但它和美国建造的一年半之后用于诺曼底登陆的"坦克登陆舰"(LST)有实质性区别。

② 三十吨的 M3 坦克有两种型号。按《租借法案》发送给英国的被称为"格兰特将军"(General Grant);美国人留着自己使用的被称为"李将军"(General Lee)。因此可以说,英国人配备的是"北军"坦克而美国人使用的是"叛军"坦克。两种型号的坦克携带的火炮都较小(37 mm),无法和携带 75 mm 火炮的德国 Mark IV 坦克匹敌。

一样,盟军只能有什么凑合着用什么。参加"火炬"行动的英国战舰被称为"H 舰队"(Force H)和"X 舰队"(Force X),包括"约克公爵"号(丘吉尔参加阿卡狄亚会议所乘战列舰)、"纳尔逊"号(Nelson)、两艘战列巡洋舰(装备同战列舰相同但装甲更轻型的军舰)、三艘巡洋舰和 17 艘驱逐舰,其中一艘为荷兰舰。为了组建这支舰队,皇家海军不得不从本土舰队中抽调军舰,减少大西洋的护航舰队,并暂停给苏联运送物资的船队。

艾森豪威尔的工作是把所有的要素——运兵舰、运输船、航空母舰、登陆艇和战舰,不管是英国的还是美国的,再加上坦克、卡车、吉普车,以及成千吨的补给,还要加上成千上万的士兵——组合在一起,形成一种复杂的海上方阵。对这个巨型拼图上所有不同的方块必须保持紧密跟踪。但艾森豪威尔遗憾地表示,"在许多情况下完全不知道我们这儿究竟有什么。许多补给品仍然没有分类,还在仓库里没有卸下来。卸货、分拣、分类,以及随后的装箱、装柜、做标记和装运的时间完全没有。"然而,无情的时间表决定着行动必须在冬季暴风雪到来之前启动,于是工作夜以继日地进行着。

11 月初,艾森豪威尔登上了一架 B-17"飞行堡垒"(Flying Fortress)轰炸机①从英国飞往直布罗陀。他在那里一处岩石里凿出来的潮湿小屋内设立了指挥部。他已经让所有的零件开始了运转;现在只剩他所说的"无穷无尽、无法忍耐地等待",看它们能否协调配合的问题。等待尤其令人心惊肉跳,因为所有开往进攻海滩途中的船只,都是在无线电关闭的情况下行动的。他是在指挥,但是他根本不知道在发生什么事,感觉到极其无助。"我们弄不清任何情况"! 他怀着失望在日记里潦草地写道。

1942 年 10 月 23 日,一长列舰船,包括装载 33 843 名美国士兵的 28 艘运输船,排成纵队缓缓驶离弗吉尼亚汉普顿水道,进入切萨皮克湾(Chesapeake Bay),开始了前往非洲海岸长达 4 000 英里的远航。在同一天的埃及,英国第八集团军在阿拉曼(El Alamein)向德意志非洲军团发起进攻。英军痛击数量多于自己的德军达十天之久,最终赢得了重大胜利——实际上,这是英国在对德国的战争中取得的首场大捷。这是个好兆头。

当英国人在阿拉曼猛击德国人之时,美国舰队正在横渡大西洋往东行驶。

------

① 为艾森豪威尔驾机的飞行员为保罗·蒂贝茨(Paul Tibbets)少校,三年之后,身为蒂贝茨上校的他,驾驶 B-29"埃诺拉·盖伊"(Enola Gay)轰炸机携带原子弹轰炸日本广岛。

驱逐舰在前方侦察,值班人员观察着海面,一旦发现潜望镜造成的"羽状微波"便发出报警。海军巡逻机在头顶盘旋;两艘银色的飞艇懒洋洋地飘浮在附近。在特混舰队的旗舰——重型巡洋舰"奥古斯塔"号(USS Augusta)(CA-31)上,是指挥船上军队的陆军少将乔治·巴顿(George Patton),和指挥这支被正式称为"第34特混舰队"(Task Force 34)的海军少将 H.肯特·休伊特(H.Kent Hewitt)。二人之间反差极大。巴顿的穿着无可挑剔,每一枚领章、每一颗扣子都规规矩矩;而休伊特的制服总像是穿着睡过觉一般。巴顿曾当过奥运会选手,他显示出一种坚定而自信,几乎无可挑剔的军人风姿;而有明显双下巴的休伊特,却举止轻松悠闲。巴顿浮夸、粗俗,反应迅速;休伊特朴素、低调、深谋远虑。休伊特尽管其貌不扬,但他头脑灵活、有能力,每一点都非常专业。而巴顿却没那么稳妥。在远航之前,休伊特认为仍然还有一些问题需要解决,巴顿顿时大发脾气,指责休伊特是失败论者。担心巴顿的反应,休伊特找到金,金又去同马歇尔谈,最终巴顿才做出了让步,工作关系得以继续。不过,他从来没有把休伊特当作真正的勇士,他写信回家给他的妻子说"可怜的老肯特,真是个老娘们。"

　　三天之后,从诺福克出发的船队,与从缅因州卡斯柯湾(Casco Bay)出发向南行驶的掩护部队的军舰会合,之后不久,它们又与从百慕大出发的航母部队会合。运输船和货轮组成九个纵队,一个跟一个,彼此相隔1 000码。巡洋舰和驱逐舰在两侧负责侦察,补充燃料的油轮尾随在后面。再后面就是"突击者"号航母、四艘小航母和它们的护航舰。整个编队大约占据了600平方英里的海面。

　　运兵舰被塞得满满的。上船的时候,每位士兵得到一张带金属支架的帆布床,可以悬挂在舱壁上,舱壁上有供它们挂四层的壁槽。很多情况下这些士兵没有和他们自己部队的同伴安置在一起,因为,为了对上船的人保持跟踪,士兵们不是以部队为单位,而是按照字母顺序登记上船。这意味着军官们不能确定他们的部下在哪里,甚至在哪艘船上。军官们试图用短程舰艇间通话①查找他们指挥的士兵,但海军很快将其停用,因为无线电波被信息阻塞得太厉害,以至于它听上去如一位海军军官说的那样,像是"中国新年的洗衣房"。在跨洋的两周当中,舰船在大西洋的波涛中穿行,船队采取之字形的航线以躲避潜艇的袭击,由于舰船拥挤,士兵们不允许同时全部到甲板上去,大部分人都呆在甲板下面,因此毫不奇怪的是,许多士兵都严重晕船。更糟糕的是,船上臭气熏天,不仅仅因为成千上万无法洗澡的士兵在密闭的空间生活在一起、睡在一起,而且——尤

---

① 舰艇间通话(talk-between ships,简称 TBS)是第二次世界大战期间美国海军舰艇在战术行动中的通话。——译注

其是，从来没有完全清理干净的晕船呕吐物散发着挥之不去的恶臭。

在美国人离开诺福克的前一天，46艘英国货轮由18艘军舰护航，驶离了苏格兰克莱德河湾（Firth of Clyde），开往阿尔及利亚北海岸的奥兰。一天之后，39艘运输船装载着东部突击队（Eastern Assault Force）的士兵开往阿尔及尔。这些船上的英国士兵和美国士兵经历的旅途比第34特混舰队短一些，有些美国人发现这种经历颇为新奇，甚至令人愉快。他们特别满意每天按英国的传统"喝点酒提神"，所有人都能分到一点定量的朗姆酒。对英国的另一种传统下午茶，他们却没那么感兴趣，对食物也是相当地反感，因为几乎每一顿都只有煮羊肉。

同盟国在"火炬"行动中总共投入了六百多艘船只。让这样一次大规模的行动处于保密状态成为最重要的问题，不仅是为了在海滩上突袭成功，同时也是为了躲避德国U型潜艇。因此，诺福克和英国出发的船队都采取了伪装的路线，给人的感觉是它们要去别的地方，比如亚速尔群岛或者南非。英国出发的船队甚至在穿过直布罗陀海峡进入地中海之后，还继续向东行驶，仿佛是前往被包围的马耳他岛，然后才突然转向南方直指非洲海岸。这次任务同样也对法国人保密，因此，没人知道盟军登岸之后法国人会作出何种反应。英国人和美国人会被当成解放者还是侵略者？之前同盟国曾讨论把计划告诉法国人，以便事先作出安排，然而这样做的结果有危及整个行动的风险。最终还是决定一切都保密，直至最后一刻。

同盟国确实做了一次努力去获得法国的配合。10月23日夜里，也就是美国进攻船队离开诺福克的那一天，艾森豪威尔的副指挥官马克·克拉克按照预先的安排，乘一艘英国潜艇，扮成游客抵达阿尔及尔附近的非洲海岸边。在与岸上的联系人暗中闪了几下灯光之后，克拉克小心翼翼地爬上了一条被称为"佛尔波特"（folbot）的帆布折叠艇，与几位英国突击队员一起划向岸边，去会见一位叫查尔斯·马斯特（Charles Mast）的法国少将。这位少将表示愿意用自己的影响力去说服法国人配合盟军的进攻。这是一个十分冒险，或许还十分鲁莽的举措，因为克拉克不仅知情"火炬"行动所有的计划，而且还包括所谓的"超级"机密：盟军已经破译了德国的通讯密码。如果克拉克被俘并被严刑拷打，所有这一切都会陷入危险当中。而且，这次任务是否有价值尚值得怀疑，因为克拉克没有权限告诉马斯特即将发动的进攻的任何具体内容，包括时间在内，这样一来，马斯特根本无法安排任何有意义的配合。

会面中的插曲充满了戏剧性。在某一时刻，听说警察正在赶来，克拉克和其他人躲进了地窖，而警察就在他们见面的房间内搜索。后来，克拉克和突击队员

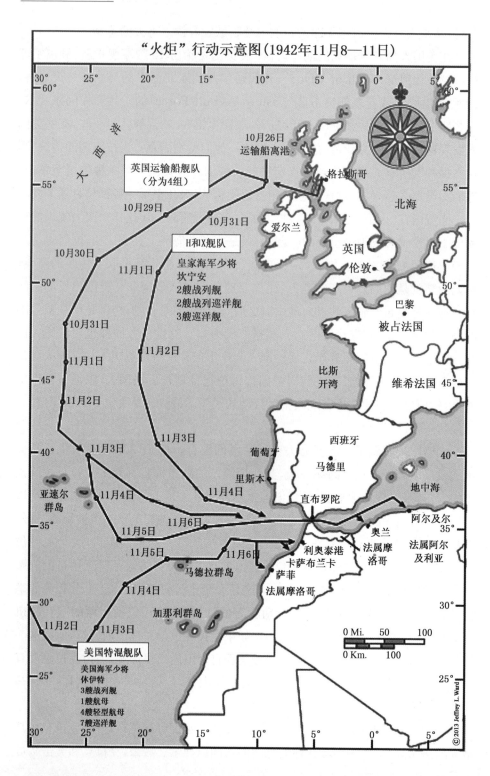

"火炬"行动示意图(1942年11月8—11日)

们冲向海滩,为了游回淹没在水里的折叠艇,克拉克在海滩上脱掉了自己的裤子。然而他没能成功,只好回到岸上①,没穿裤子在树丛中躲了一夜。最后,克拉克设法安全回到了等待的潜艇上。然而,他的秘密任务并没有取得任何收获,当盟军船队在 11 月 7 日靠近目标海岸时,没有人知道法国人会作出何种反应。美国人事先商量好了,如果他们遇到敌对的火力,就报告说,"击球员就位"(Batter up),火力还击的命令是:"开球!"(Play ball)

事后看来,为了让法国人更充分地信任同盟国而将行动的秘密告诉他们,是一桩值得的冒险,因为美国人没有得到朋友般的迎接,而是遭到了激烈的抵抗。其部分原因,是因为在 1940 年对德战役中没有机会开火而失望的法国海军,不仅急切盼望着捍卫法国领土,同时也盼望着捍卫荣誉。而且,当炮火在 11 月 8 日黎明前的黑暗中突然爆发之时,法国人只能作出这样的自然反应。清晨 6 点过几分,休伊特发出了命令:"开球!"

虽然在摩洛哥和阿尔及利亚都没有德国人,但北非登陆无疑是英美对希特勒帝国的第一次反击。因此,盟军取得胜利是绝对必要的。这次努力如果失败,将会极大地损害盟军的士气和信心,且计划拟定者们又会回到绘图板上重起炉灶。苏联人会感到被抛弃,被占国的人民会失去内心的希望。对于欧洲的进攻也会被无限期地延迟。再说,北非登陆是第一次对盟军在防御海滩进行大规模多国水陆两栖行动能力的真正检验。正如休伊特所说,"'火炬'行动就是严格的材料试验。"于是,1942 年 11 月 8 日清晨所发生的一切被寄予了厚望。

———

盟军的登陆发生在 700 英里宽的战线上——从卡萨布兰卡以南 100 英里的摩洛哥城市萨非(Safi),到非洲北海岸的阿尔及尔。在每一个地点,盟军都在几处不同的海滩登陆,这些海滩被冠以"红色一号"(Red One)、"蓝色二号"(Blue Two)等代号。由于在采取破坏行动之前,夺取港口未受破坏的设施非常重要,因此盟军选择了不同寻常的开局,他们派出特别挑选的满载英国和美国突击队员的军舰,直接扑向数个港口城市的海港。

在奥兰,这个任务落在了两艘英国轻巡洋舰身上,一艘为"哈特兰"号(Hart-land),另一艘为"华尔纳"号(Walney),它们以前都是美国海岸警卫队的巡逻艇。计划拟定者们希望出其不意,但当军舰进入海港之后,船员们远远就听到岸上拉响的警报声。接着岸上灯光熄灭,探照灯点亮,炮台射出炮弹。两艘舰

———

① 这个故事很快在了解这次任务的人中间传开了。当克拉克后来在白金汉宫见到乔治六世国王时,国王拉着他说:"你就是经历那次传奇旅程的人。顺便问一句,你是不是没穿裤子被困在沙滩上了?"

艇继续向前推进,一支海岸小分队甚至设法乘小舟登上了海岸,但两艘舰艇很快就被炸毁。船上的 393 名突击队员,有 189 名牺牲,另有 157 名受伤,伤亡率达到 88%。

在阿尔及尔,虽然承担任务的两艘驱逐舰只有一艘成功进入海港,但结果却没那么可怕。盟军最初的想法是登陆三小时之后再派出两艘驱逐舰,寄希望于那个时候已经与法国人达成了某种妥协。但由于登陆太晚,英国驱逐舰"布罗克"号(Broke)和"马尔科姆"号(Malcolm)遭遇了与奥兰的轻巡洋舰所遭遇的同样猛烈的炮火。"马尔科姆"号几次被击中,燃起了熊熊大火,它不得不撤退。"布罗克"号在第三次尝试后穿越了炮火,把它所载的埃德温·T.斯温森(Edwin T.Swenson)中校领导的美国突击队员送上海岸。斯温森带领他的队员向内陆挺进,夺取各种设施并设置防线,"布罗克"号停泊在码头提供支援。然而,"布罗克"号很快遭到岸上炮台猛烈而精准的炮火袭击,舰长不得不发出归队信号。此时,岸上的小分队同样也遇到了猛烈的炮火,斯温森很清楚他的队员们无法回到船上,他选择了留下。遍体鳞伤的"布罗克"号驶离海岸,而后沉没。斯温森和他的队员们拖住一支来自塞内加尔的在"雷诺"(Renault)坦克掩护下的法国殖民军长达数小时,最后于 12 点 30 分投降。

其他地方登陆的英美军队遇到的反应截然不同。在阿尔及尔,盟军突击队员在试图夺取法国岸防炮时遭到了激烈的抵抗,但在以西 12 英里外的一处登陆海滩上,美国人却在"美国万岁!"的欢呼声中受到迎接。在阿尔及尔的郊外发生了一场巷战,后来法国和美国军官们经过协商才停火。最后的停战协议迟迟未能签订,因为法国人担心,如果他们公开欢迎美国人,且这次进攻只是一场突袭的话,德国人以后会回来并实施可怕的报复。得知盟军将要留下来之后,一系列停火协议才得以达成,它们导向了最终的停战协议,其中包括释放斯温森和他的队员。

摩洛哥的情况又有所不同。准备实施水陆两栖登陆的美国人在此遇到了更加严峻的考验。在美军最大规模突袭的发生地,卡萨布兰卡以北 5 英里的费达拉(Fedala)(现穆罕默迪耶[Mohammedia]),情况尤其如此。英国人曾考虑完全绕过摩洛哥,但是马歇尔和金担心在直布罗陀被切断,因此认为有必要在摩洛哥登陆,并说服了罗斯福坚持这一点。此刻美国人为这样的坚持付出了代价。在摩洛哥,特别是在费达拉的登陆,几乎从一开始,就显露出盟军在考虑跨海峡进攻之前,还有太多的工作需要做。

11 月 8 日清晨,美国运输船在费达拉附近海面下锚,几分钟之内他们开始抬出登陆艇,很快士兵们就开始沿着链条做成的船网爬下去,进入登陆艇。此时天还未亮,船只也未点亮灯光,海水起伏不定。链条滑溜溜的,士兵们小心翼翼地在黑暗中试图站稳。不少人掉入水里溺亡,还有一些人在登陆艇来回摆动与运输船船体碰撞的过程中受伤。甚至在登陆艇成功脱离母船之后,还有很多人在船与船之间寻找在运输中他们被指定的那支部队。因此,第一拨部队在前往海滩时晚了1小时15分钟。

登陆艇最终出发之后,舵手还常把它们带错海滩,一方面是因为天还未亮,另一方面也是因为没有准确的地图。盟军所做的唯一的海岸侦查,就是通过潜艇的潜望镜对目标海滩进行的观察,而模糊不清的地图导致舵手无法清楚地理解地形特征。如果他们不是那么损失惨重,其结果倒还充满了喜剧性。比如,从"威廉·P.比德尔"号(William P.Biddle)运输船上出来的两艘登陆艇完全迷失了方向,不仅错过了它们指定要到达的海滩,而且径直驶入了五英里之外的卡萨布兰卡港口,还停下来向一艘法国巡逻艇打听方向。法国人向他们开火,两艘登陆艇均被击沉,活下来的人被俘。

在海滩本身的登陆没有遭到抵抗,但海浪的剧烈程度超过了预期,大浪将胶合板制成的希金斯登陆艇高高卷起,重重地摔在沙滩上,常常将船体损坏,并给船上的士兵带来伤害。船在海滩上挤在一起,大浪将它们抛起来相互碰撞。有数条船被大浪打横,船尾戳进了沙滩里,因此它们未能垂直对着海滩而是与之平行,由于无法后退,缺乏经验的船员直接将它们遗弃了。事后,休伊特报告说,希金斯登陆艇"完全不适合在高于七英尺的海浪中登陆"。士兵们在高海浪中同样也遇到麻烦。当他们爬出登陆艇的时候,许多人被海浪击倒。由于身上的重型装备负荷过大,在仅有三四英尺深的水中,有些人却因无法站立起来而溺亡。

还有其他的问题。有些船上的电动跳板操作机械装置失灵,跳板只能以手动方式放下来。这样花去了更多的时间,打乱了计划。更糟糕的是,当跳板铺好之后,退潮的回流涌进登陆艇的船舱内,一些船舱充满了海水,使它们很难,甚至无法离开海滩。结果,本来就不够的登陆艇,在第一次登陆之后很多都遭到了损坏,完全不能再用了。在一处海滩上,25艘登陆艇只有7艘成功脱离海滩,回到运输船边再次装人,而这7艘船中的5艘又在第二次航程中损坏。在另一处海滩,32艘登陆艇中有31艘在第一次突袭时被撞毁。据历史学家塞穆尔·艾略特·莫里森(Samuel Eliot Morison)估计,在那天清晨的海滩上,"在中心攻击群中的347艘登陆艇中,损失的数量总共为137艘到160艘,也就是总数的40%到46%"。装载谢尔曼坦克的钢制的机械化部队登陆艇,在大浪中情况略好,但它们又遇到了不同的问题：从登陆艇上开下来的坦克，立即连履带的中部都陷入了柔软的沙地里，无法脱离海滩。

总而言之，美军在费达拉由船登岸的行动完全算不上效率的典范。所有人都明白，如果这次登陆所面对的是决意抵抗的敌人，那么就会是场灾难。就算是这样，它也险些失败。休伊特认为，登陆的问题在于"训练不足、登陆优先顺序不当和手段缺乏。"少将卢西恩·特拉斯科特（Lucian Truscott）进一步指出："缺乏经验的登陆艇船员、低劣的导航、时间耽误导致的不顾一切的匆忙，这几种因素结合起来，最终将登陆演变成了一件碰运气的事情，如果遇到武装精良、决心抵抗的敌人，它将意味着灾难。"

最终美军大部分人员和装备都成功登岸。到第一天的傍晚，幸存的登陆艇总共将 7 750 人送上海滩。第二天、第三天更多的人跟了上来。这时，巴顿带着一支先遣部队朝南向卡萨布兰卡挺进。同盟国试图说服法国人相信他们的最大利益在于接受美国人，这样的努力与法国人的责任和荣誉的观念产生了碰撞，美军遇到了激烈的抵抗。法国巡洋舰和驱逐舰驶出卡萨布兰卡港，勇猛地冲入进攻舰队当中。崭新的"黎塞留"级（Richelieu-class）战列舰"让·巴尔"号（Jean Bart），虽然还未竣工且躺在港口无法移动，但它的 15 英寸大火炮却对准海面的美军船只开火。幸运的是，"马萨诸塞"号发射了一颗 16 英寸的炮弹，击中了"让·巴尔"号唯一一座能够瞄准美军舰队的炮塔，使其失灵而暂时退出了行动。

卡萨布兰卡于 11 月 11 日（正好为停战纪念日［Armistice Day］）[①]投降。然而，在实施登陆和夺取城市的战斗中造成的延误，使得运输船和货轮在登陆海滩的洋面上所停留的时间超出了预期，这就给了德国潜艇以找到它们的机会。如休伊特指出的那样，"在费达拉的停泊处并不是完全安全的"，美国舰船又停着一动不动。有一天发生的事情证明，在同一个地点停留四天实在是太长了。11 月 11 日傍晚，德国潜艇 U-173 向停泊处发射了一连串的鱼雷，击中了运输船"约瑟夫·休斯"号（Joseph Hewes）、油轮"威努斯基"号（Winooski）和驱逐舰"汉布尔顿"号（Hambleton），一切均发生在 10 分钟之内。第二天，德国潜艇 U-130 发射的鱼雷，又击中了另外三艘运兵舰，致其全部沉没，不过此时船已经卸载。不管怎样，这些损失说明，在进攻海滩外停留时间太长本质上是十分危险的。

---

① 美国一年一度纪念阵亡将士的节日。美国、英国和法国提出，以这一天作为纪念第一次世界大战的结束（1918 年 11 月 11 日）。第二次世界大战后，11 月 11 日这一天被公认为向这场战争中的退伍军人和阵亡将士致敬的节日。在加拿大这一节日称为阵亡将士纪念日（Remembrance Day）；在英国以最接近 11 月 11 日的星期日为阵亡将士纪念星期日，以纪念两次世界大战中的死者。1954 年美国政府将这一天正式定为停战纪念日，以追悼美国历次战争中的阵亡军人。——译注

在其他地方，进攻开展得更有计划性。在萨非以南100英里处，通过奇袭夺取港口的尝试取得了效果。两艘美国驱逐舰"伯纳度"号（Bernadou）和"科尔"号（Cole），搭载197名突击队员，英勇地向港口扑去。法军向它们开火。然而，萨非法军的抵抗不如阿尔及尔和奥兰的法军那样顽强，美国突击队员猛冲上岸，夺取了港口。大型坦克运输船"莱克赫斯特"号因此能够跟随它们进入港口，在码头上卸下了它的货物——谢尔曼坦克。到11月12日，美军在摩洛哥夺取了立足点。

夺取滩头仅仅是第一步。在最初登陆的24小时之内，艾森豪威尔便催促盟军"即刻向东突进"，以在德国援军到达之前夺取突尼斯。他最初指望在一天之内拿下，两周之后，他又希望"在12月中旬……实现占领"。在那一年年末，他又盼望能够在"三月初"取得成功。1957年，官方的历史学家以一种几乎可笑的轻描淡写这样说道："地中海区域的后续行动比预期拖得更久。"

"向东突进"因各种因素而延误了进程。其中一个因素就是需要将各个港口联合起来，以保证源源不断的补给；另一个因素是需要修建新的机场、修复已有的机场，以便为先遣部队提供空中掩护；第三个因素是美军和他们的装备必须从摩洛哥调遣到阿尔及利亚，这个调遣也因长期的船运问题而更加艰难。艾克指出，"从我们开始的那一天起"，船运不足的问题就制约着他的行动。如今，再一次地，"船运的老问题又冒出来打击我们"。在萨非登陆的250辆谢尔曼坦克，没有采用船运，而是在陆地上通过北非摇摇晃晃、极不可靠的单轨铁路拖运了八百多英里到达阿尔及利亚。而且天公也不作美。进攻从10月推迟到11月，意味着接下来的地面战役会发生在雨季，此时的快速调遣——或说任何调遣——都会因泥泞的道路而受到制约。

同时，艾森豪威尔还得分心来与各个不同的法国领袖进行无休止的谈判，他感到无比沮丧。法国人断定美国人会留下来，因此同意加入反轴心国联盟。但是，对于自我推选的几个候选人中谁会成为联盟中的法国代表的领导人，又经历了一番激烈的辩论。同盟国指望陆军上将亨利·吉罗（Henri Giraud）能将法国人团结到同盟国的阵营里来，但吉罗宣称，除非他被授予全体盟军的最高指挥权，否则他不会去发挥任何作用。一如既往地，艾森豪威尔表面上保持了冷静，然而内心却充满愤怒，他只能向马歇尔倾诉。"我发现我简直是出奇愤怒了，对这一群蠢蛙"，他叹息着说，"不得不和渺小、自私、自负的自称为人的虫打交道"。

最终,艾森豪威尔同海军上将让-弗朗索瓦·达尔朗(Jean-François Darlan)达成了交易,以授权这位法国人指挥所有在北非的法军而换取他的合作。艾森豪威尔也许认为,一只"蠢蛙"和另一只的好坏差不多,但达尔朗和纳粹合作的名声在外,这样的安排在英国和美国的民众中激起了公愤。艾克在批评中挺了过来,与前纳粹合作者尴尬的合作,也因达尔朗于平安夜被一名法国保皇主义者刺杀身亡而画上了句号。

然而,重要的是,盟军向突尼斯的挺进被德国人减缓。他们在英美军队将最初登陆的出其不意加以利用之前,就快速派出援军赶到北非并建立了稳固的防御阵地。结果,本以为的快速冲刺,却变成了漫长的跋涉。最糟糕的时刻,是德军于1943年2月在凯塞林山口(Kasserine Pass)进行的反攻。德军由陆军元帅埃尔温·隆美尔(Erwin Rommel)指挥,他在这场战役中证明了自己"沙漠之狐"的美誉。两支德军装甲师向美军防御阵地发动猛攻,突进三天之后才开始撤退。美军大约损失了25 000人、一百多辆坦克。这次溃败给美国军队,也给艾森豪威尔敲了一记警钟。它迫使艾克重新审视对于计划的设想,并在指挥方面进行了几项改进,包括力促乔治·巴顿的升迁。一些自1940年6月就在北非作战的英国士兵,把凯塞林山口视为傲慢的美国人应得的惩罚。有些人将一战时期广为传唱的乔治·M.科汉(George M.Cohan)的歌曲《那个地方》(Over There)中的歌词"美国佬来了"俏皮地改为"美国佬跑了"。

艾森豪威尔和美国人最终恢复了元气,但是,英军和美军花了六个月的时间——直到1943年5月,才将轴心国军队赶出大陆。这是一场意义重大的胜利:以伤亡7万人(其中一半以上为英国人)为代价,盟军让德国和意大利承受了同样的损失,而且俘虏了超过25万人。当然,即使是在这次胜利之后,盟军也并不比他们在苏格兰的时候更接近柏林,而在这个期间,苏联人连续不断地在斯大林格勒进行着艰苦卓绝的战斗,给德国人造成了超过75万人的伤亡,而他们自己的伤亡也超过了百万。尽管北非战役取得了胜利,但苏联人依然会带着几分气愤发出疑问:西方同盟国能否坚持到最后。

尽管斯大林不以为然,但对于1942年的英美军队,"火炬"行动很可能就是他们能做到的一切了。整个战役中的许多差错和遗憾,证明了丘吉尔和英国人的断言是正确的,那就是盟军还没做好横渡海峡的准备。战役结束之际,即使是最乐观的美国人——包括艾森豪威尔——也开始意识到,如果他们在1942年秋天,用胶合板做的登陆艇和改装的加勒比海货船,满载缺乏经验的士兵和未经检验的指挥官,去对付德国占领下的法国,其后果肯定像英国人预料的那样,完全是灾难性的。

---

19 世纪末,美国民俗学家乔尔·钱德勒·哈里斯(Joel Chandler Harris)于老南方发表了一系列寓言,取材于他生活在南方非裔美国人的群体中时所听到的故事。其中最著名的寓言之一,是兔子老弟用柏油做成的玩偶——柏油娃娃——放在路边来迷惑他的敌手狐狸老弟。狐狸老弟因这个不说话的家伙不理睬他的问候而恼怒,便伸出拳头揍它,结果很快被粘住,他一气之下又用另一只拳头揍它,然后又伸脚踢它,直到全身都陷在黏稠的柏油里而束手无策。

尽管没有骗子这样的人物来引诱盟军进入地中海冒险,但在 1942 年 11 月,盟军向北非挥出拳头却被粘住。在向突尼斯挺进的战役中,他们又挥出了另一只拳头。在 1943 年 5 月盟军夺取胜利之时,在北非的英美士兵已经达到 80 万人。如马歇尔和艾森豪威尔预测的那样,这一场旷日持久的战役,只能说明进攻欧洲的行动至少应该再推迟一年。丘吉尔一开始就断言 1942 年进攻欧洲大陆超出了力所能及的范围。而且,现在看来"火炬"行动使得 1943 年实施跨海峡进攻的计划同样不切实际了。不过,北非登陆和突尼斯战役对于美国人确实有其重要性,甚至可以说是他们必不可少的学徒生涯,他们的学习曲线,在 1942 年险象环生地大起大落,到 1943 年 5 月就已经平缓了许多。

他们当中的一些人在想,既然现在漫长的战役已经结束,他们能否回家休假。这个念头很快就被打消了。美国第 34 步兵师(34th Infantry Division)指挥官查尔斯·赖德(Charles Ryder)少将对他们说:"我们将在欧洲作战",他告诉他们,"通过比较,我们将会发现,突尼斯战役不过是一场实弹演习而已。"

第五章
从卡萨布兰卡到"考萨克"(COSSAC)

　　从一开始,盟军向法属北非发动的进攻,就是丘吉尔"周边战略"的定位与罗斯福打算在1942年做点事情的决心相结合的产物。眼下事情已经做了,主要的决策制定者们遇到的问题是下一步该做什么。早在9月份,丘吉尔和罗斯福就曾向马歇尔保证,一旦北非得手,盟军就能够在新年期间实施"波莱罗—围捕"行动。马歇尔一开始就曾怀疑,"火炬"计划的实施,会使1943年的进攻变成泡影,随后战役的挫折和延误,更进一步支持了这种推断。虽然他一直认为,横扫海峡的巨浪才是通向胜利的最佳捷径,但他的新提议却远远没有那么野心勃勃了。他不再打算实施"围捕"行动,而是准备在那一年的夏末,派一支盟军在布雷斯特(Brest)半岛登陆,以夺取在1944年春天可以派上用场的滩头。

　　妨碍他的因素有两个。第一个因素是事态的势头。到1943年1月,盟军在北非有超过50万人及其配套的装备,而这个数字在5月份上升到80万。这支军队就近作战要简单得多,他们可以横渡地中海狭窄的中部进入西西里或者撒丁岛,而不是将他们全部,或者是大部分,转移回英国再去进攻布雷斯特。第二个因素,和以往一样,仍然是船运问题。在太平洋围绕着瓜达康奈尔岛(Guadal-canal)激烈的战斗造成的损失,在大西洋由德国潜艇造成的损失,当然还有在"火炬"行动中造成的损失,都给海上补给和水陆两栖作战能力带来影响。因此,英国人认为,在地中海区域继续行动,比起将成千上万的士兵运回英国更有意义。而这个选择的困局在于,在地中海的进一步行动,将会进一步耗尽盟军的船只,再一次延误跨海峡的行动——或许永无止境。

　　罗斯福保持着开放的心态。他非常重视马歇尔跨海峡行动的真诚倡议,但也想和丘吉尔再次磋商,同时还特别渴望听听斯大林的意见。他提议再举行一次会议。丘吉尔再乐意不过。"我们将德国人赶出突尼斯之后",首相在"火炬"行动登陆两周之后致信罗斯福,"应尽快举行一次军事会议。"罗斯福建议他们在非洲找个地方见面,一方面是因为非洲这个地点斯大林有可能能够参加,另一方面是因为他预料,在最近的战场上检阅美国军队被拍成照片之后,会带来政治上的好处。罗斯福最初设想在"阿尔及尔南部找个安全的地方",不过,最终他接受了马歇尔在法属摩洛哥卡萨布兰卡附近举行会议的建议。此后不久,白宫在电影之夜放映了亨弗莱·鲍嘉(Humphrey Bogart)和英格丽·褒曼(Ingrid Berg-man)的新电影《卡萨布兰卡》,这非常符合总统顽皮的幽默感,由于即将到来的出行还处于严格保密当中,因此只有他和少数几人明白其中的有趣之处。

令罗斯福开心的是,这次出行历史意义重大,而且还多多少少有些冒险。他是第一位乘飞机、第一位访问非洲的美国在职总统,也是第一位战争期间离开本土的总司令。跟往常一样,这次出行完全保密,这种偷偷摸摸的气氛更增加了总统孩子气的热情。(霍普金斯认为他"举止如十六岁少年"。)总统一行人于1月9日夜里偷偷地溜出华盛顿,乘火车往南朝迈阿密而去。他和随行人员从那里又登上了一架飞往特立尼达拉岛(Trinidad)的飞机。罗斯福的参谋长威廉·莱希上将因肠胃病毒感染,宣布终止旅程,其他人继续南飞,到达巴西海岸边的贝伦(Belem)。和当地领导人在那里举行了一些例行的会议之后,官员们登上了一架水上飞机,耗时18个半小时连夜跨越大西洋。飞机降落在西非冈比亚河(Gambia River)的河口,然后总统一行人登上另一架飞机,飞越阿特拉斯山脉(Atlas Mountains)到达离开会的酒店仅两英里的一处小型机场。

斯大林没有参加。他宣称,只要苏联国土上还有德国的一兵一卒,他就不会离开苏联。也许,他觉得他的拒绝可以强调这样一个事实:当西方盟国到处周游召开会议的时候,他却在坚持打仗。

一方面是因为旅途的疲劳,另一方面是因为首相喜欢夜间活动的习惯,因此大多数事务性的会议都在下午或者傍晚举行。这样一来,联合参谋长们就可以在早上碰头,研究出不同的战略方案,下午再将他们的意见递交给两国首脑。实际上就是将领们提交提案,政治领袖们作出决定。日程安排里也留出了供家人团聚的时间。丘吉尔安排他的儿子伦道夫暂时离开了在埃及的英国第八集团军的岗位;美国陆军中的埃利奥特·罗斯福(Elliot Roosevelt)和海军中的小富兰克林(Franklin junior)上尉也都来了。甚至哈里·霍普金斯多年未见、此时在陆军航空部队当摄影师的儿子罗伯特也到场了。

联合参谋长们于1月14日集合召开了第一次会议。英国人一如既往地做了充分准备,布鲁克以一小时的陈述开场,其中强调了进攻西西里预期能够得到的好结果。布鲁克断言,这样的行动,会"迫使德国分散他们的兵力",因此会给予苏联极大的帮助,是进攻法国所不能比的。庞德认为,继续进行地中海的行动几乎是不可避免的,因为同盟国船运的限制,其他任何行动都是不可能的。波特尔接着提出,继续在地中海施加压力,同时辅以毫不松懈的战略轰炸,德国终将屈服。

这些论调美国人既不感到新奇也不觉得意外,它们和丘吉尔一年之前在阿卡狄亚会议上的提议没有太大的区别。马歇尔和美国人持怀疑态度,他们相信"从英国发动的进攻"对于最终胜利是必要的。如果说论点没有改变的话,但情况却已经发生了变化。"火炬"登陆行动和随后的北非地面战役,揭示出美国人在训练以及人力物力上的严重不足。对于很多当兵才几个月的美军士兵,也许挑剔的乔治·巴顿会找出他们战斗准备中的不足,但是连马歇尔都感到震惊的是,有一天傍晚在卡萨布兰卡外出散步的时候,他碰到一队新到的美国士兵,发现他们穿着凌乱、纪律松散,以他看来,他们"根本无法和德国人打仗"。英国人肯定同意这一点。陆军元帅哈罗德·亚历山大给布鲁克写信说,美国人"根本不知道作为战士的责任"。当然,并不是所有的美国人都是如此,但无疑的是,更多的训练和更多的经验,会提高未来在战场上对抗的胜算。

至于海上补给的问题,"火炬"登陆行动用掉了几乎正好一半盟军可用的登陆艇,在卡萨布兰卡,艾森豪威尔报告说,接下来进攻西西里的行动,将会造成余下的登陆艇再损失50%至75%。显然,登陆艇就像纸巾:用一次就扔掉,小型的希金斯登陆艇尤其如此。美军士兵准备不足的问题,可以通过训练和经验来解决,但是,如果盟军在另一次地中海行动中用掉余下的大部分甚至全部的登陆艇,留给跨海峡进攻的就不多甚至没有了。马歇尔冷静而清醒地发现,在地中海任何战役中,"我们能够补充军队"的损失,但是"船只的严重损失……有可能完全摧毁不久的将来对敌行动成功的机会"。

为了回应这些担心,布鲁克的态度,如一位长期忍受着和头脑特别迟钝的小学生打交道的校长。"所有的问题(对美国人)都须得仔细解释且再解释,直到他们能够理解为止",他当晚在日记中写道,"不能逼也不能催,必须让他们逐步消化我们提出的策略"。布鲁克得到了联合作战指挥官蒙巴顿的支持。蒙巴顿建议,与其费时费事地将登陆艇从地中海重新调回英国,不如随运送美国军队的船只将新的登陆艇一起发运过来。这样,到来的美国士兵就可以利用登陆船只进行两栖训练,而在地中海的登陆艇就可以继续留下,在当地的后续作战行动中发挥作用。

和马歇尔一样,布鲁克也是通过散步的方式缓解磋商的疲劳,不过对于他而言,这也是同时进行鸟类观察的大好时机(布鲁克在他的日记中激动地记录,他发现了"三趾鹬、环斑鸻、灰斑鸻和翻石鹬"!)。在会议期间,他试图让马歇尔放心的是,即使地中海的作战行动展开,在英国的美军集结还是会继续下去。他设想从春天到夏天,每月调遣 12 000 名美军士兵到英国,这样,到了 8 月份,英国南部就会有 9 到 12 个师的兵力,如果德国防御存在"缝隙"而暴露机会,他们就可以横渡英吉利海峡发动突然袭击。布鲁克向马歇尔保证,"我们绝对可以期待在 1944 年大规模地反攻欧洲大陆"。当然,一年以前,对于 1943 年发动进攻他也说过差不多的话。

争论关乎的不仅仅是可用的资源,也不仅仅是战略。就其本质而言,它是对于跨海峡进攻的目的从根本上理解不同的产物。从一开始,英国人就把这种进攻设想为向在长期的战斗和持续的轰炸下筋疲力尽的敌人实施的最终的致命一击;对于他们而言,在德国没有出现难以支撑和濒临崩溃的迹象之前,不能试图发动这样的进攻。美国人的想法却大相径庭。对于他们而言,进攻不是对于已经取得的胜利的认可;它是通过暴力来夺取胜利。对于英国人,它是对胜利的庆祝,对于美国人,它是殊死的格斗。在长期同盟的历史中,这一认知上的分歧从来未曾弥合。

三天过去了,双方并没有比一开始达成更多的一致。布鲁克竭力要求进攻西西里,马歇尔要求进攻布雷斯特,金要求在太平洋扩大军事行动,会谈时不时变得"白热化"。还是迪尔打破了僵局。作为一位常驻华盛顿并每天和参谋长联席委员会碰头的英国官员,他在两个阵营都有一席之地,他也清楚为了达成一致,双方各自应该作出怎样的让步。而且,迪尔还是除丘吉尔之外为数不多的能够公然对抗布鲁克的人之一。在一次内部会议上,布鲁克告诉迪尔,他将"寸步不让",而迪尔反击说:"不,你会的!"经过一番努力,他得到布鲁克对一些小问题的勉强同意。于是他去见马歇尔,迫使他作出了同样的让步。因此,在联合参谋长们于 1 月 18 日和罗斯福碰头的时候,他们告诉他已经达成了一致。向西西里发动的代号为"哈斯基"(Husky)的进攻将着手进行,但同盟国同时将继续在英国进行盟军集结,"以备在法国的德军力量减少的情况下跨海峡发动突袭"。

虽然在严格意义上是一种妥协,但马歇尔和美国人实际上再一次在关键点上作出了让步。金感到满意的是,与德国潜艇之战获得了最高优先权,他也得到同意在秋天展开太平洋攻势;马歇尔得到同意在英国进行盟军集结。然而,英国人中的是大奖:得到批准扩大地中海战役。这场战役一旦展开,将极有可能把越来越多的人力物力拖入到战斗中。同盟国再一次同意向柏油娃娃挥出拳头,美国人知道他们失算了。最后会议之后,接替艾克的原职务担任作战计划处处长的美国陆军准将阿尔伯特·C.魏德迈（Albert C.Wedemeyer）正在房间里休息，他的英国同行维维安·戴克斯（Vivian Dykes）顺便进来喝一杯。魏德迈和戴克斯是老朋友，战前曾一起在弗吉尼亚的迈尔堡军营（Fort Myer）服役。当戴克斯坐下之后，魏德迈紧盯着他说："你们的人根本不打算横渡海峡。"这还说不上是指责，只是说说而已，戴克斯并未否认。他吸着烟斗沉思片刻回答说："别指望丘吉尔。"

而对于丘吉尔而言，他明白美国人有可能会对会议的结果感到愤愤不平，他希望能抚平他们的失望，因此他建议，也许现在是应该任命一位跨海峡进攻的总司令的时候了。尽管布鲁克希望那天到来时，他会成为最终的总司令，但别的人预计可能是一位美国人，极有可能是马歇尔。考虑到这点，丘吉尔提议任命一位英国参谋长任副司令。马歇尔对这个意见表示支持。虽然丘吉尔的目的有可能是给予美国人无伤大雅的安慰奖，但在马歇尔看来，为这场大规模的进攻任命副司令或者总司令，意味着这样的进攻被变成了现实，这是仅仅许下未来支持的诺言所不能办到的。它同时还意味着，组织和管理工作可立即启动，这样在进攻最终发生时能够加速其实施。因此，1月22日这天，联合参谋长委员会同意"立即任命一位英国参谋长和一位独立的美—英参谋，以指挥、策划并训练1943年跨海峡行动"。不管丘吉尔提出这个建议的动机是什么，它终于向诺曼底海滩迈出了结结实实的第一步。

9天之后在斯大林格勒，德国陆军元帅弗里德里希·冯·保卢斯（Friedrich von Paulus）率其军队265 000人中幸存的91 000人，包括16名将军，向苏联人投降。这是战争中同盟国取得的最大胜利，而且斯大林几乎肯定地反映出这样一个事实：当英国人和美国人谈话的时候，苏联人在打仗——而且打了胜仗。为了让人们不至于漏掉这一点，2月23日，也就是红军建军纪念日这一天，斯大林下达了当日的命令，其中包括这样一句话："鉴于欧洲没有第二战场，红军独自承担起了整个战争的重负。"

卡萨布兰卡会议还有一点值得一提，哪怕仅仅是因为它受到当时的报刊和之后的历史学家太多关注的缘故。1月24日最后一次会议之后，罗斯福和丘吉尔会见了各国记者，以展示他们设法在亨利·吉罗和夏尔·戴高乐（Charles de Gaulle）之间策划的勉强的言和。这两位法国的竞争对手在镜头面前有几分尴尬地握手，随后罗斯福几乎是傲慢地宣布，同盟国一致同意要求轴心国"无条件投降"。

罗斯福事后声称，目睹吉罗和戴高乐握手，让他想起了在阿波马托克斯

（Appomattox）的格兰特将军和李将军，又让他联想到格兰特在多拉尔森堡（Fort Donelson）要求无条件投降的事。宣布无条件投降政策的想法，他说，突然从脑海里冒出来。就像罗斯福的许多故事一样，这更多的是虚构而不是事实。早在三周之前的 1 月 7 日，他就曾在白宫的参谋长联席委员会计划会议上与成员们讨论过这个政策，并就此在卡萨布兰卡得到丘吉尔的确认。而且，这并非轻率而不加考虑的想法。罗斯福知道，纳粹之所以能够在 1930 年代夺取政权，在某种程度上是通过声称德国不是在第一次世界大战的战场上被击败，而是被国内的犹太人、社会自由主义者和共产主义者"背后捅刀子"的言论。他想确保这次不会再出现这样的言论。而且，将无条件投降作为一种官方的政策，可以令斯大林放心，说明英国和美国并没有背着他单独和德国做交易，也许还能够阻止斯大林自己想做交易的企图。

　　事后，新闻及各方都在谈论，宣布无条件投降的政策，是否会将轴心国逼入死角，从而降低战争提早结束的可能性。有些人猜测，这一宣告会削弱德国持不同政见者试图将希特勒赶下台的努力。不管这些猜测有何是非曲直，罗斯福的宣告既没有改变战争的进程，也没有改变斯大林单独媾和的想法。与此同时，他们手头还有更急迫更切实的问题：北非还有待去征服，西西里还有待去进攻，跨海峡进攻欧洲还有待任命一位参谋长。

－－－－－－－

　　1943 年 3 月，当艾森豪威尔在美军于凯塞林山口屈辱战败之后重新组建军队之时，有一位名叫弗雷德里克·摩根（Frederick Morgan）的名不见经传的英国少将，得知自己被选出来协调"今年和明年跨海峡进攻的计划"。包括摩根在内，没有人会把这个任务太当真。毕竟，英国的战略中有一部分，就是后来代号为"勇气"（Fortitude）的所谓大规模战役的假情报，这是一场大范围的阴谋，涉及虚假的无线电通讯、凭空捏造的军队，甚至还有双重间谍，旨在迷惑德国人，让他们无所适从。而且，随着给摩根的新命令露出水面，其中一项职责就是实施"精心伪装和欺骗的计划"将德军牵制在英吉利海峡的海岸一带。而另一方面，给他的命令还指定了另外两个目标——"在德军崩溃的情况下反攻欧洲大陆"以及为"1944 年尽早发动全面进攻欧洲大陆"制定计划。当然，三个任务多少有点搅浑了水，让摩根搞不清楚哪个是首要的：是假情报活动？是有可能性但完全视情况而定的紧急作战行动？还是策划真正的全面进攻？不管下达命令的人出于什么意图，摩根别无选择，只能认真对待全部三项指示。

　　摩根是肯特郡一位中产阶级商人的长子,他没有进入桑德赫斯特(Sandhurst)皇家军事学院(the Royal Military Academy)——这是一座旨在将"绅士学员"转变为前线军官的学校,丘吉尔正是在这里成为一名年轻的中尉。而摩根被伍里奇(Woolrich)的炮兵及工程军官军事学校录取。他的课程重点不是领导技巧和战术,而是偏重三角学和工程学。他的出身和接受的科学培训,让他有别于那些统治着英军高层的贵族后裔们,而在有阶级意识的英国,这一点却事关重大。不过他至少看起来还像那种人。摩根 1943 年的时候 49 岁,他或许还能被好莱坞的星探看中去扮演英国军官的角色。他身材修长、皮肤白皙,浅棕色微微泛红的头发,挺直的鼻梁,络腮胡子刚刚开始变得灰白。像艾森豪威尔一样,他左手的两根手指之间总是夹着一根香烟。他总是以专笃的意志、清醒的头脑、专业的投入和诙谐的幽默感来解决问题。

　　当艾森豪威尔在非洲的时候,摩根接过了诺福克之家的空位,开始组建参谋部。这个团体需要一个名称——一个身份,还是摩根想出了"COSSAC"(考萨克)一词,即"参谋长兼盟军最高司令"(Chief of Staff, Supreme Allied Commander)的缩写,以此作为新的联合指挥部的代号,尽管还没人知道这个指挥官会是谁。它不仅符合逻辑,而且还能同时为假情报活动起到作用,因为诺福克之家之外的许多人,纷纷猜测这个组织肯定和苏联人有关,因为毕竟只有苏联人才有"哥萨克"(Cossacks)。

　　摩根和他初出茅庐的"考萨克"团队在 4 月和 5 月开始开展多重的其至相互矛盾的工作任务。作为假情报活动的一部分,他们试图激起德国人对于盟军将在当年夏天进攻挪威或者加来海峡的怀疑。针对挪威,他们捏造了一支完全虚构的新军队——英国第四集团军,这支军队的司令部据称位于爱丁堡,他们配合发送了几百条无线电密电,暗示这支军队的存在和它的目的。事情做得非常巧妙,也许确实有助于让希特勒相信应该把大量的兵力留在挪威,以防御这支影子部队。针对法国,"考萨克"团队操纵了一桩"控制泄漏"计划,让德国人相信还有另一支虚构的英国军队——英国第六集团军——正在伦敦以北的卢顿(Luton)扎营,准备向加来发动进攻。它只能说是部分成功。当然,假情报活动一直让德国人处于猜测当中。但在 1943 年 12 月,纳粹德国海军中将弗里德里希·里夫(Friedrich Rieve)在他官方战争日记中推测,"塞纳河河口以及科唐坦半岛"是盟军"大规模水陆两栖进攻"最为可能的目标。

　　除了这些诡计之外,"考萨克"还制定了一项一旦德国溃败而迅速向欧洲大陆挺进的计划。虽然这种事在 1943 年春天还显得十分遥远,但英国人记得德国在 1918 年的崩溃是多么的迅速,而且丘吉尔尤其没有放弃这样的崩溃随时都可能再次发生的念头。如果有这样一天,而西方同盟国却没有做好反攻欧洲大陆的准备,斯大林的军队就有可能攻入柏林并直抵英吉利海峡——这一前景几乎和留下希特勒当权一样可怕。因此,摩根的团队制定了一项计划,对"大锤"计划进行了修改,他们称为"圆锤"(Roundhammer)计划——即"围捕"计划与"大锤"计划的合并。

在"考萨克"议程中占主导地位的是第三项任务——创建并制定 1944 年春天向欧洲大陆发动大规模进攻的计划。没人清楚丘吉尔究竟对待这桩进攻有多认真,他和联合参谋长们也没有给予摩根任何具体的指示;摩根甚至没有权限查看艾森豪威尔 1942 年的"围捕"计划。实际上,他只得一切从零开始,没有先决条件,也没有限制。作为行家,他毫不犹豫地动手干了起来。

他首先从为进攻确定一个合适的登陆海滩入手,然后计算夺取这个海滩需要多少个师。为此他需要详细的地图,而联合参谋长们也没给他提供这样的东西。摩根只得派助手到伦敦各个书店搜寻米其林旅行地图,然后把它们裁下来拼贴在诺福克之家的墙壁上。摩根后来声称,由此产生的组合图,引发了他的顿悟。从西班牙到荷兰的海岸地图铺开之后,他发现,英国并不是欧洲外围的一个岛屿,而是各个可能的目标形成的巨弧形的真正始点。不过,经过大量的研究,摩根和他的团队将重点集中在法国北海岸的两处地点上:一处是加来海峡,英吉利海峡在此处变窄为仅 19 英里,另一处是科唐坦半岛以东的诺曼底海滩,这一区域被称为卡尔瓦多斯(Calvados),以其浓烈的苹果白兰地而闻名。

加来海峡的优势,在于它的滩头可由英格兰东部盟军基地的陆基空中火力进行掩护,而多佛(Dover)和加来之间的咫尺距离,意味着数量不足的登陆艇可以迅速周转。不利的一面是,正是这些因素让它成为了显而易见的目标,而且正因为如此,加来海峡海岸沿线在德国占领的法国处于重兵把守之下。诺曼底有着理想的海滩和临近的港口,但距离遥远,这就意味着盟军飞机在海滩上空掩护时间会更短,而登陆艇周转时间会更长,其结果就是加倍增加了所需的船只。而且,诺曼底海滩后面的地带被树林切分成各个小块,当地人把这一带称为波卡基村(bocage country)①。因此从登陆海滩突围会更加困难。

为了在它们之间进行选择,摩根安排军官们分组对选择每一处地点的理由进行最充分的阐述。他们如同进行议会辩论一般,每个组提出自己的理由并对

---

① 波卡基(bocage)一词源于法国诺曼第语,指以森林和花草为特色的乡村景色。——译注

口头上的挑战进行反驳。这种方法对于展示每个地点的优势和劣势非常有效，然而，它也在研究团体当中孕育出了一种竞争精神，他们的热烈讨论把他们转变成为真正的倡导者，而不仅仅是情报员。最后，摩根进行了总结，尽管加来海峡具有显而易见的地理优势，但诺曼底才具备令人出其不意的绝佳机会。

摩根需要解决的第二个问题，是盟军究竟需要多少个师。诺曼底海滩一次只能容纳的人数，必然会将最初登陆的人限制在很少几个师之内。对于计划拟定者们，更重要的问题是究竟需要多少个师才能攻克被占法国并向柏林推进。早在阿卡狄亚会议期间，丘吉尔就曾提出，这样一场战役需要 40 个师（英军美军各 20 个师）；艾森豪威尔和马歇尔的"围捕"计划提出需要 48 个师（英军 18 个师、美军 30 个师）。在摩根的计划中，他设想的师不低于 100 个（英军 15 个师、美军 85 个师）。假设每个师的兵力为 15 000 人，那么摩根的计划就需要部署 150 万人。这是一种惊人的野心。从珍珠港事件到二战胜利，整个战争期间，美国总共只建立了 89 个陆军师，而摩根的初步计划在一次作战行动中就需要调集它们当中的 85 个师。他计划中的非常规模，导致诺福克之家里里外外的不少人都觉得，摩根和他的团队不是当真的①。

实际上，这种感觉——摩根和他的"考萨克"团队是在进行假情报活动而不是在制定正规的计划——有助于摩根对付最棘手的问题，那就是英军官僚机构中的很多人，都不会把他和他的司令部当回事。此时，定于 7 月进攻西西里的"哈斯基"行动的详细计划正在顺利进行。在它之后，没人知道会是什么：可能是撒丁岛、希腊、意大利，甚至还有人提到多德卡尼斯群岛（Dodecanese Islands）。相比之下，摩根的计划显得遥远而不确定，又是另一项耗时的任务，甚至（摩根自己也经常认为）可能是个骗局。这些怀疑，造成了摩根后来所说的诺福克之家当中的"尖刻而一触即发"的情绪。尽管如此，他们却别无选择，只能尽力工作而不问他们的劳动最终带来什么结果。

———

艾森豪威尔在突尼斯拖延已久的胜利，促使了新一轮的高层会谈，讨论"哈斯基"行动如果取得胜利，下一步该做什么。5 月中旬，丘吉尔和英国参谋长们再次乘飞机前往华盛顿参加另一次会议，这次会议代号为"三叉戟"（Trident）。

———

① 在战争期间美国总共派出包括太平洋海军陆战队在内的 94 个师上战场。供比较，纳粹德国派出 375 个师，苏联为 491 个师。不过，德国和苏联师的编制，比美国满兵员的陆军师人数少得多。到了 1944 年，在调遣方面，美国的总体水平远远低于它的盟国英国和苏联，也远远低于它的欧洲敌人。

会议由丘吉尔开场,他提出了关键的问题:"'火炬'行动已经结束,'哈斯基'为期不远,下一步应该是什么?"当然,丘吉尔从来不会提出自己没有成竹在胸的问题,所以他迅速补充道:"采用最有效的办法让意大利脱离战争。"

在到此为止的每一次高层会议上,英国人都比美国人准备得更充分,到达的时候,手里总是既有精心准备的论据,又有详细拟定的计划,因此这些计划不可避免地成为接下来讨论的基础。然而这一次,美国人作好了准备。一方面,马歇尔征得了罗斯福的同意,他们在"三叉戟"会议上的主要目的是"迫使英国人确定在切实可行的最早日期发动跨海峡进攻欧洲的行动"。此外,依然在为卡萨布兰卡的挫折感到不快的魏德迈,又准备了一套自己的详细计划。最后一方面,自卡萨布兰卡以来的四个月当中,西方同盟国之间的关系,经历了微妙而重大的急剧变化。在1942年1月的阿卡狄亚会议期间,甚至在一年前的卡萨布兰卡会议期间,英国备战和与敌作战的士兵都远远多于美国,而它的人口还不到这个更强大更富裕的同盟国的三分之一。如果把各个英联邦包括在内,美国在活跃的作战部队这方面,只能算是资历尚浅的合作伙伴。直到1944年中旬,美国身着军服的士兵的数量,才开始和它的英国同盟有一比。不过,到1943年5月,这种平衡已经开始转变,美国的生产能力——同盟国永远的王牌——开始大幅度飙升。罗斯福在他"三叉戟"会议的开场白中指出,美国的工业产值,超过了德国和日本两国相加的总数。他还无需补充的是,这个工业聚宝盆中的很多产品都按照《租借法案》运往了英国。

丘吉尔明白,他必须发挥全部口才,才能说服美国人继续实施他所偏好的周边战略,他开场就指出,一年当中,很多事情已经改变。上一次他在白宫做客的时候,传来了托布鲁克陷落的消息;而如今,整个非洲都落入同盟国的掌握之中。西西里很快就会被攻克,而下一步,显而易见地,就是进攻意大利,让它整个从战争中脱离出来。如果丘吉尔指望罗斯福对这个目标表示赞同,那他肯定会失望了。丘吉尔声称意大利的失败会给苏联带来帮助,美国总统对此表示怀疑。事实上,罗斯福认为盟军占领意大利反而有可能带来负面影响,德国军队会从意大利半岛脱身出来,转而去东部战线作战。而且,总统还透露了自己的待议事项。"'围捕'行动和'大锤'行动已经讨论了两年",他说,"但这两项行动都没有作为某个时间可以实施的具体计划而被接受"。虽然他承认在当年"不可能"实施跨海峡行动,但他认为,这样的行动"应该作为1944年春天实施的行动而明确地决定下来"。罗斯福向丘吉尔的战略愿景提出了直接的挑战,他认为"迫使德国作战最有效的办法就是实施跨海峡行动"。

　　丘吉尔即使是吃了一惊，却也没有表露出来。毕竟，罗斯福也承认，当年进攻欧洲是不可能的，而显而易见的是，盟军已经有 20 个师在地中海，在这个时候应该另外做点什么事情。不管这件事情会是什么，它自身也很可能产生一种势头，而在它之后，那……他们再看吧。尽管对于丘吉尔而言，"用我们的大军攻打意大利"是"势在必行"的，但他愿意让他的联合参谋长们"予以彻底讨论和解决"。当他们这样做的时候，他和罗斯福以及霍普金斯一起乘汽车去"香格里拉"做了一次旅行。"香格里拉"是位于马里兰州凯托克廷山（Catoctin Hill）上的总统夏季静修地（现戴维营）。途中路过马里兰州弗雷德里克镇的时候，由于曾在学生时代认真学习了美国内战，丘吉尔注意到正是在弗雷德里克镇，1862 年当李将军率领的一队士兵经过老巴巴拉·弗里彻（Barbara Frietchie）①家门口时，她在屋顶挑衅地插上了一面国旗。这引得霍普金斯开始背诵约翰·格林里夫·惠蒂埃（John Greenleaf Whittier）所写的关于她的著名诗句："她说，'如果你们决意开枪，就射我这颗灰白的头颅，但别损伤你们的国旗'。"停顿片刻之后，令在场所有人惊讶不已的是，丘吉尔凭记忆背出了所有的三十行诗句，这是他惊人记忆力的展示——尽管后来他承认，有可能漏掉了一两行。

　　与此同时，华盛顿的联合参谋长们正在着手处理熟悉的问题。没有任何意外，因为此时的争执完全处于意料之中。以总统的参谋长——海军上将威廉·D.莱希为主席的美国人，坚持要将军队大规模集中在英国，以便发动跨海峡攻势；而以艾伦·布鲁克为领导的英国人，则反驳说这样的攻势至少要等到 1944 年春季，而与此同时应该另外做点事情。布鲁克重申了丘吉尔的观点，强调了"将意大利彻底赶出战争"的重要性，但美国人却拒绝接受。马歇尔已经失去了耐心，他一反常态地迅速反驳说，与其"将意大利赶出战争"，不如把注意力放在将"德国赶出战争"上。他指出，"行动总是会产生真空，必须不停地往里面投入"。"火炬"行动本预计总共需要 185 000 名美国士兵，但现在在北非的美军士兵已超过 400 000 人。与此同时，在运到英国的 279 000 名美国士兵当中，地面部队只有不到 20 000 人留下，因为"所有可利用的美国资源都被派到了北非"。"火炬"和"哈斯基"计划都是"为了在准备跨海峡行动的同时做点事情"而得到批准的，但现在依然没有对跨海峡行动作任何有意义的准备。鉴于此，马歇尔宣

---

① 巴巴拉·弗里彻是美国诗人惠蒂埃发表于 1864 年的同名爱国诗中的女主人公。诗中所指的旗帜是美国内战时期联邦政府的星条旗。惠蒂埃坚持说这个故事是真实的，而且在华盛顿和马里兰都很闻名，他没有理由怀疑它的准确性。不论是否真实，这首诗已经为几代美国人所喜爱，经常被编进诗集并被人深情地背诵。——译注

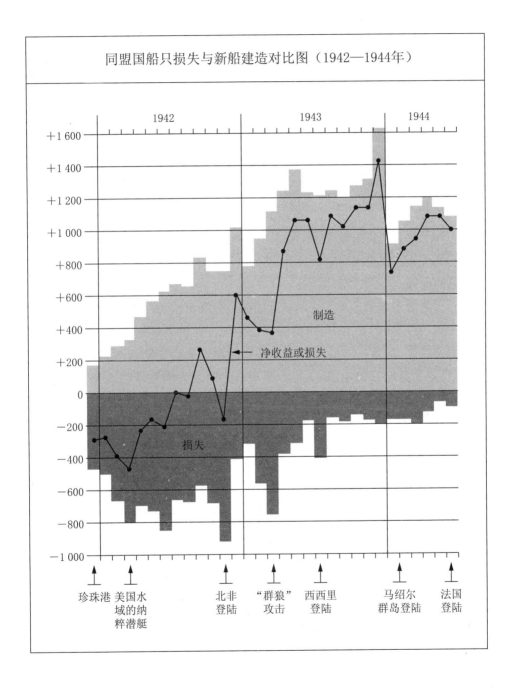

同盟国船只损失与新船建造对比图（1942—1944年）

布,英国人草拟的计划"美国人不能接受"。

英国人争辩说,由于船运问题的现实情况,任何可用之物从北非运到英国实际上都是不可能的。的确,船运的匮乏一直在同盟国计划的讨论中占主导地位。由于更强大的船队护航、美国造船速度的加快,以及通过破译德国用于指引潜艇向盟军船队接近的电码而获得的巨大优势,对于德国有可能切断跨大西洋供应航线的恐惧已经减轻。然而,太平洋对于船运的新需要不断在出现,同时还有地中海,包括以每月3万人的速度将上百万的战俘从北非运出的需要。船运是如此的匮乏,以至于同盟国被迫拒绝了将7万名保加利亚犹太人从轴心国营救出来的请求,这一决定在事后看来尤其显得冷酷无情。艾森豪威尔汇报说,即使是实施"哈斯基"计划,也"比他所需的船少三十艘"。如果将行动从地中海调整到英国,船从哪里来?美国人的答案就是他们多生产。事实上,美国人现在生产新货轮——大部分为自由轮①——的速度,比德国击沉它们的速度快(见图)。这些新船几乎全部在美国制造,它们预期的可用性,使得美国人在战略辩论中具备了显著的优势。

三天的激烈争吵改变了一些人的想法,会议再次以一种官方的妥协而结束。不过,在以往的妥协中,同盟国都是赞同一两种外围进攻,跨海峡行动则视情况而待定,而这次却恰恰相反。最终的协议通过了跨海峡进攻法国的行动,且确定了目标日期为1944年5月1日。向意大利发动的攻势,或者任何其他地中海的军事行动,则视情况而定,将决策判断权留给战区司令德怀特·艾森豪威尔。协议同样也承认了挫败"德国潜艇的威胁"的重要性,并准许金指挥"对日本施加不懈压力"的战役,向日后发动中太平洋攻势(Central Pacific Drive)迈出了一步。

重要的是,"协议决定草案"包含了具体的细节。跨海峡军队由29个师组成。这比摩根提议的军队数量少了很多,也少于丘吉尔18个月之前提议的40个师,或马歇尔为"围捕"行动构想的48个师。而且,由于有限的海上补给能力,摩根被指示拟定一份仅仅以三个师发动最初攻势的计划。这些早期的估算后来重新讨论并得以修改。不管怎样,这是同盟国第一次同意投入具体数量的军队在具体的日期发动一场攻势。以美国人看来最重要的是,协议确定军队将从地中海转移回英国,以形成进攻部队的核心力量。如果所有的零件都能够组装起来——人员、船只、补给,特别是登陆艇——盟军就能够于1944年5月1日发动

---

① 自由轮(Liberty ship)为美国二战时期大量制造的载重量在11 000吨左右的货轮。自由轮建造迅速,价格便宜,是二战中美国工业的一种象征。——译注

大规模进攻。

丘吉尔不打算认输。他来到华盛顿，是为了促成进攻意大利的一致意见，而由于这个决定权已经授予了艾森豪威尔，他此刻决定前往阿尔及尔，劝说艾克接受这个想法。他邀请罗斯福同行。总统有些踌躇，建议马歇尔代替他前往。三天之后，丘吉尔和马歇尔飞抵直布罗陀，接着前往阿尔及尔。在此，英国首相在艾森豪威尔面前表现出全部的人格魅力。艾克事后承认，在这次访问中"丘吉尔口才极佳"。他当然也很执着。艾克私下里向他的好友、海军助手哈里·布彻抱怨，听着丘吉尔一遍又一遍不屈不挠地竭力推行他的想法，实在令人身心疲惫。艾森豪威尔并不赞成进攻意大利的想法。他担心的是它将会约束将来的选择。正如马歇尔给他的私信中所说："全力以赴地进攻意大利，不可避免地会在船运方面造成非常严重的后果……它会终止向其他地方发动的重要进攻行动。"艾克回信说："我的观点同您完全一致。"就算是盟军进攻意大利能够取得完全的成功，但是用燃煤给意大利国民提供粮食和补给，让它的人民不至于在冬天受饿受冻的必要性，将会更多地占用同盟国匮乏的船运资源，从而限制在欧洲的作战行动。艾森豪威尔提醒丘吉尔，不管怎么样，"哈斯基"行动之后，他们在地中海做任何事情的能力，均取决于征服西西里的速度和效率。"如果西西里相对容易"，他告诉首相，接下来挺进意大利才有可能，如果西西里的战斗漫长而艰难，进攻意大利就极不可能。丘吉尔保持着自信与热情，他告诉艾克，他"盼望着与艾克在罗马共进圣诞节的晚餐"。

最终是丘吉尔得逞了，因为西西里的战役令人瞩目地取得了成功。7月10日的首次登陆进行得异常顺利，在海面上观望的蒙巴顿心想，"整个战斗仿佛是一场演习"。仅仅过了十二天，巴顿的第七集团军就夺取了西西里北海岸的巴勒莫（Palermo），两天之后，意大利政府以不信任投票有效地解除了墨索里尼的权力，"元首"的接替者，首相佩特罗·巴多格里奥（Pietro Badoglio）向同盟国发出了求和的信号。9月3日，也就是停战协议签署的当天，英军横渡狭窄的墨西拿海峡进入意大利。一周之后，在代号为"雪崩"（Operation Avalanche）的行动中，肯特·休伊特的海军特混舰队将马克·克拉克的美国第五集团军送到了那不勒斯南部靠近萨勒诺（Salerno）的海滩上。此处的登陆可谓危机四伏，克拉克一度曾萌生了撤退的念头，不过最终盟军挺了过来。至少从严格意义上来说，意大利已经被"赶出"了战争，如此一来，丘吉尔的雄心壮志就得以实现了。然而，德国第十军团仍然还在意大利，固守在盟军所称的古斯塔夫防线（Gustav Line）一带。战役很快陷入长时间激战当中。地中海的柏油娃娃再次吸引盟军出拳并粘住了它的拳头。在意大利的战斗一直持续到二战结束。

———————

然而,它却没有改变"三叉戟"会议上作出的决定。虽然摩根接到的最新指令要求他继续进行"欺骗计划",但他们现在强调他的重点应该是"发动以1944年5月1日为目标日期的攻势,以在欧洲大陆夺取一个立足点,由此可实施进一步的军事行动"。此时仍然没有指定行动指挥官。丘吉尔告诉记者们,准备工作还没有到"必须选择执行指挥官"的阶段,于是摩根作为"考萨克",在不知道谁会去执行的情况下,继续策划一场大规模的水陆两栖作战行动。

更糟糕的是,摩根在英国军事机构中几乎得不到任何支持。在大规模跨海峡行动上投入太大,不管是从物质上还是感情上,都有着制度上的不情愿,这一方面是敦刻尔克大撤退遗留下的阴影,同时也有帕斯尚尔(Passchendaele)和索姆河(Somme)①的不堪回忆。而且,每一层面上的英国人,都很难接受如此浩大的军事行动能够实现的想法。美国人到处抛出荒谬的数据:罗斯福命令构建2 400万吨的船运能力,而马歇尔声称军队将扩充到1 600万人。英国人发现他们很难相信这样的数据。正如摩根所说,英国军官们几乎不可能"完全克服一辈子为琐碎操心、小气吝啬、过分节俭和将就凑合的习惯",这种习惯已经成为他们整个职业生涯的特征。于是最终,摩根在和英国政治官僚机构打交道的时候遇到了困难,那些五花八门的办公室和委员会,有些还是维多利亚女王时代之前的产物,构成了英国政府的中层梯队(一位皇家海军退伍老兵嘲讽说,英国官员的动作"的速度如同冷冻的糖浆在砂纸上流淌"。)。野心勃勃的目标、日益临近的最后期限、军队官僚机构不温不火的配合,以及高层的怀疑态度,所有因素结合在一起,令"考萨克"团队内部滋生了失望甚至愤怒的情绪。

是蒙巴顿的介入给他们带来了安慰。6月,他邀请"考萨克"团队所有成员前往他在苏格兰西海岸拉格斯(Largs)的避暑庄园。当摩根和其他军官们于6月28日到达时,他们的情绪普遍都是闷闷不乐的,甚至充满挫败感。摩根害怕他的团队中有些成员对这个任务不抱希望。不过,在苏格兰高地的静养,令他们精神振作起来。摩根在第一天傍晚就感觉到了自己的变化,当时他正在和高大、英俊、心情愉快而自信的蒙巴顿在庄园的庭院内散步。新的情绪又因那天夜里晚些时候一件恰如其分的巧合而得到助长,当来宾们在蒙巴顿的屋顶上远眺的

———————

① 帕斯尚尔战役和索姆河战役是一战时期两场惨烈的战役,英军伤亡极为惨重。——译注

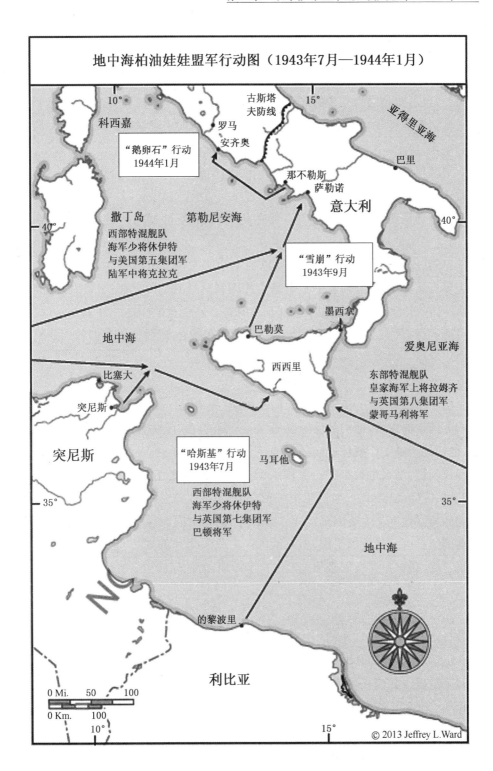

地中海柏油娃娃盟军行动图（1943年7月—1944年1月）

科西嘉

"鹅卵石"行动
1944年1月

古斯塔夫防线

罗马
安齐奥

亚得里亚海

巴里

那不勒斯
萨勒诺

意大利

撒丁岛
西部特混舰队
海军少将休伊特
与美国第五集团军
陆军中将克拉克

第勒尼安海

"雪崩"行动
1943年9月

地中海

墨西拿

巴勒莫

东部特混舰队
皇家海军上将拉姆齐
与英国第八集团军
蒙哥马利将军

爱奥尼亚海

西西里

突尼斯

"哈斯基"行动
1943年7月

比塞大

突尼斯

马耳他

西部特混舰队
海军少将休伊特
与英国第七集团军
巴顿将军

地中海

的黎波里

利比亚

0 Mi. 50 100
0 Km. 100

© 2013 Jeffrey L.Ward

时候,一支船队满载着进攻西西里的士兵们驶离克莱德河湾,此时离西西里进攻还有 12 天。冲动之下,他们在屋顶上安上了一盏小小的信号灯,向离港的士兵们闪起"预祝成功"的讯息。不知是因为地点的变化,还是因为蒙巴顿不可抗拒的信心,也不知是因为 6 月的好天气,还是因为目睹了士兵们离去履行自己职责的一幕,"考萨克"的计划拟定者们心中充满了崭新的乐观情绪。没过几天,僵局被打破,一份于 5 月登陆诺曼底海滩的计划尘埃落定。

给摩根的命令要求他在 8 月初将详细的作战计划提交联合参谋长委员会。在截止日期之前两周,他将一份初步报告交给了英国参谋长们。在其中,摩根首先认为行动是切实可行的。当然,船运是个难题,登陆艇的数量也必须急剧增加,但这些困难都是可以克服的。其次,他宣布"考萨克"的结论是,登陆应该在靠近巴约(Bayeux)的诺曼底海滩上以三个师的先头部队进行。首次登陆的人数更多当然更好,但登陆艇的数量是主控因素。摩根试图把在拉格斯静养的乐观情绪传递给参谋长们,他提醒他们,政府有必要全盘接受这一计划并采取"一切可能的措施"来支持它,这就意味着"行动现在就必须启动,以我们的力量通过一切手段尽一切努力……来加快我们自己的准备工作"。他告诉他们,"一刻也不能浪费了"。

按照摩根的说法,英国参谋长们的反应"并不见得热情"。即使是考虑到传统的英国式的含蓄,他们的反应也是令人失望的,令"考萨克"的一些成员生气的是,他们的辛勤工作就被这样随意地接受。摩根问及他能否将计划提交给美国的参谋长们,结果也被拒绝。英国人即将动身去魁北克参加另一次会议(代号"四分仪"[Quadrant]),他们想把牌留在自己手上。这给摩根造成了一个职业上的困境。他是一名英国军官,但"考萨克"是一个同盟国组织,它建立的"既不是英国组织也不是美国组织,但对两国……政府同等负责"。他知道,在做任何事情之前,联合参谋长们必须先通过这个计划,而他却被拒绝将这个计划告知美国人。

摩根解决了他的困境,一支由"考萨克"成员组成的先遣小组,先于英国代表团数日乘船前往美国,他们当中有一些是美国人,而且每个人都对计划了如指掌。抵达之后,他们立即在华盛顿和海德公园村向美国同行们,包括罗斯福本人进行了汇报。此刻丘吉尔也已经在路上,这次乘坐的是"玛丽女王"号(Queen Mary)。他手里夹着雪茄懒洋洋地躺在床铺上,面无表情地听着参谋长们大声宣读"考萨克"计划于 8 个月后进攻诺曼底海滩的详细内容。

在魁北克会议上,英国人并不打算推翻"三叉戟"会议的决定;他们反而强调,通过在意大利进行积极有力的战役,持续扰乱德国人的注意力是非常重要的。美国人依然深表怀疑,认为这只不过是英国人蓄意阻挠的另一种表现。这种怀疑助长了马歇尔的对立情绪,反过来又激起了布鲁克的不耐烦。"同他（马歇尔）争辩是完全不可能的",布鲁克在他的日记中写道,"因为他根本不理解战略问题"。同盟国之间暗流涌动的敌意,被美国海军作战部部长欧内斯特·金体现得淋漓尽致,他挑战性地宣布,他再也不会为其他的地中海冒险之举批准"任何一艘战舰",而且（据官方会议记录）在过程当中使用了一些"非常缺乏外交策略"的语言。经历了太多争论的日日夜夜,英国人和美国人已完全无法相互信任了。

解决争议的决定性因素,是美国如今已显然成长为资深合作伙伴的事实。生产船只、飞机、坦克的是美国,它也很快就会提供人力用于计划中的作战行动,这给予美国人不可估量的优势。它同时也是谁会成为盟军最高司令的关键因素。自从艾森豪威尔1942年被任命为"火炬"行动的司令官以来,一些英国人,包括布鲁克在内,就期盼着英国军官能够指挥最终的跨海峡军事行动。按照布鲁克的说法,丘吉尔至少三次许诺让他担任司令。这样的任命,在1942年,甚至在1943年初,似乎都还符合逻辑,但到了1943年的夏末,美国国力不断增长的优势已逐步将这种期盼削弱。在魁北克会议上,丘吉尔亲自向罗斯福建议,任命一位美国人指挥跨海峡攻势。罗斯福深感欣慰,甚至还有可能如释重负。

而后丘吉尔把坏消息告诉了布鲁克。丘吉尔事后写道,布鲁克"以军人的尊严承受着失望",但事实上这是一个严重的打击。多年之后,布鲁克写道,当听到丘吉尔告诉他这个消息时,他感到"被失望的乌云笼罩"。同样糟糕的是丘吉尔告诉他的时候那种随意而不动声色的方式。"他一丁点儿也没意识到这对我意味着什么",布鲁克写道,"他没有表示同情,也没有表示遗憾"。

魁北克会议也听取了其他一些问题。联合参谋长们讨论了缅甸战役、中国在太平洋战争中的作用,甚至还涉及荷属东印度群岛的苏门答腊岛。实际上,丘吉尔把苏门答腊岛作为了他新的嗜好,他主张盟军应该夺取那里的机场,以便轰炸新加坡。甚至是布鲁克都意识到,这又是一个外围的注意力的转移,他试图制止他,但收效甚微。布鲁克一直还在怨恨丘吉尔对他的傲慢态度,他在日记里写道,丘吉尔"表现得像一个被宠坏了的孩子想要商店里的玩具一般"。

8月19日发生了一件有趣的事情。蒙巴顿萌生了一种新奇的想法,想在北大西洋使用特制的巨大冰块来作为飞机起飞的平台,他坚持要示范其实用性。在他的安排下,芳堤娜城堡酒店（Chateau Frontenac）此时作为会议室的餐厅里,被放入了两大块冰块,其中一块是用普通的水凝结而成,另一块当中掺入了百分之五的木浆,生成的冰冻物质被蒙巴顿称为"派克瑞特"(Pycrete)。为了展示它的韧性,他提出让联合参谋长委员会的成员们尝试去打碎它。"快乐的阿诺德"试了一次,他向双手吐了一口唾沫,挥动一把沉重的肉刀砍了下去,然而却看不到任何效果。随后,蒙巴顿掏出了手枪,宣布说他将向每一块冰开一枪,以展示它们有多么不同。听闻此言,突然椅子发出阵阵刺耳的声音,陆海空将军们争先恐后躲闪开来。蒙巴顿向第一块冰射出了一发子弹,冰块瞬间裂成了碎块。然后他瞄准了那块"派克瑞特",子弹从坚硬的冰块上蹦开,反弹到房间内,引得陆海空三星、四星上将们纷纷扑倒在地。布鲁克和陆军上将莱斯利·霍利斯爵士(Sir Leslie Hollis)不慎在桌子底下头碰头撞在了一起。房间外面的下级军官们都觉得奇怪,还以为美国人和英国人开枪打起来了。

与之相比,最终的协议可谓是虎头蛇尾。丘吉尔和罗斯福正式同意"摩根将军的计划纲要",联合参谋长们给它取了个名字叫"霸王行动"(Operation Over-lord)。这一计划的海战部分,包括对英国的海上补给和跨海峡行动本身,称为"海王行动"(Operation Neptune)。和其他很多人一样,摩根深深感受到这一时刻的历史重要性。他后来提到,"这场战役会消耗美国和大英帝国大量的资源。如果它们不能满足需要,未来则简直不敢想象"。

第六章

英国人和美国佬

在卡萨布兰卡会议上,布鲁克曾建议道,即使是在地中海积极作战期间,美国仍然可保持以每月 12 000 人的速度在英国集结军队。他指出,以这样的速度,到 1943 年 8 月,在英国就位的美国士兵就可达到大约 135 000 人,约为九个师,一旦德国溃败,便可迅速发动跨海峡攻势。当然,德国在那一年的夏天并没有溃败,美国人也没能够每个月运送 12 000 人到英国,平均数量只达到布鲁克提出目标的一小部分。举例来说,在 3 月份,到达的美国士兵只有 1 200 人。结果,到 5 月中旬,在"三叉戟"会议同意于一年后进攻法国之时,虽然在东英格兰各机场及附近的美国支援人员有超过 10 万人,但在英格兰的美国作战部队还不到 2 万人,仅仅只有一个师。显而易见,如果同盟国真正打算在 12 个月之内发动跨海峡进攻,美国向英国调遣军队的速度必须急剧加快。

他们也的确做到了。"海王-霸王"行动在"三叉戟"会议上通过,并在魁北克会议上得到批准之后,美国士兵横跨大西洋的涓涓细流猛地变成了洪水。在 6 月份,到达英国港口的美国士兵将近 5 万人,几乎超过了英国能够容纳他们的能力。7 月份又增加了 5 万人,8 月份的数量也差不多,9 月份到达的人数达到 8 万。10 月份,数量达到了空前的 10 万人,接下来的 7 个月当中的每个月,到达英国的美国人的平均数接近 150 000 人(见下表)。

美国在英国的兵力情况表(1942 年 6 月—1944 年 5 月)

月　份	每月到达人数	在英国的总人数	可用的地面部队	陆军航空兵,支援,指挥部人员
1942				
6 月	19 446	54 845	38 699	16 146
7 月	26 159	81 273	39 386	41 887
8 月	73 869	152 007	72 100	79 907
9 月	28 809	188 497	79 757	108 740

月　份	每月到达人数	在英国的总人数	可用的地面部队	陆军航空兵,支援,指挥部人员
10 月	39 838	233 794	90 483	143 311
11 月	7 752	170 227	5 656	164 571
12 月	9 322	134 808	17 480	117 328
1943				
1 月	13 351	122 097	19 431	102 660
2 月	1 406	104 510	19 173	85 337
3 月	1 277	109 549	19 205	90 344
4 月	2 078	110 818	19 184	91 634
5 月	19 220	132 776	19 204	113 573
6 月	49 972	184 015	22 813	161 202
7 月	53 274	238 028	24 283	213 745
8 月	41 681	278 742	39 934	238 808
9 月	81 116	361 794	62 583	299 211
10 月	105 557	466 562	116 665	349 897
11 月	173 860*	784 631	197 677	686 954
12 月	133 716	773 753	265 325	508 428
1944				
1 月	166 405	937 308	343 972	593 366
2 月	136 684	1 084 057	442 474	641 583
3 月	124 412	1 199 077	488 379	710 698
4 月	216 699	1 422 276	599 428	822 848
5 月	108 463	1 526 965	620 504	906 461

＊包括从北非返回到英国的军队

　　在近 400 年来,欧洲和美洲之间的人口流动,都是以移民们移居新世界而呈现出由东往西的压倒性趋势。现在这股潮流调转了方向,其形式也特别具有戏剧性,因为美国人"入侵"英国并没有耗费几个世纪甚至数十年光阴,而是仅仅发生在一年之间。这一现象不仅考验了同盟国的海上补给能力,同时也极大地影响了士兵们自身,他们当中大部分人从来没有离开过自己的家乡,更不用说他们的祖国。当然,它也给成为他们东道主的英国公民带来了极大的影响。一位英国人回忆道,"说到战时生活的显著特点,美国人的入侵仅次于轰炸排第二"。

　　这股移民大潮的参与者大部分都是二十岁上下的年轻人。他们或志愿、或应征入伍,然后被送往新兵训练营,接着就是一连串眼花缭乱的程序:剃头、打防疫针、发放军服。他们学习如何行礼(向谁行礼)、如何行军、如何射击。接着,在短暂回家度假之后,他们当中的一些而不是全部,就在更高级的训练中心接受进一步的指导。一年还没过去,他们就背上印有姓名和部队番号的褐绿色粗呢背包,登上火车、汽车,前往一个又一个的登船港口——包括当时最大的港口纽约。他们在码头上集合,迈着整齐的步伐从跳板登船。他们中只有很少的人以前乘过船,连见到过船的人都很少。他们不知道前往何处,只能凭发放的军服的样式猜测他们的目的地。尽管他们充满着青春的信心(与骄傲),但几乎从没有愤怒地射出过一发子弹,而且就绝大部分人而言,他们对即将到来的一切全然不知。

　　海上旅程几乎给所有的人都留下了一份深刻的记忆,甚至让他们难以忘怀,尽管方式各有不同。船运一直是同盟国极大的问题,认识到这一点,丘吉尔提供了英国最大的"女王"系列客轮供使用,其中包括"玛丽女王"号和"伊丽莎白女王"号(Queen Elizabeth)。这两艘豪华巨轮,一艘完工于 1936 年,另一艘完工于 1940 年,设计装载 2 000 名乘客,提供服务的船员就有将近 1 000 名,设施如酒店一般奢华。被改装供战时使用之后,它们装载的人数大大增加,舒适程度也大大降低了。在早先的航程中,它们每次横渡大西洋装载的人数为 6 000 人,后来很快就增加到 10 000 人,随后又增加到 15 000 人,这就意味着吃住条件非常艰苦。为了腾出地方,船员将游泳池的水抽干以增加甲板空间。士兵们睡的是帆布床,而帆布床则挂在舱壁上四层的金属架子上。更糟糕的是,它们为"双人铺位",或有时候称为"热铺",意思是一名士兵占有这个睡觉的位置 12 小时之后,他必须让出来给另一个人用 12 小时。军官们有船舱,不过,本来设计容纳四人的舱位,现在装了 16 到 20 人。经常是一半的人睡在船舱里,而另一半的人就裹着毯子在过道上凑合一夜,第二天晚上再轮换。酷热而浑浊的空气,常常逼得有些人带着毯子到船头空气凉爽的甲板上睡觉,还有一些人睡在餐桌上。尽管如此,被分配到"女王"系列客轮上的人,还是认为他们自己是比较幸运的,因为船开得很快——速度为二十五节,德国潜艇无法追踪它们,这意味着它们可以单独航行而不需要护航,且横渡大西洋只需要 5 天。

　　大部分美国人乘坐的是慢得多的运兵船,它们必须在船队中一起航行,以最慢的船只的速度前进——通常只有十节或更慢。这使得它们不仅容易受到德国潜艇的攻击,而且在海上要花去三周甚至更长的时间。一个典型的运兵船队常常由 20 到 30 艘运输船组成,列成 8 行、9 行或者 10 行纵队,每一纵队 3 到 4 艘船,组成的方阵往往有五六英里宽。船只一艘跟一艘,间隙较为紧密——1 000码或者更少。即使是这样的近距离,在夜晚或是在北大西洋的浓雾中,保持灯火熄灭也是一件很困难的事,因为此时站在甲板上的船员几乎无法看到就在前方的船只。同时从几个方向传来的雾角声,也无法给试图保持队形同时避免碰撞的船员提供清晰的指令。在这类情况下,船只会使用一种所谓的"海上滑橇",这种设施拖曳在船尾,底部为铲状,顶部有一个喷管。它所产生的羽状水柱,为纵队中后一艘船上的船员提供能够看得见的指引。

与运兵船队一起航行的,是特别重型的护航舰队,常由一艘美国海军巡洋舰作为护航旗舰,另加 6 至 8 艘驱逐舰。到 1943 年,很多运兵船队还配备了一艘护航航母,其型号较新,对付德国潜艇的威胁特别有效。即使是这样,船队仍然采用之字形的航线,定期性地突然改变航向。这种策略不可避免地产生短暂的混乱和无序,直至船长们设法重新回到在船队中的指定位置。到此时,同盟国已经在与德国潜艇的战斗中占据了上风,一方面是美国新造了 260 多艘护航驱逐舰,同时德国通讯信息高度机密("超级")的解密使得密码破译员能够提前通知船队潜在的危险。这样一来,横渡大西洋虽然谈不上更舒适,但至少更安全了。在整个战争中,虽然德国人击沉了 2 800 艘同盟国船只,但由美国海军舰队护航的运兵船一艘都未损失①。

运兵船上的船员都是商船上的平民百姓。只有操纵 3 英寸或 5 英寸对潜艇大炮和 20 毫米高射炮的炮兵来自美国海军。任务异常艰巨。士兵们只需忍受一次跨洋横渡,而船员们一直呆在船上往返航行,一而再再而三地重复着旅程。但是,由于商船船员的收入比士兵们和海军人员都要高一些,因此不可避免会有抱怨和琐碎的摩擦。陆军管理着船上的厨房和医务室。对于士兵们而言,这是世间最糟糕的地方:尽管被分配到"海王"分队,他们却从来没有享受到传说中的海军美食,只能以陆军的定量供应勉强凑合。

对于乘"女王"系列英国船的人,食物尤其让他们担忧。当然,美国士兵习惯于抱怨食物,但在英国船上,他们比平时更有理由。一般说来,他们每天两顿饭,为容纳众多的人数,就餐分为六轮,但就算这样,他们也不得不站着吃饭,因为没有空间摆放桌椅。早餐一般是一碗燕麦粥,有时候里面加一点梅干。不是燕麦粥的时候,就有可能是熏鲱鱼或炖腰子。这样的食物在岸上也会招来抱怨,在海上尤其让人泄气。一位美国士兵曾婉转地说道:"你能想象在海上度过了艰难的一夜之后,还有比熏鲱鱼更糟糕的早餐吗?"午餐经常都是炖羊肉和卷心菜。还算可口,但永远重复没有变化。结果,大多数乘船的人体重都减轻了,有些人甚至瘦了二三十磅。

---

① 1944 年有一艘比利时运兵船"利奥波德维尔"号(Leopoldville)从英国运送美国士兵至法国瑟堡(Cherbourg),由皇家海军战舰护航,被德国人击沉,802 名美国士兵牺牲。

还有人因晕船而消瘦。缓慢的船队特别容易导致晕船,因为缓慢的速度使得运兵船容易剧烈摇晃,而且之字形的航线更增加了不稳定的感觉。并不是每个人都晕船,不晕船的人有时候会取笑晕船的人。但这可不是开玩笑。能够来到甲板上的人肩并肩排在船舷上的栏杆边,朝着波涛滚滚的大海里呕吐。而在甲板下面的人,就朝着钢盔里呕吐,如果他们能够及时拿到钢盔的话。曾有一个人回忆道,"他们倚在自己的床铺边,吐在下面每个人的床上"。人们苦恼不堪,很多人难受得巴不得死去,确实也有人走向了死亡。几乎在每一次跨洋航行中,都有受不了的人从船侧跳海,或者用自己的步枪饮弹自杀。一个普遍的现象是,当一名士兵病重的时候,他的卡宾枪就会被收缴。至少有一人因在五天当中干呕引起内出血而死亡。

船上仅有的"娱乐"是偶尔的讲座,告诉他们到达之后要注意什么,并辅以一些小册子。还有一部由布吉斯·梅雷迪思(Burgess Meredith)做旁白的电影《欢迎来到不列颠》(Welcome to Britain),其中包括告诫人们在英国有哪些事情不能做的教训。它描绘一个喧闹聒噪、醉醺醺的美国士兵糟蹋英国的食物、践踏英国人的英勇、取笑苏格兰式的短裙,当他受邀到一个英国人家里做客的时候,将一个月的定量食品吃了个精光。小册子里面也含有类似的内容。"友好但勿打扰",它这样建议道,"请勿取笑英国语音或腔调"。美国大兵们尤其难以遵守的一条规章制度是"请勿对食物、啤酒或香烟吹毛求疵"。而相对较为容易的一条是"绝不批评国王或者王后"。

第一批到达不列颠群岛的美国人,是在珍珠港事件几周之后被派往北爱尔兰阿尔斯特(Ulster)六个郡的那些人。他们于1942年1月26日在贝尔法斯特登岸,一群政要携皇家阿尔斯特来复枪团(Royal Ulster Rifles)的一支乐队,演奏着《星条旗永不落》迎接他们的到来。然而,爱尔兰共和国的政府却不以为然。爱尔兰总统阿蒙·戴·瓦勒拉(Eamon de Valera)形容美国人的到达是"入侵",他们的占领是对国家自决权的妨碍。不过,并没有发生什么严重的事件,到了1943年末,在北爱尔兰的美国大兵已经超过了65 000人。到1944年中旬,他们的数量增加到将近74 000人。

在1943年华盛顿和魁北克会议的决定作出之后,更多的美国人——超过百万——到达了英国,大部分人在布里斯托尔和利物浦之间西海岸的各个港口登岸。很多初来乍到的人的第一个反应,是一切都绿得不可思议,当他们意识到这里频频下雨,才恍然大悟其中的原因。还有一些人的主要印象是战争后留下的实实在在的痕迹。到达利物浦的人,在码头上可以数出被击沉的船体残骸。一位美国士兵回忆说,当他乘坐的船停靠在布里斯托尔附近的埃文茅斯之时,他"第一次看到了轰炸造成的破坏"是那么触目惊心,因为至少有一些显然是刚刚发生不久。他和战友们突然意识到死亡随时可能自空中降临,明白这一点之后,"恐惧像射出的子弹一样贯穿在整条船上"。还有一些士兵的反应却全然不同。他们读到过关于伦敦大轰炸的内容,看过描述大轰炸造成的破坏的纪录片,他们推断在整个英国已经没有剩下一砖一瓦了。然而这里还有着整条的街道,依然完好无损,行人和骑自行车的人(只不过开汽车的人极少)忙碌地来来往往。

乘坐慢船的美国人——占他们中的大多数——很高兴双脚终于又踏上了坚实的土地,然而有些人却发现这样做异常困难。当他们走下跳板,踏上英国的土地之时,却"摇摇晃晃"仿佛喝醉了一般,无法适应在不颠簸不摇晃的平台上走路。登上岸并挤来挤去排好队之后,他们朝着当地的火车站出发。很多人惊讶地发现火车那么小(以美国人看来),乘客车厢被分成小小的封闭隔间,贯穿整个车厢的一侧。有些人询问餐车在哪里,却失望地被告知没有。一些美国士兵在英国旅行的途中,从来不知道自己身在何处,因为火车站上的识别标牌都被移除了,以便在德国入侵之后迷惑他们。一些美国士兵乘火车从南直至英吉利海峡沿岸,进入普利茅斯或朴茨茅斯,这里轰炸造成的破坏尤为严重。在一列满载新近到达的美国人的火车上,本来南行的路上充满了乐趣和欢笑,直到火车减速驶入一座城市。在那里,美国士兵们看到"一排又一排,一条街挨着一条街的被毁坏的两层楼房",整个列车突然间鸦雀无声。

还有一些列车将装载的人卸在远离海岸的不知名营地。1943 年夏天到达的人,常发现自己被分配到一些被腾空的英国兵营里:两层楼砖房的维多利亚时代的骑兵兵营,每层楼一间卫生间。有一座兵营甚至可以追溯到拿破仑时代。这些兵营装满之后,美国士兵又可能被派到英格兰中南部索尔斯堡平原上新建的兵营里,这个地方对于美国人最知名的是巨石阵遗迹。士兵们从卡车上下来之后,得到一份三明治和咖啡,然后被送去领装备。"发给我们一张鞍褥,一张折叠床",一位退伍老兵回忆道,"并指给我们寝室的方向"。

为涌入的大军监管后勤安排的人是少将约翰·克利福德·霍奇斯·李(John Clifford Hodges Lee),他掌握着美军供应服务部(Services of Supply[SOS])的指挥权。李是一位缺乏幽默感、以自我为中心、毫不妥协、严格执行纪律的人,老是把他对《旧约全书》的虔诚显露出来。艾森豪威尔称他为"现代克伦威尔"。巴顿则不太克制地称他为"自大的小王八羔子"。李同时也是对英国贵族摇尾乞怜的崇拜者,乐于与有爵位的贵族交往,出行则拥有私人列车和汽车车队的高规格。战争结束之前,艾森豪威尔不得不对他的铺张浪费提出警告,以免"给人以不顾公共开支的印象"。他被人所熟知的是他姓名的缩写 J.C.H.李,他的很多下属和其他与他共事的人在私下里都相互议论说,缩写字母实际上代表的是"耶稣基督本尊"(Jesus Christ Himself)。

但是他事情干得漂亮。李和他的下属有条不紊地建造兵营、仓库、机场和补给站,实现美国人在英格兰南部的驻扎。美国的装备和补给很快填满了大约 2 000 万平方英尺的仓库,然后在露天仓库里又堆出了 4 300 万平方英尺。这些设施的准备工作,暴露出两个说英语国家之间的一种文化差异。英国工作人员首先要确保所有的文件已经妥善完成,也就是每一层的指挥已经签署认可了工作指令,接下来制作设计图并仔细勘查地形,然后才着手工作。与之相比,美国人则是像暴风雨般地冲向现场,立即扬起阵阵灰尘。摩根目睹了这些不同的方式,他后来列举了一个美国人对于被指定干建筑活儿的典型反应:"是,长官……百分之百。没问题。至于您的计划,再有把握不过啦……这是我们的拿手好戏。哎呀,这对我是小事一桩,想当年我们在德克萨斯的时候……"等诸如此类。

为了给到来的美国士兵准备住处,英国和美国的工作团队主要都依赖于所谓的"尼森营房":半圆形的波纹钢棚屋,和英国的半圆拱形活动营房类似,但要小得多。有 36 英尺长(和希金斯登陆艇长度相当),容纳 18 到 20 名美国兵,条件艰苦、极不舒适,没有水电,只有一端的一只铁炉供热。一个容纳 1 000 人的营地需要 123 座这样的建筑,其中一半为兵营,再加上办公室、岗亭、车库、厨房和库房。这样一个营地占地达 40 英亩,简单一算就知道,如果容纳 100 万人,就要在这个食物已经极度匮乏的国家占据 40 000 英亩的农田或者牧场。当地人惊讶于农田如此迅速地就变成了功能完善的营地。"前一天晚上还是空地",一位农夫回忆道,"第二天早上一座小镇就雨后春笋般地拔地而起,有钟形帐篷、卡车停车场、成队的吉普车,还有野战厨房"。

即使如此,营地的修建速度还是不够快,无法容纳每周蜂拥而至的成千上万的美国人。不久之后,新来的人就被安排到当地的旅店。旅店老板们可以得到英国政府的补贴,不过,却没有经过他们的准许。在海边小镇托基(Torquay),有一位经营一座小小的观光旅馆的孀妇,她的旅馆和1970 年代末期英国很有名的电视连续剧《弗尔蒂旅馆》(Fawlty Towers)当中所描述的旅馆非常类似。当局通知说她的财产将被美国人征用,尽管如此,1944 年 1 月 29 日夜里她还是吃了一惊，卡车停在她的门口，士兵们穿着"厚重的军靴"，踏着沉重而响亮的步伐进入她的房子，朝着楼上爬去。整个晚上，以及后来的好几天，她和女儿都惊恐地缩在底楼的房间内，听着门的另一侧传来的川流不息的脚步声，听到这些外来占领者的奇怪口音。不过，最后她还是和她的一些"客人们"见了面，并慢慢开始了解他们。很快她就开始邀请他们晚上下楼来听收音机。一个月之后，当他们最后离去的时候，留下的是不舍的拥抱和分别的泪水。

在极少的情况下，也有美国人被安排到了私人家里。当局抵制这种侵入性的选择。毕竟，强迫波士顿人在客栈和家里接待英国士兵的 1774 年《驻营法案》(Quartering Act)，曾成为了革命的导火索①。如今情况完全颠倒了，有些人担心英国人能否忍受在家里接纳美国大兵的强制性义务。虽然充满争议，但是看来也别无选择。在所谓的"西南部郡"的七个郡中，从康沃尔郡的兰兹角(Land's End)到汉普郡的朴茨茅斯，约有 50 万人需要安置，其中将近 10 万人被安排到私人家中。最初充满了尴尬。当一排美国士兵沿村里的街道行进的时候，负责的军官会命令停下来。他先拿出纸夹笔记板确定街道门牌号，然后宣布："两人在这里住下来。好的，琼斯和史密斯，去吧，去敲门，介绍你们自己。这就是你们要住的地方。"然后队列继续前进。琼斯和史密斯别无选择，只能走上前去敲门。除了最初的时刻有些尴尬之外，余下的过程还算顺利。士兵们自己认为"待遇极好"，房屋的主人们得到一点点补贴，在一个还未从战前的大萧条中走出来的社会中，这点补贴对于许多家庭是至关重要的。大体上来说，英国人是欢迎美国人的，不少人后来终身都和他们保持着联系。

对于美国士兵而言，他们意识到他们已经不再是在堪萨斯了。最大的区别之一，就是东西的尺寸。营房更加拥挤，道路更加狭窄，商店更小，几乎进行任何活动的空间都受到严重的制约。在美国人的眼中，英国不仅小，而且极小，从火车到食物分量，什么东西的尺寸都是微型的。当地人也对于美国人什么东西都是大尺寸而印象深刻，从他们的大卡车到他们的美国大牙齿。一位汉普郡的居民在窗前看到到来的美国人时，记录下了她看到"一切东西的尺寸"时的惊讶心情。而且，不光是尺寸，还有数量。当美国军队从她家门口滚滚而过时，她站在那里"无疑被他们一眼望不到头的装备队伍给镇住了"。在日常生活中什么都稀缺的一代人的社会中，这种富有肯定是惊天动地的。

---

① 英国议会在 1774 年通过的一系列与英国在北美的殖民地有关的法律，当时英国政府称为强制法案，被殖民地人民称为不可容忍法案，这些法案引发了随后成为美利坚合众国的十三个殖民地人民的愤怒和抵抗，同时也是引发美国革命(即独立战争)的重要因素。——译注

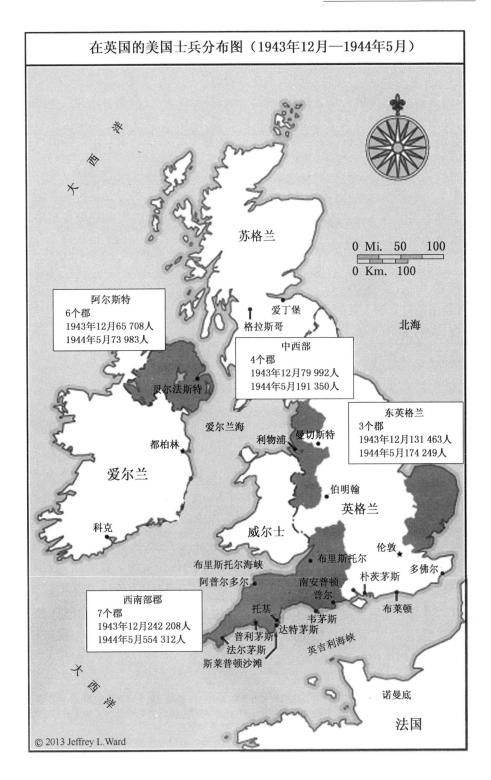

在英国的美国士兵分布图（1943年12月—1944年5月）

苏格兰

北海

0 Mi. 50 100

0 Km. 100

阿尔斯特
6个郡
1943年12月65 708人
1944年5月73 983人

中西部
4个郡
1943年12月79 992人
1944年5月191 350人

东英格兰
3个郡
1943年12月131 463人
1944年5月174 249人

爱丁堡

格拉斯哥

贝尔法斯特

爱尔兰海

利物浦 曼切斯特

都柏林

爱尔兰

伯明翰

科克

英格兰

威尔士

伦敦

布里斯托尔海峡 布里斯托尔

多佛尔

阿普尔多尔 南普安顿
普尔 朴茨茅斯

西南部郡
7个郡
1943年12月242 208人
1944年5月554 312人

托基 韦茅斯 布莱顿

普利茅斯 达特茅斯

法尔茅斯 英吉利海峡

斯莱普顿沙滩

大西洋

诺曼底

法国

© 2013 Jeffrey L. Ward

给上百万人提供吃的用的是后勤的大问题,而且由于同盟国船运的局限,在可能的情况下拿当地出产的食物供应给居住在此的美国人是相当解决问题的。英国人非常乐意,而且往往还渴望着承担这样的义务。他们把它作为美国通过《租借法案》所给予的一切支持的回报。他们甚至称为"反向租借法案"。难处在于,美国军队对 1943 年英国能够提供的食物不适应,这也不算完全出乎意料。罗斯福本人在一年之前就曾下令说,"美国士兵无法靠英国的定额生活"。从一开始,美国大兵配给的肉类(每天 12 盎司)就比英国士兵(每天 8 盎司)多,也远远多于英国的平民百姓(每天 4 盎司)。但是,这些肉类大部分是羊肉或者猪肉。对于许多美国人而言,"肉"就是"牛肉"的同义词,而英国的牛肉却异常短缺,因为这里的牛大部分是奶牛。美国水兵的伙食稍稍好一些。1943 年 9 月,斯塔克曾下令说美国海军人员应该要求英国皇家海军提供"杂货店、服务、新鲜食品、新鲜蔬菜、面包、蛋糕和点心"。不幸的是,皇家海军的状况并不比岸上的军队更好,美国船只上的水兵们得到的大部分都是鸡蛋粉、奶粉和土豆粉。他们主要的肉食是罐头猪肉,"偶尔加一点红肠。"对于海陆军人,蔬菜都是一个问题。虽然很充足,但是美国大兵对品种和质量都不认可。最现成的蔬菜是甘蓝小包菜(Brussels sprouts),美国人对此几乎普遍持鄙视态度①。甚至面包也不是强化小麦粉做的,而是大麦和燕麦做的。

虽然食物是抱怨的根源,但在英国的美国人似乎从未缺过英国人所谓的"甜食":糖果和口香糖。从一开始,马歇尔就意识到,从平民当中征召的军队,必须得到一定的好处,包括巧克力、口香糖和可口可乐,以及美国制造的香烟、定期的邮政服务和储备充足的军人服务社,或称 PX。尽管存在船运问题,但美国的每个师都配备有 32 000 吨的补给品,这使得美国军队的"尾-牙"比率(每个前线士兵补给物的吨数)②,高于全世界任何其他军队。这些美国人的奢侈品,几乎立即就成为美国驻军和英国居民之间发展关系中的代用货币。在美国人到来之前,口香糖在英国几乎不为人所知,而美国大兵似乎总是不停地在用他们的美国大牙齿嚼着一块口香糖。英国的孩子们,特别是男孩,发现每次他们接近美国大兵问:"朋友,有口香糖吗?"的时候,基本上都能得逞。不久之后,随处都可见到嘎巴嘎巴咀嚼美国口香糖的英国男学生了。

---

① 蔬菜的匮乏波及高层。当艾克的一位同僚有机会在从美国飞来的飞机上带私人包裹时,他恳求一位美国的供应官给他发一筐新鲜蔬菜。包裹到达时,所有同事都围过去看里面装了些什么好吃的,然而,盖子撬开之后,人们发现整整一筐都是新鲜的甘蓝小包菜。

② "尾-牙"比率(tail-to-teeth ratio)指的是非作战支持人员("尾")与作战部队("牙")的比例。——译注

　　而远在吃住问题之上，美国人和他们的英国房东之间，牵涉的是一系列更加复杂的问题。英国法律早已建立了先例，不论任何国籍的士兵，在不列颠群岛应"遵从普通公民的责任和义务"。这就意味着他们和其他人一样必须遵守同一法律，接受同样的惩罚。然而，按照美国的法律，美国士兵如有犯罪，无论犯罪地点位于何处，只能依照美国军法由美国军事法庭进行处置。看得出，英国人为了通融美国人，几乎什么事都愿意做。议会很快通过了一项特别法案，对在英国犯罪的美国士兵免予起诉。有趣的是，这一法律不适用于加拿大人、法国人、波兰人、挪威人，或其他任何国家在英国的驻军——仅适用于美国人。

　　这种特殊的待遇在一些英国人，特别是军人当中引起了不满。艾森豪威尔意识到，英国士兵不满美国士兵得到的优越待遇是有理由的。"我们的收入标准高得多"，他写道，"我们配给的食物更丰富；（美国）红十字会和政府拨给消遣娱乐的金额更高"。除此之外，英国士兵还觉得不负责任的美国人对什么事情都不认真。即使是在放哨的时候，英国军官留意到美国士兵也是"斜靠着来复枪、嚼着口香糖、叼着香烟，态度举止完全不像一名军人"。不执勤的时候，他们就大摇大摆地钻进酒吧，高谈阔论他们如何过来挽救英国人于水火当中，然后一边叫酒一边招摇地扔下一张大额钞票。一份英国报纸的民意测验显示，美国人在英国得到的尊重不如捷克人、荷兰人、苏联人、法国人，甚至不如 1943 年底之前都还是昔日敌人的意大利人。英国士兵憎恨美国人平时穿着的军服，还配有领带，让他们个个看上去都像军官。他们憎恨他们佩戴的勋章，其中还包括欧洲战区行动（European Theater of Operations）（ETO）勋章，每位到达的士兵都能得到一枚。英国人认为，美国人拿到勋章"就是为了炫耀"。一旦战斗时刻来临，这些人真的能够勇敢面对德国人吗？一位英国军官在他自己的圈子里建议，也许最好的办法是派英国军官来指挥美国士兵，就像他们指挥印度和南非的殖民地军队一样，这样就能够给他们注入一点勇气。

　　一个尤其敏感的方面就是美国大兵和英国女人的关系。由于英国自 1939 年起就处于战争当中，英国士兵在从缅甸到埃及（如今又在西西里和意大利）的战场上作战，因此在 1943 年，英国够得上兵役年龄的男性显然已经很少了。英国的女人们都忙得不可开交，没有闲暇坐下来等待他们。有将近 50 万英国女性在军中服役，其余的基本上也都在工作，战时的英国没人失业。实际上，战时英国的法律规定，每周工作少于 60 小时的男性，和每周工作少于 55 小时的女性，必须每周至少担任一个晚上的消防值班工作。当然，这一切都是战争之后的新事物，酿成了社会动态的急剧变化。在战争之前，正派的女性是不会无人陪同独自外出的，特别是在晚上。但是，由于缺乏陪同的人，这些习惯已不再适用。新的社会流动性，让成千上万大手大脚、爱开玩笑的美国人来到英国，他们的数量急剧增加。生活在英吉利海峡港口城市伯恩茅斯（Bournemouth），当时只有十几岁的布伦达·德芙罗（Brenda Devereux）回忆道，美国人来到城里，"他们趾高气扬、自鸣得意、到处乱扔钞票"，与英国男人认为这种行为是粗俗而低级的完全不同，布伦达"被迷住了"。"我们喜欢极了"，她忍不住说。英国的男人，特别是英国士兵，谴责美国大兵破坏了传统规矩，用当时有名的一句话来说，他们"金钱过剩、性欲过剩，而且无处不在"。但许多美国人认为英国女人同样有责任，她们从战前岁月的拘谨生活中解放出来，热情洋溢地迎接美国大兵的到来。一位美国士兵曾说，"英国女孩比英国男人可要友好多了"。

为了努力控制社会的巨变，英国政府建立了一个为驻军提供社交宣泄途径的机构。他们批准一些俱乐部和中心从事社交活动。然而，这些地方却食物不足、音乐乏味、气氛沉闷。美国人更喜欢到美国红十字会建立并运营的俱乐部里去，这里有冰啤酒、美国制的香烟，收音机可以收到美军电台的摇摆音乐，而不是枯燥刻板的 BBC 广播。令英国人不满的是，美国人显然想在英国复制一个美国，而不是融入到英国文化当中。英国外交大臣安东尼·艾登（Anthony Eden）向约翰·迪尔抱怨，"我们曾希望"，他在 1943 年 8 月写道，"大批美国军队的出现……会为相互理解作出较大贡献。"然而，他说，"在英国的美国军方当局却倾向于阻止双方的友好交往，认为这是浪费时间"。同样，BBC 总裁戈弗雷·亚当斯（Godfrey Admas）也流露出自己的愤懑和不平，他评论说，"美国军方当局在这里什么东西都急于想要自己的——他们自己的装备，当然；他们自己的食品，他们自己的运动用品，玩他们自己的游戏，等等。总而言之，他们从这个国家所需的，无非就是用来驻扎的一席之地，直到'第二战场'开辟为止"。

美国文化中的种族隔离和种族歧视的传统，却随着士兵们迁徙到了大洋彼岸。正如大卫·雷诺兹（David Reynolds）在他的美国人"占领"英国的精彩历史中所写的那样，这种经历"对于美国的黑人士兵无疑是一种社会问题实验室"。在二战期间的美军当中，尽管黑人士兵已经占到百分之十，但种族隔离却依然存在，他们主要担任驾驶员、厨师，还负责洗衣服，这一类工作在 21 世纪基本上都是由合同雇工完成的。当少将詹姆斯·E.钱尼担任司令的时候，他曾强烈建议，根本不要派黑人士兵去英国。罗斯福批驳了他，说军队中百分之十都是黑人士兵，这一比例在所有受管辖的战场都应该有所反映①。虽然如此，在英国的美国

---

① 美国海军也有种族隔离的悠久传统，并且有着对黑人新兵服务的岗位进行限制的政策，他们经常充当"餐厅服务生"——基本上就是军官们的仆人。1942 年，罗斯福坚持要海军向黑人开放更多的专职岗位，包括炮手、信号员、文书和舵手等。

黑人士兵还是单独居住、单独吃饭,他们普遍都被限制在自己的区域内,除非是去送信或者被派去完成工作项目。而美国白人,无论是军官还是士兵,都认为这样再正常不过了。

然而,英国却没有奴隶制度的传承,也没有种族隔离的传统。在当时,整个英格兰也只有不到 8 000 的黑人居民。因此,既然任何肤色的美国人都新奇而天然有趣,那么美国黑人就特别让人着迷。而且,美国白人经常显露出一种自以为是的傲慢,但黑人却彬彬有礼、恭敬顺从,甚至温文尔雅。在很多场合,黑人士兵受英国人欢迎的程度都高于白人士兵。"这儿的每个人都爱慕黑人战士,"威尔特郡的一位女子写道,"但没人喜欢美国白人。他们趾高气扬仿佛只有他们才在打仗似的,他们都是那么醉醺醺的……而黑人却非常彬彬有礼"。那个时候有一则广为人知的故事,半个世纪之后都还在德文郡流传,讲的是一个当地人被问及他对美国人的印象时的反应。"他们是正直的好人",他说,"但我不大喜欢他们带来的那些讨厌的白种家伙"。

对于许多美国人,特别是南方人而言,任何国家的白人女性与黑人"在一起",不仅仅是离经叛道,而且是不能容忍的。黑人在酒吧里出现往往会导致斗殴,因为美国白人力图捍卫他们与生俱来的文化传统。在很罕见的情况下,斗殴会异常严重以至于有人丧生。英国人被这种状况吓得不轻,有时候他们会对被一群愤怒的美国白人围攻的黑人士兵出手相助。不过,英国人最终都不得不适应。他们深知美国的军事伙伴关系是他们高于一切的需要,英国人虽不赞成,但也接受了美国人强加给他们的种族规则。酒吧被指定要么接待白人要么接待黑人,有时候分不同的日子轮流向白人或者黑人开放。

———————

美国军队在英国的主要活动是训练——特别是水陆两栖突袭训练。除了1943 年 11 月回到英国的北非战役的老兵之外,大部分美国士兵都是 20 岁上下的新兵,他们的指挥官希望在英国完成他们的战斗训练。摩根下令说"预先的水陆两栖训练……立即启动,不得延误"。在这样的训练中,不仅英国人和美国佬必须学会相互协作,而且陆军和海军部队也须如此,这并不是十拿九稳的事。此外,还应"让陆军和海军熟悉英吉利海峡独有的条件"。目标是"在与英吉利海峡普遍情况类似的条件下"开展综合训练。

为了实施这样的训练,美国人向英国政府提出了一连串的要求,索要大片土地用于军事演习。除了用于容纳美国人的 4 万英亩土地、在东英格兰有超过两倍于此的土地拨给美国人用作空军基地之外，美国人在 1943 年还要求在南英格兰另外提供 191 000 英亩的土地用于装甲车训练。英国农业大臣提出抗议，认为这样会破坏这个国家的食物和奶制品生产，而在这一时期，英国连自己的百姓都喂不饱，更不用说这些贪婪的客人。虽然如此，在土地被减少到 141 000 英亩（220 平方英里）的情况下，英国答应了下来，把索尔斯堡平原的大部分，以及达特河以西的英吉利海峡沿岸划给了美军。

尽管已经够慷慨，但以美国人的标准来看还是太受限制。比较一下就知道，"火炬"行动之前几个月，当乔治·巴顿在美国建立沙漠训练区的时候，他在加利福尼亚占据的场地超过 1 000 万英亩（16 000 平方英里）。而在英国，这会占去整个国土的三分之一。在英国给训练留出的必然有限的范围，意味着大部分训练只能是小型武器演练和行军，以营以上的规模进行演习的机会非常有限。一位美国士兵估计，在英格兰的时候，他的行军里程差不多有 3 000 英里，但从头至尾很少进行战斗训练。据海军信号员保罗·法克斯（Paul Fauks）回忆，"训练非常多"，当有训练的时候，内容都是进入战场、搭帐篷、挖地洞，用代码发出演习讯号。这样的演习很快就"变得千篇一律且非常枯燥"。而且更糟糕的是，即使是在英格兰南部，夜晚都寒冷而潮湿，被一位军官称为"湿漉漉、刺骨冷的德文郡乡下"。

虽然训练枯燥乏味、千篇一律，而天气又常常寒冷，但至少周围环境还算风景如画。德文郡与康沃尔郡相邻，它是英格兰最西端的一片区域，从英吉利海峡海岸以北 50 英里处的达特茅斯、佩恩顿和托基，一直延伸到布里斯托尔海峡。它的中部是贫瘠而岩石众多的不毛之地（达特穆尔高原），而美国人建立的水陆两栖演习基地在海岸沿线：北海岸靠近巴恩斯特普尔（Barnstaple）的阿普尔多尔（Appledore），以及达特茅斯以西英吉利海峡边的斯莱普顿沙滩（Slapton Sands）。在很多美国人的眼中，南德文郡特别像他们想象中的英格兰：农家小屋点缀在低矮起伏的山丘上，被灌木篱墙隔开的牧场绿意盎然，在山坡上星罗棋布。一位美国大兵刚到来之时，以一种典型的反应写道，"土地……可爱，被篱墙隔开，郁郁葱葱，十分美丽"。这些篱墙看上去足够松软，然而实际上它们却是厚厚的石墙，经过数百年而爬满了各种植物。实际上，最初选择南德文郡作为训练场所，正是因为这儿的篱墙表面上很像诺曼底的波卡基村，也就是美国人夺取海滩后将要作战的地方。

德文郡还有一个令人满意之处，就是它相对比较孤立。大规模的水陆两栖训练可以在这里进行，却不会引起太多的注意。南德文郡因此得到了"美军战斗学校"的新名称。为了名副其实,训练都是逼真的,完全以实弹进行,约 3 000 名居民得到通知必须转移,放弃他们的农场和村庄,放弃他们的教堂和酒馆——实际上就是将整个村庄腾空——以便给美国人让路。这对于德文郡人无疑是晴天霹雳。把农田交给美国人去驻营和进行实弹训练是一码事,而要求祖祖辈辈生活在这里的英格兰人离开又是另一码事了。南德文郡有些家族在这里生活的时间长得已经无人记得清,一些村庄里的诺曼式教堂可以追溯到 12 世纪。丘吉尔政府同意将村庄迁走,这又是一桩英国人愿意不惜一切代价迎合美国人而采取的措施。很快,南德文郡的居民们就卷起他们的铺盖离去,期盼着美国人尽量不要破坏他们的家园和农场。在新近腾空的一座村庄的诺曼式教堂内,美国大兵们到达后发现门上贴着这样一张纸条:

> 这座教堂已经屹立了几百年。从教堂在这里开始,人们围绕着它就形成了一个社区,人们居住在这些屋子里,耕种着这些农田。这座教堂、这片亲人们安息的教堂墓地、这些房子、这些田野,对于离开它们的人们,就如你们,我们的盟军,所离开的家园和墓地一样弥足珍贵。他们盼望着有一天回来,正如你们盼望着回到自己的家乡那样,能发现它们正在等待着迎接他们回家。

尽管南德文郡的孤立状态在很多方面都有优势,但对于后勤却是一场噩梦。在那些郁郁葱葱而结实的篱墙之间,是大部分都没有铺砌石砖的乡村小道,宽度也仅够容纳一辆汽车或马车。偶尔有岔道可供错车。如果两辆车面对面相遇,其中一辆不得不退到最近的岔道上,才能相互紧挨着错车。在战争之前,驾车的人会停下来谈论一下天气或当地的见闻,再各自赶路。然而,随着成千上万的美国人的到来,这些乡村小道立刻成为司机们的谩骂和刹车的起因,他们驾驶着超大型 2.5 吨美式卡车(著名的"两吨半卡车")不停地来来往往,滚滚的车流几乎一眼望不到头,这种景象从 1943 年夏天一直持续到第二年进攻开始。美国人修建了 17 英里的新路,拓宽了 230 多英里老路,搭建了五座新桥。但尽管如此,从 1943 年 7 月到 1944 年 3 月,这些乡村小道上据记录还是出现了 24 000 多次撞车事故,其中整整四分之一处于时速 5 英里以下,这说明事故是因为卡车试图错车而未能成功造成的,而每当这种时候,空气中就会充斥着驾驶员们的污言秽语。

从一开始,英美伙伴关系走的就是一条坎坷不平的道路。尽管有后来谈及的"特殊关系",以及丘吉尔和罗斯福之间非常公开的友谊,但这两个英语盟国之间的紧张状态从未完全消失过。首先是在会议桌上,其次是在北非和西西里,最后是在英格兰,英国人和美国佬的文化碰撞威胁着他们的伙伴关系,但从未真正致其破裂。这主要是因为相互的需要。英国人需要美国的人手、金钱和装备,他们愿意放弃便利、骄傲,甚至少许的主权以获得这一切。美国人同样也需要英国人。或许他们最需要的是英国本身——这座可以发动进攻的基地,然而,他们也需要英国的经验,虽然他们经常对此不屑一顾。

如果说同盟国在对待大战略的不同方法中有着明显的文化和制度上的差异,那么在军队的日常运行中这种差异也同样明显。正如摩根所说,"在我们两支军队中,'指挥'一词仿佛有着两种不同的意思。"在美国陆军和海军中,按惯例是由高级军官提出目标纲要连同大致的时间表,然后把实施的具体细节交给他们的下属。英国人发现这种方法充其量也只是马虎了事,而且危险性极大。以他们看来,确保指挥链上上下下完全同意和充分理解一项行动的各个方面是非常必要的。对于温斯顿·丘吉尔押上了筹码的行动,情况尤其如此。实际上,正是丘吉尔本人公然表达了这个观点。"事实上",他写道,"政府只是命令一位将军击败敌人并等着看结果是远远不够的"。他很清楚,"参谋长和政府部门的高层,都需要采取确切的指导和控制措施"。当然,他所谓的政府部门的高层,就是他自己。

还有一个显著差异,与第一个无不关系的,就是对于大多数问题,美国人总是急不可耐,而英国人却倾向于采取谨慎、分析的方法,这种方法给美国人以保守的印象。英国人已经意识到美国人认为他们不热情、不情愿。一位英国高级军官给妻子写信说,"经过几年的战争,我们会仔细观察事物之后再去说我们该不该做,而美国佬玩这个游戏还是新手,满怀着初学者的热忱"。他也认识到一个重要的事实:"他们对于我们的好处,正如我们对于他们的好处一样。"

在英国人看来,这种"初学者的热忱"的体现,是美国人总喜欢吹嘘几近不可思议的数量和似乎绝无可能的最后期限。在较短的时间内调集 200 万人员和5 000 艘船只的想法,让英国人觉得他们不仅天真幼稚,而且狂妄自大。但在这一点上,至少双方都没错。美国人确实天真幼稚,而且他们的极度自信肯定会导致狂妄自大,他们无疑从英国强烈的现实主义中得到了好处,特别是在 1942 年。

然而,英国人也确实低估了美国预先制造数量多得不可思议的船只、飞机和坦克的能力。摩根在和双方打交道的过程中看到了这一切。当美国人提议一项特别的行动时,摩根写道,英国人通常的反应大概就是这样:

> 我亲爱的孩子,这一切真的有必要吗? 好吧,如果真是这样,我们能不能把麻烦减少一半来做得一样好呢? 我们无论如何也无法接近你想要的数量……至于时间,我不知道如何能够在一周以内完成,而你准备给我们的时间更短……我们在这上面有缺口,不要指望太多。

美国人经常发现这种半真半假的陈词滥调往往准确得令人不快。在美国人的概念中,迅速的行动和坚定不移地专注于目标才能办好事情,他们对英国人喜欢兜圈子而感到烦恼不已。当美国海军上校詹姆斯·E.阿诺德(James E.Arnold)接到命令,担任一次登陆行动的海军主管军官(NOIC)时,他找到英国同僚讨论如何进行合作。他来到英国人的司令部,介绍自己说:"我是美国海军的阿诺德上校,我找英国军队的海军主管军官,想讨论——"说到这儿他就被打断:"行,请坐,先喝口茶。"这样的交流不一定有代表性,但也非常普遍,足以说明两个国家之间文化和职业上的鸿沟,影响着"海王-霸王"行动的策划和训练。

英美这种鸿沟的起因不仅仅是文化上的——它同样也是以经验为基础的。两个国家在第一次世界大战当中扮演的截然不同的角色,在第二次世界大战当中影响了英国人和美国佬之间的一切交流。1943 年 8 月,陆军部长史汀生致信罗斯福,"帕斯尚尔和敦刻尔克的阴影,依然沉重地笼罩着这些(英国)将领的思想。尽管他们口头上对(跨海峡)行动表示赞成,但是内心却不以为然"。这是明显无疑的。都到了 1943 年 11 月 25 日,离预计进攻欧洲的时间还有不到 5 个月的时候,英国参谋长还提出,"我们不应该……把时间确定的'霸王'行动作为我们整个战略的中心,让一切围绕着它而转。"史汀生说,英国人相信"小规模的骚扰战",认为"在意大利北部、地中海东部、希腊、巴尔干半岛、罗马尼亚和其他周边国家一系列的消耗战,最终会击败德国,唯一需要进行的战斗将由苏联来完成"。

他也没有全错。然而,尽管不同的经历导致了他们对待战争的不同态度,尽管嚼着口香糖、讲着俏皮话的美国佬和性情克制、习于饮茶的英国人之间存在着巨大的文化差异,但到了 1943 年底,他们因相互的需要而紧紧团结在了一起,岿然屹立于大战即将来临的历史时刻。此刻看来,进攻所需要的人力资源的调集,完全有可能在 1944 年 5 月 1 日这个最后期限之前按时完成。当然,大部分人员缺乏经验,很多人也没能接受足够的训练,还有人仍在路上,但他们全副武装、营养充足,内心必定充满渴望。不过,有两个问题依然还没有答案:盟军能否筹集到他们横渡海峡攻入诺曼底海滩所需的海上补给? 谁会指挥这次行动?

第七章

"叫作坦克登陆舰的该死的东西"

　　船运。从珍珠港事件的那一天起,甚至在之前,同盟国的战略规划就极大地受到船运匮乏的限制。1943 年布鲁克曾提到,"船运的短缺是一切攻势的瓶颈"。并不是同盟国没有看到这一问题的出现。早在 1936 年,美国就已经按照《商船法》(Merchant Marine Act)开始为每年建造 50 艘新商船提供资助。三年之后,政府将资助船只的数量翻了一倍,提高到 100 艘,并在第二年再次将其翻倍。1941 年 1 月,在珍珠港事件将近一年之前,罗斯福宣布进入"无限国家紧急状态",以此来合法实施更大的造船计划。尽管如此,战争爆发之后,在太平洋打仗的同时又要给英国和苏联提供补给,顷刻便暴露了同盟国船运的极度短缺。情况还越来越糟糕。在 1942 年当中,德国潜艇在北大西洋击沉了 1 000 多艘同盟国船只。人们一度认为,潜艇的猛烈进攻有可能完全消灭同盟国的海上补给能力。

　　保卫大西洋的船队需要几百艘新型的驱逐舰,特别是新的更小型的护航驱逐舰(DE),加上小型的辅助航空母舰(CVE)。海军部长弗兰克·诺克斯于 1943 年 2 月写道,"除非能够迅速提供护航船只",否则根本无法在欧洲开展任何行动。看来他十分清楚的是,建造新的护航舰是国家工业应该优先考虑的问题。金对此表示赞同。他认为"为了保护一艘船值得沉没两艘船",他同样也希望护卫舰的建造能够列在国家优先项目表的榜首。

　　但是,建造更多的货轮也同样举足轻重。同盟国起码要对已经被德国潜艇击沉的几百艘船进行补充,而且剩下的船只每天都在损失。战时船运管理署(War shipping Administration)的副署长路易斯·W.道格拉斯(Lewis W. Douglas)提出反对意见说,将制造护航舰作为最优先项目将会累及建造货轮的计划,削弱同盟国维持跨大西洋船队的能力。毕竟,没有可保护的船只,护航舰就没有用武之地。诺克斯表示反对。他写道,"每月生产 100 艘货轮,而那一个月当中不能够生产足够的护航船只来保护它们出海,于我们没有好处"。这是一个先有鸡还是先有蛋的两难处境,同盟国必须作出决定,是建造护航舰来保护船队重要,还是补充它们将要进行保护的货轮更重要。

此刻还有第三件事势在必行。如果同盟国不能生产足够的将进攻部队送上海滩的登陆舰和登陆艇,联合参谋长委员会和政府首脑们郑重达成的关于1944年5月1日攻占法国的所有协议,将会成为一纸空文。登陆艇曾经是"火炬"行动登陆的瓶颈,并再次制约了向西西里和意大利发动的进攻。攻占法国所需的要多得多。没有几千艘新的登陆艇,任何跨海峡行动的说法都是愚蠢的。

战略策划和后勤现实之间,存在着千丝万缕的联系,而船只建造尤其具有决定性的作用。和生产坦克、卡车或飞机相比,造船尤其需要更长的准备周期,从积累原材料开始,依次经过炼钢厂、制造车间、加工车间、装配工厂,最终才能到达造船平台。它是一个复杂的难题,涉及成千上万相互关联的零件。因此,对于1943年建设重点的决策,对1944年可能采取的军事行动有着决定性的影响。美国庞大的工业令人敬佩,但它并非无穷无尽。如果"海王-霸王"行动成为现实——如果成千上万拥挤在英格兰南部的士兵能够被运送到英吉利海峡对面,并登上诺曼底海滩——那么同盟国必须生产出他们登岸所需的数千艘登陆艇。

早在1942年,罗斯福就创建了"战时生产委员会"(WPB, the War Production Board)。至少从理论上,它的部分职责是为各种产品建立优先类别,不光是船只,还包括加工工具、起重机、阀门、锻件、发动机部件,以及战时所需的数百种其他工业工具。战时生产委员会建立了一个系统,其中最高优先级的项目被排到A-1。然而,不可避免地会有这个或那个司令部或利益集团前来解释,为什么一个特定的产品需要提高到其他产品之上,很快就有了AA-1类别,不久之后又有了AAA-1类别。到1943年中旬,这样的排序已经毫无意义,因为太多的项目需要被指定为最高优先级。在此阶段,战时生产委员会建立了新的标准:紧急率。1943年8月"海王-霸王"行动的决定确认之后,美国达到紧急率的只有一项造船计划,那就是登陆艇。然而,在这场竞赛中,决定来得太迟,战争的冲突,尤其放慢了急需的登陆艇的生产。到了最后,同盟国已经耗尽了时间。

————————

"登陆艇"这一术语,包含46种不同类型的船只①,从排水量10 000吨或以上的远洋运输船和货轮,到运送士兵上岸的36英尺希金斯登陆艇。这些船只各

————————

① 一般情况下,超过200吨的船被称为"舰",而低于两百吨的被称为"艇",不过这并不是放之四海而皆准的。步兵登陆艇(LCI)和坦克登陆艇(LCT)排水都超过200吨,但仍然被称为艇。

种各样的缩写让人糊涂,就连专家也搞不清楚,考虑到这个原因,有必要将它们分为三个大类:

1. 数量最多,可以说几乎是无处不在的一类登陆艇,是安德鲁·杰克逊·希金斯在他位于路易斯安那州的船厂中开发的小型、平底的载人艇(见第四章)。作为人所共知的希金斯艇,它们最初被海军定名为"人员登陆艇"(Land Craft,Personnel[LCP])。这类登陆艇的排水量每一艘只有 6 吨,由较大的轮船装载,悬吊在吊艇柱上,吊艇柱可以沿母船边缘将它们下放到海面上。士兵随后沿链网或者绳网爬入艇内,艇内没有座位,给人的感觉是进入了没有车顶的火车车厢。每一艘船上有 3 名海军乘员,负责将船上的人员摆渡到几英里外的海滩上。到 1943 年 5 月"三叉戟"会议召开之时,美国生产了约 4 000 艘这类登陆艇。(见下表)很多被派往太平洋,另有一些用于北非的"火炬"行动,还有一些被送到地中海,用于攻占西西里和意大利。

不过,到 1943 年 5 月,"人员登陆艇"就停产了,它被一种稍大一些、排水量为 8 吨的更灵活的变体所替代,这种登陆艇可同时装载士兵和车辆,包括吉普车和轻型卡车,但不包括坦克。这类登陆艇还是由希金斯公司制造,仍然被称为希金斯艇,但海军把它们定名为"车辆人员登陆艇"(Landing Craft,Vehicle and Personnel[LCVP])。它们和早先的"人员登陆艇"一样,由大型船舶装载,悬吊在吊艇柱上。它们在原有的略小的登陆艇上进行了几处改进。首先,船首吃水仅有 12 英寸,这样它们就可以在坡度平缓的海滩(如诺曼底)登陆。它们比起原来的"人员登陆艇",速度更快(每小时 12 英里),行程也更长(100 英里),并且它们在船尾携带两门点 30 口径的机枪。第一批这类登陆艇于 1942 年 11 月制造完毕,用于"火炬"行动稍稍晚了一点。但在接下来的 18 个月,美国的船厂生产出了惊人的 12 000 艘这类登陆艇,使其成为战时所建造的数量最多的船只。它们是水陆两栖作战当中吃苦耐劳的负重驮马,把陆军和海军陆战队员们送至从西西里到塞班岛的各个海滩上。

在这一大类当中还有另一种船只,是更大型的"机械化部队登陆艇"(Landing Craft,Mechanized[LCM]),有时也被称为"麦克艇"(Mike boat),因为"麦克"(Mike)是字母"M"的语音代码。1944 年的海军训练手册将"机械化部队登陆艇"称为"车辆人员登陆艇的又大又重的大哥。""麦克艇"为全钢结构,排水量为30 吨,可以装载一辆谢尔曼坦克,这也就是它们有时被称为"坦克驳船"的原因。它们有两台柴油发动机,从而机动性更强,但这也意味着它们需要特别熟练的舵手。它们的行程达到 130 英里,能够凭一己之力横渡英吉利海峡,不过,它们还是必须作为甲板货物装载在大型船舶上才能横渡大西洋,大船一次性可以装载数艘。到了诺曼底登陆之时,美国生产的这类小型坦克装载船已经超过 8 000 艘。

2. 第二类登陆艇是自身能够横渡英吉利海峡、将坦克和步兵送上突袭海滩的较大型船舶。它们当中较大的为步兵登陆艇(Landing Craft,Infantry[LCI]),水兵们都亲切地称之为"埃尔西"(Elsies)。最常见的型号为 LCI(L)——后面的"L"代表"大型"(large)——它们的长度刚好超过 158 英尺,排水量为 230 吨。每一艘可装载 200 人,不过,它们没有太多的装甲防护,所以较为脆弱,同时由于没有船首门,它们也不能携带任何车辆。卸载人员的时候,它们尽量推进到海滩上,以便在船首两侧铺设两道跳板。

这一大类中还有另一种船只,为坦克登陆艇(Landing Craft,Tank[LCT])。它们能够在开敞式货舱内装载 4 至 5 辆坦克或重型卡车。在战争当中,英国和美国都生产了多种类型的坦克登陆艇。到 1943 年,美国开始生产 Mark VI 型,它们有 119 英尺长,比步兵登陆艇短得多,但较为结实,装甲防护也更好,排水量为 286 吨。这类登陆艇的主要特点是,登上海滩之后,它的船首门可以打开,跳板可以铺设在沙滩上,因此卡车和坦克能从开敞式的井形甲板上凭自己的动力开出去。

虽然步兵登陆艇和坦克登陆艇都能够自己横渡英吉利海峡,但它们在设计时都没打算用于横渡大西洋。很多步兵登陆艇还是做到了,但大部分坦克登陆艇都是以甲板货物的形式被运到英格兰。有时候它们被分成几段运抵,然后在英国的船厂进行焊接,但在通常情况下,它们都是由大型船舶放在甲板上驮运过来。船舶到达英国之后,母船会将水输送到它的压载舱内,有意朝一侧倾斜,然后 286 吨的坦克登陆艇沿打了润滑油的木板从一侧滑下,溅起壮观的水花。

3. 第三种水陆两栖船舶,是最大也是最重要的一种。不光在诺曼底进攻上,而且在全世界范围内,这种船只都成为同盟国工业和后勤的瓶颈。它就是坦克登陆舰(Landing Ship,Tank[LST])。一位专家把它描述为"一个又大又空、自推进式的箱子"。它是一种远洋船,空载的时候排水量为 1 625 吨,在它巨穴状的船舱内能够装载 20 辆谢尔曼坦克,30 辆重型卡车,或者 2 100 吨货物,另外上层甲板上还可以捆装多达 40 辆的轻型卡车或吉普车。它还有可容纳 350 名士兵的铺位。由于是平底,它的船首吃水在空载时仅一英尺半,满载时为 4 到 7 英尺,因此尽管体型庞大,它却能够直接驶上海滩,通过巨大的船首门卸载货物。英国人在迪耶普战役中使用的"温斯顿"和"温内特"是这种大容量坦克装载船的先驱。正因为如此,美制的坦克登陆舰有时候又被称为 LST-2。但美国的版本很快就盖过了英国型号,不久之后就被简单地通称为 LST。

坦克登陆舰是二战当中最重要的船只,这是有充分理由的,但是很少有人喜爱它、称赞它。首先,它们的航行能力很差。它们的船首是平的(以适应巨大的船首门),底部是平的(以保证吃水浅),如一位船员所说,它们的"形状像浴缸",即使海面上风平浪静,它们也会剧烈地颠簸。遇到轻微的波浪,它们就会不断地与接二连三的海浪重重地碰撞,发出嘎嘎的重响。一位老兵回忆道,"有些船飞越海浪,有些船穿越海浪,有些船沉入海浪,但坦克登陆舰是直接扑杀海浪"。在波涛汹涌的海洋中,坦克登陆舰"又摇又晃",当它在船尾侧浪中险象环生地打滑时,冗长的船体产生的扭力是如此强大,以至于站在船桥上的人都能够看到船体确实发生了扭曲。如果舰艇在露天甲板上装满了吉普车和轻型卡车,车辆会有节奏地起起落落,就像一起穿行在起伏不平的乡间小道一般。偶尔,船体的扭动太过于猛烈,会将船体连接处的焊缝震开,形成一道裂缝,一位船员说,就像女人的丝袜抽丝一样。

由于坦克登陆舰在航海中的这些特点,晕船成为在所难免的事,而且它在其他方面也极不舒适。为了节约谷仓似的船舱空间,船员的住处挤在船尾扇形艄之下的狭小空间内,是铰链式的三层铺位。船头位于这些铺位的正后方,一位老兵回忆说,坦克登陆舰"散发出柴油、备用厕所和呕吐的恶臭"。坦克登陆舰甚至连名称都没有,和较小的步兵登陆艇和坦克登陆艇一样,笨拙而不受欢迎的坦克登陆舰仅通过它们的船身编号来进行区分,比如 LST-235 或 LST-393①。仿佛海军的官僚主义对这些丑小鸭感到羞愧,不愿意给它们命名来进行区分似的。另外,坦克登陆舰的速度缓慢,很少能够超过十节,船员们取笑说,"LST"实际上代表"大而慢的靶子"(Large Slow Target)。尽管如此,它在任何大规模水陆两栖作战中都是绝对必需的,也是诺曼底登陆成功的关键。

在战争结束之前,美国制造了 1 000 多艘坦克登陆舰,但在 1943 年 5 月,当"三叉戟"会议的与会者们通过了一年后在欧洲发动攻势的计划时,完工的仅有241 艘。而且,它们当中有一部分已经被用于太平洋和地中海。"考萨克"的跨海峡攻势计划,要求在 1944 年初将 230 艘坦克登陆舰调遣到英格兰南部,以便在 1944 年 5 月 1 日实施"海王-霸王"行动。然而,在各种因素的共同作用下,它们的生产和调遣都受到阻碍。很快,坦克登陆舰的短缺,成为整个盟军进攻准备

① 此处引用了船身编号的坦克登陆舰,是曾经参加过诺曼底战役,并作为历史文物保存至今的。现存印第安纳州埃文斯维尔的 LST-235,是全世界唯一一艘仍在使用的坦克登陆舰;LST-393 虽已退役,但在密歇根州马斯基根作为展览馆向观众开放。

盟军登陆艇相对尺寸示意图

美军"德克萨斯"号(BB-35)

美军"郝恩登"号（DD-638)

坦克登陆舰

步兵登陆艇（L）

坦克登陆艇　（美国海军型号）

机械化部队登陆艇（麦克艇或坦克驳船）

车辆人员登陆艇（希金斯艇）

"犀牛"渡船

© 2013 Jeffrey L.Ward

的致命要害。实际上,坦克登陆舰建造计划的历史,能够给人以独特的角度一窥战争中的冲突以及战略与后勤的联系。

━━━━━━━━━━

早在1942年,美国海军舰船局(BuShip)负责管理初步设计部门的海军设计师约翰·赖德迈尔(John Niedermair),主要借鉴英国的设计,就绘制出美国坦克登陆舰的蓝图,第一根龙骨于当年的6月开始铺设。赖德迈尔的设计有古怪但非常有价值的一面,那就是这些坦克登陆舰配备有压载水箱。当水箱充满的时候,能够防止它们在空载的情况下像软木塞一般的摇摆,满载的时候,又可以将水箱抽空,以保持吃水相对稳定。

尽管坦克登陆舰是全尺寸的远洋船舶,有327英尺9英寸长,50英尺宽,但美国多数的坦克登陆舰的建造都是在内陆进行的,大部分在俄亥俄河沿岸,从宾夕法尼亚州的匹茨堡到印第安纳州的埃文斯维尔等城市。它们在与河流平行的船台上进行建造,从一侧下水,由此会激起巨大的波浪,一直拍打到对面的河岸上。第一艘坦克登陆舰于1942年10月在匹茨堡入水,此时离"火炬"行动只有几周之遥。配备了骨干船员,在江河引导员的指示下就位之后,它沿着俄亥俄河和密西西比河下行1500英里,经过9天的行程到达新奥尔良。船上的海军人员跟随着平民水手学习船舶的工作原理。在很多人的记忆中,这趟旅途是"一场大冒险",因为很多人都是第一次乘船航行。坦克登陆舰在路易斯安那州与新奥尔良隔河相对的阿尔及尔镇正式开始服役。它们在这里安装吊艇柱并配装希金斯艇——起初一侧只装两三艘。然后,在自豪地插上表示服役的三角信号旗之后,它们驶出这条大河的河口,驶入墨西哥湾。有些舰船在巴拿马城附近逡巡一到两周,进行一系列登陆演习,还有一些绕过基韦斯特岛(Key West),前往大西洋海岸位于弗吉尼亚州澄清河镇(Little Greek)的海军水陆两栖训练基地。两栖部队的指挥官在这里给舰船补充新的军官和余下的船员。

坦克登陆舰上的大多数船员们,和舰船本身一样,都是初出茅庐且未经考验。一艘坦克登陆舰的全体人员为9名军官和110名水兵,数量多于一艘同等大小的货船,原因是在战斗部署中需要有人操纵火炮。除了指挥官之外,通常还有一名二十多岁的海军上尉。大部分军官都是"九十天的速成奇迹",他们来自平民百姓,在几处指定的学院经过13周的海军军官学校候补生培训之后,就直接被派到船上。据这个项目的一位毕业生回忆,"我们进行密集队形训练,学着鉴别飞机和识别信号旗。就这些。"对于船员们而言,几位下级军官带来的经验却是至关重要的。其余的人大多数还不满 20 岁,从海军新兵训练营直接来到船上。一位军官回忆道,在他的船上,"船员们的年龄介于 17 岁到 22 岁之间,他们当中从没有人见过大海"。

给较小的步兵登陆艇和坦克登陆艇配置人员的问题更复杂。它们往往只能容纳一名少尉以上的军官,就如坦克登陆舰的军官一样,他们也往往都是些新手。当海军少尉菲利普·古尔丁(Philip Goulding)到 LCI(L)506 船上报道时,船上的指挥官,一位初级的上尉,问他道,"古尔丁,你懂点什么不?""不懂,长官,"古尔丁老老实实地回答。"我刚刚才从海军新兵训练营出来,什么都不懂。"

令古尔丁大吃一惊的是,上尉猛拍了一下桌子,激动地说:"感谢上帝。这条船上人人都不懂,我还害怕那些傻瓜会派个人来破坏它。坐下喝杯咖啡吧。"

在切萨皮克湾的训练很少超过两三周。军官和船员们在巨大的坦克登陆舰上学习如何发动引擎,如何操纵船首门,在航行中如何操控舰艇。他们练习应急操作步骤、战术机动、精确抛锚、靠岸停泊和途中加油。在所有的海军舰艇上,军官们都试图让船员们锻炼身体,但这样偶尔会出现问题,甚至产生幽默的效果。坦克登陆舰巨大的开敞式甲板给做操提供了大量的空间,然而舰船不停的摇摆把做操变成了一桩冒险。当水兵们排成一排,开始做跳跃动作时,摇摆的舰艇在他们的脚下移动,所以每次跳起来之后,他们都落在原来起跳的地方几英寸之外。随着舰船向右舷摇摆,一群跳跃的人"慢慢地越过甲板移动到左舷,然后,随着舰船调正位置,他们又慢慢跳回到右舷"。一位在船桥上观望的军官心想,如果是"长时间的摇摆,船员们会不会在船上跳起舞来"。

战斗训练包括学习如何发射船尾的 3 英寸火炮和 20 毫米高射炮,以及后来的 40 毫米博福斯式双管高射炮。练习发射这些火炮的时间常常只有一天,瞄准的目标是海军飞机拖曳在一根长绳子尾端的筒形拖靶,飞机上的飞行员肯定是无比紧张。抢滩演习尤其折磨人的神经。直接冲到岸上是令人恐惧的,完全与人的直觉相悖,以至于第一次尝试的时候,船上的人都本能地抓住任何能抓住的东西,等待着剧烈的碰撞发出的砰响,如果不是更糟糕的话。然后,如果坦克登陆舰没有以相当精确的 90 度角在海滩上着陆,它就很有可能斜向一侧,这种效应被称为横转,这意味着它最终将会横在在海滩上,很可能需要拖船才能脱离海滩。

坦克登陆舰成功登上海滩之后,巨大的船首门像橱柜一样开启,23 英尺的船首跳板放下,船舱内的坦克、卡车和吉普车靠自己的动力开到海滩上。船舱内有巨大的风扇进行通风,以免这些汽油引擎同时点火排出的废气让船员窒息。

船舱腾空之后,上甲板上的车辆便可以卸载。在登陆舰的早期型号中,前甲板上有一台升降机将车辆依次放到货舱内。然而这样做太耗费时间。从 1943 年 7 月开始制造的 LST-491,升降机被跳板替代,在露天甲板上的车辆可直接从跳板上驶下来,从船首门驶出。

卸载之后,坦克登陆舰需退出海滩。为了做到这一点,每一艘船的船尾都配有一种特殊的锚,连接在盘在大绞盘上的钢索上。当坦克登陆艇开进海滩时,船员们在正好离岸的海面上下锚,根据需要放出钢索。实施这样的操作最重要的是选准时机,如果船员下锚太早,绞盘上的钢索放尽之后就会掉入海中。货物卸完之后,一台以汽油作动力的发动机啮合绞盘,船锚收入船底,登陆舰依靠自己的引擎船尾朝前退出海滩。命令的顺序是:"收起跳板,关闭船首门,收起船尾锚,所有引擎逆转向三分之一。"

如果登陆舰在涨潮时位于或接近满潮水位的地方登陆,将会大有好处。如果在潮水低落的时候卸货,最后驶出的车辆有可能被上涨的潮水淹没。如果在退潮的时候卸货,当最后一辆车上岸之后,舰船会发现自己完全处在陆地上,像一条搁浅的鲸鱼一般孤立无援,这种状况被称为"变干"。如果这样的情况发生,人们将别无选择,只能等待在下一次涨潮时设法退出。

———————

第一批坦克登陆舰,是 1942 年为"围捕"行动批准的大规模建造计划的一部分。在那年的 3 月,陆军部长史汀生敦促罗斯福"将您所有的力量放在对船运分配进行毫不留情的重新安排上",以确保进攻所需的登陆艇的充足。4 月,罗斯福宣布登陆艇优先于"所有其他计划"。海军诚挚地通知承包商们"登陆艇将优先于其他所有计划而列入 A-1 类别",这在当时是最高优先级。1942 年 5 月,合同要求建造 300 艘新的坦克登陆舰,到 7 月 1 日,它们被正式提高到优先表格的榜首。

这样的状况没能持续太久。7 月 22 日进攻北非的决定,使得"围捕"计划在 1943 年实施的可能性变得极小。莱希和金一致认为,登陆艇的建造应该相应缩减,以支持船队护航舰的建造。英国人温和地表示反对,他们提出,新的坦克登陆舰可以派往英国,以防万一"1943 年在欧洲大陆行动的机会出现"。金认为这是一个馊主意,并以他惯常的强烈方式表达了这一观点。他认为,为不大的可能性建造新的坦克登陆舰存放在英国的仓库中,完全没有意义。在它们能够派上用场之前,德国的轰炸机就有可能把它们炸个落花流水。他提议已经投入建造的登陆舰继续完成,但它们应该"被分配到最需要它们的战场上去",他这里所谓的战场就是太平洋。与此同时,还未进行建造的登陆舰的合同应该取消,以便建造更多的驱逐舰和护卫航母来保护船队。联合参谋长委员会表示同意,于是1942年9月16日,战时生产委员会取消了100艘新的坦克登陆舰和48艘步兵登陆艇(L)的合同。在1942年春天的时候,建造坦克登陆舰的美国船厂有18家,而到了1943年9月,仅剩下8家。尽管登陆艇普遍保留在 AA-1 的类别中,但是它们的位置下滑到第12位,落到扫雷艇的后面。到1942年末,美国总共只生产了23艘坦克登陆舰。

这样的决定在当时是有道理的。"围捕"行动的前景不容乐观,而盟军极度缺乏护航战舰。英国第一海务大臣(First Sea Lord)报告说,英国皇家海军要维持现有的行动,尚还短缺200艘护航船只,而弗兰克·诺克斯告知罗斯福,美国海军全数尚缺981艘护航舰。1942年建造护航舰的新重点,对缓解短缺起到了很大的作用,并且为1943年扭转大西洋战争的局势作出了贡献。实际上,同盟国舰船建造开始超过德国潜艇造成损失的"转折点",发生在1942年11月,此时正值北非战役期间(见下表)。

尽管如此,1942年夏末减少坦克登陆舰建造的决定,还是影响了同盟国满足"考萨克"设定的1944年攻占法国的需求的能力。在1943年5月的"三叉戟"会议之后,同盟国试图恢复坦克登陆舰计划,为了实现这一计划,更换设备建造驱逐舰的四家船厂被命令重新恢复建造坦克登陆舰。然而,命令容易,做起来却难。船厂更换设备并不是像扳动开关那样简单。已经装配好的某一种船只部件必须放到一边,整个计划从物流输送开始重新启动。因此,有些船厂直到1944年3月之后才完全恢复坦克登陆舰流水生产。

造成坦克登陆舰短缺的另一个因素,一个令人大为不解的因素,是主要的决策制定者们明显缺乏特别的紧迫感,甚至在"三叉戟"会议和魁北克会议之后依然如此。美国军队中的官僚主义者,对于5月1日的登陆日截止日期,不是以热心和乐意进行回应,而是表现出一种奇怪的不安,至少在坦克登陆舰的建造上是如此。联席参谋长们确实也建议将登陆艇的建造提高25个百分点。然而,指令却并没有说明坦克登陆舰具有特别优先权。因此,尽管小型希金斯艇(车辆人员登陆艇)从6月份的567艘一跃而至7月份的1 000余艘,但坦克登陆舰的建造却并没有同样增长,事实上,在同月份中,坦克登陆舰的产量反而从每月27艘下降到24艘。当摩根担心登陆艇的短缺会扰乱盟军的时间安排时,战时生产委员会负责人唐纳德·纳尔逊(Donald Nelson)向他保证,一切都很顺利。"你相信不",纳尔逊告诉摩根,"到 1944 年初,我们手头这些该死的东西会多得用不完"。然而现实却有相当大的出入。坦克登陆舰的新订单直到 12 月 9 日才确定下来,距登陆日预定时间还不到 5 个月了。只有到此时,各分包商才开始更换车间的设备,以生产组成一艘坦克登陆舰所需的三万多种不同的部件。

影响产量的第三个因素是原材料的竞争。如果说造船是同盟国战略规划中的瓶颈,那么钢板就是造船中的主要瓶颈。从 1940 年到 1943 年,美国钢厂的产量从每年 400 万吨提高到 1 300 万吨,增长超过 300 个百分点。然而,在同一时期,船厂的钢板消耗量却从 50 万吨提高到 750 万吨,增长 1 500 个百分点。实际上,到 1943 年,船厂消耗的钢板已经超过了全美国产量的一半,而钢板主要的消费者是美国战时委员会,他们生产的另一种美国船舶被理所当然地称为二战时期最重要的轮船——这就是自由轮。在战争的大部分时间里,自由轮装载着维持英国和苏联作战的军需品和补给品,支撑着世界范围内同盟国的贸易和盟军的行动。在战争结束之前,美国的船厂生产的自由轮超过了 2 700 艘。

每艘自由轮的重量为 14 500 吨,比坦克登陆舰大三倍以上,它们对于钢板的消耗量异常巨大。早在 1942 年 2 月,罗斯福就要求负责管理海事委员会(Maritime commission)的退役海军少将埃默里·斯科特·兰德(Emory Scott Land)把当年的船舶吨数提高到 800 万吨,并且 1943 年另外再增加 1 000 万吨。这是一个大胆的数字。在 1941 年,虽然有政府补贴计划的刺激,美国的造船业生产的船舶吨数总共也只有 110 万吨。而此时罗斯福的要求是这个数量的八倍。无人知道他是如何得出这样的数字的,也许他只是凭空捏造出来,为了让兰德牢记尽快尽多地建造船舶的重要性。在当时,兰德和他副手——海军少将霍华德·维克里(Howard Vickery)都认为不可能实现这一目标。尽管如此,经过艰苦的努力,到 1943 年,兰德和维克里眼看着离目标已经越来越近。而此时,罗斯福又提高了门槛,将新的目标定为 2 400 万吨。他的态度仿佛是:如果你们达到了我设定的目标,那我肯定是把它设置得不够高。然而,如此惊人的生产水平,需要消耗数量空前的原材料,特别是钢板。这样一来,重新开始建造坦克登陆舰的努力就会受到影响。1944 年,战时生产委员会的报告指出,"陆海空三军各个代理商之间对于可用原料的争夺异常激烈"。这种争夺还包括机床、电动机、焊条、发电机、减速齿轮、轴承、泵体,以及数百种至关重要的部件。尽管美国扮演着"伟大的民主兵工厂"的角色(罗斯福所言),但这毕竟是一场针锋相对、无法妥协的竞赛:多一艘自由轮,就意味着减少一艘、两艘,甚至三艘坦克登陆舰。登陆艇和其他建造项目之间的资源竞争,说明美国的工业生产能力并非无穷无尽。

美国登陆舰和登陆艇的生产情况一览表(1942 年 1 月—1944 年 5 月)

月　份	坦克登陆舰	步兵登陆艇(L)	坦克登陆艇	麦克舰(LCM)*	希金斯艇(LCP)**	艇LCVP	总计
1942 年 1 月	0	0	0	18	116	0	134
2 月	0	0	0	10	0	0	10
3 月	0	0	0	0	117	0	117
4 月	0	0	0	1	174	0	175
5 月	0	0	0	27	248	0	275
6 月	0	0	1	35	344	0	380
7 月	0	0	1	118	480	0	599
8 月	0	0	45	307	600	0	952
9 月	0	1	156	131	477	0	765
10 月	1	25	152	203	394	0	775
11 月	18	59	101	244	466	75	963
12 月	43	68	11	168	345	140	775
1943 年 1 月	46	70	3	114	37	205	475
2 月	61	47	0	156	44	319	627
3 月	28	22	0	406	18	655	1 129
4 月	17	10	0	143	57	405	632
5 月	27	3	0	236	0	416	682
6 月	27	9	1	146	0	567	750
7 月	24	16	0	244	0	1 073	1 357
8 月	22	22	10	401	0	812	1 267
9 月	23	23	32	502	0	943	1 523
10 月	16	25	44	585	50	836	1 556
11 月	20	28	46	563	50	921	1 628
12 月	25	30	38	523	50	875	1 541
1944 年 1 月	28	35	65	578	50	833	1 589
2 月	18	34	84	641	50	932	1 759
3 月	28	54	81	594	50	811	1 618
4 月	50	69	100	470	50	744	1 483
5 月	82	78	83	487	50	792	1 572

＊包括 Mark III 型和 Mark VI 型
＊＊包括人员登陆艇 LCP(L)和 LCP(R)

　　坦克登陆舰的建造计划还不得不争夺劳动力。由于在美国有几百万人参军,因此造船的劳动力储备主要由三种群体组成:被征兵局定为 4-F 类的人群(不适合服兵役类)、老年员工和女性。就像年轻男性在新兵训练营几周之后就成为士兵一样,缺乏经验、没有技能的工人几乎是立即就变为造船工人。不到 20 岁的克伦德尔·威廉姆斯(Clendel Williams)因体重过轻(身高 6.1 英尺但体重只有 118 磅)被征兵局定为 4-F 类,他来到印第安纳州埃文斯维尔的船厂寻找工作。"面试者就看了一眼我的申请",他后来写道,"没有体检,也没有视力检查。一个人给我拍照,另一个人叫我摁手印。几分钟之后,我就得到一张卡片,上面有我的照片和 4214 的编号"。在焊接学校学习"几周之后",他被授予"三级焊工"的证书,并被分配去建造坦克登陆舰。加入劳动大军的女性数量也是前所未有的。尽管这种实质上的社会变革在航空工业中体现得最为明显,但女性同样来到国家的船厂工作,充当文书、驾驶员和焊接工。的确,造船工业同样有自己版本的"铆工罗西"(Rosie the Riveter)①以"焊工温迪"(Wendy the Welder)的形式存在着。到战争结束时,在加利福尼亚里士满的船厂中,女性在 9 万名工人当中占去了整整三分之一。

在大部分船厂中,工人们都采用工作酬劳制度。各个小组——金属板材切割、装配、电气、管道或者木工——各司其职。他们完成一艘船的所有工作之后,再移到下一个船台上进行下一艘船的建造。他们每天分为三班,每小时收入 50 美分,每周工作 40 小时,扣除 1.40 美元用于"养老金"(新的社会保障计划)之后,可收入 18.60 美元。不过,他们每周工作时间常常达到 60 小时。日班工人下午 4 点下班时,几百个上小夜班的工人们又蜂拥而至。夜幕降临之后,高耸的柱子上巨大的照明灯照亮整个船厂,工人们毫不停歇地继续工作。到了半夜,小夜班的工人们又让位于夜班工人,如此每周七天、每天二十四小时地不断重复。焊接机每天二十四小时都处于使用当中,由一个班接着交给下一个班。然而,由于船台的数量有限,坦克登陆舰的生产还是一直落后于预期的需要。

为了解决劳动力的短缺,安德鲁·杰克逊·希金斯的想法是雇用大量无业黑人从事自由轮建造。在当地的传统中,黑人不允许在南方从事技术工作,包括造船,原因很简单,白人员工拒绝和他们一起工作。因此,即使劳动力的需求在增长,成千上万健全的黑人依然无所事事。希金斯的想法是建两个单独的船台,一个全部使用白人员工,另一个则依靠黑人员工。也许黑人员工因此被实施了种族隔离,但至少他们获得了以前无法获得的能赚钱的工作。希金斯打算鼓励每个船台的工人在生产上赶超另一个船台,以此来展示他们的技术和勤奋工作,

---

① "铆工罗西"(Rosie the Riveter)最早出现在 1942 年雷德·埃文斯(Redd Evans)和约翰·雅各布·罗布(John Jacob Loeb)创作的同名歌曲中,后来成为呼吁妇女进入工厂为战争出力的感人号召。日后人们以"铆工罗西"泛指二战时的美国女工。——译注

这种方法有可能导致良性竞争,也可能造成种族骚乱。然而,一切都没有发生,因为 1942 年从自由轮和坦克登陆舰向护航舰的转换,希金斯已经拿到的合同也位于被取消之列。

————————————

"考萨克"计划要求为诺曼底登陆准备 250 艘步兵登陆艇、900 艘坦克登陆艇、480 艘麦克艇、1 000 多艘希金斯艇和 230 艘坦克登陆舰。除了坦克登陆舰之外,其他舰艇的建造都飞快进行着。小型登陆艇,如希金斯艇,不需要船台,可分包给单独的船坞和金属装配公司,这些工厂有些离海洋有几百英里。在 1943 年的后六个月,虽然坦克登陆舰的建造落在了后面,但交付给舰队的希金斯艇超过了 5 000 艘。

1943 年 11 月 20 日,发生在地球另一端的一次事件,给这类小型登陆艇,包括坦克登陆舰的生产带来了影响。那一天,5 000 名美国海军陆战队员向塔拉瓦环礁岛(Tarawa Atoll)中的小岛比休(Betio)发起突袭,揭开了日后众所周知的中太平洋攻势的序幕,这场战役从夸贾林环礁(Kwajalein)一直发展到塞班岛、硫磺岛和冲绳。然而,在塔拉瓦的时候,希金斯艇尽管吃水浅,但还是被近海的珊瑚礁困住,许多海军陆战队员们不得不涉水四分之一英里上岸,登陆过程中遭受了极大的伤亡。因此,海军陆战队要求大量增加能够在暗礁中行进的履带式水陆两用船(履带式登陆车[LVT],或水陆履带牵引车[amphtrack])。11 月的计划原本要求 2 055 艘这类两用船,而由于塔拉瓦的教训,12 月的计划中就列入了 4 000 艘以上,实质上需求翻了一倍。已经不堪重负的建造计划又被硬塞进了一项任务。

还有一点,为"海王-霸王"行动组装足够的坦克登陆舰不仅仅是个生产问题,同时也是一个分配问题。除了派往太平洋的之外,1943 年末有 104 艘坦克登陆舰还在地中海。由于盟军已经在意大利半岛登陆,在该战场使用登陆艇意义已经不大,摩根的计划要求其中的 56 艘于 1944 年 1 月返回英格兰,以准备跨海峡行动。然而,由于意大利战役的拖延,丘吉尔想通过在安齐奥(Anzio)发动水陆两栖登陆的方式,围绕德国在意大利的防线展开迂回进攻。尽管艾森豪威尔对此策略的热心程度比不上他的下属,但他认同的是,为了避免"一系列缓慢而代价高昂的正面进攻",这一策略具有可行性。当然,实施这样的行动,意味着在地中海必须保留一定数量的登陆艇,特别是必不可少的坦克登陆舰。"我不希望妨碍'霸王'行动的准备",艾森豪威尔致信联合参谋长委员会说,"但我觉得我有责任向你们提出我的需要"。

丘吉尔主张,坦克登陆舰可推后几个月运往英格兰,不会带来任何严重的后果,因为考虑中的船只和船员都是参与了多种军事行动的老兵,他们到达英国之后无需进行额外的训练。当然,这一主张忽略了一个事实,那就是虽然船员可能有经验,但他们将要装运的军队却可能没有经验。所以,在英格兰的坦克登陆舰跨海峡之前进行数月的训练是用的,甚至是必需的。虽然如此,10月29日还是有命令下达,暂停"所有从地中海地区到英国的登陆艇运输"。最终,这56艘坦克登陆舰参与了1944年1月22日发动的安齐奥登陆(称为"鹅卵石"行动)(见第五章地图)。这是挥向地中海柏油娃娃的又一重拳,因为在安齐奥的军队后来被困在海岸一线,战役再次陷入困境。丘吉尔用一句话异常生动地表达了他的失望:"我曾希望我们向岸上扔出的是一只野猫,结果发现却是一只搁浅的鲸鱼"。不管搁不搁浅,安齐奥据点的军队需要补给,而他们的补给大部分必须由坦克登陆舰携带。这些不得不留下来的船只,和由它们提供补给的士兵一样,都被囚禁在了地中海。

为了缩短日益增长的需要与不断减少的数量之间的差距,联合参谋长委员会付出了艰苦的努力,他们采取措施确保坦克登陆舰不会被"浪费"在次要的任务中。由于坦克登陆舰舱位宽敞,不需要码头或者起重机就能够卸货,因此战区司令们发现,在所有的后勤工作中它们都能派上用场。有少量坦克登陆舰,特别是在太平洋,甚至被用作武器弹药和补给品的"海上仓库"。发现这个问题后,金命令所有的司令官"将登陆舰的使用严格限制在首次水陆两栖突袭行动中",并且不同寻常地加上一条,"这是强制性的"。同样,丘吉尔也曾写信向布鲁克询问,为什么坦克登陆舰被"完全投入到补给工作中而妨碍了其水陆两栖职责"。首相感到恼怒的是,"如此珍贵的武装力量被如此彻底地浪费"。

此时此刻在美国,尽管有着"紧急"优先权和24小时生产计划,新的坦克登陆舰的产量依然不多,甚至让人失望。罗斯福授权战争动员委员会新任主任詹姆斯(吉米)·伯恩(James[Jimmy] Byrnes),将登陆艇单独列入最高建造优先权,位于军用卡车、海军舰艇,甚至对苏联的援助物资之上。到1943年底,美国总共制造了398艘坦克登陆舰,但它们当中超过半数在太平洋参战,另有一百多艘仍在地中海。这样一来,剩下能够用于行动的只有不到一百艘,而摩根预计需要的是230艘。到1944年春,情况变得更加严峻。海军部长诺克斯给远在伦敦的贝蒂·斯塔克写信的时候,试图尽量对其进行粉饰。他声称,"除了坦克登陆舰之外,其他登陆艇我们跟得上计划——实际上还比计划提前。我们在要求的日期之前可能还差五六艘。我们将驱逐护卫舰的建造完全停了下来,让那些船台集中力量制造登陆舰。"

　　会太迟了吗? 还好,坦克登陆舰终于开始了横渡大西洋的航程,虽然有些缓慢。很多坦克登陆舰同时也将坦克登陆艇作为货物装满了甲板。对于舰艇上的人来说,毫无疑问这是一件好坏参半的事。航程当中,坦克登陆舰的舰长可将坦克登陆艇上的船员合并到值班表内,这就意味着值班人员不必实行双班制(船员分两班轮值)——24 小时轮流值 4 小时休息 4 小时。而另一方面,甲板上增加的重量,使得坦克登陆舰比平时更易于剧烈摇晃。很难说值班上得到的额外好处能否抵消航行的艰难。正如一位船员所说,"如果没在二月的北大西洋上乘过坦克登陆舰,你就不算乘过船"。另一位水兵用生动的语言描绘了这种经历:"前一分钟船还在波峰之上,让人可以望到脚下的波谷,而下一分钟船就沉入波谷之底,人们看到的是一道水墙,几乎是垂直地高耸在舰船的四周。"就连坐马桶也很难,甚至还十分危险,因为船体迅速的起伏,坐马桶的人常常会猛地撞到天花板上,然后又急速掉回马桶座上。

　　尽管诺克斯试图让斯塔克放心,但显然,到预计的登陆日,盟军将会短缺数十艘坦克登陆舰,而且,能够到达的登陆舰,很多都无法进行几周的训练,更不要说几个月。这就意味着要么就以不足的船只继续按计划行事,要么就推迟进攻。也许丘吉尔对推迟的前景完全不会感到失望,因为他早就提议推迟到 6 月份。然而,正如他致信马歇尔所说的那样,他感到荒谬的是,"两个伟大帝国的命运……仿佛被维系在一些叫作坦克登陆舰的该死的东西上。"

　　那个冬天最终得到解决的问题,就是对于指挥将领的任命。8 月份在魁北克会议上,摩根被授予三星,并被赋予跨海峡进攻的实际指挥权,"直到任命最高司令为止"。随着登陆日临近,摩根的临时地位变得越来越尴尬,永久性任命的需要更加紧迫。当丘吉尔将任命权让给罗斯福的时候,他曾以为罗斯福会指定乔治·C.马歇尔担任该职务,而在当时,总统也正是这样打算的。罗斯福认为,马歇尔在参谋长联席委员会和联合参谋长委员会中恪尽职守,他理所让然应该有机会通过指挥这场伟大的攻势而成为,如总统所说的那样,"第二次世界大战中的潘兴"。甚至摩根也敦促总统任命马歇尔当指挥。为了尽快办成此事,他告诉总统,虽然 10 月访美的时候离进攻还有 6 个月,但一些事情必须立即着手进行,以确保为登陆日作好准备。罗斯福听到之后,并未作出表态。

不过,大西洋两岸均推测,马歇尔很快将会被指定为跨海峡进攻的司令,而艾森豪威尔将会从地中海返回,担任总参谋长一职,一位英国军官将会接任地中海的指挥。马歇尔甚至已经开始把家具器皿收藏起来,准备着即将来临的欧洲之行。陆军部长史汀生给罗斯福写信说,任命马歇尔为最高司令是毫无疑问的,这反映出了一种普遍共识。史汀生用南北战争打比方说,"林肯先生在能够作出最正确的选择之前,经历了一个反复摸索的过程,经受了惨痛的损失",目前的情况不需要四处寻找。"马歇尔将军已经享有崇高的威望,他是一位久经考验的战士,也是一位心胸开阔、经验丰富的长官"。

但问题恰恰出在这里。正因为马歇尔是一位"经验丰富的长官",因此艾森豪威尔或其他人能否代替他还是一个问题。如果马歇尔去指挥跨海峡进攻,谁来指挥战争呢?艾森豪威尔曾经是马歇尔的助手,如今将会担任总参谋长,从而成为他理论上的上级,这种情况更增加了一层尴尬。尽管罗斯福差不多已经向马歇尔承诺让他担任司令(就像丘吉尔在之前向布鲁克所做的那样),但从9月到10月,又从10月到11月,总统却迟迟没有对此进行正式宣布。

他犹豫的原因之一,是参谋长联席委员会成员们的阻拦。欧尼·金和亨·阿诺德强调,马歇尔不能放下现在的工作。私下里也许他们相信,其他人无法和善变的总统打交道,不能够给予他所期许并且应该得到的直率而诚恳的建议,也不能够给予,以他们的观点来看,总统所需要的细微的指点和引导。他们还提出,任命马歇尔指挥"霸王"行动是将他从总参谋长的职位上降级了。阿诺德给行动副总参谋长托马斯·T.汉迪(Thomas T.Handy)将军写信说,将马歇尔派到欧洲指挥"霸王"行动,将会使他"仅仅成为另一个战区司令"。罗斯福也许可以抵制来自参谋长联席委员会的反对意见,但马歇尔待定的任命很快也成为一个政治问题。媒体上也在谣传马歇尔将卸任现有职务并被派往欧洲。共和党的报纸甚至怀疑新政的拥护者怀有邪恶的阴谋,将其描述为旨在清除直率而诚实的马歇尔的一项计划。

马歇尔本人对整个事态则保持着职业的沉默,但他确实也担心最高司令的权限究竟能有多大。他相信,不管是谁担任"霸王"行动的指挥,也同样应该具备地中海行动的战略控制权。马歇尔自阿卡狄亚会议开始,就一直是统一指挥的倡导者,他确信有必要由一个人"担任在地中海、欧洲西南部的盟军司令官的司令,同时作为战略空军司令部的司令"。丘吉尔对此是不能接受的,不仅因为它将整个欧洲交给了一个美国人,同时也因为首相一直怀有希望要将地中海行动扩大到巴尔干半岛和希腊诸岛,如果由美国人负责,这将是不可想象的。就英国人而言,"霸王"行动应该是完全分开的独立指挥,而英国指挥官在地中海应有他自己的独立指挥权。如此压缩最高司令的权力,令其变得不是那么"最高",也成为罗斯福考虑的又一个因素。

在动身去和丘吉尔参加另一次会议之前,罗斯福依然没有作出决策,或说至少还未进行宣布。这次会议第一次有了斯大林参加,将于1943年11月在德黑兰召开。在参加会议的路上,罗斯福和丘吉尔途经开罗时会见了中国领袖蒋介石。罗斯福在开罗第一次向马歇尔提出,有可能根本不会选择他担任"霸王"行动的司令。总统不喜欢私下发生冲突,因此派出他的亲信哈里·霍普金斯去试探将军。马歇尔告诉霍普金斯,他将"全心全意地"接受总统作出的任何决定。罗斯福得到了保证,第二天就亲自和马歇尔进行谈话。罗斯福想知道马歇尔如何看待继续留在华盛顿担任总参谋长,马歇尔再次表示他很乐意接受总统安排的任何工作,并声称"这是一件大事,不容考虑任何个人感情"。谈话结束时,罗斯福表露了他的真实意图,他告诉马歇尔,"如果你不在国内,我感觉晚上简直无法入睡"。

德黑兰会议对一些老问题进行了重新讨论。丘吉尔忍不住老调重弹他那些如今令人熟悉甚至厌烦的主张,即继续进行在地中海的行动,不惜以推迟"霸王"行动一个月到两个月为代价。但他得到的支持甚少。斯大林表示,这种选择对于在浴血奋战的红军无济于事。他指出,苏联军队在东部战线面对的是210个德国师,加上由匈牙利、芬兰和罗马尼亚人组成的另外50个师,共计260个敌军师——或许达到200万人。他无需补充的是,这个数量是盟军在意大利所面对的德国人的十倍,是英美计划在诺曼底登陆的军队人数的15倍,不过,这些数字并不准确,事实上英军和美军一个师的人数差不多有一个德国师实际人数(相对于理论人数)的两倍。

登陆艇的问题也被提了出来。马歇尔承认,"充足的登陆艇",特别是"能够装载40辆坦克(原文如此)的登陆艇的问题",是策划跨海峡攻势中的"首要问题"。不过,他向苏联人保证,"生产计划已经加快",他有信心"霸王"行动能按计划进行。

是斯大林提出了谁来担任司令的问题。当罗斯福告诉他这个问题还悬而未决的时候,这位苏联领导人提出,虽然他并不指望能参与决策,但是,应该要指定一个人,这个人应该很快被指定,而且他应该具有完整的权力。尽管他没有指明,但他言下之意无非是,除非英美指定一位指挥官,否则不能把他们承诺的即将来临的进攻太当真。

也许这促使了罗斯福最终拿定主意。他直到此时依然犹豫不决,部分是因为他的执政风格就是拖延。不过,除此之外,尽管出于某种私心想将马歇尔留在华盛顿,但他并不想剥夺马歇尔在历史中的地位。作为曾经的历史专业的学生,总统深知,在幕后操纵的将军,很少能够赢得成功指挥行动的指挥官所能得到的公众声望。为了摆脱左右为难的困境,他说服自己,这场战争与众不同,即使没有战场指挥的经历,未来的历史学家们不应该,也不能够忽略马歇尔的卓越贡献。这就意味着马歇尔能够留在华盛顿——这个缺不得他的地方,同时也依然能够在史书中占有一席之地。

作出决定之后,罗斯福立即开始行动。从德黑兰会议返回之后,总统在前往西西里去颁发奖章之前,在开罗召见了艾森豪威尔。两人在机场坐在总统汽车的后座上,罗斯福对艾森豪威尔说,"呃,艾克,你来指挥'霸王'行动吧"。

第八章

SHAEF 和 ANCXF

艾森豪威尔在那年的最后一天离开北非飞回美国。他先和妻子在西弗吉尼亚的绿蔷薇度假村（当时被用作军方疗养院）休息了几天,然后匆匆去看望了在西点军校当学生的儿子,又到堪萨斯州去看望了母亲。随后,艾克前往华盛顿,去和马歇尔商量他的新指挥工作。他计划之后返回非洲,去和共事一年多的"快乐的大家庭"道别,但马歇尔却劝他直接飞往英格兰。1月15日,他飞往亚速尔群岛,然后到达格拉斯哥附近的普雷斯特维克(Prestwick Airport)机场,从那儿登上一列火车前往伦敦,于1月17日抵达。从此之后,"考萨克"不复存在,取而代之的是一个新的缩写:SHAEF,它代表"盟国远征军最高司令部"(Supreme Headquarters, Allied Expeditionary Force)。

此时此刻,组成"海王-霸王"行动指挥分队的很多人员已经到位。艾森豪威尔曾向马歇尔承诺,他将"尽量不打乱现有的机构"。然而,问题在于,在最近六个月负责"霸王"行动策划、对于问题和情况比任何人都清楚、如今已经是中将的摩根该怎么办。摩根一开始就知道,他最终会让位于一位更高的领导,但他以为自己会继续担任副总司令,或者也可能是总参谋长。然而,艾森豪威尔却选择了一位英国空军中将亚瑟·特德爵士(Sir Arthur Tedder)担任他的副总司令。艾森豪威尔相信,空军和陆军在进攻当中的配合十分关键,而且在地中海期间,他与相貌英俊、叼着烟斗的特德有着密切而友善的合作。艾森豪威尔同时还从北非调来了他自己的参谋长——粗暴无礼但却高效的沃尔特·比德尔·史密斯(Walter Bedell Smith)少将,艾克(和其他人)称他为"比特尔"。艾森豪威尔试图让摩根安心地卸任,称赞他和他的"考萨克"团队"工作出色",向他保证布鲁克"有重要的工作等待着你"。然而,事实却并非如此,摩根留下来担任史密斯的副手,和另外两位三星将领汉弗莱·盖尔爵士(Sir Humphrey Gale)和詹姆斯·罗伯(James Robb)一起负责参谋工作。值得称赞的是,他对于艾森豪威尔和布鲁克都没有丝毫怨恨,继续开开心心地热情工作,不过,他曾嘲弄地告诉一位同事,他知道为什么自己留在参谋部："如果出了什么岔子，他们希望正好我在这里承担罪责。"

　　SHAEF 指挥分队的其他人基本得到保留。由于"海王-霸王"行动的总司令是一位美国人，因此，进攻中的陆、海、空三路都由英国人担任直接指挥。丘吉尔亲自选定了地面部队的指挥。尽管艾森豪威尔偏爱哈罗德·亚历山大爵士（Sir Harold Alexander），但首相却选择了陆军元帅（Field Marshal）伯纳德·劳·蒙哥马利（Bernard Law Montgomery）担任由美、英、加三国部队组成的第 21 集团军群（the 21ˢᵗ Army Group）的总指挥。1944 年蒙哥马利 56 岁（比艾森豪威尔大 3 岁），他于 1942 年阿拉曼大捷之后在英国成为知名人物，并因此为自己赢得了骑士封号。尽管他在那场战役中谈不上极为出色，只能说是能够胜任，但他作为民族英雄的地位显然冲昏了他的头脑，因为他散发着一种自以为是的自信，让很多人，包括特德在内，都觉得尴尬，甚至不悦。乔治·巴顿（挑剔了很多人）认为他是"能力平庸的小人物，认为自己是拿破仑——他才不是"。甚至与人人都能相处的艾森豪威尔，也发现与蒙哥马利难以共事。他向布鲁克坦承，拿蒙哥马利没有办法。在某些方面，蒙哥马利就是欧洲战争中的道格拉斯·麦克阿瑟——一位具备明显的军事才能，却被放纵的自我、傲慢的举止和洋洋自得的倾向所害的人。他对美国人也不屑一顾，认为他们头脑发热多于理智，认为他们在意大利的战役中搞得"一团糟"。因此他很高兴把意大利抛在脑后，飞回伦敦为战争的决定性打击作准备。

　　"霸王"行动空中部队指挥权落在空军中将特拉福德·利-马洛里（Sir Trafford Leigh-Mallory）身上，他是一位前战斗机飞行员，朋友们都叫他"L-M"。利-马洛里很快就被艾克的副手，轰炸机驾驶员特德夺去了光芒，而且，SHAEF 的高层指挥有太多的空军军官，对于进攻期间如何利用空中资源几乎是立刻就爆发了争吵。在华盛顿的联合参谋长委员会建议，"霸王"行动中战术空军的安排应交由他们负责。艾森豪威尔予以拒绝，他成功地辩称，进攻海滩上方空军的掌控，必须落在进攻总司令的手中——也就是说，他自己的手中。另一场战斗是关于战术轰炸的争夺。以"轰炸机哈里斯"著称的英国空军中将亚瑟·哈里斯爵士（Sir Arthur Harris），和美国空军中将安德鲁·"图伊"·斯帕茨（Andrew "Tooey" Spaatz）均相信，如果进行不间断的空中打击，德国在轰炸下会屈服投降，因此他们不愿意轰炸机从任务中撤回来支持进攻。艾森豪威尔同样也赢得了这场战斗。即使如此，斯帕茨和其他人也主张轰炸机实施"石油战略"，瞄准油井和炼油厂，而不是艾克所希望的为隔离进攻海滩而针对铁路和桥梁实施的"交通战略"。最后,争论落在哪支空军支援哪个海滩上。有些人认为美国飞机应该掩护美军进攻的海滩,而英国飞机应该掩护英军进攻的海滩。艾森豪威尔对此立即予以否定,如同一开始那样,他坚持强调共同的努力。最终,艾森豪威尔在争论中大获全胜,着重依靠特德和利-马洛里进行实施。

当然,"海王-霸王"行动从根本上是水陆两栖行动,因此指定一名海军总指挥就十分关键。被委派负责"盟国远征军海军总指挥"(Allied Naval Com-mander,Expeditionary Force)(缩写为复杂的"ANCXF")工作的,是海军上将(Admiral)伯特伦·霍姆·拉姆齐爵士(Sir Bertram Home Ramsay)——朋友们称他为"伯蒂"(Bertie)。1月20日年满61岁的拉姆齐,是SHAEF指挥官中最年长者,而且其貌不扬:中等身材,一张扁平的圆脸,稀疏的头发,不过却乌黑得惊人。他的父亲和哥哥都是英国将军,他于1898年15岁之时加入了皇家海军,经初步训练之后登上了"不列颠尼亚"号(HMS Britannia)。这是一艘三层甲板的老型号战列舰,和拿破仑时代的那些战列舰差不多,1905年之前供英国海军培训学员用。

和艾森豪威尔一样,拉姆齐军旅生涯中的大部分时间是在担任参谋军官,为高级军官工作。他担任过大西洋舰队和地中海舰队指挥官们的副官,还曾在乘巡洋战舰"新西兰"号(HMS New Zealand)环球巡航期间,担任海军上将约翰·杰利科爵士(Sir John Jellicoe)的参谋。他工作责任感强,个人要求高,在这一点上对别人和对自己都一视同仁。他在日记中写道,"我的缺点在于,对于以过时而落后的方式做事情,我无法坐视不管"。曾有人说过,这种"态度的缺点"有时候会给他带来麻烦。实际上,1930年代他几乎因此断送了自己的职业生涯。时为海军少将(rear admiral)的拉姆齐在担任海军上将罗杰·巴克豪斯爵士(Sir Roger Backhouse)的总参谋长仅四个月后就提出辞职,因为他认为巴克豪斯坚持一切参谋工作都要亲自去做。他们友好地分道扬镳,巴克豪斯对他没有任何怨恨,但拉姆齐在如此高位上主动辞职,无疑给他的事业投下了阴影,随后的四年中他没有担任任何职务,1938年10月他的名字被列入退休名单后,这种状态已成定局。拉姆齐很享受自己的空闲,中年时娶了一位继承了一笔遗产的女性为妻,当上了有身份的农场主,过上了舒适的生活。

有意思的是,1938年秋天慕尼黑危机期间,是已经成为第一海务大臣的巴克豪斯把拉姆齐从考文垂请了出来,任命他在多佛尔担任港务司令。拉姆齐在这个位置上干了两年之后,德国人冲破了盟军在低地的防线,英国远征军撤退到敦刻尔克附近的海滩上。拉姆齐作为熟悉情况的人,正是在他的精心安排下,

338 000 人从敦刻尔克海滩成功撤退,其中包括将近 140 000 名法国、波兰和比利时的士兵。这几乎是个奇迹,同时也成就了他。1942 年,拉姆齐荣升为海军上将,并被任命为远征军指挥官,负责"总体指挥参与大规模登陆行动的所有海军"。在这个职位上,他在"火炬"行动和地中海的"哈斯基"行动中都扮演了关键角色。

1943 年 10 月,拉姆齐接到指挥"海王"行动中海军的任命,此时距离艾森豪威尔担任最高统帅还有整整六周。当艾森豪威尔 1944 年 1 月到达诺福克之家时,他已经到位。他和艾森豪威尔相处甚欢,认为他是一个"明智的家伙",同时也和他的英国同僚们相处极好。他是极少数能够称蒙哥马利为"蒙蒂"(Monty)而不受非难的人,他认为特德"既聪明又有同情心"。

实际上,"海王-霸王"行动中所有的英国指挥官都相处得极好,按照蒙哥马利的说法,他们组成了"一个快乐的团体"。拉姆齐实际上和蒙哥马利住在一起,因为他们都借住在当时被军方征用的圣保罗学校(St. Paul's School)内。这样他们就能够交换意见,建立起一种军种之间的团队合作感。当然,蒙哥马利总是认为自己是团队的领导,拉姆齐有时会主动提醒蒙蒂他并不是老大。1 月 12 日,蒙哥马利计划在艾森豪威尔到达之前,先于圣保罗学校召开一次会议,会议室内的桌子摆成 U 字形,上面摆放了各个与会者的身份标牌。拉姆齐和利-马洛里的标牌为"海军总指挥"和"空军总指挥",而其他人的标牌为"美国陆军"、"美国空军"等。而在主席台上的蒙哥马利的标牌,则简单地写着"总指挥"。拉姆齐到达略早,他察看了一下布置,转身对利-马洛里说,"我说,L-M,这是什么?这里设了三个红色的总指挥"。在蒙哥马利到达之前,他们调整了标牌和座椅,以便他们三人能并肩坐在主席台上。蒙哥马利当时并没说什么,但后来拉姆齐就此和他对质时,他坚称桌子的安排并不是他干的,并对任何怠慢之处表示抱歉。

几乎从一开始,"总指挥"们就普遍认为,摩根为"霸王"行动精心设计的计划根本行不通。摩根将他所有的计划建立在由三个加强师组成最初突击部队的基础上,并不是他相信三个师就足够,而是联合参谋长们告诉他海上补给仅够支撑三个师,摩根因此作出了相应的计划。如今进攻已经不再是一个模糊的雄心,每个人都觉得三个师作为突击部队远远不够。盟军就连在西西里登陆都部署了七个师。在得知自己被任命为"霸王"行动总司令之前,艾森豪威尔就曾推断,进攻

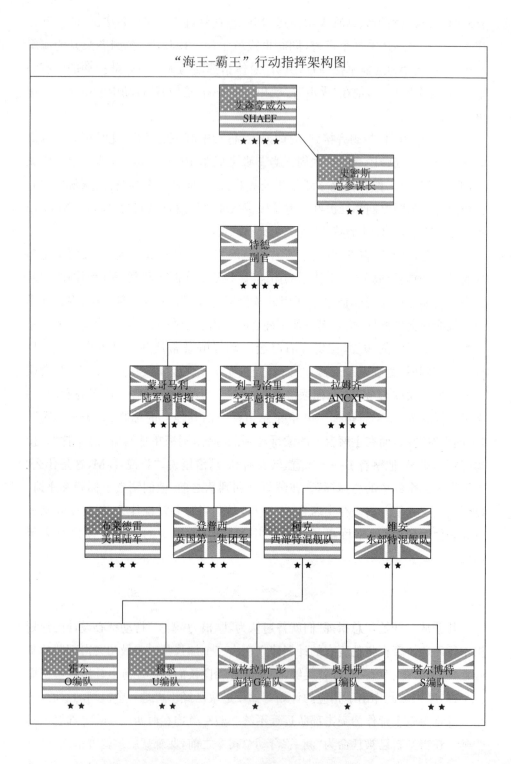

法国的"战线太窄,而且地面部队也不够"。除夕之夜离开美国之前,他派人去找正准备飞往伦敦的蒙哥马利,叫他尽量"增加'霸王'行动中的军队数量"。

艾森豪威尔1月中旬到达伦敦时,他的三位总指挥都一致认为,最初的进攻部队应该从三个师增加到五个师。由于还有必要增加两个新的登陆海滩,因此进攻战线的长度实际上增加了一倍,如今从西部的科唐坦半岛延伸到了东部的奥恩河(Orne River),长度接近50英里。五个加强师发动首次袭击,当天下午再由两个师紧随其后。蒙哥马利在回忆录中邀功说是他坚持增加投入,而实际上最初的主意来自艾森豪威尔。蒙哥马利的主要贡献,在于提出另增加三个师的伞兵在海滩后方进行空降——军事术语称为"垂直包围"——两个师放在科唐坦半岛最西端的海滩上,另一个师放在塞纳河湾最东端的卡昂(Caen)附近。这样一来,登陆日的首次突击总共就增加到十个盟军师。当然,问题还是在于海上补给。对于所有的海军需要,摩根都是以三个师为基础来进行计算的,"考萨克"计划中详细列出的登陆舰、登陆艇、护航船只和炮火支援船只的数量,完全不能满足五个师发动袭击的需要。

不过,有一个较为容易的现成解决办法。在魁北克会议上确定的整个"海王-霸王"计划,曾包括盟军在法国南部进行的牵制性的登陆行动。在德黑兰会议上,斯大林对这一牵制行动表示热烈支持,他相信因此会迫使德国人面对两个方向的威胁,并使得诺曼底的"铁锤"能够痛击南方这个"铁砧"。因此,最初的牵制行动扩展到两个师的袭击,代号为"铁砧"。美国人当初提出这一牵制行动的构想,是为了阻止丘吉尔更多的、走得更远的地中海冒险的野心,而斯大林的支持,使其成为战略计划不可分割的一部分。困难在于,"铁砧"行动使德国人在法国面对潜在的两面作战时,也迫使盟军必须同时在两处实施登陆,而这就意味着需要更多的登陆艇和更多的支援船只,包括必不可少的坦克登陆舰。SHAEF确定在诺曼底首次突袭需要五个师之后,解决"海王"行动登陆艇缺乏的方法,显然就是取消"铁砧"行动,将必要的海军力量从地中海转移到英格兰。艾森豪威尔手下所有英国指挥官,包括他自己的总参谋长比特尔·史密斯都觉得,这是一个令人信服,甚至是显而易见的解决办法。

艾森豪威尔并不情愿这样做,在某种程度上,他的反对是出于自己分析的结果。他相信"铁砧"行动能够极大地帮助"霸王"行动,迫使德国人分散他们的军事力量,同时他也意识到,在法国南部拥有几个海港,对于地面战役打响之后向境内输送补给是多么的重要。他还敏感地察觉其中的政治意蕴。斯大林曾明确表示,他认为"霸王"和"铁砧"是不可分割的行动。取消任何一个行动,都将会给同盟国关系带来负面影响。除此之外,艾森豪威尔捍卫"铁砧"计划还有个原因是他知道马歇尔支持它,他不愿意与他的导师作对。因此,在以 SHAEF 的名义向联合参谋长委员会递交的第一份报告中,艾森豪威尔并没有主张取消"铁砧"计划,而是询问能否得到更多的海上补给,以便两项行动都能进行。

拉姆齐深感失望。他认为艾森豪威尔渴望实施"海王"和"铁砧"两项行动,是不愿意面对现实的表现。尽管拉姆齐之前曾写信给妻子说,艾森豪威尔是个"明智的家伙",但此时他在日记中透露,"艾克优柔寡断,想鱼与熊掌兼得"。以拉姆齐看来,除了取消"铁砧"行动,将需要的海上补给船只从地中海转移到英格兰之外,没有别的选择。与其将有限的船只分别用于两处进攻而将两项行动都置于危险的境地,还不如确保其中一项行动的成功为好,而那项行动,显然应该是"海王"。于拉姆齐而言,解决办法是不言而喻且无法避免的:"'铁砧'行动必须取消。"

英美之间这一新的分歧,反映出英国人和美国人在后勤与战略之间的关系上的不同观点。对于英国人而言,行动的计划必须适应后勤局限性的现实,这是不言而喻的。他们的观点是,如果船只不够用于两处登陆,那么就只能在一处登陆。而习惯了物资更加丰富的美国人的看法是,如果船只不够用于两处登陆,显而易见的解决办法就是弄到更多的船只。

正是为了办到这一点,艾森豪威尔给华盛顿的联合参谋长委员会发去了一份冗长的电报,详细说明了 5 个师进攻诺曼底所需的海上补给。具体而言,他另需 271 艘登陆艇,包括 47 艘稀缺的坦克登陆舰。这还不是全部,为了护送这些登陆舰和登陆艇安全横渡英吉利海峡并为登陆提供支援,艾克还另想要 36 艘驱逐舰、5 艘巡洋舰,以及一两艘战列舰。将扩大的跨海峡行动所需的所有海军装备加在一起,新的计划要求的军舰超过 1 200 艘,登陆艇超过 4 000 艘,其他船只1 500 艘——如果包括小型的希金斯艇和英国的突击登陆艇(LCA),船只的总数接近 7 000 艘。艾森豪威尔承认,很快获得所有的资源可能会比较困难,他表示如有必要,愿意将进攻推迟一个月,"而不是……在较早的日期以缩减的军队来冒失败的危险",他写道,"如果我能得到保证获得所需的军事力量,我愿意将时间推迟一个月"。在这份冗长的电文的末尾,他请求"即刻决定"。

他没有得到即刻的决定。他的备忘录到达华盛顿之后,在联合参谋长委员会内部引发了又一次长时间的争论,这次争论不仅涉及"霸王"对"铁砧"的问题,同时还涉及欧洲战场对太平洋战场的问题。就在那个月,美国海军在马绍尔群岛的夸贾林环礁、马朱罗(Majuro)和埃尼威托克岛(Eniwetok)发动攻势,这些行动同样需要大量的登陆艇。金怀疑联合参谋长委员会将太平洋视为"霸王"行动的某种资源库,他提醒联合参谋长委员会,最初的"海王"计划要求英国为进攻欧洲提供海军支援。因此,艾森豪威尔没有得到立即的答复是还是否,而是得到一份从美国的参谋长联席委员会,而不是联合参谋长委员会发来的奇怪回复。它既没有批准也没有拒绝,而是一张问题表,隐隐表露出对艾森豪威尔数据的怀疑。参谋长联席委员会特别想知道"算出所需的额外资源你所使用的基数。"他本来有多少登陆艇?它们的容量如何?需要更多战舰的理由是什么?实际上,参谋长联席委员会想让艾森豪威尔进行计算并给出他的工作结果。这位盟军最高司令也许会为这种挑战性的回答而感到生气——蒙哥马利和拉姆齐肯定会。不过,由于性格使然,艾森豪威尔耐心回答了所有的问题,但他重申他需要尽快的答复,因为在得知能否得到所需的海上补给之前,他无法制定任何有意义的计划。"所有计划和训练的考虑都取决于这个答复",他写道。

在艾森豪威尔逐项的详细回答中,他列出了他已有的船只数量,并附上它们的功能和容量,让数字自己说话。算上在英格兰可以使用的坦克登陆舰(173艘),加上每月新增25艘(参谋长联席委员会提供给他的数据),到登陆日他会得到248艘坦克登陆舰。由于其中一些会用来作为指挥舰和歼击机指挥舰,因此剩下的差不多是230艘,正好是摩根计算的三个师的进攻所需要的数量,但是对于五个师的进攻显然是不够的。"我们已经仔细研究过此事",艾森豪威尔写道,"据我们所知,每一艘能用的登陆艇都分配给了'霸王'行动",但还是不够。

收到艾森豪威尔的详细电文后,参谋长联席委员会同意将登陆日从5月1日推迟到5月31日,以便积累足够的盟军海上补给。他们还同意保留"铁砧"登陆行动。但如果要实施这项行动,比起艾森豪威尔要求的数量,坦克登陆舰要短缺48艘,步兵登陆艇(L)要短缺51艘,他不得不设法应付这样的局面。一些短缺的数量可以通过增加运输船和美国武装货船(American attack cargo ship)(KAK)来进行弥补,但安全系数却被减少到接近于零。艾森豪威尔对美国的生产能力有把握,他写给马歇尔说,"多一个月的时间生产登陆艇,包括坦克登陆舰,会有很大帮助"。但拉姆齐的想法却大相径庭。他认为继续进行"铁砧"行动的决定"极端不可思议"。即使多一个月建造更多的船只,他相信,对于"海王"行动所必需的海上补给,"没有'铁砧'的补给是不够的。"

艾森豪威尔对于"铁砧"行动的所有希望,都建立在意大利战役能够迅速成功地画个句号、地中海的舰船能够用在"海王"和"铁砧"行动的基础上。但是从1月进入了2月,在安齐奥的盟军依然被困在不稳定的滩头阵地,由艾森豪威尔正想要、正需要的登陆舰艇维持着给养。2月5日,英国总参谋长坚称,意大利的僵局使得"铁砧"行动"既不可能也不可取,"并催促在地中海维持安齐奥滩头阵地不需要的登陆艇立即返回英格兰,准备参加"霸王"行动。在不到一年以前,英国人还竭力争取扩大地中海行动,而美国人坚持将跨海峡攻势放在首位。如今却反了过来。

艾森豪威尔继续捍卫"铁砧"行动,不过私下里他开始失去信心。"好像'铁砧'命运已经注定似的",他在日记的备忘中写道,"我恨这一点"。尽管是意大利战事的停滞不前加重了危机,但以他看来,真正的罪魁祸首却是太平洋战争。这场战争"对我们有限的登陆艇资源消耗太多",他写道。尽管最初的战略决策是首先对付德国人——对此各方均签署了协议,但"我们同时在进行两场战争——这是错误的"。

几个月来,好几个地区都在为匮乏的登陆艇,特别是坦克登陆舰而争吵不休。夹在中间的艾伦·布鲁克在日记中写道,坦克登陆舰的分配,就像"可怕的拼图问题,很难将所有的方块拼好"。实际上,它更像一个滑块拼图:船只从一个战场转移到另一个战场,就会在某个地方留下一块空隙。艾森豪威尔提议,将20艘坦克登陆舰和21艘步兵登陆艇从地中海调回,换以装备了吊艇柱用于水陆两栖行动的武装货船。参谋长联席委员会提出了不同的解决办法:将地中海的26艘坦克登陆舰派到英国参与"霸王"行动,换以美国原计划派往太平洋的26艘新的坦克登陆舰。盟军意大利总司令"大块头"亨利·威尔逊(Sir Henry "Jumbo" Wilson)爵士觉得奇怪,为什么美国的新坦克登陆舰不能直接派到英国,这样他就能够保留自己手上的26艘登陆舰。他得到的回答是,新的坦克登陆舰在五月底或者六月初才能备好,对于"霸王"行动显然太迟了。但对于威尔逊而言,同样也太迟了,因为这样就意味着在将近三个月的时间里,他手里一艘坦克登陆舰都没有。布鲁克和英国参谋长委员会坚持认为,实施"铁砧"计划的试图,会剥夺威尔逊的作战储备,危及整个意大利的战役。而美国人对这样的前景却并不感到特别担心,因为他们完全愿意停止意大利的战役,以换取在法国南部开辟新的战场。而英国人,特别是布鲁克,不是将其视为一种理性的选择,反而认为是美国人蠢笨的表现。情人节那天,艾森豪威尔给马歇尔写信说,"坦克登陆舰似乎是登陆舰问题中最大的问题,现在看来显然没有真正满意的答案"。

在整个过程当中,丘吉尔把水越搅越浑,他的行为甚至比平时更加反常。德黑兰会议之后,首相病倒了,飞回英国之前,他在马拉喀什(Marrakech)呆了整整一个月以恢复体力。1月中旬回到英国之后,他的行为还是反复无常。他好像难以跟上别人的讨论,为一些离题的问题纠缠不休,比如在苏门答腊岛实施登陆的他的老生常谈。为了把他的注意力集中在手头的问题上,布鲁克几乎按捺不住怒火。"我简直无法让他面对真正的现实"! 布鲁克灰心丧气地写道,"情况真是糟糕"。

与此同时,随着二月结束三月到来,"铁砧"行动依然没有得到落实。拉姆齐觉得"持续的推迟……让人(非)常不满意,"他在日记中写道,"参谋长们的这场斗争,让每个人都精疲力竭"。人们的脾气变得越来越急躁。美国又发来了一份电报,参谋长联席委员会确定了他们对"铁砧"行动的支持,布鲁克深感无可奈何。"马歇尔简直不可救药",他在日记中写道。"我很少看到比他更拙劣的战略家! 他简直是鼠目寸光。"依照布鲁克的观点,艾克也好不了多少。"艾森豪威尔绝对没有战略远见,真的完全不适合他担任的职务",布鲁克写道,不过,他也不得不承认,"但他为同盟国之间良好合作付出的努力,(对此)作出了弥补"。

时至三月份,艾森豪威尔还在犹豫不决。虽然他很想支持马歇尔,但他认为坚持"铁砧"行动不仅后勤没有把握,而且会给同盟国关系造成破坏。再者,他还根本无法把数字凑起来。如果算上手头的每一艘坦克登陆舰,将"可用性"的比率从85%提高到不现实的95%,然后再加上目前还在生产线上的所有船只,到了登陆日那一天,他还是短缺15艘坦克登陆舰。此外,在战争期间出航的所有危险因素,还会带来不可避免的损失。到三月份,已经有好几艘坦克登陆舰在训练中被德国潜艇击沉;还有一艘(LST-228)在亚速尔群岛的主要港口奥尔塔(Horta)因锚链断裂而撞上礁石。这类在任何时候都令人痛惜的损失,在此时此刻更加让人忧心忡忡。3月20日,艾森豪威尔终于放弃。他不情愿地向马歇尔坦承,如果不将"到目前为止预留给'铁砧'行动的登陆艇"利用起来,"海王-霸王"行动就无法实施。为了以特别生动的方式把问题讲清楚,他告诉马歇尔,如果没有地中海的船只,诺曼底登陆的海上补给只够"开始的三次潮汐"。在那之后,"从登陆日的第二天早上到第四天早上,我们都不会再有坦克登陆舰到达海滩"。尽管有较小的登陆艇可用,但登陆的盟军如果没有可用的坦克登陆舰进行主要的增援,或者在有必要的情况下协助撤退,他们实际上就会整整三天被困在诺曼底海滩上。地中海增补的26艘坦克登陆舰和40艘步兵登陆艇(L)将会带给艾森豪威尔和拉姆齐"一些安全系数和突击中的灵活性"。

最终,"铁砧"行动的解决办法和"霸王"一样:推迟。为了留出时间建造更多的登陆艇,"霸王"行动已经推迟了一个月。如今"铁砧"行动被推迟到仲夏,以便所有或者大部分地中海的海上补给能够被用在"霸王"行动中,然后再重新调回地中海参与将来的"铁砧"行动。当然,这就意味着不会再有双重夹击,但看来也别无他法。

布鲁克如释重负("终于!"他在日记中写道),但他却无法原谅。他依然保持着对美国人的愤怒，特别是对于马歇尔，因为他们试图利用危机进行操纵。依他看来，美国人提议为地中海提供 26 艘新的坦克登陆舰，是为了"要挟我们和他们达成一致"。"铁砧"行动推迟之后，美国人撤回了提议，将坦克登陆舰按原计划派到了太平洋。"历史永远不会原谅他们"，布鲁克写道，"以装备来和战略做交易"。布鲁克的怨恨也许是因和丘吉尔的不断争吵而加剧，因为他对于马歇尔的评价非常不公平。马歇尔对"铁砧"行动的支持是真诚的，他放弃它也是真正遗憾的，至少他接受了后勤有时会胜过战略这个事实。对待"铁砧"行动被推迟的消息，拉姆齐的反应克制而发自内心："谢天谢地。"

问题最终得到了解决，但此时已是 1944 年 4 月 19 日，从艾森豪威尔到达伦敦担任最高司令一职算起，时间已经过了三个月零两天。即使是算上推迟诺曼底登陆而多出来的四周，登陆日距此时也仅有六周之遥。

当然，在这三个月里，同盟国也没有完全闲着。从一月份起，到达英国港口的美国士兵超过了 40 万人——4 月份一个月就有 20 万。更多的船只也在抵达，一些是船体上背负着坦克登陆艇的坦克登陆舰。所有的船只都塞满了从豆子到子弹等各种补给品。随着这些船只到达的还有 22 000 多名海军军官和水兵，他们大部分被安排到岸上，其中 8 000 人在普利茅斯，3 000 人在法尔茅斯，2 000 人在达特茅斯。训练，特别是联合训练，在不断加强。当艾森豪威尔在担心大战略和"铁砧"行动的可行性时，他的三位总指挥——蒙哥马利、利-马洛里和拉姆齐——监督着为他们军队的大进攻做准备的各个程序，而他们不同的风格也造成了方法的大相径庭。

作为集团军群的总指挥，蒙哥马利监管着两支军队：由相貌平平但受人爱戴的奥马尔·布莱德雷（Omar Bradley）将军指挥的美国第 1 集团军，由又高又瘦的迈尔斯·登普西（Miles Dempsey）将军指挥的英国第 2 集团军（其中包括加拿大第 3 师）。他们指挥下的各个分队遍布在英格兰上百座兵营里，蒙哥马利大部分时间都花在在全国各地探访他们的路上，有时候一天要探访两三座兵营。他乘坐的是一列专列火车（他称为"轻剑"［Rapier］），有节制的蒙哥马利不允许在上面喝酒抽烟①。在每一站，当地的指挥官都会举行一次阅兵仪式，以便对军队

---

① 蒙哥马利不能容忍抽烟，他和艾森豪威尔共事时因此而导致了很多尴尬的时刻。在一次早会中，艾克点燃了一支骆驼牌香烟，蒙蒂抬起头来责怪地问："谁在抽烟？"艾森豪威尔赶紧将烟灭掉。为了盟国的和谐，艾克再也没有这样做过，但他对此一直耿耿于怀。

进行检阅。蒙哥马利确信自己有必要见到这些军队,而更重要的是要让他们见到他。他曾经告诉乔治六世,单是他的贝雷帽就值得上三个师,因为战士们看到它在战场上经过,都会大喊,"蒙蒂来了!"并且变得坚不可摧。在这些阅兵仪式之后,蒙哥马利基本上都会亲自去和士兵们互动。他常常要求他们"稍息",然后在他们中间来回走动,同他们握手、聊天。在较大的场合中,他会示意他们解散队列,挤到检阅台前来进行随意的交谈。如果没有检阅台,他会爬到吉普车顶上,向士兵们挥手,叫他们聚集过来。他的行为是基于他所说的"勇敢的心"与战术训练同等重要的信念。他借用拿破仑的话,声称"起作用的是'人',而不仅仅是机器"。他的意思是,战争的胜利不仅在于技术或装备的优势,也在于个人的勇气。听到他一席话的人,很少会去怀疑所谓的"人"指的是谁。有意思的是,蒙哥马利在2月份花了差不多一个月的时间端坐不动,让人给他画一幅正规的油画肖像。

在基本上探访完岛上所有的陆军基地之后,蒙哥马利开始到工厂和工作中心去发表演讲。他告诉他的听众,"我们同属于一支伟大的军队",并且"我们必须齐心协力完成任务,结束这场战争"。他走到哪里都受到热烈欢迎,这也得益于他业已良好的自我形象。但也有人搞不清楚他是在准备军事行动,还是在竞选公职。在战后的回忆录中,他写道,"人们似乎认为我有取得胜利的神奇处方,认为我是被派来带领他们走向更美好事物的"。他肯定也是深以为然的。对于蒙哥马利不把注意力放在真实训练的迫切需要上,丘吉尔和艾森豪威尔都深感担忧,而拉姆齐对他长时间的缺席也尤其感到失望。"军事行动的技巧他所知甚少",拉姆齐在日记中写道。他担心的是,蒙哥马利不是自己作出指挥决策,而是将几乎所有的事情都留给他的参谋。"他根本不工作",拉姆齐反感地写道。

拉姆齐在朴茨茅斯内陆处几英里远的索思威克庄园(Southwick House)成立了自己的指挥部。这里是一处巨大而令人瞩目的正面有柱廊的庄园宅邸,皇家海军将其征用,以代替在朴茨茅斯被炸毁的航海学院。因为这个原因,它被称为"德律阿德斯"号(HMS Dryad),尽管它从未出过海。曾经雅致的私家庄园,如今庭院已经被无处不在的活动营房破坏殆尽。主楼的一面墙上挂着一幅巨大的英吉利海峡的地图,上面显示着英格兰南部有盟军集结的所有港口,以及在诺曼底的目标海滩。地图上有可以移动的木船小图标,以显示目前的和预计的盟军船只的方位。

搬入索思威克庄园之后,拉姆齐的第一个决定是要求将海军上将菲利普·维安(Sir Philip Vian)任命为他的副总指挥。这是几种理由导致的自然而然的选择,当然不排除拉姆齐和维安本来就是好友。拉姆齐新年假期是在位于汉普郡的维安的家中度过的,他们在一起打高尔夫球——尽管天气并不好,晚上和维安的孩子们一起玩扑克牌。除了私人友谊之外,维安能够成为自然而然的选择的另一个原因,是他和蒙哥马利一样,在某种程度上是英国一位民族英雄。在战争的初期,他曾追击一艘德国的补给船"阿尔特马克"号(Altmark),进入当时中立的挪威海域,营救出船上被俘的 300 名英国商船船员。后来他因这一行为被授予金十字英勇勋章(Distinguished Service Order)(DSO)。两年之后在地中海,维安经历了一系列殊死战斗,保卫船队从埃及杀开一条血路到达西西里南部被围困的马耳他岛,他又因此而赢得了骑士封号①。

在登陆西西里的"哈斯基"行动和在萨勒诺附近的"雪崩"(Avalanche)登陆行动中,维安还曾经指挥过"V 编队",当时他和拉姆齐有过紧密合作。在这之后,丘吉尔决定任命他为水陆两栖部队的负责人,接任路易斯·蒙巴顿的职务。然而,1943 年当维安到海军部报到的时候,得知拉姆齐要求他担任跨海峡进攻的副总指挥,这让维安陷入了一种尴尬的境地。于他而言,比起担任水陆两栖行动的行政管理负责人,担任"海王"行动的第二指挥是远远令人更心仪的职位。因此,当丘吉尔邀请他共进晚餐的时候,他感到担心,如果首相让他接替蒙巴顿的工作,他不知道该怎样说。和往常一样,在契克斯的晚餐开始得很晚,宾客们直到夜里 11 点才坐下吃饭,聚会到凌晨 2 点半才结束,之后并没有提出任何工作安排,维安以为他已经摆脱了困境。然而,晚餐显然只是个面试,因为丘吉尔第二天早上 8 点派人把他叫来,在床上见了他,提出了预料之中的工作安排。维安艰难地开口告诉首相,他更愿意和拉姆齐一起工作,"那是行动和打仗。"丘吉尔并没有强求。也许他为一位皇家海军的老战士更喜欢带兵打仗而不是行政工作而感到欣慰,或许他还希望自己也能够有这样的机会。

在跨海峡行动从三个师扩大了五个师之后,登陆的海滩也变成了五处,单个的海军特混舰队不足以掩护那么多地方。因此,维安在拉姆齐手下的职责,被重新定位,拉姆齐的指挥部一分为二:西部特混舰队负责两处美军登陆海滩(最初的代号为"双簧管"[Oboe]和"大叔"[Uncle]),东部特混舰队负责两处英军登陆海滩("宝剑"[Sword]和"黄金"[Gold]),以及一处加拿大军登陆海滩("朱诺"[Juno])。在新的安排中,看来由维安担任东部(英军)特混舰队的指挥是符合逻

---

① 熟悉 C.S.福雷斯特(C.S.Forester)经典小说《战舰》(The Ship)的海军文学题材爱好者们也许知道,这部作品就是以 1942 年 3 月 22 日发生的第二次苏尔特(Sirte)之战为基础创作的。在这场战役中,维安击退了占据优势的意大利地面部队和德国空军的数次进攻。

辑的,对这样的机会他也欣然接受。因此他没有担任整个行动的第二指挥,而是成为整个行动其中一半的第一指挥。

新的任务对于维安似乎应是十拿九稳的事情,因为他是一位实战的海军将领,具有令人羡慕的战争履历。然而说来也奇怪,管理处于不同指挥下的各个分队并不是他的长项。虽然在抗击意大利战舰时勇猛顽强,但他管理一支由几百艘机械化部队登陆艇、坦克登陆艇和坦克登陆舰,以及扫雷艇、驱逐舰和巡洋舰组成的军队时,却显得不那么自如。他常常把他自己能够处理的问题上报给拉姆齐的办公室,很快拉姆齐的参谋就开始埋怨。3月3日与维安长谈了一次之后,拉姆齐在他的日记中写道,他的东部特混舰队的指挥"有点无能得让我吃惊"。"事实上",他写道,"我感觉除了我自己的工作,我还在安排他那部分的工作"。

而对于被任命为西部(美军)特混舰队指挥官的海军少将艾伦·G.柯克(Alan G.Kirk),情况却显然不一样。拉姆齐与柯克,跟与维安一样,也有着友好的关系,他们的友谊始于两年以前,当时拉姆齐在多佛尔任职,柯克是美国海军专员。他们同样也成为定期打高尔夫的球友,互称"艾伦"和"伯蒂"。柯克和维安一样,在西西里登陆行动中扮演着活跃的角色,在那以后,在海军上将金的要求下,他飞往太平洋,去与切斯特·尼米兹的参谋部成员们讨论水陆两栖行动。不过,他于1943年秋天回到英格兰,被任命为拉姆齐的参谋。返回之后,柯克找人去请拉姆齐共进午餐。拉姆齐冷淡的拒绝让他觉得自己犯了一个错误。自他们一起打高尔夫球的日子以来,拉姆齐荣升了两颗星,如今级别已经比柯克高了许多。为了弥补过失,柯克连忙赶往拉姆齐的司令部正式向他报到。

正如维安以为自己会成为拉姆齐的副官一样,柯克起初也以为自己会成为拉姆齐的总参谋长。但随着拉姆齐的指挥部一分为二,柯克成为掌管西部(美军)特混舰队的不二人选。这对于柯克是一个大好消息,因为他和维安一样,更喜欢带兵打仗而不是行政工作。几周之前,他曾向结识多年的英国第一海务大臣安德鲁·坎宁安上将汇报工作,坎宁安跟他开玩笑说,作为拉姆齐的总参谋长,他很可能会错失大多数行动。坎宁安告诉他,在进攻中,"你将会和拉姆齐上将一起呆在英格兰南海岸的一个大防空洞中"。

"噢,不,"柯克回答道,"我根本不想呆在那儿。我期待我会在诺曼底海滩外我的旗舰上"。

他机敏的回答,既是一种豪言、一种玩笑,同时也是一种真诚的期待,而他恰巧没错。任命他担任西部特混舰队的指挥,意味着他能够在进攻中成为一名主官,且实际上非常中心的角色。

和维安不一样,柯克能够从容而权威地管理他那庞杂的海军指挥部——按照拉姆齐看来,或许还过于权威。拉姆齐对维安在指挥上的犹豫不决感到失望,他同样也对柯克逾越界限的倾向产生了担心。在很大程度上,这是英国皇家海军和美国海军迥异的领导制度导致的结果。正如柯克所说,"我们的指挥系统会告诉一个人想让他做什么,为什么想让他去做",然后就留给现场的指挥来"自己决定怎样去做"。然而,拉姆齐并不希望他的下属跑到一边去不容分说地自作主张,特别是在战争的决定性战役中。柯克不以为然地写道,"所有计划的一丝一毫的细节,都是由拉姆齐将军和他的参谋在诺福克之家制定的"。书面的命令装在厚厚的信封中从伦敦送来,如果需作出任何改动,须全部上报给指挥系统进行重新考虑。如果改动得到批准,肯定又会有一份厚厚的命令跟随而至①。柯克和他的参谋们本能地对这种状况感到反感,偶尔也会抱怨。他们这样做的时候,拉姆齐则不为所动。柯克发现,每当他的参谋们建议"我们这样做或那样做会更好"的时候,结果指挥部都会发来"强硬而简短的意见"让他们安分。

尽管存在这样的紧张状态,拉姆齐也力求嘴上说得好听点,至少是对于海军指挥权完全整合的想法。从一开始,艾森豪威尔的指导方针之一,就是英美军队的完全整合。拉姆齐在和柯克认识之初,就写信给他对这样的指挥方针表示遵从:"我们共同策划的行动,要求双方的海军有一定程度的合作,这种合作是到目前为止我们从来没有考虑过的。"拉姆齐写道,这个想法会建立一种伙伴关系,从中可以得出这样的结论:"存在的不是两支海军而是一个国家。"秉着这样的精神,拉姆齐每个特混舰队的指挥官,都掌管着他们各自区域的所有舰船,不管它来自哪个国家(包括法国、荷兰和挪威)。

所有这一切,在某种程度上把哈罗德·斯塔克将军晾在了一边。这位前海军作战部部长深知,一开始他被打发到英格兰,就是为欧尼·金担任海军作战部部长和美国海军总司令的双重职务让路,还有一个原因是,珍珠港事件的梦魇依然笼罩在他身上。此外,也许罗斯福还认为斯塔克作为战时的海军作战部部长不够强硬。不过,斯塔克至少还是正式的美国驻欧洲海军总司令,近期还被授予

① 拉姆齐在4月10日下达的正式的"海王"行动命令,有1 100页长的文字,将近四英寸厚。所有与"海王"和"霸王"行动有关的命令,都盖有大红的"BIGOT"字样,意为"绝密"。其做法源于1942年"火炬"行动,那次行动的秘密命令均盖有"To Gibraltar"字样(致直布罗陀),或简化为"To Gib"。"BIGOT"就是"To Gib"倒过来的拼写。这些不公开的绝密信息被称为"bigoted"(顽固的)。

了另一个头衔:第12舰队总指挥。不过这个头衔意义不大,因为拉姆齐和他的特混舰队总指挥们,实际上已经掌握了他们能够得到的每一艘船只和登陆艇。因此,第12舰队主要作为抽象的概念存在着,斯塔克的主要工作变成为拉姆齐在任务取得成功所需的工具和人力上提供保证。斯塔克得到了海军上校(后来的海军少将)霍华德·A.弗兰尼根(Howard A.Flanigan)无比珍贵的鼎力支持。弗兰尼根1910年毕业于海军学院,是一位参加过一战的老兵,美国参战之后被重新召回军队服役。事实证明他是一位富有创造力、足智多谋的管理者,他展现出超常的能力(或许是非法地)来满足哪怕是最异乎寻常的物资要求。

除了指挥上的复杂问题之外,在同盟国计划中依然占据支配地位的问题,是船只的数量究竟能否满足实施跨海峡行动。将诺曼底登陆推迟一个月——如今正式定为6月5日,以及将"铁砧"行动推迟到夏末的决定,部分解决了海上补给不足的问题。同时还有一个有利因素是,4月和5月是坦克登陆舰建造的高产月份:美国的船厂4月生产了50艘坦克登陆舰,5月达到令人吃惊的82艘。然而,有个问题依然还没有得到解决,那就是没有足够的战舰为登陆舰艇横渡英吉利海峡护航、为抢滩登陆提供炮火支援。早在1月21日,拉姆齐就给艾森豪威尔提供了五个师突袭所牵涉的海军力量的具体内容,艾克将这些预估数据囊括在给参谋长联席委员会的请求中。尽管参谋长联席委员会同意推迟袭击,加快坦克登陆舰的生产,但他们并没有对需要更多作战舰艇的请求作出回应。

令艾森豪威尔的请求变得复杂化的一个因素,是欧内斯特·J.金和美国海军正在筹划位于太平洋的一场大规模攻势,预定计划正好是在登陆日之后几天。一支由7艘航母、8艘轻型航母、7艘快速战列舰,加上数十艘巡洋舰和驱逐舰以及运输船和登陆艇——超过700艘舰船组成的美国大规模攻击部队,计划于6月15日向马里亚纳群岛(Marianas)的塞班岛发起进攻。在不到两周的时间跨度内,同盟国能够在地球的两端发起两场大规模的海上攻势,它证明了美国非凡的工业生产能力,同时也显示出,"德国优先"的战略几乎已经遭到摒弃。

欧内斯特·J.金和美国人认为他们应该向塞班岛发起攻势的原因之一,是因为根据在魁北克会议上制定、并在开罗会议上确定下来的原始协议,"海王"行动参与护航和战斗的船只,应主要由英国皇家海军提供,"由美国添加一部分"。结果,由于三个师扩大到五个师,进攻海滩增加为五处,英军和美军各自的特混舰队的创立,"海王"行动所需的战舰如今超过了皇家海军的供应能力。第一海务大臣坎宁安将军只能增加一艘螺旋桨轴已经弯曲的巡洋舰"谢菲尔德"号（Sheffield），以及原计划 5 月去费城船厂进行现代化改装的战列舰"纳尔逊"号。拉姆齐和他的参谋们在 3 月坐下来开始计算数量。在研究了护航和炮击的计划之后，他得出的结论是，他需要至少增加 1 艘战列舰、7 艘巡洋舰和 14 艘驱逐舰。这样一来，他需要的战舰总共为 6 艘战列舰、25 艘巡洋舰和不少于 56 艘驱逐舰。他承认这是一支"庞大的军队"，而且"英国皇家海军很可能满足不了这张清单"。不管早先的协议如何，他知道多余的船只只能来自美国海军，依他的观点，这是"合适的、正确的、适当的"。

艾森豪威尔对他表示支持，甚至还提高了筹码。"如果决定派出美国海军舰艇"，他写给马歇尔说，"三到四艘战列舰"应该比"相应数量的巡洋舰"更好。艾克一想到那些巨大的 14 英寸炮弹会猛击德国人的碉堡和炮兵阵地，就觉得"非常舒服"。艾森豪威尔的请求，引得欧内斯特·J.金的副总参谋长、海军少将小查尔斯·M.库克（Charles M.Cooke Jr.）到访。库克从海军学院起就因学业上的出众而被称为"聪明的"库克。他首先会见了柯克及其下属，包括当时作为柯克的副官负责训练的海军少将小约翰·莱斯利·霍尔（John Lesslie Hall Jr.）。虽然柯克因说话率直而名声在外，但真正直言不讳说出反对意见的却是霍尔。他告诉库克，他不明白，对于"海王"这样重要的行动，"究竟为什么"欧内斯特·J.金会拒绝给予充足的炮火支援。霍尔坚称，派出一支又一支的驱逐舰舰队横跨大西洋执行护航任务，却不留一艘在英国水域来参与"美国有史以来最重要的登陆行动"，这是"荒谬可笑的"。库克十分惊讶，对霍尔说，"你没有权利这样说话"。霍尔并不害怕。"究竟谁会比我更有权利这样说话？"他毫不示弱地问道。结果，霍尔并没有因他的坏脾气而受任何影响，欧内斯特·J.金最后也命令美国海军的 3 艘老战列舰，外加 2 艘巡洋舰和 20 艘驱逐舰加入"海王"行动部队，美军驱逐舰总数量由此增加到 34 艘。

与此同时，欧内斯特·J.金又将海军少将伯恩哈德·比利（Bernhard Bieri）派到英格兰，命令他加入拉姆齐的参谋部。显然欧内斯特·J.金的观点是，既然拉姆齐将会有美国海军的舰艇，那么在他的参谋部里也应该要有美国海军的人员。拉姆齐对此怒不可遏，因为他理所当然地认为他本人才有权任命他的参谋部成员。连艾森豪威尔都认为，即使这样做不算无礼，也太想当然了。比特尔·史密斯告诉比利，如果拉姆齐想赶他回家，他是有权这样做的。然而，拉姆齐接受了比利，同时也让他明白，他不是为金工作，而是为 ANCXF（盟国远征军海军总指挥）工作。拉姆齐把比利安排在制定战后规划的委员会中工作。

除了船只之外，还有其他东西短缺。4 月 17 日，斯塔克给欧内斯特·J.金发了一份长电，说"尽管想尽一切办法把所有可用的人员尽可能远地派到英国各地"，他还是担心有"重大的欠缺"威胁着跨海峡行动的可行性。这些欠缺包括坦克登陆艇的军官欠缺，治疗伤员的医务人员欠缺，情报官和通讯人员极少，拖船也不够。虽然这些问题大部分都不是那么重要，也可以灵活处理，但它们不容忽视。

当拉姆齐、斯塔克和欧内斯特·J.金为可用的战舰和其他领域的短缺争吵不休时，训练却从未停止，特别是水陆两栖训练。100 年前，法国军事理论家安托万-亨利·约米尼（Antoine-Henri Jomini）曾断言，水陆两栖行动是"战争中最为困难的行动"。这一格言已经变成西方各国军事学院的咒语。从迪耶普战役到"火炬"行动，再到塔拉瓦战役，同盟国无疑已经看到约米尼警世格言的充分证据。这场单独的水陆两栖行动的结局，主宰着此后的一切，因此，蒙哥马利的第 21 集团军群的陆军战士和拉姆齐海军指挥部领导下的海军战士，必须在跨海峡之前所剩不多的几周时间内，建立起清晰而熟练的规程。训练——和能够实施训练的现实状况一样——成为又一个障碍。

第九章
野鸭、狐狸、海狸、老虎

　　1943 年,遍布在英格兰南部上百座兵营里有 150 多万名士兵,他们接受的训练,大部分都是漫长的行军。由于缺乏登陆舰和登陆艇,很少有人参与水陆两栖登陆,甚至还有人从未登上过水陆两栖船只。在德文郡北海岸阿普尔多尔的美国训练基地,一位陆军军官尽了最大的努力对手头的东西加以利用。他将木头按希金斯艇的形状围放在演练的海滩上,命令士兵们挤在长方形的界线内,然后根据他的信号,从海滩边冲出去抢占海滩纵深处的位置。这样尽管好过一无所有,但也很难有效地代替真正的登陆。

　　将要把这些士兵送上海滩的,是上千艘舰艇上的海军和海岸警卫队的军官和水兵,他们的训练也同样重要。"铁砧"行动推迟之后从地中海调回的坦克登陆舰上,确实有经验丰富的船员。但当这些舰艇到达英格兰之后,却增加了数百名新兵,大部分人才刚刚从海军新兵训练营出来。他们乘坐新的坦克登陆舰从美国而来,仅有的航海经验就是横渡大西洋的航行。如一位军官所说,他们"嫩得像玉米"。

　　说到小型的坦克登陆艇,正如贝蒂·斯塔克曾向金指出的那样,它们每一艘上面只有一位军官,其中大多数都是年轻的海军少尉,服役时间只有短短几个月。实际上,他们甚至没有在大西洋上航行的经历,因为他们的舰艇是作为货物装载在大型的坦克登陆舰上运抵英国的。因此,看来斯塔克是希望每一艘舰艇再配备一位军官。虽然尚不清楚给每一艘坦克登陆艇再增加一名缺乏经验的海军少尉新手,如何能有效地提高它的效率,但在当时看来也不乏是个好主意。为了满足他所察觉到的需要,美国本土的军官训练计划被缩短。有一批入伍后参加海军 V-7 军官训练计划才几周的大学毕业生,突然接到命令叫他们准备海上行李,到纽约去报道登船。

　　他们到达格拉斯哥之后,再乘火车南下,来到英吉利海峡各港口。其中 92 人被派到达特茅斯。在这里他们看到了颇为壮观的景象,将近 100 艘坦克登陆艇在达特河上挨个排成一排。92 位新来的人立即成为副船长。实际上,他们所有人的上级船长,也只不过比他们早几个月入伍而已。据传在新来的副船长当中,有一位坦克登陆艇的船长,名叫克利福德·安德伍德(Clifford Underwood)的海军少尉,实际上已经 30 岁,而且已经结婚了!

同样,英国人也担心没有足够的下级军官来指挥数百艘小型水陆两栖舰艇。为了满足需要,他们在苏格兰的洛克艾洛特(Lochailort)开办了一所特别的海军候补军官学校,在此学习的候补军官们,几乎全部都将注意力集中在水陆两栖问题上。他们甚至没有接受远海航行的训练。一些皇家海军的老军官们嘀咕说,这些毕业生如果不能在大海中驾驭一条船,就根本不能被委以重任。然而,最终他们都不得不承认,正如其中一位所说的那样,"这是一种必需,而不是一种选择"。

英美的坦克登陆艇被编成小型舰队,每一支舰队有 12 艘舰艇。舰队指挥官同样也是年轻人,大部分都是海军上尉,年龄介于 25 到 30 岁之间。他们的首要任务是保证坦克登陆艇已经作好了行动的准备。除了涂装新漆之类的外观工作之外,他们还必须保证发动机和火炮工作正常。舰艇得到确认能正常使用之后,舰队指挥官就将它们驶出,进入英吉利海峡,在此,新的舰长们(和比他们更新的副舰长们)学习如何响应旗语和灯光信号,以在编队中保持方位、同时从纵队转为横队。他们首先以 8 艘对 12 艘为一组进行操练,然后 20 艘对 30 艘,最后超过 100 艘。他们学习如何将登陆艇登上海滩并成功撤回。他们还进行了无数次的救生、消防和急救演习。

从 1944 年初开始,英美的登陆艇和陆军一起,开始进行小规模水陆两栖登陆演习。在英吉利海峡的各个港口,从康沃尔郡的福伊(Fowey),到德文郡的索尔科姆(Salcombe)和多塞特郡(Dorset)的普尔(Poole),美国的坦克登陆艇船长们与各个陆军分队进行着紧密的配合。这些分队来自陆军少将伦纳德·杰罗(Leonard Gerow)第五军的美国第一和第二十九步兵师,以及 J.劳顿·柯林斯(J.Lawton Collins)第七军的第四师。在东边,英吉利海峡以北,从索伦特海峡(Solent)到泰晤士河口一线,英国皇家海军的坦克登陆艇与登普西的英国第二集团军进行着演练,集团军中还包括加拿大第三师。

于美国人而言,这些活动的中心,是位于达特茅斯以西仅几英里外的斯莱普顿沙滩上的水陆两栖训练学校。至少有一点可以说,斯莱普顿沙滩是一个错误的名称,因为这里根本没有沙滩。就像美国人在海峡对面的目标海滩(现被重新命名为"奥马哈"[Omaha]和"犹他"[Utah])一样,斯莱普顿沙滩遍布着卵石:数以亿计的经海浪冲刷而圆滑光亮的黑色和灰色的小卵石。这个现场及其地理特征类似于奥马哈海滩,特别是犹他海滩。不仅南德文郡丘陵起伏的乡村和诺曼底的波卡基村相像,而且在斯莱普顿沙滩的海滩后面,还有着一片咸水沼泽,被称为斯莱普顿草场(Slapton Ley)。由于犹他海滩后面也有着类似的沼泽地,因此在斯莱普顿进行登陆,未来的进攻部队可以演练如何跨越这样的障碍。

在斯莱普顿沙滩和其他地方的登陆演习,从 1944 年 1 月凛冬的严寒中开始,经过 2 月、3 月,一直持续到 4 月,直到白天越来越长,英吉利海峡的海水变得不是那么冰冷。大部分的小型练习没有将坦克登陆舰包含在内,大部分工作都由较小的坦克登陆艇完成。LCT-276 上一位船员深情地回忆演习说:"我们驶入德文郡和康沃尔郡海边的城镇,(士兵们)在这里驻扎下来。两个郡都以它们的美景、雅致的酒店和精巧的酒吧而著称。在练习之余,我们有足够的时间享受这一切。"在往北 90 英里外的布里斯托尔海峡岸边,阿普尔多尔训练中心(Appledore Training Center)的官方"舰艇行动计划"显示了类似的活动安排。甚至在更北边的苏格兰克莱德河湾,也还有更多的演习在进行,然而,变幻莫测的天气和冰冷的海水时常给计划带来严重的破坏。在所有这些练习当中,陆海军战士们学习掌握彼此部队的规程,不久之后,他们对练习就见怪不怪了,就如同对待本质上危险的水陆两栖登陆一样。"我们一次又一次地装上又卸下各种部队和装备",一位海军战士回忆道,"从来不知道哪次练习会不会就是真的"。

组织这些训练项目的同盟国策划者们也逐步加大了赌注。练习的规模越来越大,越来越逼真,一直到接近真枪实弹突袭的感觉。策划者们在水下和海滩上埋下水雷,以供扫雷艇将它们拆除。他们还在岸上设计了靶子,充当敌军的掩体和炮位,以供驱逐舰练习使用海军炮火将其摧毁。据一位炮手回忆,一座房子左上方的窗户被指定给他作为靶子。在很多练习中,第一批登岸的部队属于"特种工兵旅"(Special Engineer Brigades),他们的任务是拆除或捣毁水雷。接下来是步兵,他们踏着海峡冰冷的海浪扑上海岸,向内陆挺进,建立起防御阵地。坦克登陆艇和小型的麦克艇将登陆所需使用的卡车、坦克和吉普车送上海岸。海面上的驱逐舰发射的炮弹从他们头顶上呼啸而过,岸边和海滩上的水雷在爆炸,这种景象和感觉,完全像是真正的战争。虽然很危险,但盟军将领们确信,偶尔的伤亡是作好充分准备所应该付出的代价,它终将会拯救生命。

虽然坦克登陆舰经特别设计,能够开上沙滩,直接将装备卸在海滩上,但在突袭的最初阶段,当敌军的炮火控制着登陆点的时候,这样做是不可取,甚至是不可能的。德军岸上的炮火,有可能摧毁太多本来就稀缺的坦克登陆舰,导致盟军无法将必需的增援部队和装备持续送上岸。只有在大型炮械被夺取或被压制之后,坦克登陆舰靠岸才会安全。在此之前,只能由小型舰艇如坦克登陆艇等,来回不停地将人员和装备从坦克登陆舰运送上岸。

就这样也不是个简单的问题。由于坦克登陆舰保持不动,坦克登陆艇上年轻的船长必须驾驶舰艇进入预定位置。下锚的坦克登陆舰会打开船首门,跳板部分伸出,悬停在海面上方 10 英尺或 12 英尺处,在海峡的浪潮中摇摆不定的情况下,坦克登陆艇的船长要将自己的舰艇驾驶到沉重的跳板下面。当坦克登陆艇的位置对准船首之后,跳板会放下来,落在艇的横梁上。跳板到位且放稳之后,车辆才能够靠自己的动力从坦克登陆舰的坦克甲板上驶出,穿过这道狭窄的铁桥,进入坦克登陆艇的露天船舱中。每一辆卡车和坦克的重量不仅造成坦克登陆艇下沉,而且会将其推离坦克登陆舰,给连接两艘舰艇的绳索带来巨大的压力。

有时候坦克登陆艇会在离岸边更远的地方,从更大的攻击运输舰(Attack Transports)(APA)上进行装载,这也同样不轻松。这种大运输船的侧面有三处停靠区域可供坦克登陆艇停靠,当坦克登陆艇接近的时候,运输船上的协调员会为其指定一处特定的区域。为了操纵舰艇进入预定位置,坦克登陆艇船长使用一种通话管,向他下一层的海图室内的舵手发出舵令,与此同时也给轮机舱发出命令。停靠攻击运输舰的船首或船尾已经够困难了,而在船中部停靠更是如噩梦般可怕,特别是船头或船尾已经有其他坦克登陆艇停靠的情况下。坦克登陆艇的指挥官常常会以较快的速度靠近(以确保船舵能够抓稳),试图将他的舰艇"侧身"停入这一狭窄的区域,然后在抓稳船舵的同时,立即将所有的三个螺旋桨停转,以期滑入预定位置。如果他判断时间有误,将会导致碰撞,有时候会造成较大损坏。另一种方法是坦克登陆艇船长们所称的"中国式停靠",指的是先靠拢船尾,再倒入预定位置。这和平行泊车非常相像——只不过这辆"车"有 120 英尺长,重量为 286 吨,并且没有刹车系统。

即使坦克登陆艇已经停靠在侧面,危险也并没有结束。由于坦克登陆艇是来装载货物的,因此它是空的,像一位船长说的那样"像软木塞一样上下飘荡。"系船索既要够松以适应这样的移动,又要够紧以将坦克登陆艇固定在侧面。船舷外挂有防碰垫,以减少两船剧烈碰撞带来的损坏。然后真正的工作开始:大运输船的吊车将吉普车、卡车和其他货物从侧面吊下来,放在空的坦克登陆艇上面。随着坦克登陆艇上下颠簸,选择合适的时机松开两吨半重的卡车是一件棘手而危险的作业。货物转移最终完成之后，坦克登陆艇便解缆驶向海滩。

除了让坦克登陆艇来完成这个任务之外，还有一个选择就是使用所谓的"犀牛"渡船，它实际上是一种自推进式的浮船，由钢板做成的巨大浮筒组成。很难将"犀牛"渡船称为船舶，因为它没有货舱、客舱，也没有工作部件，只有两台外置的马达，使它能够以大约二至三节的速度独自行动。它们由被称为 CB 或"海蜂"的基建营（Construction Battalion）队员操作。"犀牛"渡船尽管设计上极其简单，但经过演习却发现它们非常有效，因此在诺曼底登陆那天，许多横渡英吉利海峡的坦克登陆舰后面都拖着"犀牛"渡船。

登陆演习中的工蜂是小型的希金斯艇（美国）和突击登陆艇（英国）。它们不仅被用于运送军队和轻型车辆（大部分为吉普车）上岸，而且还担负着各种繁琐的任务：在禁用无线电的时间段，在船与船之间传递消息、在船与岸之间摆渡军官、进行救援工作、运送补给品、递送邮件等。它们实际上就是海战中的吉普车。

尽管德国对英国城市的空中闪电战已经停止，但偶尔的空袭也会不时打断盟军的训练计划，增添了一份战争时期的现实。德军的飞机经常在夜晚飞过来，几百艘盟军舰艇上的炮手齐齐开火，一轮又一轮红色的曳光弹划破黑色的夜空。在一次空袭后的清晨，人们发现码头上许多舰艇的甲板上落满了碎片，大部分是射出后又落回地面的炮弹。在空袭中，德军频频在码头投放水雷，盟军的扫雷艇完全闲不下来。扫雷是噪音极大的作业，因为整个码头到处都在发生爆炸。冲击波是如此的强烈，远在半英里之外船上的人都能感觉到脚下的震动。即使如此，扫雷艇偶尔也会漏掉一两颗。有一天，在坦克登陆舰甲板上观望的唐纳德·W.纳特利（Donald W.Nutley），看到一艘递送邮件的希金斯艇在穿过普利茅斯港口时，触到水雷发生了爆炸。舵手像舰艇的残片一样被抛起来。纳特利看着那人"高高冲向空中，旋转着，然后直直地落在一艘坦克登陆艇的甲板上，发出一声巨响"。他自然认为这人已经死了。然而，"突然间，他站了起来，像喝醉了一般蹒跚着"走开了。

────────

负责训练的指挥团队中除了拉姆齐、维安和柯克，还包括两位美国海军少将约翰·威尔克斯（John Wilkes）和小约翰·"吉米"·莱斯利·霍尔。威尔克斯的工作主要是管理，因为他负责的是登陆艇本身和练习设施，以及位于埃克塞特（Exeter）的庞大的补给站。他的这个职位有个有趣的缩写"COMLANDCRAB"。威尔克斯监管的是登陆艇本身，而霍尔的工作是计划并组织演习，在位于达特茅斯的英国海军学院的办公室中进行。不过,霍尔的工作很快发生了巨大的变化。最初的登陆部队扩大为五个师之后,不仅导致拉姆齐的指挥部分为维安和柯克负责的东部和西部特混舰队,同时也导致这两支特混舰队被进一步分为几支特遣编队,每一支编队负责一处海滩。维安手下有三支特遣编队:宝剑海滩的 S 编队,朱诺海滩的 J 编队和黄金海滩的 G 编队。另外两支由柯克指挥的特遣编队,是犹他海滩的 U 编队和奥马哈海滩的 O 编队。每一支编队都有单独的指挥官。

　　被选定来指挥两支美国特遣编队的两个人,相互之间区别很大。吉米·霍尔放弃了他的训练指挥工作来接管 O 编队,这支编队负责运送伦纳德·杰罗的第五军登陆奥马哈海滩。霍尔和大多数职业军官一样,很乐意以管理职位换取现行的海上指挥。他的个性,不管是作为个人还是作为一名军官,都充满强烈的自信。在霍尔的海军学院毕业班年刊的页面上,他的同学们形容他为"大个子、金发碧眼、好脾气的弗吉尼亚人",有一副"深沉的嗓音","和每个人都是朋友"。和艾森豪威尔一样,他比大部分同学都年长,因为在进入海军学院之前,他花了三年的时间在威廉与玛丽学院(William and Mary College)读书,他的父亲是这所学院的英文教授,因翻译《贝奥武夫》(Beowulf)①而在学术界享有名气。霍尔在威廉与玛丽学院读书的时候,是一位出色的运动员,是橄榄球、篮球和棒球场上的主力。此时还在全美大学生体育协会(NCAA)用规则限制运动员资格之前,霍尔在海军学院的四年也一直从事这三项运动,后来他回忆道,"在海军学院的最后一年,我参加了陆军橄榄球赛每一分钟的比赛,每一场篮球赛每一分钟的比赛,每一场棒球赛每一回合的比赛"。②1913 年毕业时,他被授予了代表学院最佳全能运动员的一把宝剑。他的体格、年龄和运动技能,无不为他增添了洋溢的自信。

　　尽管霍尔的海军生涯中大部分时间是在战列舰和驱逐舰上,但他的水陆两栖行动的经验比战场上任何人都更为丰富。在"火炬"行动中,他曾担任休伊特的参谋长,组织美国两栖部队攻打西西里和意大利。他来到英格兰时,拉姆齐对他的印象是,"一位典型的海员,率直而倔强,同时也是一位好领导"。这种率直

---

① 《贝奥武夫》(Beowulf),一译贝奥武甫,讲述了斯堪的纳维亚的英雄贝奥武夫的英勇事迹。是迄今为止发现的英国盎格鲁—撒克逊时期最古老、最长的一部较完整的文学作品,也是欧洲最早的方言史诗,完成于公元 8 世纪左右,它与法国的《罗兰之歌》、德国的《尼伯龙根之歌》并称为欧洲文学的三大英雄史诗。——译注

② 霍尔 1913 年参加对陆军的棒球赛时,对方球队的左外野手是奥马尔·布莱德雷(陆军以 2-1 赢得比赛)。由于这段共同的往事,三十年后在为诺曼底登陆策划演习的时候,这位二星少将称三星上将为"布莱德"的时候,没有丝毫的不安。布莱德雷同样参加的 1914 年的陆军棒球队,因日后九位队员都成为将军而闻名。

和倔强时不时给他带来麻烦,比如他告诉"聪明的"库克,金和参谋长联席委员会拒绝给跨海峡行动提供所需的战舰是"荒谬可笑的"。他有时候还认为有必要教育一下陆军将领们。在担当了 O 编队的指挥官,仔细地研究了各种数据之后,他独自来到蒙哥马利的司令部,想向他解释,船运的危机有可能意味着缩减初期跨海峡补给的规模。他到了之后,发现蒙哥马利并不在,又去进行另一趟演讲之旅去了,霍尔向蒙蒂的参谋长、陆军准将(Brigadier General)弗朗西斯·"弗雷迪"·甘冈(Francis "Freddy" Guingand)进行了解释。听完之后甘冈回答道,"蒙哥马利将军不会接受那种性质的缩减"。霍尔澄清说,他并不是来请求蒙哥马利同意的,而且也不是蒙哥马利能否"接受"的问题,而是有哪种可能性的问题。"将军,显然你误解了我的工作职责",霍尔告诉甘冈说,"我来这里是告诉你如果必须接受的话,你应该怎么去做"。还好,当时蒙哥马利并不在场。

另一位海军指挥负责犹他海滩的 U 编队。这项工作本来可能由威尔克斯担任,而且实际上,柯克也给金写信"大力推荐"威尔克斯担任该职务,因为他有过在西西里的经历且"对计划大体上很熟悉"。金却有不同的想法。威尔克斯继续留在岸上担任登陆艇的负责人,U 编队的指挥权落入海军少将唐·P.穆恩(Don P.Moon)的手中。他曾担任过金的行动策划官,并且被安排在"铁砧"行动中担任一支海军特混舰队的指挥。既然"铁砧"行动已经推迟,金就把穆恩派到英格兰指挥 U 编队。穆恩 3 月到达之后,拉姆齐对他深感满意,在日记中写道,穆恩是"美国军官的好典型,有能力而机灵。他会干得很好"。不过,穆恩和霍尔却大不相同。如果说直率自信是霍尔的主要特点,那么穆恩则有着强烈的工作责任感,它来自于"永远做到最好"的非凡决心。穆恩的同学们最能够记起的,就是他还是海军学校学生时候的"不停地刻苦学习的能力"。与霍尔参与运动轻松自如的特点不同,穆恩仅凭着"顽强的毅力"才得以入选学院的击剑队,成为一名"还算过得去的佩剑运动员"。穆恩的同学也不那么讨好地形容他"固执而保守,没有想象力,也没有令人不安的旺盛精力的爆发。"以学院的说法,他就是一个书呆子。

穆恩的工作责任感源自他天生的性格,但也很可能因经历和境遇而得到加强。1942 年 7 月,穆恩曾为绕北角(North Cape)前往苏联的 PQ-17 船队担任护航指挥官。船队行进到挪威以北的巴伦支海(Barents Sea)的时候,英国海军部误读了一份拦截的电码,推断该区域有一支庞大的德国地面部队,并命令船队分散。这是一个可怕的错误,因为这样一来,船只很容易让德国潜艇和飞机得手。最终,船队的 37 艘商船中,损失达到 23 艘。这很难说是穆恩的错误,但这段记忆让他决意不能忽略任何细节。接下来在华盛顿,他直接在苛刻而一丝不苟的欧内斯特·金手下工作,这也让他更加注重细节。

导致穆恩刻苦工作的另一个因素,是他很晚才被指定为 U 编队的指挥。他早先被派到地中海,直到 3 月才来到英格兰。柯克和霍尔已经在这个战区呆了六个多月,而穆恩为进攻作准备的时间还不到 3 个月。且不说别的,他连挑选合得来的参谋的机会都没有,导致他总想事事亲力而为。因此,由于性格、经历和境遇,1944 年春天的穆恩变成了一个工作狂。他每一天几乎都工作到 12 点以后,第二天凌晨 4 点又起来继续工作。霍尔告诉他说"他想亲自干的事情太多","应该多分配点给别人,"但是穆恩依然故我地挥霍着自己的精力。

甚至连与穆恩共事的陆军将领们都注意到他对细节的过分关注。对于穆恩"自己干得太多而不是把责任交给他的参谋"的倾向,第七军军长柯林斯感到担忧,他试图让穆恩对散步或打网球感兴趣,但穆恩每次都以自己太忙为借口而推辞。不过,柯林斯不停的邀请似乎起到了推动作用,有一天穆恩下令参谋部的每个人都去打棒球,而他自己却没参加。

霍尔和穆恩加速实施他们指挥的部队的训练练习。除了不计其数的小规模练习,还有几次大型的演练,它们大部分以亲水或水陆两栖的动物命名。霍尔的 O 编队在 1 月参加了代号为"野鸭 1"、"野鸭 2"和"野鸭 3"的三次大规模演习。随后又是"狐狸"演习,然后又是一系列小型行动,称为"麝鼠"、"水獭"和"水貂"。第五军军长杰罗对最初的演习并不满意。他认为登船的时间太长,补给品到达岸上的时间太晚,部队携带的装备太多,士兵们看似茫然不知所措。他公开表示怀疑,在真正的登陆战中,他们能否活着离开海滩。

3 月 10 日这天,怀着看到更好表现的期望,拉姆齐、柯克和杰罗都登上霍尔的指挥舰"安肯"号(USS Ancon),观看"狐狸"演习。这是一个"阳光灿烂的美好清晨",一切都按计划在进行。两艘巡洋舰和八艘驱逐舰炮轰斯莱普顿海滩,进一步炸毁了已遭毁坏的被充作敌军司令部的皇家斯莱普顿酒店。随后上百艘登陆艇载着第一步兵师的士兵们登上海岸。"犀牛"渡船从坦克登陆舰上将坦克和卡车转运到海滩上,它们发挥了特别有效的作用。陆军和海军的沟通依然有些混乱,而唯一严重的困难是少量的坦克在驶过卵石遍布的沙滩时遇到麻烦,陷入了停滞不前的境地。除此之外,拉姆齐均感觉很满意。在演习之前,他就在日记中吐露,自己"就纯粹的海军方面而言,已经对未来有了更大的信心"。也许值得注意的是,对于如果不是"阳光灿烂的美好清晨",这场演习会是什么结果,却没人提出任何看法。

　　拉姆齐对于两周后举行的"海狸"演习同样也感到满意。穆恩的 U 编队在这场演习中第一次全面投入,他们将柯林斯第七军的各个分队从普利茅斯、达特茅斯和布里克瑟姆(Brixham)运送到斯莱普顿沙滩上。海滩突袭按时按计划进行。特种工兵旅以他们的推土机、牵引机和机动平路机从障碍物中扫清一条道路;突袭部队夺取滩头,迅速向内陆挺进;海军设法保障军队的补给,天黑之前把大约 1 800 吨补给品和弹药送到了岸上。

　　当登陆演习持续进行的时候,其他人也在寻找创新和革新的方法来提高盟军在大进攻中取胜的机会。其中最具野心的提议,是在登陆海滩海面上建造一个或几个人工港。这个计划的起源,可以追溯到 1943 年的夏天,当"考萨克"的策划者们在讨论夺取法国瑟堡的时候。他们制定了一份让第一批盟军登岸的计划,但显而易见的是,如果不能利用瑟堡的港口设施,最初的根据地就很难扩大。如果瑟堡并没有按照盟国的计划投降怎么办? 在讨论中,英国海军准将约翰·休斯-哈利特(John Hughes-Hallet)显然是开玩笑地说,"呃,我只能说,如果我们不能夺取一个港口,就只能自己带一个去了"。桌上响起一阵哄笑,直到有人说:"好啊,为什么不呢?"

　　最初的想法是将一些旧船沉入登陆海滩附近作为防浪堤,以防变化无常的天气。从一开始,这就是英国人的主意,也是英国人的计划。在魁北克会议上,这一计划的倡导者们在酒店的浴室里作了演示。陆海空军将领们挤在厕所里,看着蒙巴顿的科学顾问 J.D.伯纳尔(J.D.Bernal)教授将一些小纸船放在部分注水的浴缸的一端。然后一位军官用一把擦背的刷子在另一端将水搅动,小纸船因此而上下颠簸,很快就浸水沉没。换了新的小纸船之后,伯纳尔在浴缸里放了一件障碍物(一种版本说是救生衣,另一种版本说是丝瓜)。军官又再次使劲将水搅动,这次障碍物吸收了波浪,小纸船没有受到影响。这很难称得上是科学实验,但它取得了成功,在登陆海滩之外建造人工防波堤的计划,在魁北克会议上成为"海王-霸王"计划的一部分。

　　然而在接下来的几个月中,这则小小的建议呈现出自己的生命力,演变成为更具野心的计划。在丘吉尔这位战争创新方法狂热者的推动下,它扩大为包括一座或几座具有特殊卸货码头和伸向海滩的堤道的人工港。艾森豪威尔曾经提出过建议,由于坦克有可能在进攻海滩的卵石中陷入困境,因此,从低潮水位标志处建造堤道直抵海滩上方是可取的。而今英国的策划者们走得更远,他们提议建造一条堤道，从岸边的堤头一直伸入海滩内部。

　　整个计划被命名为"桑树"（Mulberry），防波堤被称为"鹅莓"（gooseberry），由被称为"玉米棒子"（corncobs）的废弃船只组成。像一些实验室实验严重地偏离正道一样，这项计划最终各个部分都完全脱离了原来的想法。仅建造人工港所需的 149 个叫作"凤凰"的沉箱，就要消耗超过 50 万立方码水泥、3 万吨钢筋、150 万英尺长的钢管和 50 英里长的钢丝。

　　这一巨大的需求，要占用已经匮乏的物资和劳动力，占据维修登陆艇和战舰所需的造船台和船厂。即使"桑树"计划所有的部件能够按时组装完成——这点完全无法肯定——也没有足够的拖船将它们拖到预定位置。不过，这些发现并没有平息人们对于该项目的热情，而是引发他们疯狂地努力去寻找更多的资源。斯塔克提醒金说，除非有更多的拖船可用，否则这项计划无法按时完成以满足需要。

　　在最终盟军胜利的文化遗产中，诺曼底海滩的人工港象征着英美足智多谋的终极胜利。然而，当时和后来的许多行动指挥官都显得不够热情。在视察了一处将要装配凤凰沉箱的现场之后，拉姆齐认为它们"比我预想的还要庞大和丑陋"。他觉得把它们拖到预定地点是"非常棘手的"，同时还怀疑它们最终是否起作用。一直到登陆日那天，他都公开称它们为"那些该死的桑树"。就连随便说说就使此事成真的休斯-哈利特，也开始觉得"桑树"计划是"浪费而且无节制得可笑"的例子。

　　除了人工港之外，盟国还有个被称为"冥王"（Pluto）的创举，它代表的是"海洋底下的管道"，这条管道用于满足盟军对于燃料的贪婪胃口。由几千艘登陆艇运到海滩上去的吉普车、卡车和坦克，在地面战役中继续运转需要数量巨大的汽油和柴油燃料。携带如此多的燃料横渡海峡，所需的油罐实际上难以计数（最初预估 26 300 000 个），这个数字令人望而却步且有悖常理，而且在瑟堡被拿下之前，也没有供油轮卸货的码头。英伊石油公司（Anglo-Iranian Oil Company）的负责人亚瑟·哈利（Arthur Harley）建议，要解决这个问题，可用一根缠十几层加筋保护层的四英寸软管，通过海底从英国铺至法国。到了诺曼底登陆的前夜，这根管道已经铺设完毕且随时可供使用。

　　还有一些不那么雄心勃勃的创新。许多想法来自一位叫做帕雷西·霍伯特（Percy Hobart）的英国少将，他时任英国第七十九装甲师师长，碰巧也是蒙哥马利的妻弟。戴着一副大眼镜，留着一撇小胡子的霍伯特，开发了一系列的非常规武器，后来被统称为"霍伯特滑稽坦克"（Hobart's Funnies）。它们很多都是在谢尔曼坦克或丘吉尔坦克上加装新的装置,以赋予它们特殊的能力。其中一种称为 AVRE(皇家工兵突击车[Assault Vehicle, Royal Engineers])的,装有超大型短筒火炮,能够发射 40 磅炮弹以摧毁德军碉堡。另有一种称为“扫雷坦克”(flail tank)的,携带滚动铁链转轮,可以鞭打前方的地面,引爆路上的地雷。还有另一种发射自行班加罗尔鱼雷的,以及一种绰号恰如其分为“卷筒”(Bobbin)的,带有一个巨大的帆布卷筒,在前进当中可以展开,供坦克穿过沼泽地面。甚至还有一种根本没有炮塔的,其功能是作为一种移动的跳板,供后方的坦克从其顶上碾过,以翻墙或翻越其他障碍物。以一位美国军官看来,几乎每一辆车“都装上了某种小题大做的奇怪装置”。美国人对这些创新感到好奇,但整体上却更愿意依靠具有压倒性火力的传统武器。不过,有一种装置让美国人感兴趣,从而得到大规模运用,它叫做两栖行驶坦克(duplex drive tank)。

两栖行驶坦克(或称 DD 坦克)的构想,来自一位移居英国的奥地利人尼古拉斯·施特劳斯勒(Nicholas Straussler)。这种坦克旨在解决随第一拨步兵将装甲力量送上岸的问题。为了达到这个目的,34 吨重的谢尔曼 M4 坦克上,加装了巨大的防水帆布罩,就像浮圈一样,将整个坦克包裹起来,实际上是把它遮了起来。帆布罩展开时很高,站在炮塔后平台上的坦克手不用潜望镜都无法从边缘望出去。充气之后,帆布罩内有足够的空气可以让坦克漂浮在水面上,或者更准确地说,是让它不会下沉,因为坦克自身漂浮在吃水线之下,仅有大约 9 英寸的帆布露出在水面上。坦克的发动机连接在转动双螺旋桨驱动器的驱动轴上。至少从理论上来说,如此装备的坦克,能够在数英里外德军炮火射程之外的海面上驶离坦克登陆艇的跳板,靠自己“游”上海滩而不会吸引猛烈的炮火攻击水陆两栖舰艇。DD 坦克本质上是一种水陆两栖隐形武器,一位水兵形容道,它能够“像一只大虫子一样浮出水面”,爬上海滩。登岸之后,它的帆布罩立即收起,坦克恢复了其陆地特征。艾森豪威尔和布莱德雷在 2 月目睹了一些两栖行驶坦克进行示范,印象极其深刻,因此将它们列入了登陆日的计划中。不久之后,DD 坦克就加入了定期的登陆演习。

它们的表现有好有坏。只要海面相对平静,它们的作用就令人满意,但它们的问题是缓慢而笨重,要通过潜望镜进行操纵。在一次不仅有蒙哥马利、拉姆齐和利-马洛里,而且还有乔治国王出席的演习中,DD 坦克晚到了 20 分钟不说,而且还开错了地方。还有一次一辆 DD 坦克的推进器出现故障,不得不派一艘坦克登陆艇将其拖上岸。然而坦克太重,即使坦克登陆艇三个 225 马力的发动机全部竭尽全力地运转,DD 坦克也难以移动。坦克登陆艇上一位舰长回忆道,

"我们只得跟它搏斗,不停地拉",最终他把它拖到海滩附近,一辆推土机再把它拖至陆地上。有时候也有救不了的情况。在"狐狸"演习中,就有两辆 DD 坦克进水后沉入海底。战争结束很久之后,其中有一辆被打捞上岸,它至今仍然留在斯莱普顿沙滩上作为纪念物。

表面上和 DD 坦克类似但实际上有较大区别的是 DUKW①,这是一种携带货物,特别是弹药上岸的水陆两用卡车。DD 坦克是带水翼的陆地车辆,而DUKW(人们都称为"野鸭"[duck])实际上是带轮子的轮船,因此它作为船只要可靠得多,同时在岸上也更加灵活。它由通用汽车公司制造,由雪佛兰发动机提供动力,重量为六吨半,海上移动速度为五节半,岸上时速为 50 英里。它们曾成功运用于西西里和意大利的登陆,因此不像大多数霍伯特的"滑稽坦克"那样花里胡哨不切实际。即使如此,由于满载之后出水高度仅一英尺左右,它们在大浪中同样也会因进水而失去浮力。

————————————

4 月末,唐·穆恩和被称为"闪电乔"的柯林斯准备进行"老虎"演习,这是 U 编队进攻之前最后一次全方位演习。按计划,穆恩的水陆两栖车船将运送柯林斯第七军的大部登上斯莱普顿沙滩,然后他们向前推进"夺取"内陆 25 英里处的奥克汉普顿(Oakhampton)镇。为了尽可能接近五周之后真实的犹他海滩登陆,海滩上准备了两排钢制的方墩和带刺的铁丝网,甚至还埋设了真正的地雷。

穆恩的部队由美国登陆艇和英国皇家海军战舰混编而成。这样的安排已经不算新奇,甚至不值得关注,但还是有一些尴尬之处。其中一个就是,在英国皇家海军中,作为普利茅斯总司令和朴茨茅斯总司令的海军将领,对于港口内所有的船舶都有全权指挥权,不管它们来自哪个国家。只有在船舶离开港口之后,指挥权才移交给特混舰队司令。此外,令柯克关注的是,他的权力范围没有涵盖科唐坦半岛末端的法国城市瑟堡,这个地方依然属于普利茅斯总司令的责任范围。他为此感到担心,因为德国地面部队会从瑟堡出击,攻击他的右翼。几周之前,柯克曾派他的总参谋长、海军少将亚瑟·史储伯(Arthur Struble)去请求拉姆齐做改动。也许史储伯选的日子不对,因为拉姆齐的反应明显显得烦躁。拉姆齐听到柯克要求改变指挥权限,脱口说道:"你们这些美国佬什么都想要。不行,我

———————————————————————————

① "DUKW"并非缩写,而是代表其型号的字母。D 指的是它于 1942 年建造;U 代表"用途"(utility);K 表示它为前轮驱动;W 指其有两个后轴。由于 DUKW 被认为是能够漂浮的卡车,而不是带轮子的轮船,因此它们被归为汽车运输,并且大部分由非裔美国司机驾驶。

不会这样做。他们将会留在原来位置上。"事实也的确如此。这样的安排对于盟国海军的指挥结构产生了某种程度的混淆和潜在的混乱——甚至,事实证明,还带来了灾难。

穆恩的部队几乎全部参加了"老虎"演习。其中包括 21 艘坦克登陆舰、28 艘步兵登陆艇(L)和 65 艘坦克登陆艇,再加上将近一百艘小型舰艇和常规的护航战舰。穆恩和柯林斯在穆恩的旗舰——"贝菲尔德"号(Bayfield)攻击运输舰上观看了演习。观众包括大部分 SHAEF 和 ANCXF 的高级军官。连艾森豪威尔也来到现场,他带着特德、利-马洛里和奥马尔·布莱德雷乘一列被称为"刺刀"(Bayonet)的专列火车从伦敦而来。柯克发了一个简短的讯息给穆恩,告诉他艾森豪威尔要来。向所有的海军讯息一样,它在开头和结尾包含一些无关字符,用于迷惑敌军的电码破译员。这些字符由无线电报员从一本厚书中随机挑选的无意义词组组成。很不吉利的是,柯克电文的末尾字符是"不走运"(No luck)。

4 月 27 日清晨,当 U 编队的各个分队在斯莱普顿沙滩外的海面上集结之时,穆恩发现至少有一支坦克登陆艇舰队晚于预定计划到达。他一如既往地小心,决定将登陆推迟一小时,以确保所有进攻部队已经就位。但穆恩提出要求的时候是 6 点 25 分,而登陆的原计划时间是 6 点 30 分。在混合了陆、海、空部队的复杂演习中,这一做法造成了混乱。一些希金斯艇按原计划开始朝海滩挺进,而此时,英国重型巡洋舰"霍金斯"号(Hawkins)也朝海滩上开炮。炮弹落在登陆艇当中,误伤了自己人。虽然很快得到纠正,部队最终登上了海滩,但这次表现不算太好,而且后来变得更糟。

计划第二天登陆的"老虎"演习的第二拨突袭部队,由八艘满载的坦克登陆舰组成,被统称为 T-4 船队。船队队长是美国海军司令伯纳德·斯科希尔(Bernard Skahill),他来自纽约市,是一位拘谨、整洁的人,细长的脖子像麦秆似的从崭新的军服领口上伸出来。斯科希尔 46 岁,1921 年毕业于海军学院。对于水陆两栖部队的年轻军官和士兵们而言,他绝对已年事够高。船队的英国皇家海军护航队,包括一艘花级小型护卫舰"杜鹃花"号(Azalea),它船身刚刚超过 200 英尺长,比美国护航驱逐舰还要小,另外还有一艘较大但更旧的驱逐舰"大弯刀"号(Scimitar)。"杜鹃花"号将领航,而"大弯刀"号将在船队的右翼进行掩护,这一侧是试图干扰演习的德国海军很可能的接敌途径。

就在出发之前,在普利茅斯港口内拥挤的舰船中,一艘美国登陆艇撞上了"大弯刀"号,在它的右舷离船首大约 20 英尺的地方凿出一个直径两英尺的大洞。在拥挤的港口中，这样的碰撞在所难免，而且造成的损坏也算不上非常严重，但身为普利茅斯总司令的海军少将拉尔夫·利瑟姆爵士（Sir Ralph Leatham）还是命令"大弯刀"号进船厂进行维修。然而，利瑟姆和"大弯刀"号上的船长都没通知司令斯科希尔，毕竟他并不隶属于英国皇家海军的指挥系统。斯科希尔看到"大弯刀"号行驶的方向不对，因为它是去修理厂，但他以为这是为了让所有舰船离开港口、进入编队而进行的一种复杂操作。结果 T-4 船队在那天傍晚出海的时候，只有小小的"杜鹃花"号一艘护卫舰，没有侧翼护卫。8 艘坦克登陆舰在贝里海角（Berry Head）集合后，出海向英吉利海峡驶去。演习的目的在于让它们在海上花费与横渡英吉利海峡到达诺曼底一样长的时间，以模拟真实的突袭活动。

斯科希尔和几艘坦克登陆舰离开普利茅斯几小时之后，大约在夜里 10 点，9 艘德国小型战舰从瑟堡出击。这类战舰被盟军称为 E 艇（E-boat），德国称它们为"Schnellboote"（S 艇），也就是"鱼雷快艇"——一个特别恰当的名称。它们拥有 7 500 马力的戴姆勒·奔驰发动机，速度接近 40 节。它们的骨架为轻金属合金，船身为木制，外壳是一层薄薄的红木，长度约 100 英尺（比一艘美国鱼雷快艇长 20 英尺左右），装备有 40 mm 火炮，但它们的主要武器是船体中部携带的四枚鱼雷，其射程达到七八千码——约 4 英里。E 艇几乎完全是在夜里出动，涂的漆也是灰色或迷彩伪装图案，令它们很难被发现。它们 4 月 27 日夜里从瑟堡的出击，被岸上的英国雷达技术员发现，然而，由于双重的通讯系统，斯科希尔和"杜鹃花"号的船长、英国皇家海军志愿后备队（RNVR）的司令官乔治·C.格迪斯（George C.Geddes）在午夜前却没收到任何消息。不过，这个消息让利瑟姆将军感到忧心忡忡，他后来已经意识到 T-4 船队在海上只有一艘护卫舰。凌晨 1 点 37 分，他派遣受损的"大弯刀"号的姊妹舰——驱逐舰"萨拉丁"号（Saladin）前去充当救援护航舰。

和德国 E 艇一样，T-4 船队的坦克登陆舰也是熄灭灯火在行驶。它们接近莱姆湾（Lyme Bay）的时候是 4 月 28 日凌晨 1 点过几分，此时 LST-507 的水兵和船上的士兵听到船下面传来有人所说的"一阵长长的刮擦声"。事后才知，这是一枚德国鱼雷正好擦着吃水浅的坦克登陆舰底部掠过。507 的舰长 J.S.施瓦茨（J.S.Swarts）上尉下达了战斗部署的命令，而大部分老老实实地走向自己战斗岗位的水兵，都非常自然地认为他们只是在进行演习。仅几分钟之后，从 E 艇齐齐发出的明亮的绿色曳光弹照亮了黑暗。甚至到了这一刻，507 和其他舰艇上大部分的士兵们，都依然以为这又是演习的一部分。

　　凌晨 2 点 07 分,当第一枚鱼雷爆炸后,一切的疑惑才烟消云散。鱼雷击中了 507 中部的辅机舱,摧毁了船上的供电和通讯系统,并引起几处着火。坦克甲板上的几十辆车都灌满了汽油,火焰一接近,它们便一下子一辆接一辆地燃烧起来。同时 507 也开始进水。由于坦克登陆舰是巨大的开敞式坦克甲板,因此没有用于控制进水的横舱壁或水密舱。唯一能做的就是尽可能多地关闭舱口,以期控制海水灌入。与此同时,几处着火产生了"沉闷的轰鸣",一位水兵回忆道,"掺杂着武器弹药自燃时发出的爆裂声"。舰艇上的医生、海军上尉(中级)吉恩·埃克斯坦姆(Gene Eckstam)看到坦克甲板上"燃起熊熊烈火……卡车在燃烧;汽油在燃烧;武器弹药在爆炸。"他听得到被烈焰吞噬的人们发出的惨叫,但他知道他什么都做不了,吸入的烟尘很快会将依然活着的人置于死地。"于是我关闭了通往坦克甲板的舱门,把它牢牢地锁紧"。

　　舰艇上非常拥挤,有将近 500 名士兵和 100 多名水兵,他们应对危机时给彼此造成了妨碍。他们发现将救生艇固定在舱壁上的销子锈住了无法撬松。水兵们试图将希金斯艇从侧面放下来,但坦克登陆舰倾斜得太厉害,液压装置也被卡住了。一位士兵用自己的步枪朝拴住一艘登陆艇的缆绳射击,终于有一艘掉入水中。人们惊慌失措,开始朝船舷外跳。很快 507 周围的海面上就漂满了挣扎的士兵,一些人会游泳,但大部分人都不会。

　　507 被袭 11 分钟之后,一枚鱼雷击中了 LST-531,不到一分钟,它又被击中一次。结果 531 变成了"巨大的橙红色火球",几乎立即就开始下沉。水兵们和士兵们直接跳出船舷,跃入冰冷的海水中,仅穿着救生衣。海水冷得令他们难以呼吸,而且发给士兵们的救生衣完全不起作用。和海军标准的木棉背心不同,士兵们得到的救生衣类似于缠绕在他们胸部的自行车内胎。大部分人将其缠在腰上,以免和他们的背包磕磕碰碰。结果,当他们打开二氧化碳气筒充气的时候,救生衣把他们头朝下地翻转过来。很多人抓住仅容两人的小救生艇,它们周围很快就变得拥挤不堪。一艘救生艇周围有 20 多人抓着它并互相抓住不放,形成了一个同心圆。在刺骨的海水的侵袭下,他们渐渐失去了知觉,松开双手消失在黑暗当中。

　　随后 LST-289 也被击中。船长、海军上尉亨利·A.梅特(Henry A Metter)看到一枚鱼雷射来,于是命令"右满舵"。也许正是这样的操作挽救了舰艇,因为鱼雷击中了船尾而不是舷侧。它炸毁了 289 的尾部,其中包括船员舱和厨房,而舰艇的其余部分依然浮在水面上。而这次,坦克登陆舰像浴缸一样的形状发挥了优势。此时 507 和 531 都已经沉没。507 断成了两截,船首和船尾部分高高耸起,成了一位水兵所形容的"燃烧的折叠刀"的形状,然后沉入水底。被两枚鱼雷击中的 531 仅 6 分钟就沉没了。其余的坦克登陆舰上的炮手,趁着红色(美国)和绿色(德国)曳光弹点亮夜空,便朝着黑夜里迅捷移动的黑影开火。德军的曳光弹会延迟闪光,因此很难判断它们的发射源,同时因为混乱和恶劣的能见度,许多美军的炮弹击中了其他的坦克登陆舰。

"杜鹃花"号上的司令格迪斯,在他离船队一英里的前方位置上听到爆炸声,于是掉头全速往回行驶。他不愿意发射照明弹点亮现场,因为他知道这样会暴露坦克登陆舰。他甚至不知道袭击来自哪个方向,也不知道袭击者是德国的潜艇还是鱼雷快艇。而在 LST-515 上的司令斯科希尔则命令船队剩余的舰艇朝岸边开进。这是在船队遇袭的情况下正确而固定的规程。然而,斯科希尔旗舰上的船长、海军上尉约翰·多伊尔(John Doyle)却拒不执行命令。

多伊尔比斯科希尔年轻许多,属于所谓的"野马"——也就是说,原先是应征入伍的水兵。他矮壮、结实、短脖子,和斯科希尔这只年老的灰狗相比,他可谓是勇猛的斗牛犬。在两艘,或许是三艘舰艇正在沉没的情况下,斯科希尔却决定掉头驶向岸边,多伊尔对此表示激烈反对。多伊尔想回去营救生还者。斯科希尔知道,这不仅违反现行命令,而且试图营救生还者多半还会导致其他舰艇被击沉。多伊尔却不管那么多。他以一种几乎是叛乱的行为,打开 1-MC 喇叭向船上的士兵说明情况。眼看着他们的战友在那里死去,他大声问道,谁愿意回去救他们? 船上响起一阵振奋的呼声,斯科希尔只得让步。515 掉头朝现场驶去。

但为时已晚。随着太阳升起,德国鱼雷快艇已经撤退,但从第一个人掉入冰冷的海水中算起,时间已经超过了两小时。即使大部分会游泳,或者能够抓住东西的人,手脚也不听使唤了。"萨拉丁"号也已经抵达,开始实施救援,多伊尔的 515 和"萨拉丁"号上的士兵们开始搜寻活着的人。然而,水中大部分人的身体都已经僵硬。救起来少量的生还者之后,515 和"萨拉丁"号准备打捞已无生命迹象的遗体,无疑是打算给他们安排厚葬。这时,岸上发来命令,叫把他们留在原地。虽然对此还是有抱怨,但这次他们执行了命令,舰艇离开了现场。几个小时之后,驶往波特兰港(Portland Harbor)的 LCT-271 途经此处,船上的人发现周围的海面上漂浮着很多物体。"靠近之后,"一位水兵回忆道,"我们才发现是一些美国兵"。船员们用一根船钩将一具遗体拉到船边,这是一位美国陆军战士,"保持着坐姿,穿着所有的衣服……瞪着双眼。"一位水兵回忆说,他好像知道自己会死去似的。他们通报了发现之后,也接到命令让这些遗体留在原处。LCT-271 继续朝波特兰开进,只是不得不绕来绕去,"以免撞压到这些遗体"。

"老虎"演习最终的死亡人数是 198 名水兵和 441 名士兵,比五周之后真正的犹他海滩登陆中死亡的人数还多。但没人事先知道莱姆湾会发生这样的杀戮。这则消息,无疑严重地打击了士气,也给五天之后就要进行的主演习蒙上了一层阴影。事实上,如果消息传出去,甚至有可能削弱对于诺曼底登陆本身的支持。德国人如果得知盟军的伤亡如此惨重,肯定也会信心大增。于是最高层——很可能是艾森豪威尔本人——决定对这次事件进行保密。当斯科希尔和多伊尔与 LST-515 于 4 月 28 日下午晚些时候抵达波特兰之后,他们看到港口内每一艘美国海军的舰艇都降着半旗。他们想当然地认为,这是在纪念那天早晨在英吉利海峡中牺牲的几百名战士。然而事实却并非如此。海军部长弗兰克·诺克斯碰巧在那一天去世,降半旗是为了纪念他。为了使莱姆湾溃败的消息不至于传开,生还者被安置在医院里。虽然名义上是留院观察,但一些人觉得像是在关禁闭。在战争结束之前,整个事件一直不为人所知。

除了可怕的死亡人数,艾森豪威尔和拉姆齐同样感到担忧的,是损失了 3 艘坦克登陆舰①。在坦克登陆舰这一点上,盟军行动的安全系数是如此有限,以至于 3 艘的损失就已经威胁到了海王行动本身的可行性。斯塔克致电金,要求立即从美国发运 3 艘坦克登陆舰作为补充。金告诉斯塔克,如果要补充的坦克登陆舰按时到达,唯一的办法是从地中海调遣,但地中海司令坎宁安上将却说,他没有多余的坦克登陆舰。金承诺他将在 6 月份发运 3 艘补充给地中海。同盟国被迫再次把海军装备像滑块拼图那样,从一个战场移到另一个战场。

给惨败捂上盖子,并不意味着就不会有反响。欧内斯特·金命令美国海军增加 8 艘驱逐舰加入拉姆齐指挥的部队,并补充说,"和德国鱼雷快艇作战的经验所需"。柯克认为不够,他想利用战列舰"内华达"号(Nevada)和其 14 英寸的巨型火炮,炸掉德国鱼雷快艇在瑟堡的隐蔽船坞。拉姆齐对这个想法无动于衷,一方面是因为它有可能会使德国人警觉到有事情发生,另一方面是它也偏离了精心安排的"海王"行动计划。对于柯克而言,这简直就是英国人拘泥于计划的又一例证。柯克恼怒的是,他之前试图得到瑟堡周围水域的行动控制权而被拒,他生气的是,普利茅斯累赘的指挥结构,导致船队没有得到充分的护航。在给拉

---

① 艾森豪威尔还担心诺曼底登陆计划的安全性,因为他知道,在失踪的军官中,至少有一人对"海王-霸王"行动了如指掌。如果那位军官被德国鱼雷快艇从海中捞起并受到审讯,将会危及整个行动。不过,盟军最后找到了所有知道进攻计划的人的遗体。

姆齐的正式信件中,他对两件事情都表达了自己的强烈不满。拉姆齐对柯克的语气感到不快,认为柯克"相当地乱了分寸"。他下结论说,柯克"不足以强大得能够胜任他的职位"。而柯克却认为,拉姆齐这样的态度,是因为英国人倾向于把一切行动都看成是"固定格式",其中"不可能有主动性"的缘故。5月7日,当拉姆齐会见他的两支特混舰队的指挥团队时,关系开始紧张化。拉姆齐上午会见了维安和他的舰队指挥官,下午和柯克、霍尔和穆恩碰头。此时,柯克再次提出攻击德国鱼雷快艇在瑟堡的隐蔽处的问题。拉姆齐认为柯克"愚蠢",承认"我有点对他失去耐心了"。拉姆齐最后给柯克的结论是,他是"一个愚蠢而又可怜的家伙"。自"艾伦"和"伯蒂"以来,他俩已经改变得太多。

柯克依然不依不饶。从拉姆齐那里得不到满意的答复,他设法使自己关心的问题通过私下的渠道让艾森豪威尔的总参谋长比特尔·史密斯得知。这更让拉姆齐感到恼怒,他一度考虑就柯克违反指挥系统的规定提出正式申诉。5月8日,在与艾森豪威尔和拉姆齐一起开会时,柯克再次提出"炸掉德国鱼雷快艇老窝"的重要性。艾森豪威尔询问拉姆齐对这个想法的看法,拉姆齐解释了为什么他认为进攻瑟堡没有必要且可能带来危害。接着,令拉姆齐吓了一跳的是,艾克转身询问柯克对于拉姆齐的说法有什么意见。对于拉姆齐而言,这是极端无理的。以他看来,柯克怎么想根本无关紧要。拉姆齐是海军总司令,而柯克是他的下属。他惊骇于艾森豪威尔的所作所为好像他们的观点同等有价值似的。拉姆齐当时一言不发,但愤怒之至。"一次糟糕的会议",他在日记中写道,"让我生气"。

斯塔克要求在官方层面上对莱姆湾事件"立即展开调查",随后的调查报告提出了数个可以作为教训的失败之处。第一条是显而易见的:美国和英国之间通讯的失败。与行动司令不同的普利茅斯总司令单独指挥的存在,造成了混乱,导致了"大弯刀"号的缺席。另一个失败之处是,几乎参与"老虎"演习的每个人都以为是另一场演习并作出了相应的反应。由于登陆练习太多,水兵们和士兵们——甚至军官们——都难以将心理调整到真正的战斗上。尽管夜空中闪着曳光弹的火光,甚至鱼雷在爆炸,但很多人都坚持认为这是一场演习,直到他们落入水中那一刻为止。

和柯克一样,很多美国人都责怪英国人,尤其是利瑟姆。然而在美国海军中,每一次事件的责任,不论青红皂白一律属于指挥官。美国海军中有一句老话:你可以转让权力,但你不能转嫁责任。穆恩推迟4月27日早上斯莱普顿沙滩登陆演习的决定有问题,追究他的责任也许并无不妥,然而他与导致4月28

日清晨莱姆湾灾难却全然无关。尽管如此,由于他是全局的总指挥,因此,当他接到命令到柯克的旗舰——重型巡洋舰"奥古斯塔"号上去作汇报时,他一点也不觉得吃惊。然而,穆恩发现,等待着他的,不是柯克,而是柯克的总参谋长亚瑟·史储伯少将。

尽管穆恩与和霍尔关系亲密(霍尔是穆恩儿子的教父),但他和史储伯的关系却很尴尬。首先,史储伯在海军学院中比穆恩早一年毕业,对于穆恩是舰队司令而自己却身居参谋一职而感到愤愤不平。当穆恩来到"奥古斯塔"号上史储伯的船舱时,他正背对着舱口站立着,朝舷窗外眺望,他没有立即转身对穆恩的到来作出反应。在无声的尴尬中过了片刻,一艘英国潜艇从史储伯的视线中经过,潜望镜上捆着一把扫帚,表示它已经进行了清扫,他咕哝着说,"行,我知道有人履行了职责"。直到这时他才转过身来面对着穆恩,以冷淡的口气问道,"好吧,穆恩,怎么回事?"穆恩以自己的理解对事件进行了完整的口头汇报,但船舱里的气氛一直冷冰冰的。史储伯只是回应说,华盛顿的金将军肯定不会满意。穆恩最终得以抽身离去,回到自己的旗舰上,无疑下定了决心要越发努力地工作。

———

不到一周之后,5月3日,盟军开始进行一系列演习,称为"法比乌斯"(Fabius)。演习持续了6天。霍尔的O编队将杰罗第五军的各个分队从波特兰和韦茅斯送至斯莱普顿沙滩。在朴茨茅斯以东各个港口,英国也在进行登普西的英国第二集团军的全面登陆。这一次没有来自敌军的干扰——实际上也没出现任何问题。在维安的旗舰——巡洋舰"斯库拉"号(Scylla)上观看演习的拉姆齐"赞赏有加"。尽管对他认为的柯克对于德国鱼雷快艇威胁的"固执的愚蠢行为"有些挥之不去的担心,但拉姆齐还是告诉艾森豪威尔,海王部队已经作好了准备。

鉴于当时的形势,也许更准确的应该是说,他们的准备达到了预先的合理期望。金在"老虎"演习灾难之后派遣的驱逐舰分队仍在途中,同时,尽管1944年5月是整个战争期间坦克登陆舰生产最多的一个月,但只有很少的新舰艇能够离开俄亥俄河上的船坞,顺密西西比河而下,横渡大西洋而按时加入海王部队。而且,在能够到达的舰艇上,船员也是些新手,没有接受过任何水陆两栖训练。有少量的老兵从其他舰艇上被派到他们当中,以提供一些有经验的指导,但其余的人都是初学者,用其中一位的话来说,就是"直接从新兵训练营进入到战斗中"。对于新到来的人,诺曼底登陆将是他们此生进行的第一次海滩登陆。尽管如此,行动却不能再往后拖延了。正如一位坦克登陆艇船长所说,"考虑到时间的短暂,我们的训练已经做到了最好,"他补充道,"我们技术上所欠缺的,将以一腔热血来弥补"。这样是否足够,只能留待验证。

在5月15日于圣保罗学校举行的最后一次全面说明会上,艾森豪威尔及以下所有的主要指挥官,对即将到来的行动都进行详细的口头汇报。会场中名人荟萃,有陆海空三军将领,还有首相和乔治国王。在主席台上,有一幅巨大的目标海滩的立体地图,斜放着以便让观众能够看见。每一位主要指挥官发言的时候,都会在地图周围走动以指出主要地点。丘吉尔不由自主地被打动。最后轮到他的时候,他发表了艾森豪威尔所说的"典型的战争演讲",但是首相补充了一句:"先生们,我对这次战役的态度正在坚定起来。"艾森豪威尔吃了一惊。对于占据了同盟国计划整整一年的行动,丘吉尔好像此时才开始变得坚定起来。

5月28日,拉姆齐向全体士兵下达命令:"执行海王行动。"接到命令后,战列舰与巡洋舰自北爱尔兰和苏格兰的港口扬帆起航,登陆舰与登陆艇则沿英吉利海峡海岸向指定港口挺进,满载全副武装士兵的卡车如一条永无止境的长河,沿着英格兰南部狭窄的道路滚滚而行,驶向从康沃尔郡法尔茅斯至东萨塞克斯郡(East Sussex)纽黑文一带的起航港口。

离登陆日仅八天之遥。

第十章
"响彻全国的轰鸣"

　　它最终到来了,在整个英格兰,人们都感觉到了。就像同盟国首脑难以隐瞒进攻的时间一样,5月末各个事件的加速进行,给人以明显的预感。5月26日,英格兰南部的一位居民在他的日记中写道,"几乎是静静地,英国在期待"。凝重的平静很快便被打破,几天之后,在位于南海岸沿岸、布里斯托尔海峡、泰晤士河河口,以及远至苏格兰北部的171个登船港口中的每一个港口,都呈现出一派忙碌甚至狂热的景象。进攻所需的装备和补给品都预先放置在这些港口附近,当地人越来越习惯于看到成堆伪装的军事装备和停满军车的停车场。不过,这只是证明了一切才开了个头,随着出发的时间日益临近,车辆开始沿着英国狭窄的道路朝海岸开进。它们都是在夜里行动,以躲开德军飞机的侦查,但却逃不过当地人的眼睛。多塞特郡一位居民回忆道,"我们的夜晚,回荡着重型坦克缓缓地行驶在伯恩茅斯-南安普敦路上无休止的哐当哐当的声音"。小村庄里的人们意识到正在发生不同凡响的事情,都来到路上观望,向驶过的坦克和卡车晃动着表示胜利的"V"字手势。

　　6月2日午夜刚过,水兵乔治·哈克特(George Hackett)在达特茅斯附近的营房里睡得正香,突然被坦克登陆艇第十七舰队的指挥官叫醒,叫他去驾驶吉普车。指挥官必须赶往达特茅斯以东的托基,去和其他指挥官碰面并接受作战指示。他驾车载着上尉在黑暗中行进,车头灯因蒙上了黑胶带而昏暗不清。哈克特开始觉察到空气中充斥着一种"奇怪的声音"。这是一种低沉而持续不断的轰鸣声。他越往前行驶,声音便越大,直到空气似乎都随之而颤动。当他进入南部的主干道时,才发现它的来源:数百辆柴油卡车正在行进,一辆接一辆,形成一条一眼望不到边的车流,齐齐朝南而去。加入车流之后,哈克特猜测,在英吉利海峡海岸、在法尔茅斯、普利茅斯、埃克斯茅斯(Exmouth)和其余各地,这一切都同时在发生着,产生了"响彻全国的轰鸣"。

　　与此同时,数百艘水陆两栖船只也在登船地点集结。它们也是大部分在夜晚出动,尽可能地暗中进行,不过在几乎绝对的盟军制空权之下,它们不易被敌军发现,相对比较安全。到达集结地点之后,舰艇指挥官们立即上岸参加作战指示会。在达特河的坦克登陆艇和步兵登陆艇的指挥官们,在不列颠皇家海军学院(Britannia Royal Naval College)铺设着木板的巨大的后甲板上接受作战指示。听了行动的详细内容之后,他们被告知在进攻中会发生些什么。事实的陈述是无情的。第一个威胁是水雷,舰长们受到告诫,在横渡英吉利海峡时,必须特别小心不要越过扫清了水雷的航道,这是由红色和绿色浮标标出的一条 800 码宽的通道。此外,他们还被告知"会遇到德国鱼雷快艇凶猛而持续的袭击",以及"敌军以炸弹、滑翔炸弹、空投水雷进行的猛烈而持续的空中袭击,而且很可能有鱼雷"。最后,有可能——或许很有可能——德国人会使用毒气。进行作战指示的军官总结说,他们倒也不必担心,因为盟军具备充足的优势,能够在承受重大的伤亡情况下依然取得胜利。最后的这句话,或许并不是作战指挥官有意让人感到不舒服。

有一部分人有理由比大多数人更为担心,其中当然包括先去进攻海滩扫清地雷和障碍的士兵。在美国海军当中,这些士兵隶属于海军作战爆破队(Naval Combat Demolition Unit[NCDU]);在英国皇家海军中,他们是登陆艇障碍清除队(Landing Craft Obstacle Clearing Units[LCOCU])的一部分。不管在哪支部队中,他们的职责都是整个行动当中最为危险的。在他们之后上场的就是特种工兵旅,他们的职责是利用坦克登陆舰运送上岸的推土机、筑路机和拖拉机,在清除了地雷的区域建设通道。接下来是海滩指挥官充当交通警察,监督指挥运送步兵和坦克上岸的船舶的登陆和卸载。在进攻前的一次作战指示会上,与会的一位被指定为海滩指挥官的人询问,在他一直呆在岸上的时候,如何获取食物和饮水。"不必担心",作战指示官一本正经地回答说,"进攻之后如果你们这些海滩指挥官还活着,我们自会关照你们,想办法给你们提供补给品"。

英吉利海峡沿岸各个港口周围的集结区域,被称为"香肠营",因为在地图上,这些地点是以香肠状的符号标出的。为了对军事集结进行伪装,卡车、坦克和吉普车尽可能停放在树林中,以免被轻易地从空中观察到。从康沃尔郡到东萨塞克斯郡的森林中,很快便填满了各式各样带伪装的军车和装备。甚至在位于达特茅斯的英国皇家海军学院运动场周围的树林中,都挤满了停放的军车。这造成了些许烦扰,一些保守派抗议说,开着坦克穿过板球场有点太过分了。有些东西当然是神圣不可侵犯的!当地的指挥官们尽量委婉地进行解释说,为了保证胜利,这样痛苦的牺牲是迫不得已的。

尽管集结不停在进行，但先期到达香肠区域的人们却面临着"起个大早赶个晚集"的老问题——而且晚得折磨人。计划第一拨登岸的第一四九工兵旅队员罗伯特·米勒（Robert Miller）回忆说，他和其他队员都觉得时间过得慢且沉闷。像很多人一样，他也在猜想他的命运在海峡对面将会如何。"我们和自己最好的战友们约定"，他回忆道，如果他们牺牲了，"战争结束后要和他们的家人联络"，告诉家人他们是怎样牺牲的。还有人反复不断地，甚至是带有强迫性地擦拭他们的步枪，还一遍又一遍地检查他们的装备。爆破队的队员们仔细地称量出两磅重的炸药，将它们放入海军袜中，将袜口打上结，以便它们能够被迅速地粘在岸上的障碍物上。由于有五十万人涌入登船点，他们的时间大部分花在排长队上。水兵们也同样厌倦了等待。LST-315 上的海军少尉柯蒂斯·汉森（Curtis Hansen）回忆，"我们厌倦了训练，厌倦了无聊，只想一切快点结束，不管会给个人带来什么结果"。

即使到了此刻，到了几乎最后一分钟，最高指挥部依然还存在着一些紧张和不安。利-马洛里找到艾森豪威尔，要求取消海滩后方的空降。考虑到变幻莫测的天气和困难的地形，他相信伞兵的伤亡率将会让人难以接受。艾克的肩上又增添了一份重负，他向 SHAEF 的其他人询问取消这样的行动会带来怎样的影响。最后他告诉利-马洛里，空降按原计划进行，他——艾森豪威尔——将承担起这份责任。

———————

漫长的等待之后，这一刻突然来临。正如乔治·古德斯皮德（George Good-speed）记得的那样，"一天早上，我们接到通知把海上用品背包装好，把它们堆放在一座房子里，只带上我们实际需要的东西"。陆军的排长们接到通知，要求确保所有的士兵"洗了澡、刮了胡子，穿上了暖和的内衣"。不知道下一顿饭什么时候才有机会吃，一些人在衣兜里装满了糖果。他们被分成 220 人一组的"舰艇组"——这个数字也是步兵登陆艇能够容纳的人数——然后登上卡车前往港口，再在港口排队。在遍及英格兰和苏格兰的 171 处不同的地点，有大约 176 000 人，超过 20 000 辆军车，以及无数吨装备被装上了数以千计的运输船和登陆艇。行色匆匆的高级军官们，拿着纸夹笔记板，力图确保每一名士兵、每一辆车和每一只箱子运往的地点没有搞错、装上的船没有搞错，而且装载的顺序符合要求。

当然，同盟国为这一刻已经准备了一年有余，准备工作中包括建造两百多个特殊的登船平台，它们被称为"突堤"：宽阔、铺有路面的坡道，从马路上一直倾斜延伸到吃水线以下,和如今的游船使用的小型船舶下水滑道相似,但更为巨大。建设这些突堤的时候,首先将地面平整为缓坡海滩,然后铺上几千块每块重量为350磅的长方形钢筋混凝土预制板。这些巨大的混凝土砖铺满装载区域,形成的图案像一块块的"好时"牌巧克力条,因此有人称为"巧克力"。这些突堤在登陆舰艇装载时,比传统的码头更为实用,因为当时的一些登陆舰和登陆艇能够将前端凑近突堤,将跳板放在"巧克力"之上,坦克、卡车和吉普车可沿混凝土斜坡开上登陆艇的跳板并进入船舱内。

在5支进攻部队中,穆恩U编队的865艘舰艇航行的路线最长,从英格兰的西南部各郡出发,到达怀特岛(Isle of Wight)以南的集结地,因此他们须在5支战斗群中最早离港。在德文郡南海岸从索尔科姆到托基一带的港口上,舰船于6月1日星期四那天,开始装载雷蒙德·"塔比"·巴顿(Raymond "Tubby" Barton)少将第四步兵师的士兵和装备。舰船装载的货物,根据具体任务而有所不同,但一艘典型的坦克登陆舰能够携带20辆坦克、20辆卡车、12辆带拖车或火炮的吉普车,再加上350名军官和士兵,他们被安置在沿船左舷纵向排列的铺位上。按照计划,它们正式的离港时间是6月3日星期六晚上8点。然而那天,一些船只在下午就开始起航。

在英吉利海峡更北面的韦茅斯和波特兰,霍尔O编队的水陆两栖舰艇也开始装载,不过它们的计划是在6月4日早上7点之后离港。霍尔的15艘大型运输船、24艘坦克登陆舰、37艘步兵登陆艇和140多艘坦克登陆艇,将克拉伦斯·许布纳(Clarence Huebner)少将第一步兵师和第二十九师两支(第一一五和第一一六)团级战斗组的士兵装运上船。在装运过程中,有些海军水兵,和他们在演习中装运的步兵部队又重逢了。一位在韦茅斯LST-498上的水兵,站在船首眺望着在跳板上行进的士兵,发现他们的臂章显示出他们隶属于第二十九师。他感到欣慰的是他们又装上了老战友,不过他还察觉到这次有所不同。"每个人都知道发生了什么事",他强调说。

在东部,在南安普敦、朴茨茅斯和纽黑文,英国坦克登陆舰正在装运准备进攻宝剑海滩和黄金海滩的英国第二集团军,以及进攻朱诺海滩的加拿大第三师。英国士兵配备的是铆钉皮靴,他们发现穿着这个在坦克登陆艇或坦克登陆舰的钢甲板上行走十分危险。英国坦克登陆舰的装载量和美国的略有不同。以进攻朱诺海滩的J编队的LST-543为例,它能装载包括轻型和重型卡车在内的66辆军车、两门火炮和12辆运载布伦式轻机枪的履带式小型装甲车,再加上354名加拿大军官和士兵。还有的坦克登陆舰"吞"下了一些巨大的40吨重的丘吉尔坦克,它们的钢制履带将坦克登陆艇的甲板压得伤痕累累,"好像它们是砂纸似的"。

在所有这些地点,舰船必须进行战斗装载,也就是说,不仅最先需要的装备最后装载,而且坦克和卡车都必须沿跳板小心翼翼地倒车进入,以便在坦克登陆舰到达目标海滩时它们全部车头朝前。必须仔细地安排每一辆车的位置,以确保一切都合适,而且重量的分布能使船身保持平稳。完成装载之后,水兵们从车上爬下来,用链条将车固定在甲板上,以免它们在不出意料的颠簸航行中倾斜或相互碰撞。

装载、安排位置、固定车辆,再加上人员登船和给他们安排各自铺位的整个过程,每一艘舰船大约花费两个半小时。完成之后,由两人一组的军官——一位陆军军官和一位海军军官,确认装载已经完成且准确无误。坦克登陆舰船长把旗子升起,向港口船长发出准备妥当的信号,收到许可之后,他命令收起跳板,关闭船首门,将满载的舰船倒离码头,进入海港,在事先指定的位置下锚。在它离开突堤之后,另一艘坦克登陆舰立即过来填补它的位置。装载后的舰船一旦下锚之后,就不允许再和岸上进行通讯交流。

到6月2日,每个人都清楚地知道,这不仅仅只是一场演习了。演习不会有如此大的规模,而且,几乎每个人都注意到,在以往所有的演习当中,天气至少都是过得去的。每当英吉利海峡天气恶劣的时候,演习都会推迟,直到天气转好,这样的状况已经发生过不止一次。而此刻,尽管海峡中狂风骇浪,但工作一直没有停止。而另一方面,天气如此恶劣,以至于有人怀疑横渡海峡是否可能。满载的坦克登陆舰,在水面上下沉了一截,在有防波堤的港口都摇晃得令人头晕目眩,许多登船的士兵已经在船舷边开始呕吐。在 LST-530 上,亚蒙·巴斯(Armond Barth)肯定地认为,"我们哪儿也去不了"。

装载较小型的坦克登陆艇花的时间较短,因为它们每一艘只能装载四五辆军车。然而,装运过程还是拖得很长,因为坦克登陆艇太多——仅穆恩的部队就有 142 艘。像较大的坦克登陆舰一样,它们也被货物塞得满满的。乔治·哈克特看着他的船随着谢尔曼坦克和"两吨半"道奇卡车缓缓地倒车驶入甲板而在水面上下沉,他的心里越来越不安。舰长收起跳板之后,哈克特担心舰艇会因吃水太深而被英吉利海峡四英尺高的巨浪吞没。

大型的坦克登陆舰在初期的突袭中会停留在海岸外的洋面上,而坦克登陆艇则会在第一拨突袭之后直接抢滩上岸。考虑到两栖登陆的不确定因素,它们在海滩上搁浅也不是没有可能。正因为如此,坦克登陆艇上的水兵们也配备了武器,然而却是过时的一战时期的点30口径手动栓式步枪,依然还裹着滑腻的润滑油,还有一盒子弹、一把八英寸的匕首、一顶钢盔。用这样的武器和德军作战的前景是不难预料的。坦克登陆艇上的水兵们还被要求穿上特制的防化服,以保护他们免受毒气的袭击。许多水兵穿上它之后,都觉得比吸毒气还难受。防化服闻上去有一股臭鸡蛋的味道,恶臭太过于强烈,一些人忍不住开始呕吐。"这些衣服把我们从头到脚裹住",一位水兵回忆道,"闷热难当、奇痒难熬、恶臭难忍"。防化材料根本不透气,一位水兵形容说,"白天像蒸笼、晚上像冰窟"。水兵们传统的白帽子也被染成了蓝色,以便他们在海上不那么引人注目。为了某些策划者的安全观而牺牲这一特别的传统,许多水兵都对此感到不满。

坦克登陆艇的军官们同样也穿着臭不可闻的防毒装备。他们接到的命令指示他们要确保他们有全套的"恶劣天气装备、雨衣、作战靴、套鞋、手套和露指手套"。结果,他们看上去不像是海军军官,更像是裹得厚厚的北海渔民——而且闻上去的味道也像。岸上进行作战指示的军官给他们的说法是,这种装备能够救他们的命。然而让人难堪的是,在接下来的海峡横渡当中,当一艘美国海军登陆艇经过一艘英国皇家海军舰船的时候,美国人看到英国人并没有穿戴任何这样的东西。英国皇家海军的军官们穿着双排扣的蓝色军服、戴着白色的军官帽,带着特有的冷静沉着。也许是有些许懊恼,很多美国兵很快就脱掉了他们发臭的防毒服。坦克登陆艇装满之后,同样一艘接一艘地从突堤退出,在外港下锚停泊。它们开敞式的船舱被伪装网覆盖,令敌方飞机难以确定它们究竟是空舱还是满舱。

能够一次性装载1 500名士兵、长度为492英尺的庞大的攻击运输舰,因太大而无法靠近突堤,也无法在海港停泊。为了登船,背上捆着60磅背包、肩上挎着M-1式步枪的士兵们,从突堤登上坦克登陆艇,快速驶过风浪中的海港,再从悬挂在船舷外的吊货网爬上船。几天之后,在英吉利海峡的对岸,他们将会把这个过程倒过来,先从吊货网爬下船,登上坦克登陆艇或小型希金斯艇,再向进攻海滩挺进。

对于很多登船的士兵而言,船上的等待比在"香肠营"中的等待更为糟糕。小型的坦克登陆艇比大型的坦克登陆舰更甚,在大风天气中极其颠簸,随着风浪剧烈起伏。因即将到来的行动而激动不安的陆海军战士们,此刻不得不忍受一段长短未知的时刻,等待"出发"的一声令下。他们无事可做,只能眺望海港、和战友们闲聊、思考一下即将到来的行动。在很多船上,船长会举行宗教仪式,参加的人很多。穆恩同意在他的旗舰"贝尔菲德"号上放映电影，以助大家打发时间。士兵们坐着观看乔治·桑德斯（George Sanders）和赫伯特·马歇尔（Herbert Marshall）的《月亮和六便士》（The Moon and Sixpence）。这是一部1942年的故事片，讲的是一位中年证券经纪人，像保罗·高更（Paul Gauguin）那样，定居在南太平洋的小岛上，与当地的土著人生活并创作绘画作品。这自然引起一些水兵笑话这位老人用电影来炫耀自己和自己的收入。

好在食物比较充足。大型的攻击运输舰和坦克登陆舰上尤其如此，因为这两种舰船配备有能够一次性供几百人进餐的厨房。6月3日那天，一些坦克登陆舰上的厨师准备的是牛排晚餐。享受之余，很多人也在猜想其中的象征意义。这会是被宣判了死刑的人最后的晚餐吗？坦克登陆艇上的伙食却要简单得多。每一艘坦克登陆艇上储备了15天的食物，但大部分都是K型应急口粮：一只小纸盒里装着一个肉罐头或者一罐奶酪、四块饼干、一些麦乳精球、一包咖啡、四支香烟和一块糖。士兵们常常把烟揣在兜里，把糖吃掉，却把其余的东西一扔了之。稍可容忍的是C型应急口粮，里面有一罐肉末或炖肉。LST-315上的居尔蒂斯·汉森（Curties Hansen）把C型应急口粮中的一罐炖肉放到发动机歧管上进行加热。这样做还不错，但由于身体的原因，他刚刚吃了一口，就开始感到恶心，只好将它扔到船舷之外。

有些人试着睡觉，然而，由于船上的人太多，能够伸展四肢的空间都非常珍贵。少量士兵轮流睡铺位，另一些人爬上卡车后厢，在大箱子和装备当中找到一些空隙，也不管里面都是弹药。还有人爬到卡车顶上，把金属架之间覆盖的帆布当成吊床。他们发现，如果在卡车的帆布顶上蜷缩得够深，它还能够遮挡大风和海里溅起的水花。后来，天下起了雨。为了躲雨，他们到甲板下面寻找庇护。这样一来，那些不会游泳的人出现了问题。他们在进入船舱之后，马上穿上了充气的内胎式救生衣。此刻他们发现自己无法进入甲板下面，因为坦克登陆艇的舱门太窄，不能容纳身穿充气救生衣的人通过。没过多久，用其中一个人的话来说，几乎每个人都"浑身透湿、可怜巴巴"。

在漫长的装载过程中，高级军官不时来到各个登船点，以确保取得的进度令人满意。艾森豪威尔和拉姆齐视察了朴茨茅斯，同陆海军战士们进行交谈并给予他们鼓励。甚至连乔治国王也露面了。当罗伯特·埃文斯（Robert Evans）正忙着将吉普车和其他装备装上LCT-271的时候，一辆黑色的劳斯莱斯驶入突堤，乔治六世国王从车上下来，身上穿着皇家海军五星上将军服。埃文斯知道，按照规定他应该立正并敬礼，但他却和现场的其他人一样，挥舞手臂大声欢呼起来。国王精神抖擞地欣然接受，并向他们回以挥手致意。在另一处地方，国王走向一艘正在装载的舰艇的跳板，一位手拿纸夹笔记板的年轻美国军需官出现在他面前。这位军需官接到的命令是，首先要确认登船人的身份并记录他的名字，然后才能允许他登船。由此引出了以下这段有趣的对话：

"请问您的姓名，上将？"

"温莎。"

"名字？"

"乔治。"

这位军需官在他的纸夹笔记板上忠实地记录道，上将乔治·温莎视察了他的舰艇。

丘吉尔同样忍不住要置身于准备的疯狂当中。他定期造访索思威克庄园，在这里的艾森豪威尔和拉姆齐等人都不得不向他汇报最新情况。首相还视察了好几处登船点。更麻烦的是，他向拉姆齐宣布，他计划亲自乘英国巡洋舰"贝尔法斯特"号横渡英吉利海峡，以便在盟军的炮火撕开法国海岸时他能够身临现场。艾森豪威尔对这个想法表示反对，而丘吉尔却不顾他的劝诫，他承认艾森豪威尔对进攻部队具有指挥权，但他坚称美国将军没有权力"规定英国皇家海军舰艇的作战人数"。艾克让步了，但丘吉尔还需让国王感到满意。国王一开始对这个想法表示热心，提议说他也应该登上"贝尔法斯特"号亲临火线。然而，他很快就意识到，制造一次机会让一颗炸弹、一枚鱼雷给轴心国带来不可估量的心理胜利，是多么的鲁莽和不计后果。他告诉丘吉尔他们两人都不应该去。虽然丘吉尔是一位忠实而热忱的君主主义者，但他反感有人叫他别出海，甚至是国王也不行。毕竟他曾经是（就像罗斯福经常在他们的通信中称他的那样）"前海军人员"。乔治六世国王提醒丘吉尔，首相必须得到国王的首肯才能离开本国，丘吉尔答复说，只要在国王陛下的战舰上，理论上就是没有"离开国土"。乔治六世感到，解决这个僵局的关键，不是权威性的声明，而是要迎合丘吉尔的责任感。6月2日，在进攻舰队即将起航之时，他在给首相的一封信中展示了自己的敏锐和政治技巧：

> 请你考虑一下我个人的情况吧。我比你年轻，我是一名水兵，而且作为国王，我又是三军统帅。我最高兴的事情莫过于航海了，然而我却同意留在家里；那么，我本人想做而不能做的事情，你却做了，这是否公道呢？我以最诚挚的心情，要求你重新考虑全部问题。我非常理解你

个人的愿望,但请你不要让这种愿望使你背离了自己对国家所负的崇高责任。

丘吉尔留了下来。

————

随着离港时间的临近,进攻舰队中的很多人感觉到了行动的急迫性,他们抓紧时间给家人写最后一封信,向他们表达爱意,提出自己如果牺牲之后的遗愿,并要求家人记住自己。有人写给父母,有人写给妻儿。在这一点上,上下级之间并无太大区别。海军少尉埃德温·盖尔(Edwin Gale)安慰他的父亲说,他很骄傲能够成为"参加赢得这场战争的决定性战役的几千人当中的一员"。海军少将唐·穆恩给妻子写信说,他将尽最大的努力"高举国旗,用一切力量击败敌人"。他们都向家人表达了"忠诚与爱"。

离港时间,因港口的不同,甚至因舰船的不同而各有不同。较远的港口上速度较慢的船只先行启航。实际上,在两栖舰艇开始装载货物之前,盟军舰队的一些小分队就已经出海。第一批离港的是"玉米棒子"——用来在目标海滩沉入水底以建造"鹅莓"防波堤的废弃船只。它们于5月31日被拖船拖离苏格兰北部的小港奥本(Oban)。在仅有三四节的航行速度下,它们需要10天才能到达诺曼底,到那个时候,海滩很可能已经被夺取。第二批离港的是两艘四人小型潜艇X-20和X-23,它们于6月2日被拖船拖离朴茨茅斯,占据英国海滩近海处的位置,为进攻舰队充当航标和指示。

在真正的登陆部队中,穆恩的U编队是第一支突击部队。达特河上的坦克登陆艇于6月3日中午开始拔锚离开它们的基地,朝南部的达特茅斯城堡(Dartmouth Castle)附近洋面的锚地开进。到了下午,即使是再漫不经心的人,也能明显看到它们都已经整装待发。LCT-853上的埃德温·盖尔发现,这是"非常感人的壮观场面",达特茅斯的市民们意识到正在发生的事情,纷纷来到河岸边,向他们静静地挥手告别。853的舰长克利福德·安德伍德转身对盖尔说,"埃德温,你知道,我们这辈子有可能再也干不了比这更值的事了。但是呆在这儿是件好事"。盖尔被安德伍德的话深深打动,不过,随着他们的舰艇经过防潜网进入不设防的英吉利海峡,他还是忍不住猜想,是不是"我们再也回不来了"。

北纬度的6月,白昼极长,太阳在晚上10点之后才会落下。在从下午到傍晚的漫长时光当中,盟军的舰船从普利茅斯、索尔科姆、布里克瑟姆和朴茨茅斯驶离。它们驶入英吉利海峡,组成12支单独的船队,然后转向南偏东南,英国海岸位于它们的左舷。它们穿过莱姆湾——在4月份的"老虎"演习中,曾有3艘坦克登陆舰在此遇难,然后朝着怀特岛以南被称为"斑马区域"(Area Zebra)的方位开进。它们将在此和另外四支准备第二天早上发动突袭的部队会合。幸运的是,在这关键的几个小时,德军没有进行空中侦查。很可能这是由于恶劣天气的缘故,尽管如此,至少有一位美国高级军官觉得"简直不可思议"。

天气一直让人担忧,穆恩的舰船刚刚离开几处港口,就遇到了4到6英尺的巨浪、狂风和时断时续的雨。小型的舰艇受到的影响最为严重,其中包括几艘56英尺长的登陆艇控制船,它们主要用于协助导航和标记最终的出发线。据其中一艘船(LCC-60)上的一位军官回忆,海水"波涛汹涌,肆意暴虐"。在开敞的船桥上尤其难受,这里"刺骨的海风和苦涩的海水"考验着军官们和船员们的一腔热血。这样的条件同样也影响着坦克登陆舰拖曳的"犀牛"渡船上的"海蜂"队员。狂风骇浪几乎让"犀牛"驳船倾向一侧,因此它们像螃蟹一样横着前进,仿佛成了拖曳它们前进的舰艇的海锚。松弛地漂浮在水面上的粗大的麻拖绳,随后被绷得紧紧的。驳船也给拖绳带来了强大的拉力,拖曳驳船的舰艇因此难以保持自己在队伍中的位置。精心安排的船队结构很快就开始散乱。而且,由于"犀牛"渡船本来是平坦的金属驳船,它们根本没有任何保护措施,只能任凭海浪在甲板上翻腾,寒风在周围肆虐。"海蜂"队员们只能不停地跺脚,以免双腿失去知觉。

同一天夜里,在300英里之外的北方,进攻部队的炮火支援舰船驶离了北爱尔兰的贝尔法斯特和苏格兰的克莱德河湾。在太阳最终落下之后,一轮满月奋力将光芒穿透厚厚的云层。指挥奥马哈海滩炮击群的美国海军少将卡尔顿·F.布莱恩特(Carleton F.Bryant)说,它带来的"一种半明半暗的暮色"让他觉得"神秘莫测"。布莱恩特指挥的是两艘美国战列舰("德克萨斯"号和"阿肯色"号[Arkansas]),另加两艘英国巡洋舰和两艘法国巡洋舰。另一位美国人,海军少将莫顿·德约(Morton Deyo),负责指挥犹他海滩的炮击群,其中包括战列舰"内华达"号(珍珠港事件中幸存)和三艘重型巡洋舰。黄金、朱诺和宝剑海滩的炮击群则全部由英国皇家海军的战舰组成,其中包括战列舰"厌战"号(Warspite)和"拉米伊"号(Ramillies)。所有这些战舰都经爱尔兰海往南行驶,将于6月4日黎明前通过兰兹角。那天夜里,一艘皇家海军驱逐舰的舰长驾舰行驶在爱尔兰海上的时候,他从战舰的右舷后方望出去,看到好几艘战列舰和重型巡洋舰的桅顶楼出现在地平线上。他认出了大部分英国战舰,后面跟着的是有着与众不同的高干舷的美国战舰。他心想,这是一支无敌舰队雄狮,而且两个国家的旗帜相互交叠在一起。这幅景象打消了他对即将到来的行动能否成功的疑虑。

　　至6月3日午夜,该复杂进攻计划中时间安排紧密的数个分队已经开始行动,但计划中有一点却迟迟未能确定。

———————

　　6月3日晚上9点半,穆恩的U编队还未全部驶离他们的几处港口,艾森豪威尔和他的主要副官们在朴茨茅斯附近的索思威克庄园碰头,听取最后一次天气预报,汇报人是空军上校詹姆斯·M.史塔格(James M.Stagg)。史塔格是皇家空军军官,艾克的首席气象学家。一天以前,史塔格曾报告说,预测6月5日的天气将"充满威胁",很可能转坏,然后才转好。艾克决定再等一天,如有什么变化,再决定如何行事。此刻,二十四小时之后,史塔格的最新预报甚至更加可怕。一片低压区域正在移动,北爱尔兰的气象站报告将有巨浪和每小时30英里的大风。艾森豪威尔询问他的三位指挥官的想法。白天在朴茨茅斯突堤视察的拉姆齐回答说,他相信首次突袭的部队能够登岸,但是天气的变坏会使得后续补给充满困难,甚至有可能无法进行。利-马洛里也同样担心,他认为,即使飞机能够飞行,但飞行员也会因看不清而无法确定他们的目标。只有蒙哥马利宣称自己作好了出发的准备,他的这番宣言惹得房间内其他人对他侧目而视,他们都怀疑这只不过是蒙蒂一贯的做派。当然,一切还是得由艾森豪威尔说了算。在暴风雨中派出进攻部队,有可能造成严重的损失,但推迟行动可能会同样糟糕。行动的拖延,会失去出其不意攻其不备的意义,也会完全打乱错综复杂的进攻时间表,有可能带来灾难性的后果。看来没有更好的选择。艾森豪威尔宣布,目前的情况看来需要推迟二十四小时,但他会等到第二天清晨四点一刻,再听取一次天气预报之后再作最终决策。与此同时,原计划继续进行,穆恩的U编队继续向东南行进,与恶劣天气作战。

　　6月4日清晨4点15分,风力有所减弱,SHAEF指挥分队再次在索思威克庄园聚集,谨慎的希望突然增大。史塔格上校进入房间之时,感觉到几乎每个人身体都绷紧了。艾克意味深长地朝他点点头,史塔格汇报了最新的天气预测。还是不好。他报告说,乌云和大风全天将会持续增大,云层底部高度将会降低到仅有3 000英尺。拉姆齐说,他看到此刻外面晴朗且风平浪静,但史塔格向他保证,接下来的几个小时,天气会变坏。艾森豪威尔再次询问他的指挥官们。拉姆齐害怕云层太低"会影响空降部队的使用"和其他空中行动,包括海军炮火支援的"空中弹着观测"。拉姆齐起初同意白天发动袭击,仅仅是因为空中支援和炮火支援能够保证"势不可挡"。按照史塔格描述的条件,看来如今很难得到空军和海军任何显著的支援。拉姆齐认为进攻应该推迟。艾森豪威尔表示同意。"如果空中行动无法进行",他说,"我们就必须推迟"。他环视屋内,询问其他人是否同意。没有人说话;连蒙哥马利也保持沉默。于是艾森豪威尔宣布登陆行动再次推迟二十四小时。实际上,推迟的时间应该是 24 小时半,因为原计划进攻时间为 6 月 5 日清晨 6 点,而现在为适应潮汐而改到了 6 月 6 日清晨 6 点半。

拉姆齐立即用电话通知了他的混编舰队总司令们。维安的三支特遣编队,虽然满载着准备出发,但还没有驶离港口,因此这个消息对他们而言,虽然令人不悦,但还不算可怕。柯克的两支特遣编队问题较为严重。霍尔的 O 编队本计划清晨 7 点离港,距离此刻仅两小时,这说明他的舰船已经开始执行离港程序。还有穆恩的 U 编队,其大部当然于前一夜就已经出海。尽管如此,当拉姆齐给柯克打电话问"你能停下来吗?"的时候,柯克立即回答说,"是的,我们能行。"柯克的信心,在于他知道,行动计划中有一份附则,专门用于应付这类情况。柯克相信,只需要播报预先设定的推迟 24 小时的暗号,他的西部特混舰队的所有分队就会进行相应的调整。

事实证明,柯克的信心在很大程度上是有充分理由的。信号("One Mike Post")于清晨 5 点 15 分从无线电中发出,从爱尔兰海到泰晤士河口,数百艘舰船作出了必要的调整。从苏格兰和爱尔兰出发的战列舰和巡洋舰掉头返航。正如德约少将所说的那样,"那天白天我们只是在爱尔兰海掉头往北走,睡了一会儿觉,晚上又继续往回走"。被拖船拖曳着以悠闲的三至四节的速度前进的"玉米棒子",也同样地作出了调整。

问题当然是穆恩的 U 编队。为了确保在他指挥下的各个不同的分队能够按照详细的时间表成功出海,穆恩整夜未眠。到此刻为止他已经做到了这一点,然而,在向东行进的时候,狂风巨浪打乱了他指挥的各个分队,它们分散在英吉利海峡西部的一大片范围内。现在要推迟行动,穆恩不仅要把四处分散的船只统一到他的指挥下,而且还必须让它们改变方向,到附近港口停靠。它们不能像巡洋舰或驱逐舰那样停留在洋面上,因为它们已经到达英吉利海峡中部,白天到来之后(那天早上的日出时间是 5 点 58 分),德国侦察机一旦飞越英吉利海峡上空,就会发现它们。而且,小型舰艇如坦克登陆艇、步兵登陆艇和麦克艇等,没有足够的燃料撑过另一个 24 小时后还能再实施行动。它们必须找到一个能够持续补充燃料的安全港口过夜。穆恩的船只大部分都驶向韦茅斯和波特兰,然而,有一组被命名为 U-2A 的船队,已经脱离了短程 TBS(船间对讲)的范围。由于不想打破无线电静默,穆恩于是派出驱逐舰"福雷斯特"(Forrest)(DD-461)号以30 节以上的速度前去寻找它们并令其调转方向。

行动的撤销不出所料地挫伤了士气。虽然大多数陆海军战士都猜到这是真正的进攻,但船长们都等待着舰船离开海港之后,才正式进行了宣布。这项宣布在很多船上激起欢呼,还有一些船上呈现出沉思的庄严气氛。结果,仅过了几小时,就传出了"One Mike Post"的无线电信息,船长们重新在喇叭中进行宣布,基本上说的都是不用担心。有些人松了一口气,而更多的人深感失望。几乎每个人都觉得灰心丧气,经历了磨砺,付出了此生最大的努力之后,他们的激动和兴奋消失无踪,只剩下一种奇怪的倦怠感。"当我们离港的时候……我们已经作好了出发的准备,并且处于高度兴奋的状态中",一位水兵后来回忆道。撤退的命令"真令人失望,让船上的人感到精疲力竭"。

收到推迟的命令之时,穆恩指挥下的船只并不是都在海上。被指定进行下一步突袭的部队,包括大多数装载人员的步兵登陆艇,依然还在西南部各郡的港口进行装载。海军上校詹姆斯·阿诺德正在达特茅斯监督士兵们登船的时候,一位通讯员交给他一份新命令的电报。阿诺德安排妥当了工作细节,但是由于太紧张而无法睡觉,于是他到一艘船上的厨房里倒了一杯咖啡,然后来到船的右舷翼。他在这儿"凝视着达特河静谧而神秘的河水,看着在上涨的潮水的冲刷下系船的缆绳变得松弛"。黑暗中水兵们的影子像幽灵一般,他们收紧缆绳保证船只的安全,小心翼翼地在甲板上睡着的几百个水兵的身体当中穿行。

与此同时,撤退的穆恩的各个分队发现,韦茅斯和波特兰早已挤满了霍尔 O 编队的舰船。它们小心翼翼地驶入港口,试图寻找一片能够下锚的水域,这样一来,许多船只不可避免地和它们编组的其他船只分开了。燃料见底的船只驶入加油码头去灌满它们的油箱。穆恩和几位分舰队指挥官试图与他们统帅下的所有船只保持联系,但是在当时的混乱中,每一位船长都要留心他特定的命令,这样做几乎完全不可能。"我们再也没有回到船队正确的秩序中",埃德温·盖尔回忆。还有一个额外的累赘是,船只的行动都处于严格的无线电静默中。可以使用短距离 TBS 无线电通讯,但仅限于紧急情况下,大部分通讯都依靠信号旗、信号灯,甚至通过叫喊或者动作手势在船与船之间传递。有两支坦克登陆艇小舰队,一支属于 U 编队,一支属于 O 编队,在一个地方混在了一起。为了重新恢复秩序,一支小舰队的指挥官发现自己不得不大喊大叫并挥动双臂。他后来回忆道,"除了相互咒骂,我们什么也干不了,直到整个事情最后得到解决"。

虽然已经到达了安全的港口,船员们和船上的士兵们依然被限制在自己的船上,此时此刻,这些人已经不再是像行动命令要求的那样,"洗了澡、刮了胡子,穿上了暖和的内衣"。而是如一位水兵所说的那样,"我们精疲力竭,全身被海水浸透,在还没回到英格兰、停泊韦茅斯之前,早已饥肠辘辘"。除了身体的疲乏和撤退的扫兴,如今又是另一段不安的等待。很多人的思绪回到了家乡、家人和自己逃不过死亡的命运。一些人在祈祷。理查德·G."杰克"·莱恩(Richard G."Jack" Laine)回忆道,他自己悄悄许了一个愿,如果能在进攻中幸存下来,他将会努力做一个更好的基督徒。他猜想其他人也立下了相同的誓言,因为他看到人们呆在各个角落里,弯着腰,捏着念珠,嘴里念念有词地祈祷着。还有些人在玩扑克牌、读书、交换各种传闻,排队等待使用船上数量有限的厕所。几乎所有的人都在好奇地猜想"黎明会带来什么"。

黑夜刚刚来临,他们的幻想就被德国空军例行的袭击打断。飞机投放的主要是水雷,由于港口异常拥挤,水雷很难不击中目标。尽管没有舰船沉没,但好几艘受到损坏。一枚水雷在 LCT-271 附近爆炸,所有人都被抛出铺位,锚索也被炸断。由于没有锚就无法行动,271 迅速赶往修理船坞换上新锚,免得错过了突击行动。

———————

那天夜里 9 点,艾森豪威尔和他的指挥分队再次碰头。他曾经作出了一个艰难的决定,将登陆从 6 月 5 日推迟到 6 月 6 日,然而,即使是 6 月 6 日,也很难说清楚能否发动攻势。除非天气转好,不然还会推迟,甚至还会推迟到下一个月亮和潮汐周期,也就是 6 月 19 至 21 日。如果是这样,所有的舰船就必须回到原来的港口,所有人回到岸上,然后装运的过程再重新开始①。

意识到这一点,那天聚集在索思威克庄园里的人们神色凝重。正如史塔格之前所说的那样,暴风雨在屋外咆哮,屋内能够清晰地听到它的声音,雨点击打着窗户,狂风在周围呼啸。不过,这次史塔格带来了一丝好消息。他报告说,暴风雨很可能在 6 月 6 日减弱。聚在一起的将领们爆发出一阵欢呼,艾克的副官特德凑上去询问详细情况。他想知道 6 月 6 日登陆海滩上的天气究竟如何。史

———————

① 事后看来,把进攻推迟到 6 月 19 日显然是灾难性的。尽管艾森豪威尔事先无从知道,但 6 月 19 日英吉利海峡刮起了巨大的夏季风暴。(见第十四章)。这场风暴会使得 6 月 19 至 21 日的攻势无法进行,甚至还有可能破坏整个进攻。

塔格沉默了半晌,人们屏住了呼吸,然后他回答说,"要回答这个问题我只能变成个猜测家,而不是气象学家了"。天气会转好,他说,但依然有极大的不确定因素——因此风险也很大。

艾森豪威尔再次询问屋内各位的意见。拉姆齐愿意出发,不过他强调说,由于他的舰队出海需提前准备的时间问题,他必须在半小时内得知艾森豪威尔的决定。特德和利-马洛里都显得谨慎,而蒙蒂一如既往地表现得勇敢无畏,他斗志昂扬地宣布:"我想说的是——出发!"艾克表示同意。"我认为我们别无选择",他说。不过,像前一天晚上那样,艾森豪威尔宣布他们将在清晨4点15分再次聚首,听取史塔格的最后一次报告,届时再作出最终不可更改的决定。如果史塔格带来坏消息,决定还会撤销,不过到目前为止,拉姆齐应该告诉他的指挥官们出发的决定。当拉姆齐给维安和柯克打电话时,他俩"表现出极大的担忧",因为此刻正值暴风雨的高峰。然而,他们还是将命令下达给特遣分队的指挥官们和5支进攻舰队——此刻有两支舰队在韦茅斯和波特兰混在一起,命令它们再次准备出击。一些部队立即就出发了。

经过了一个不眠之夜,SHAEF指挥分队于清晨4点再次聚集在索思威克庄园内。尽管天气已经开始转好,但还谈不上理想。不过,史塔格面带微笑走进了房间。大风会依然"强劲",他说,横渡海峡显然会"不舒服",但白天天气会好转,而且接下来几天都会好转。艾森豪威尔从座椅中站起身来,在房间里踱来踱去,他低着头,背着双手。没人说话。每个人都知道,决定在于他个人。他的下一句话将会决定成千上万人的命运,而且很可能会改变历史的进程。

"好",他说,"我们出发"。

指挥官们起身去传达命令。艾森豪威尔来到朴茨茅斯,目送人们登上步兵登陆艇(L),并同一些士兵们随意地交谈。他已经作出了决定,肩上如释重负,谈话也轻松自信了。之后,他简短地会见了新闻界的人士。此时,清晨的乌云散开,一线阳光刹那间闪现。如果蒙蒂在场,他多半会提及"奥斯特里茨的太阳"[①],1805年的那一道阳光,预示着拿破仑的辉煌胜利。而换了艾克,他只是说了一句,"真的,有太阳了"。

---

① 1805年12月2日,拿破仑率领法军与第三次反法联盟军在捷克斯洛伐克的奥斯特里茨展开了著名的"奥斯特里茨战役",法军彻底击溃了俄奥联军,获得辉煌胜利。1812年9月7日,拿破仑在俄国莫斯科以西与俄军进行决战。当天破晓时分,拿破仑看着初升的太阳,高兴地对部下说:"这是奥斯特里茨的太阳啊!"以表明这次战役也会像奥斯特里茨战役一样取得辉煌胜利。后来"奥斯特里茨的太阳"成为典故,用以表示胜利和成功的预兆、象征。——译注

第十一章
登陆日：诺曼底登陆

　　于 6 月 5 日出击的首批船只中包括扫雷艇，其任务是疏通进攻部队的航道。虽然不如交战那般富有魅力，并且往往没有获得应有的重视，但扫雷曾经是（现在也是）一项复杂而危险的任务。斯塔克认为，"扫雷是我们未来行动中最重要和关键的部分之一"，而拉姆齐则坚持认为"水雷是我们获得成功的最大障碍"。尽管出现了先进的扫雷工具，但扫雷仍然是一门不完美的科学。清除水雷或"扫雷"并不只是像打扫厨房地板那样；在任务中要故意引爆水雷，并且希望这样做不会炸沉扫雷艇，但偶尔还是会出现这种事故。

　　德国人在诺曼底海滩布下的水雷数量并不像盟军所担心的那么多，主要是因为希特勒曾下令，水雷的全面部署应推迟到盟军的上岸地点明确之后才进行。不过，事实证明，那里的水雷阵极具挑战性，因为它们使用了多种技术。所谓的凯蒂（Katie）水雷放在向外弯曲的三脚架上，当被扫雷工具触碰到之后会摇晃回原处，只有当船在其上方经过时才引爆。德国的"牡蛎（oyster）"水雷放在底部，当感觉到至少 120 英尺长的船只在上方经过时造成的水压变化而引爆。盟军要对付这种类型的水雷，唯一有效的方法，是用滑橇模仿经过的船舶的特征。但由于滑橇拖曳在船尾，扫雷艇本身仍然很容易被炸沉，在 6 月 5 日的扫雷作业中损失的美国海军鹗式海岸猎雷舰（USS *Osprey*）就是证明。另一个问题是，一些水雷有"计数器"，这意味着它们会忽略在上方经过的第一艘或前两艘船舰，然后在第三艘经过时才引爆。德国人还部署了反扫雷设备，可以切断扫雷工具，让扫雷舰在被修理好之前暂时无法工作。

　　分配给该行动的三百余艘扫雷艇当中，只有 32 艘不是英国皇家海军的船只。拉姆齐曾向欧内斯特·金吁请美国多做点贡献，但没有成功。不过，由于拉姆齐的呼吁，美国分配了一支鱼雷快艇（PT boat）中队来帮助扫雷艇防御来自 E 艇的攻击，不过，这一决定既与拉姆齐的要求有关，同时也与"老虎"演习中发生的灾难有关。当这一灾难事件发生时，金派出的鱼雷快艇中队由海军少校约翰·巴尔克利(John Balkeley)指挥,他在两年之前曾被授予荣誉勋章(Medal of Honor),因为他在菲律宾战役中发挥了重要作用,包括让道格拉斯·麦克阿瑟撤出了科雷吉多尔。巴尔克利的中队抵达英国时离诺曼底登陆只有两天,吉米·霍尔告诉他"让那些扫雷艇进去,并扫清那些航道,然后在早上5:15撤出"。

扫雷艇于6月5日下午离开港口,并在晚上8:00开始扫雷,当时天色仍然很亮。他们以6艘为一组编成舰队,以雁列式全速前进,以图覆盖所期望的航道宽度,而较小的船只则跟在他们后面,在已疏通的航道两侧部署红色和绿色的浮标。他们负责清理登陆海滩的10条航道(每个海滩两条),他们向着海岸航行了4个小时,然后调头回去清扫平行的航道。在清扫并标志好10条航道后,他们开始清扫靠近登陆海滩的区域,这是大型运输船舰下锚的地方。他们连续不断地工作了超过16个小时,在6月6日黎明前几分钟才完成工作。水雷并没有全部都被检测出来,水雷仍然"一直让人担忧",但扫雷艇的作用是至关重要的。指挥美国战列舰"内华达"号的上校鲍威尔·瑞亚(Powell Rhea)在其官方报告中宣称,扫雷艇是"本次任务得以顺利完成的最大功臣"。在一份特别的证言中,他补充道:"他们不仅扫除了水雷,还非常明确地用浮标指示出通过德国雷区的航道,浮标的地理位置非常准确,但这些工作是在夜间完成的,没有护航,水域中还有严重的交叉水流和大量的水雷,并且有可能要面对敌人的进攻。"

在扫雷艇执行其任务的同时,进攻部队也从他们的几个港口出动了。在艾森豪威尔作出最初的"出发"决定后的几分钟内,运载第一拨进攻人员和装备的坦克登陆艇就离开了,当时是6月4日晚上9:45。较大型的运输船、坦克登陆舰和步兵登陆艇(L)加入了第二天早上的出动。到6月5日中午,绝大多数的盟军舰队已经在海上,对于数万人而言,不确定性所带来的焦虑,以及因期待而产生的肾上腺素又一次混合在一起。

进攻舰队共6000余艘舰船,其中的一大半是英国舰船,当他们从南安普敦和朴茨茅斯鱼贯而出时,那是一个非凡的景象。英国船只从那些古老的港口起航出海的历史已经长达9个世纪,而将他们引向大海的那些航道的名字早已家喻户晓。离开南安普敦的那些船穿过分隔怀特岛与大陆的索伦特海峡,进入一个开阔的锚地,大家称为沙嘴头(Spithead),因为那里有一段长长的海岸沙嘴(spit),可以防御来自英吉利海峡的进攻。这是英国皇家海军的历史锚地,也是自伊丽莎白一世以来的历代君主正式检阅舰队的场地。尽管自德雷克和弗罗比舍以来的历代英国海员都很熟悉这些锚地,但沙嘴头亦从未见过如此阵仗的一支舰队。维安在自己的旗舰巡洋舰"赛拉"号(Scylla)上看过去,"源源不断的登陆艇和船只"从索伦特海峡下来，进入沙嘴头，对他来说，这是"一个令人振奋的景象"。

正如上校史塔格所说，这是一次"不舒服的"横渡。四英尺的巨浪冲入坦克登陆艇那笨重的船头，绿色的水冲过横座，并冲刷着拥挤的甲板。有一名坦克登陆艇军官回忆说，"水会从船头的顶部进来，并从船尾冲出去"。偶尔会有一艘坦克登陆艇探进了巨浪的波谷，其船尾翘出水面，完全没有任何抵抗力，其螺旋桨失控地旋转，而引擎则发出高音哀鸣。然后，该坦克登陆艇会被推高进入下一拨巨浪，船尾回到大海，引擎的噪音也恢复正常。没有地方可以躲开这些环境因素，出发的战士们"在其船舱中挤在一起，尽量保持温暖"。海军船员试图保持热咖啡的供应，但事实证明，即使这个需求也很难满足。在一些较大的船舶上，早餐供应牛排和鸡蛋，在小型坦克登陆艇上的人则只有很多箱让人厌恶的 K 型应急口粮。

而在"犀牛"渡船上的人更为糟糕。为了在前一天晚上驶进拥挤的港口，很多"犀牛"渡船被解下了它们的拖绳，他们现在各自前往集合点，正如亚瑟·史储伯所说，通过其双舷外马达推动，以两节或三节的速度"缓慢向前"。一些"犀牛"渡船已被指定为维修驳船，而那些在甲板中间有尼森营房的"犀牛"渡船则用作针对恶劣天气的避难所。在其他渡船上，能干的"海蜂"在其中一个浮筒上切出一个舱井，并建起条件简陋的营房，但因为"犀牛"渡船的干舷高度只有 2 英尺，英吉利海峡那四尺的涨潮会冲过平甲板，冲入人造的舱口，使得那些代用营房无法使用。除了一起挤在艇中间，忍受不适之外，完全没有其他办法。当柯克和史储伯所乘坐的宽敞的"奥古斯塔"号迅速经过时，他们注意到，在一些"犀牛"渡船上，工程营人员在甲板上燃起了篝火，用以抵抗寒冷，或加热他们的口粮袋。对于柯克来说，他们"就像鲁滨逊·克鲁索"，而他们让史储伯想起了童子军露营，但在一艘坦克登陆艇上的比尔·奥尼尔经过时却很同情那些"经受着寒风和浪花"，并且"无疑是完全苦不堪言"的人。

夜幕降临后，在所有进攻船只上都播放了艾森豪威尔预先录制的讲话。在 1-MC 喇叭响起一阵电流噪音后，人们听到了盟军最高司令的讲话，他以平淡的美国中西部口音说道："各位联合远征军的海陆空战士们！你们马上就要踏上征程去进行一场伟大的圣战，为此我们已精心准备了数月。"艾森豪威尔承认，"你们的任务将不会是轻松的"，但他也向大家保证"在武器和弹药方面具有压倒性的优势"，并且说"对你们的勇敢、责任心和作战技巧充满了信心"。他在结束时说："祝你们好运！并让我们祈求万能的上帝祝福这伟大而崇高的事业获得成

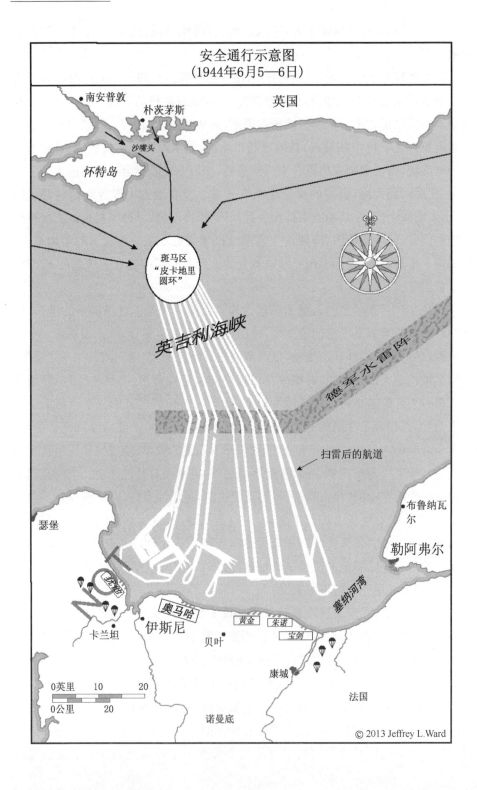

安全通行示意图
(1944年6月5—6日)

功。"在穆恩的旗舰上，这次讲话鼓舞了露天甲板上的数百人，他们唱起了"共和国战歌（The Battle Hymn of the Republic）"。声音穿透至下层甲板，这里的人躺在自己的小床上或盘腿坐在甲板上。穆恩的团队中有一名初级军官记得，当他唱到一句歌词时有如鲠在喉的感觉："他为了人类的圣洁而牺牲，让我们也为了人类的自由献身吧。"

———

所有5支进攻部队的集合点位于怀特岛以南几英里处。虽然它正式指定的名称为斑马区（Area Zebra），但几乎每个人都将其称为"皮卡地里圆环（Piccadilly Circus）"，这是以伦敦中心出名拥挤的环岛所命名的，是一个合适的绰号。各种大小和形状的数千艘船舶组成了一座海上城市。拥堵得如此厉害，以至于有些船只都很难找到自己所分配的舰队，并且难免有些船会因指挥不同混在一起。海军上尉迪恩·罗克韦尔指挥16艘坦克登陆艇，运载64辆两栖坦克到奥马哈海滩，他数完船头，或者更确切地说，数完桅杆后发现，少了一艘。海军少尉F.S.怀特的LCT-713不见了。就像谚语里所说的好牧人一样，罗克韦尔出发去寻找它，他发现，它正混在穆恩的U编队的坦克登陆艇中。罗克韦尔来到713旁边，向怀特大喊：他是否有注意到自己那艘船的指挥塔上画了一个大大的白色O，而这个区域里的所有其他船只都标记着U？怀特看了看四周，借着曙光明白了，他回答说："噢。"并没有明显的啼笑皆非的感觉。

6月5日的午夜，在海峡中间的皮卡地里圆环集合点比以往任何时候都拥挤得多。集结的舰队包括4 000至6 000艘舰船，具体数字取决于是否计入了扫雷艇、巡逻船、拖船、"犀牛"渡船和其他辅助船只。这些舰船中有284艘战舰，这一数字包括5艘战列舰、2艘低舷铁甲舰、23艘巡洋舰，以及100多艘驱逐舰和护航驱逐舰，再加上142艘较小的炮舰；若加上武装巡逻艇和鱼雷快艇，战舰的数量就上升至近700艘。除此之外，还有311艘坦克登陆舰、200艘步兵登陆艇、800艘坦克登陆艇、近500艘麦克艇，以及超过1 500艘小登陆艇：希金斯艇和突击登陆艇。多年后，在陆军和海军战士的记忆中，多数人记得的是"成千上万各种类型的船一直绵延到天边"。

因为厨房的炉火必须在午夜熄灭，所以许多船舰花了一段时间来提供最后一顿热菜。在此之后，所有船只都进入全船战备部署，并建立斑马状态（Condition Zebra），这要求用抓具固定防水舱口盖。油漆罐等易燃材料被从船侧扔出去；消防和维修设备被打开。在驱逐舰上，人们从5英寸大炮的炮口拔出塞子,并从军火库将炮弹堆进弹药输送机。在一些船舰上,船长会用 1-MC 喇叭发表简短的讲话。然后各进攻小组开始自己排好顺序,并一艘一艘移动到标记好的航道。

每个沙滩都有两条已扫雷的航道可以到达,快速航道供航速达到 12 节的船舰使用,大多是大型运输船和驱逐舰,而慢速航道则供那些航速为 5 节的船舰使用,其中包括所有的登陆艇。小型猎潜艇是长长的坦克登陆艇队的导航舰,它们都不开灯,只在扇形船尾上保留一盏小蓝灯,作为后面的船的灯标。对于在前面的导航舰上的人来说,被照亮的浮标(红色的在右边,绿色的在左边)看起来"像一条高速公路,带领我们到达我们自己的那部分海滩"。在猎潜艇 1282(Sub Chaser 1282)上,乔治·哈克特看向船尾,他看到了数百艘坦克登陆艇,一艘接一艘,排成一行,就像没有尽头一样。有一位官员认为它看起来像"一条盘绕起来的巨龙"。

大部分船长都将注意力集中在自己前一艘船船尾的蓝灯上,而不是两侧的红色和绿色的浮标。这不是一个完美的导航系统,因为大浪往往会模糊了蓝色的灯光。有一次,一艘坦克登陆艇的副船长转向船长,并询问绿色浮标应该是在右侧还是左侧。让他们感到恐怖的是,他们看到整队坦克登陆艇都在航道之外。

在另一个例子中,一队登陆艇直接穿过了一些运输船的船头,在最后一秒"必须大幅改变航向才可以避开它们"。不可避免的是,有些船抛锚了:出现引擎故障的船不少,另一些船有裂缝并开始进水,还有一些出现了燃料问题。LCT-852 报告其舷梯"掉了下来",并且没有提供任何进一步的解释。所有这些船只都不得不返回港口。

然而,对于大多数的人来说,花三个小时横渡是很平常的。有一个人回忆说,"时间慢慢地悄悄溜走",人们以不同的方式度过了那些时间。在 LST-315 上,午夜过后不久就开始了一场大型扑克游戏,并持续了整个横渡过程。在一些较大的船舶上,随军牧师主持了简短的宗教仪式。在一艘英国的驱逐舰上,人们站在那里,"头上什么也没戴,被浪花打得湿透……牢牢抓住他们能找到的任何东西来保持身体平衡,对抗船体的剧烈颠簸",当时牧师在背诵传统的皇家海军祷告,是由纳尔逊勋爵于 1805 年在特拉法加战役前夕撰写的:"愿我所崇拜的上帝赐予我的祖国及整个欧洲的人民一个伟大而光荣的胜利。阿门。"在其他船只上,人们各自想着家人、情侣和朋友。对于许多人来说,沉默显得"很可怕",至少有一个人认为,"在令人紧张的沉默中,涌起的船首海浪声听起来就像尼亚加拉大瀑布。"

到此刻为止，敌方一直没有反应，也没有任何迹象表明德国人知道即将降临在他们身上的是什么。大约凌晨1:00的时候，在O编队和U编队的船上，多数人即使无法看到，也都能听到数百架飞机飞过头顶。那些是C-47运输机牵引着滑翔机，装载着第82和第101空降师的士兵，他们将于当夜在美军登陆海滩的后方降落。其他飞机将英军第六空降师的伞兵运向康城附近的宝剑海滩后方的投放区。当盟军船只接近法国海岸时，驾驶员惊奇地看到，巴尔夫勒角上236英尺高的灰色石头灯塔依然在工作，它的强大光束像往常一样闪动，仿佛德国人根本不屑于海路攻击的思路。大型运输船在大约凌晨2:30时在其指定的位置抛锚，即离海岸18 000码（刚刚超过10英里）处，比速度较慢且数量众多的坦克登陆艇和步兵登陆艇早到很多时间。但他们几乎还没有抛锚就开始降下船边的希金斯艇。柯克、霍尔和穆恩都一致认为，挤满了美国士兵的这些交通工具非常宝贵，并且容易受到攻击，不应冒险将它们驶进德国岸炮的射程范围内，对于战士而言，这意味着要乘坐小型的希金斯艇，经过漫长的时间并且头昏眼花地到达攻击海滩。在凌晨3:00，运输船上的1-MC广播喇叭嘎嘎地响起来："大家听着。所有部队待命。"

在科勒维尔斯梅尔附近，盟军称为奥马哈海滩的海岸后方有一片高地，德国陆军一等兵海恩·希弗罗正等着他那份有面包、奶酪和黄油的早餐，此时他向海上望了一眼，随着清晨的薄雾渐渐散去，一些黑色的物体渐渐变得清晰，有数百个，数千个！"天啊"！他大声说道，"他们来了"。

由于潮差和诺曼底海岸的奇特地形，美国人的登陆时间早于英国人和加拿大人60至80分钟。关于这一点曾有过很多讨论。诺曼底海滩坡度非常平缓，在大部分海岸线上，在水平方向的海滩上，在50英尺的距离上垂直高度大约只增加1英尺。加之潮汐高度达18到24英尺，这意味着海滩的宽度在从涨潮到退潮时会有巨大的变化。陆军将领们曾主张在涨潮时发动攻击，认为此时在沙滩上的攻杀地带相对狭窄。但海军将领们想在退潮时发动攻击，认为这样沙滩上的障碍物就会暴露出来，其中大部分障碍物都连接了水雷，这将使登陆艇能够在到达海滩的途中避开它们，并且让海军作战爆破队有机会在第二和第三拨部队上岸之前至少拆除一些障碍物。最后，折衷的决定是在退潮后2小时发动攻击，在6月6日，这个时间是上午6:30。这将给爆破队一段短暂的时间来拆除障碍物，而快速上涨的潮水将在随后几拨步兵上岸时缩小沙滩的宽度。

这种解决办法有一个问题,在退潮后两个小时,康城附近的宝剑海滩的沙洲没有足够的水深让英军的坦克登陆艇通过;并且至少要再等一个小时才会有足够的水深。因此,虽然在美军的海滩上,预定进攻时刻是 6:30,但在宝剑海滩上,预定进攻时刻是 7:25。登陆时间的不对称性让艾森豪威尔感到担心,他宁愿在五个海滩同时发起攻击,但最终他只好屈服于沿海地理条件的束缚。

美国运兵船上的士兵们心情紧张,但又充满信心,他们拖着自己超大的背包和那 9.5 磅重的 M1 伽兰德步枪(Garand M1)到露天甲板集合,列队登上希金斯艇。在几条船上,士兵们要爬进吊在轨道上的登陆艇,与小船一起被降下;但是,在大多数的船上,希金斯艇在降下去时只带三名海军船员,而士兵们则从攀网爬下去,再进入登陆艇。每个士兵都必须记得要抓住网上的垂直支撑,而不是水平绳索,这样后面爬下来的人就不会踩到前面人的手。在接近网的底部时,必须小心选择跳进登陆艇的时间,因为英吉利海峡的浪涌让登陆艇不断大幅度地起落,有些跳跃时间不当的士兵会被割伤,有些人还摔断了腿。伤员被带回船上,接受在进攻期间第一批伤员的暧昧荣誉。当登陆艇装满了指定的后补人员,海军舵手就会解缆开船,行驶到附近与其他登陆艇一起等待。这个过程花了大约一个小时;例如,在"托马斯·杰斐逊"号(Thomas Jefferson)(APA-30)上,正好花了66 分钟。

并不是所有的士兵都同时离船。即使每条船有超过 20 艘希金斯艇,大型运输船也只能一次让大约 500 人登陆,大约是船上总人数的三分之一。其余的士兵将不得不等待登陆艇在几个小时后返回,在下一拨登陆中将他们带到海滩。要进攻被占领的法国,并不是向岸边发起一轮猛冲就能完成的,而是在一整天中每隔 10 到 15 分钟就要有一拨士兵冲上去,在接下来的几个星期中都是如此。从天亮前到当晚 10 点后,在超过 19 个小时的这段时间里,在希金斯艇及突击登陆艇上的舵手们,以及在坦克登陆艇上的海军少尉们,不断往返于运输船和坦克登陆舰及海滩之间,将部队和装备运送上岸。对他们以及所运送的士兵而言,6月 6 日真的是最漫长的一天。

一旦登上了希金斯艇,士兵们就什么也看不见了。登陆艇的两侧非常高,高于他们的头部,并且士兵们的负载很沉重,他们难受地、摇摇晃晃地并排站立,彼此紧挨着,而登陆艇则在疯狂的巨浪中向着岸边艰难前行。浪花砸在他们的脸上,并泼进他们的衣服。那些在横渡英吉利海峡期间没有晕船的人,现在也对晕船缺乏抵抗力,甲板上和他们靴面上呕吐物的气味,更增加了大家的不适。对许多人来说,迂回航行似乎是没完没了的。刚过凌晨 4:00,随着天空从全黑变成紫灰色，登陆艇就由一艘小巡逻艇或护航驱逐舰接管，并被带领着以五节的缓慢航速驶向岸边。按照这个速度，航程还需要两个半小时，他们将在预定进攻时刻准时到达其目标海滩。然而，到了那个时候，许多士兵已经因为漫长的旅程和晕船而累得精疲力竭，他们的战斗力让人怀疑。当一艘希金斯艇接近海滩时，一名士兵趴在横座上，对着翻滚的大海呕吐，以至他的中士命令他，"低下头。你找死呀"。这名士兵没有动，回答道，"我反正也快死了"。

从一开始，策划者就已经在纠结一个问题，如何至少让一些坦克随第一拨步兵一起登陆，这样进攻的士兵就可以有装甲支持。若让稀缺的坦克登陆舰随第一拨出发，这会迫使他们承受不可接受的风险。在敌人的沿海大炮被瓦解前，坦克登陆舰不可能开上海滩，吐出其运送的大型坦克和卡车。因此，盟军在最初的攻击阶段中只能依靠几十艘专用坦克登陆艇。

其中一款是装甲变体，被定名为装甲坦克登陆艇（LCT［A］）。这些船只准备与步兵一起上岸，它们停在海滩上，卸下谢尔曼坦克（Sherman tanks），其中一些坦克配备了推土机铲板，这是为了能够帮助清理海滩上的障碍物。另一组坦克登陆艇运送实验性的 DD 坦克，这些坦克将在离岸区域启动，靠自己的动力游进海滩。由于 DD 坦克比希金斯艇慢得多，它们会更早地大约在凌晨 3:00 就出发，这让它们有时间靠自己的动力以让人痛苦的两三节航速到达海滩。

当然，最大的问题是天气。DD 坦克上的充气帆布罩在张开时只有大约九英寸的干弦高度，似乎不太可能在四英尺的巨浪中支撑很长时间。"海王"行动的命令明确规定，"如果海洋状态过于恶劣，使它们无法下水……让它们与第一拨一起登陆。"判断"海洋状态"的责任落在坦克登陆艇战队的各位指挥官身上。因此，在 6 月 6 日，诺曼底海滩外洋面上第一个生死攸关的决定落在了少数海军少尉和上尉的手里。

在奥马哈海滩，这个责任属于海军上尉迪恩·罗克韦尔。身材高大，皮肤黝黑且强壮的罗克韦尔个性坚强，曾是东密歇根大学的一位运动员，并且曾经是专业摔跤手。他曾任教于密歇根州高中，执教学校的橄榄球队，当他听说珍珠港事件后，就立即应征加入了海军。现在，他在登陆日负责坦克登陆艇第 12 舰队，该舰队有 16 艘坦克登陆艇，各由一位海军少尉指挥，每艘坦克登陆艇运送 4 辆 DD 坦克，其中一半来自第 741 坦克营，另一半来自第 743 坦克营。

在黎明前的黑暗中，罗克韦尔带领他的 16 艘坦克登陆艇排成长长的单纵列,穿过奥马哈海滩附近的大运输船、战列舰和巡洋舰那些若隐若现的阴影,占领分配给他们的离海滩 6 000 码(略多于 3 英里)的位置。在指定的出发路线上,罗克韦尔将其战队部署为两组,每组 8 艘登陆艇,并排成一直线面向奥马哈海滩。时间已过凌晨 3:00,希金斯艇上的士兵还没有开始他们驶向海滩的缓慢旅程。不过,根据计划,这时罗克韦尔的坦克登陆艇战队应打开其船首门,放下其活动坡道,并让水陆两栖的 DD 坦克上路。然而,罗克韦尔清楚知道,在如此波涛汹涌的海中,这样做无异于谋杀。他与陆军上尉奈德·艾尔德谈论这个问题,后者是在船上的高级陆军军官,他们认为,将 DD 坦克放进反复无常的大海"是疯狂的"。罗克韦尔得出结论,他有责任将坦克一路运送到海滩。

问题是如何将这个决定传达给战队中的其他船只。罗克韦尔怀疑旗帜信号不足以传达。他也不能用闪烁的灯光,这将引起敌人的警觉,当然了,盟军的行动要求无线电静默。但随着东方的天空已经开始变亮,黎明即将到来,肉眼现在已经可以看见海岸,罗克韦尔决定违反规定。他想,*管他呢,现在德国佬也知道即将发生什么事情了*。他没有使用船上的远程广播,而是使用其中一辆坦克的短距离无线电,呼叫在其战队中的其他坦克登陆艇,命令他们不要下水。

并不是所有坦克登陆艇的船长都收到了这条命令。由罗克韦尔直接管理的 8 艘坦克登陆艇收到了,但负责运送第 741 坦克营的 B 连和 C 连的 32 辆坦克,由陆军上尉詹姆斯·G.桑顿管理的另外 8 艘坦克登陆艇则没有收到命令。在这些船只上的陆军和海军军官们都很年轻,大多缺乏经验,他们在考虑自己的责任和判断,这造成了船上的不确定性和混乱。根据协议,在人和设备上岸之前,行动指挥权和责任都属于船上的高级海军军官。但在当时,这些海军军官都是刚刚二十出头的少尉,很自然,他们缺乏代表坦克士兵作出这种决定的自信。陆军军官也很年轻,他们急于上阵,毕竟他们为这一刻已进行了几个月的严格训练。在 LCT-600 上,海军少尉亨利·沙利文与陆军少尉帕特里克·奥肖内西讨论了当时的情况。即使他们都一致认为"这样的条件太恶劣,无法下水",但奥肖内西认识到这一刻的重大历史意义。在强大的使命感的驱动下,他告诉沙利文,无论如何,他都希望出发,沙利文接受了他的意见。在早上 5:35,奥肖内西开着第一辆 DD 坦克离开了船首跳板。

在第二辆坦克准备跟上时,擦肩而过的德国炮弹导致 LCT-600 猛烈地摇晃起来。坦克相互挤在一起,并且这种晃动导致队列中第二辆坦克的帆布罩被撕开了一个洞。可能这是天意,由于其帆布罩的破损,它完全不能下水,它后面的 2 辆坦克也下不了水。像罗克韦尔那样,沙利文认为,他不得不将其他 3 辆坦克一路运送到海滩。至于奥肖内西的坦克，它用自己的动力游了约 100 码，然后就从视线中消失了。更糟糕的情况还在发生。由于没有发生撕裂帆布罩的幸运意外，该组中的其他所有 7 艘坦克登陆艇都执行了行动命令中的规定，让他们的 DD 坦克下水。陆军上尉桑顿第一个出发。然后，一辆接着一辆，另外 27 辆 DD 坦克驶下坡道，并进入波涛翻滚的大海。像在 LCT-600 上的情况那样，在 LCT-537 上的其中一辆坦克的帆布罩也被撕裂了，但坦克驾驶员上士约翰·R.塞泰尔坚持认为，坦克的舱底污水泵可以解决漏水的问题。海军少尉罗伯特·J.麦基不愿意否决他，于是所有四辆坦克都进入水中。塞泰尔的坦克几乎立即就沉没了。其他 3 辆坦克在惊涛骇浪中挣扎着游出了几百码，然后也都沉没了。那天早上在奥马哈海滩的海面下水的 29 辆坦克中，最终只有 2 辆成功到达陆地。看到这个结果真是让人胆战心惊。其中一艘坦克登陆艇上的船员回忆说，"他们就像石头一样沉到海底。有些人能够及时跳出来，但不是全部人"。剩下的人被困在一辆 34 吨的坦克里，随之一起沉到海底。坦克登陆艇和附近其他船只赶紧从水中把人拉上来，有活着的人，也有死去的人。乔·艾斯克拉旺是其中一位忙于救人的士兵，他在这个过程中认出了与他一同在斯莱普顿沙滩训练的一些人的尸体。这些尸体"像积木一样"堆在甲板上的景象让他深受影响。40 年后回想起来，他在描述中停了下来，并喃喃自语："在那些坦克上的人都是真正的好人。"

DD 坦克的存活率在各个海滩上有所不同。在犹他海滩的海面上，美国海军中尉约翰·B.理查指挥着其中一艘小巡逻艇，其任务是标记登陆区，他认为这样的海况无法让 DD 坦克从 6 000 码以外下水。他独力将自己的巡逻艇移动到离海滩 2 000 码内，建起新的出发线。在那里，坦克登陆艇不仅更靠近海岸，而且还在巴尔夫勒角的突出岬角的背风处。其中一艘坦克登陆艇 LCT-597，被德国炮弹击中，并与仍在船上的所有四辆坦克一起沉没，但剩余的 28 辆 DD 坦克中有 27 辆安全上岸。

在东边大约 50 英里的宝剑海滩的海面上，英国坦克登陆艇的船长到距离海滩 1 500 码，即不到一英里的地方，才让自己的两栖坦克下水。因此，那里的 40 辆 DD 坦克中，有 34 辆成功下水，并且有 31 辆到达岸上，根据维安的回忆，这些坦克在那里完成了"出色的工作"。在黄金海滩上，坦克登陆艇将他们的坦克带到离岸边半英里的地方才让坦克下水，但仍然损失了 8 辆坦克。在加拿大人负责的朱诺海滩上，许多 DD 坦克根本无法下水，但在被放下水的 29 辆坦克中，有 21 辆成功上岸。虽然在征程中幸存下来的坦克很好地完成了工作，但在奥马哈海滩洋面上所发生的灾难,意味着士兵们只有相对较少的坦克支援。

几乎同样灾难性的是 DUKW 的命运。盟军有超过 2 500 辆这类小型轮式两栖运输车,它们被委以重任,要将一些陆军的火炮运送到海滩。它们也从离岸较远的海面被放下水,虽然它们在斯莱普顿沙滩演练时的表现堪称完美,但其中的一部分现在却遭遇了与 DD 坦克类似的命运,它们的甲板被淹,最终失去了浮力。虽然船员们获救,但损失了 26 门野战炮。有一名船员看着他的 DUKW 在自己下面沉没之后,努力爬上了"犀牛"渡船,他非常地心烦意乱。他说,经过几乎三年的练习,"就是为了成为进攻的先锋,在时机到来时,那艘该死的船却在我们身下沉了"。

当希金斯艇嚓嘎嚓嘎地向着岸边前进,坦克登陆艇带着好坏参半的结果将 DD 坦克放下水的时候,盟军对目标海滩发动了精心配合的空袭和海上炮击。它包括三个阶段:由来自英国的数千架重型和中型轰炸机执行的大规模空袭,由战列舰和巡洋舰执行的海上攻势,以及由特殊装备的坦克登陆艇执行的最后一分钟火箭弹攻击。当时的想法是,在这么短的时间段内投放这么多弹药,如果真的没有让守军震惊得投降,最起码也可以彻底瓦解他们。

尽管盟军轰炸机在欧洲上空一直忙了几个月,但他们的注意力相对较少放在诺曼底海滩上,以免暴露了自己的意图。相反,按照艾森豪威尔的"交通战略",他们一直以法国北部的铁路网为目标,使德国人难以将增援部队快速送达受威胁的战场。丘吉尔曾担心这种做法会导致大量平民伤亡,但艾森豪威尔坚持己见,他向丘吉尔写信说:"平民伤亡在任何计划中都肯定会出现,要充分利用空中力量,为攻击做准备。"最终,这个交通战略被证明非常有效,当然,它也意味着,登陆海滩的准备本身被限制为在登陆前相对较短时间的炮击,时间只有黄昏那短暂的半个小时。此外,由于高级陆军军官担心,在海滩上扔下 500 磅和 1 000 磅的炸弹所造成的弹坑可能会阻碍盟军的坦克,因此许多盟军轰炸机上的弹药包都只包括 100 磅重的人员杀伤炸弹。这些弹药包不会在海滩上造成弹坑,甚至不会对中型混凝土工事造成严重破坏。

超过 2 000 架轰炸机于 6 月 5 日的夜晚从东英格兰的 6 个机场起飞。当飞机盘旋以获得高度时,被笼罩在一片漆黑中,这使得编队飞行成为一项危险的任务。在穿越海峡期间,盟军进攻部队的船舰通过观察在其前一条船的扇形船尾上的蓝灯来保持自己的位置,而此时空军也采取同样的方法,飞行员通过观察其他飞机的翼尖上的蓝灯来保持自己在编队中的位置。

在英格兰中部上空集合后，轰炸机编成几个巨大的队形飞向南方。在他们这样做的时候，炮击组的战列舰和巡洋舰到达了在海岸线分配给他们的位置。根据行动命令，船舰要在早上 5:50 开炮，刚好在黎明正式到来的 5:58 的前几分钟。在美军负责的几个海滩上，他们要对指定目标维持稳定而集中的火力整整半个小时，然后及时中止射击，让士兵和坦克于 6:30 在灰尘和烟雾中突袭上岸。由于英国和加拿大所负责的海滩的登陆时间稍晚，那里的轰炸舰没有额外的一小时来削弱对方的防御。

毫无疑问，在进攻前，海军炮击的时间越长，效果就越好。美国人已经从在太平洋、塔拉瓦岛和其他地方的行动中吸取教训，需要延长轰炸时间才可以打垮坚固的防御阵地，轰炸往往需要持续数天。但是在太平洋上，美军袭击的是守军无法指望任何增援的岛屿。陆军将领们认为，在诺曼底海岸进行长时间轰击会提醒德国人，并让他们有时间派遣增援部队到受威胁地区。最后，"海王"行动的策划者决定，出其不意是至关重要的，所以他们选择了在进攻前发动短时而集中的突然袭击，他们希望在进攻部队上岸的时候将守军逼退。海军少将莫顿·德约负责在犹他海滩指挥炮击团，他回忆说，"我们希望，通过对所有已知敌阵发动猛烈的齐射，可能足以将他们不太爱国的那群人吓得分散注意力，并将他们从其岗位上赶出来"。事实证明这只是一个奢望。

德约指挥他的轰炸舰在上午 5:00 驶到位于圣马丁德万和圣瓦斯特-拉乌格之间的犹他海滩的洋面上。在那里，他们离海滩只有 11 000 码（刚刚超过 6 英里），并且由于他们对着冉冉升起的太阳而呈现出暗色的轮廓，这使他们成为了极诱人的目标。早上 5:05，圣瓦斯特-拉乌格的炮组的 170 毫米（6.7 英寸）德国火炮开火，这是当天第一次敌方射击。德军将大部分火力对准仍然活跃的扫雷艇和位置最接近的皇家海军巡洋舰"黑王子"号（Black Prince），但炮弹碎片也在美军巡洋舰"昆西"号（Quincy）和"塔斯卡卢萨"号（Tuscaloosa）周围飞溅，后者就是德约的旗舰。①

虽然德约命令在 5:50 开火，但他的炮手越来越焦躁不安。"昆西"号上的一位副水手长记得，"炮弹在我们身边四处飞溅，弹片在整个甲板上飞掠而过"。一枚未命中的炮弹在"昆西"号的外壳上开了一个口子，海水淹了一个装满了 Oh Henry! 牌巧克力棒的储藏室。盟军各舰艇的船长要求准许回击，但

---

① 德约在"塔斯卡卢萨"号（Tuscaloosa）上使用的是与罗斯福总统于 1940 年 12 月去加勒比海地区休假旅行时曾使用过的同一客舱。罗斯福正是在这个客舱中想出了《租借法案》的主意。

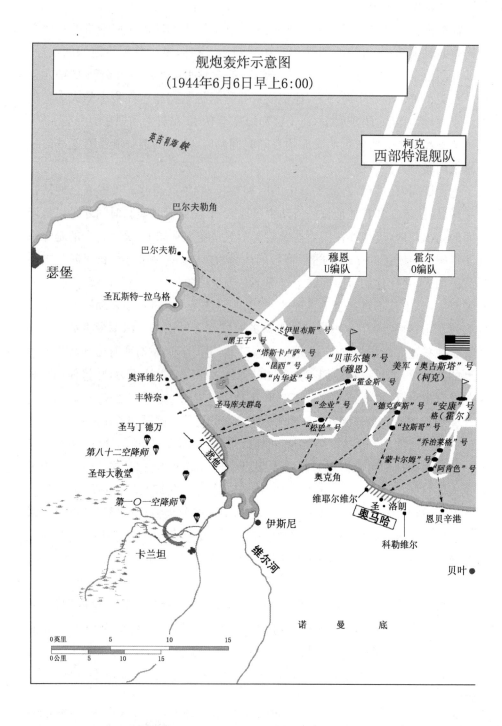

舰炮轰炸示意图
(1944年6月6日早上6:00)

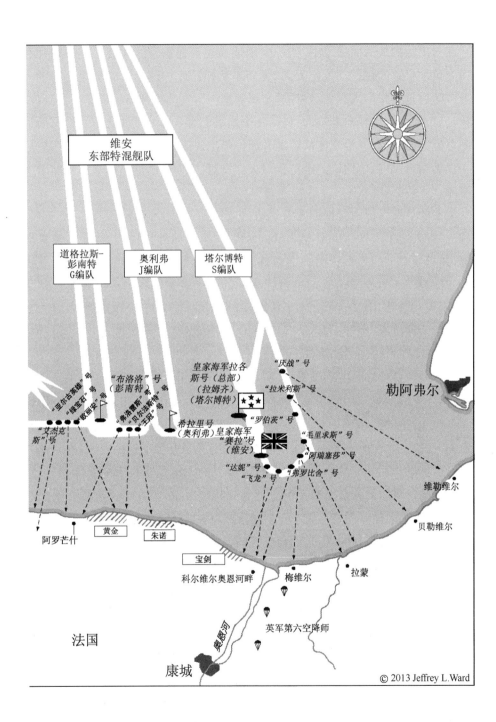

德约拒绝了；他想等待空军侦察机到达，使得第一组齐射有最大的效果。但随着德军射击越来越猛，德约改变了主意。他在 5:36 下令"展开反弹幕轰炸"。

在未出版的战后回忆录中，德约生动地描述了在重型巡洋舰上装载炮弹和发射 8 英寸火炮的过程。首先听到"弹药车从弹药库加速上升时那凄厉的上升之歌"，随后是炮弹落入送弹盘时的"金属碰撞声"，气动推弹器将炮弹猛推到位，很快，三个回转炮塔转向港口的目标，每个炮塔上有 3 座 8 英寸火炮。根据所计算的目标数据，所有九根炮筒从容地升起。两次快速的嗡嗡声表示"就绪"，然后是一次嗡嗡声，最后德约说："准备！点火！发射！"2 400 磅的高爆炮弹呼啸着飞向海滩。

盟军的早期目标中包括德国雷达站：它们是一个大金属盘子，直径 20 英尺，被称为"巨人维尔茨堡(Giant Würzburgs)"，它可以向外扫描至大约 43 英里的海面，并指导岸上的炮兵火力。在轰炸开始之前，盟军舰队中的舰艇就截获了"巨人维尔茨堡"为德国炮手定位目标坐标的电子发射。在炮火摧毁雷达站之前，美国人一直使用船上的发射机来送出电能脉冲，旨在干扰和偏转雷达波束。由于采用这种技术，"塔斯卡卢萨"号上的电子技师在看到敌人的雷达扫过他们，然后又"偏离"时，感到如释重负。

"内华达"号(Nevada)的大炮于 5:47 加入了攻击。巨大的黑红火球从她那些 14 英寸大炮的炮口中喷出来，这艘大船突然向一侧倾斜，15 000 磅的高爆炮弹在一组 10 炮齐射中飞向犹他海滩后面的德军炮组。这些大炮的射击造成了非常强大的冲击，在船上的一名水手觉得冲击力几乎要扯下他的衣服；有一些人则流出了鼻血。在几英里之外的坦克登陆舰上的人感觉到身下的船体在晃动。已经出发驶向岸边的希金斯艇上的士兵感到特别害怕，因为炮弹直接在他们的头上飞过，听起来像一列货运火车正要撞上来，许多人本能地低头躲避。炮弹向着目标疾驰时是看不到的，但它们与空气的摩擦会产生一道红光，让人看到一道射击线穿过黎明前的暮色。

在犹他海滩的海面上，最大的海军舰炮属于一艘奇怪的船只，其官方名称是"低舷铁甲舰"。那是皇家海军"伊里布斯"号(HMS *Erebus*)，它其实是一艘宽体轻巡洋舰，在其前甲板上有一座超大的炮塔，使其自豪的是有两门 15 英寸的大炮。这些大炮发射的炮弹每个重达 1 920 磅，其射程接近 20 英里。在最初的轰炸中，"伊里布斯"号的目标是圣马库夫群岛上的德军炮组，那是在圣瓦斯特-拉乌格南部的犹他海滩上方的离岸小群岛。在那里，德军的火炮安装在有着 13 英尺厚的混凝土墙的掩体中。尽管如此，在这些火炮可以用于对登陆海滩的部队进行纵射之前，"伊里布斯"号上的大炮就已经让它们都哑火了。

在奥马哈海滩的海面上，海军少将卡尔顿·布莱恩特指挥 O 编队的轰炸舰，该编队由战列舰"德克萨斯"号和"阿肯色"号带领。这两艘都是船龄较长的战舰，在 1910—1911 年首次下水；事实上，"阿肯色"号是最老的在役美国战舰，船上连淋浴或厕所都没有，人们要用桶洗澡，厕所的设施就是一个有海水流过的金属水槽。这两艘船的建造使用的都是铆钉技术而不是焊接技术，当发射一组完整的射击之后，就偶尔会有一两个铆钉被震松。尽管它们已经老了，但它们是一流的炮台，以较低的几乎是平的轨迹将炮弹发射到奥马哈海滩背后的制高点中。海军少尉唐纳德·欧文驾驶着 LCT-614 向奥马哈海滩前进，此时炮弹在他的头上呼啸而过，他觉得自己的耳朵在"曾听过的最震耳欲聋的可怕声音"中饱受折磨。他回头看了看"德克萨斯"号，它的大炮依然烟雾缭绕，并且从他的观察点看过去，好像那些 14 英寸的大炮都"对准了我们"。而对于指挥 LCT（A）2227 的海军少尉维克多·希勒来说，"德克萨斯"号的炮声听起来"像一扇巨大的门被用力关上"，另一个人回忆说，周围的空气都随着声音一起振动，并且让船上的每个人都在颤抖。

负责奥马哈海滩的美国战列舰由两艘法国巡洋舰"蒙卡尔姆"号（Montcalm）和"乔治莱格"号（Georges Leygues），以及英国重型巡洋舰"格拉斯哥"号（Glasgow）和轻型巡洋舰"贝罗纳"号（Bellona）提供支持。很容易想象在法国军舰上的水手们的复杂情绪，因为他们在向着法国领土开火。"蒙卡尔姆"号的船长是海军上校 E.J.H.L.德普雷兹，他若有所思地说，"必须向我们的家园开火是一件可怕的事情"。他的船上飘扬着一面巨大的法国三色旗，大小为 60 乘 100 英尺，从岸上可以看到这面旗。

盟军舰队中最强的火力在宝剑海滩。在那里有两艘英军战列舰，每艘的炮组中都有 8 门 15 英寸的火炮。这两艘战舰分别是被称为英国皇家海军"高贵老妇""厌战"号、以西班牙王位继承战争中 1706 年的战役命名的"拉米伊"号，丘吉尔的祖先，第一位马尔伯勒公爵（Duke of Marlborough）约翰·丘吉尔在这场战役中打了胜仗。这个大队还包括皇家海军"罗伯茨"号（HMS Roberts），这是另一艘所谓的低舷铁甲舰，配有两门 15 英寸的火炮。也就是说，在宝剑海滩上，盟军共有 18 门 15 英寸的火炮，英军在一组射击中可以从这些大炮发射近 35 000 磅的高爆炮弹。在此基础上，再加上 5 艘巡洋舰和 15 艘驱逐舰的火力。而且，由于在宝剑海滩的登陆直到那天早上较晚的时候才发生，这些船有多一个小时的时间来准备海滩登陆。这些重炮的数量之多，以及对目标更长的轰炸时间，都产生了重要的影响。S编队的指挥官是英国海军少将阿瑟·乔治·塔尔博特，他认为"敌人显然被我们所发出的[炮火]支持的绝对优势惊呆了"。

在黄金海滩或朱诺海滩的海面上没有盟军的战列舰，但有6艘巡洋舰和20多艘驱逐舰。在朱诺海滩的巡洋舰包括皇家海军"贝尔法斯特"号，如果国王乔治没有干预的话，该船的全体船员中会包括首相。事实上，"贝尔法斯特"号在这次行动中毫发无损，丘吉尔后来特意说，"看，这本来是没事的"。

关于引导舰炮的最佳途径，曾有过大量的讨论。陆军首选依靠岸上火力管制组（SFCP），而海军想用空军侦察机。最终，盟军两种方式都采用了，事实证明这是无价的，因为在奥马哈海滩上，岸上的火力管制组意外地受到敌方火力严重破坏，并且在任何情况下，在部队登陆以前，岸上的侦察都不能开始。空中侦察最好由速度较慢的双座飞机执行，它可以长时间留在目标上方。由于诺曼底海滩布满了防空炮组，这种侦察方式在6月6日是不现实的。正如德约所说，"我们通常所使用的那些缓慢的海上飞机在那个国家将无法生存很长时间"。盟军改为使用英国的喷火式战斗机，其中，在美军负责的海滩上，由美国海军志愿者担任飞行员。喷火式战斗机成对工作，其中一名飞行员报告炮弹的下落，而另一名则扫描天空中潜在的纳粹德国空军干扰，虽然这样做让盟军掌握了制空权，但这种预防措施很可能不是必要的。然而，德国人的防空地面火力的确令人印象深刻。"德克萨斯"号上的一名观察员认为，德国的曳光弹火焰看上去就像有人"拿着花园的塑料水管在来回摆动"。火焰同时从几个站点射出，所以在天空中"仿佛防空炮火交织在一起"。

从英国机场出发的长途飞行意味着喷火式战斗机在海滩上空也许只能停留约40分钟，但是，当一对战斗机不得不离开时，另一对就会到达来接管其位置。在任何时候，每个海滩上空都至少会有6架侦察机：2架在头顶，2架返回，还有2架在途中。然而，侦察依然存在问题，因为战斗机的高速使他们无法完美地完成侦察任务，并且数千发的高爆炮弹落下产生了大量的烟雾和尘埃，使得能见度很低。然后，盟军的无线电通信同样令人失望。德约的旗舰"塔斯卡卢萨"号与其侦察机在5:38建立了联系，但十几分钟后就失去了联系，并且在超过半小时后才重新恢复了联系。

盟军试图依靠庞大的舰炮数量来弥补不完善的侦察。在犹他海滩上舰炮轰炸的半小时内，仅仅是"内华达"号就发射了337发14英寸炮弹和2 693发5英寸炮弹。炮筒变得非常热，他们不得不用海水给炮筒降温。

60艘多驱逐舰为轰炸又增加了数千枚4英寸和5英寸弹药。最初，更新、更大的美国格里维斯（Gleaves）级驱逐舰被分配去执行轰炸任务，而较轻的英国驱逐舰和美国护航驱逐舰则执行甄别工作，以避开德国 E 艇。这样分配任务的主要原因是，格里维斯级驱逐舰拥有雷达火力控制，这让他们即使在浓烟中也可以通过地图坐标瞄准德国炮台。正如驱逐舰上的一名船员所说，"英国人必须能够看到他们的目标，而美国人可以不看目标开炮"。

然后，在海军轰炸之中，还有超过 2 000 架盟军轰炸机聚在 5 个海滩上空。然而，由于天气状况不佳，其效果被大幅减弱。尽管导致推迟进攻的风暴稍有缓和，但海滩上方的云层依然很厚，飞行员和投弹手无法看到自己的目标。因此，他们不得不通过雷达从云上面进行轰炸。有这么多飞机在这么小的空间中行动，每一组都被分配了一个非常具体的飞行路线。有 450 架高空飞行的 B-24 解放者轰炸机被分配在奥马哈海滩，其飞行员的任务最困难，因为他们的飞行路线几乎是向着正南，直接在进攻舰队的上方，他们要垂直地袭击奥马哈海滩。由于无法看到自己的目标，并且要尽量避免将炸弹投在已经前往海滩的盟军登陆艇上，这些飞行员多等待了 5 至 20 秒才发射弹药。这些 B-24 投下了超过 13 000 个炸弹，但由于条件不佳，并且要避免友军伤亡，所有的炸弹都白白地扔进了奥马哈海滩背后的法国乡村。壮观的烟火让接近岸边的登陆艇上的人士气大涨，他们为岸上的爆炸欢呼，但历史学家约瑟夫·波科斯基指出，"没有任何一个炸弹落在靠近奥马哈海滩的任何地方"。

在其他海滩上的轰炸则较为成功。分配给犹他海滩的 B-26 掠夺者轰炸机飞得比 B-24 低，所以飞行员能见度会更好。然而，更为重要的是，他们的飞行路线是沿着犹他海滩，因此，炸弹在投放时无论距离远近，都仍然有很大机会击中目标。276 架掠夺者投下了近 5 000 枚炸弹，其中的大多数炸弹每枚重 250 磅，但有些轰炸机携带了 2 000 磅的巨型"重磅炸弹"，即使这种炸弹没有击中某个特定目标，也会让攻击者和防御者瞬间惊呆。犹他海滩完全被所产生的烟雾、灰尘和碎屑遮蔽。此外，在岸上的德军火炮攻击下，在该处海面上的盟军驱逐舰产生了更多烟雾，以掩护希金斯艇逼近岸边。其结果是，盟军军舰上的炮手及驾驶员和车辆登陆艇的舵手都无法透过厚厚的烟雾看到任何东西。

一旦盟军的飞机离开，海军的炮火就恢复，但此时烟尘浓密，炮手被迫在看不到目标的情况下开炮。靠近海岸的盟军驱逐舰力求挑选出有机会击中的目标，但在海面上有这么多船，他们其实成为了彼此的障碍。在美军驱逐舰"道尔"号（USS Doyle）（DD-494）上，海军少校 G.J.马歇尔的大部分时间都在拥挤的海滨的疾风和水流中"避免碰撞"，但他的船仍然设法发射了 364 枚 5

英寸炮弹。

盟军在削弱海滩守军的努力中还有第三个元素,即依靠一种有点实验性的新武器:可以发射火箭弹的坦克登陆艇。这些船只被定名为火箭坦克登陆艇(LCT[R])类,携带两层火箭发射装置,这将其凹甲板完全填满了。发射架被装载了 1 080 枚三英尺长的火箭弹。由于一枚火箭重达 60 磅,一艘火箭坦克登陆艇在大约 90 秒内能向敌人投出近 65 000 磅弹药,共有 36 艘专门执行这次轰炸任务,其中 8 艘被分配到奥马哈海滩。问题是,只能通过将舰艇本身指向目标的大致方向来瞄准,并且只可以通过改变支架的角度来调整射程。一旦指挥官尽其能力对目标和距离作出最佳估计,船员就回到甲板下面,并且指挥官撤退到有防护的藏身处。当他触发发射钮后,火箭弹会自动按编好的顺序发射出去,不需要任何进一步的人工参与。这种视觉冲击力是毫无争议的。一位船员回忆说,"船似乎要爆炸",数百枚火箭弹似乎在一串流火中飞离支架,当它们快速划过天空时留下黑色的烟迹。烟雾在船的四周升起,"像一场浓雾",船上燃起了小火。在发射的善后工作中,"每个人都在咒骂和尖叫,并努力扑灭火焰"。尽管如此令人印象深刻,但奥马哈海滩的大部分火箭弹都射程过短,嘶嘶地坠入海中,没有造成任何破坏。那些到达海滩的火箭弹破坏了铁丝网和障碍物,但远不如从"烟花汇演"中所猜测的效果。好在它们全都没有击中希金斯艇。

所有这一切都意味着,在早上 5:37 至 6:40 这一个小时零几分钟内,在诺曼底海岸上那两个由美军负责的海滩的上空被数千枚炸弹、炮弹和火箭弹填满了。这是惊人的,在感官上确实将人压得透不过气来。现在,希金斯艇上的人在几分钟内就将要登陆,他们蹲下来,捂着自己的耳朵,庆幸着要接受如此强大火力的人是敌方,而不是自己。可惜的是,所有这些声音和骚动掩盖了一个事实,至少在奥马哈海滩上,炸弹落得太远、火箭弹射程太短,而海军的炮火又太短暂。岸上的德国人蹲在他们那混凝土墙有 5 英尺厚的防弹掩体中,他们也捂着耳朵,但盟军弹药并没有穿透他们的掩体和碉堡。

在战列舰和巡洋舰上的炮手保持对海滩的火力,直到第一艘希金斯艇靠岸。这是一个精准的计算。如果他们过早停止,守军就有机会恢复火力;如果他们持续太长时间,就可能会击中自己人。德约和布莱恩特为选择正确的时刻颇伤脑筋。然后,有一艘护航驱逐舰发出信号通知有人在登陆,于是大船停火。此时是早上 6:40,是奥马哈海滩和犹他海滩上的预定进攻时刻。

第十二章
登陆日:海滩

军中有一句格言,没有任何计划在遇敌后还能继续执行。这句话可能特别适用于"海王"行动的计划,它非常详细而复杂,有1100页的文字,4英寸厚。在由数百人经过几个月的仔细研究,煞费苦心才做出来的这个计划中,规定了每一艘船舶、每一艘登陆艇、每一台车辆,以及盟军几乎每一位海陆军战士的登陆日任务,其时间表几乎精确到分钟。塞穆尔·艾略特·莫里森于1957年写道:"该方案精确得有点过头了。"计划的执行不会与所设计的完全一样,这也许是不可避免的。此外,有这么多的工作部件,而时间表又使得每一个元素都要依赖于这么多其他元素,早期的失误导致一系列的连锁反应式困难,可能会完全破坏进攻行动,特别是在奥马哈海滩。最终,让一切化险为夷的是那些在船上和在岸上的人的适应和调整能力。

在1944年6月6日有许多英雄,但在最重要的人中,肯定有那些担任先头部队的战士们。当中肯定包括海军和海岸警卫队的舵手,他们带着自己脆弱的希金斯艇通过了沿海的障碍。其中也包括,即使在万般讲究的计划明显出现严重的偏差之后,仍然将自己的坦克登陆艇和步兵登陆艇开上拥挤的海滩的那些海军上尉和少尉。包括领导着小型坦克和步兵部队冲进岸上的屠宰场的陆军上尉和中尉,包括当其上级在第一阵无情炮火中倒下之后勇敢承担起在沙滩上的责任的陆军中士和其他士官。最后,事实上也最重要的是,还包括应征入伍的海陆军战士们,虽然他们极度害怕,但只要还能执行任务,他们就会竭尽全力地执行自己的任务。最终,正是那些海陆军战士们的训练和本能,比精心准备的计划对诺曼底海滩上的盟军胜利产生了更重要的影响。

盟军的第一艘登陆艇抵达美军负责的海滩时,与时间表上所规定的时刻只有几分钟误差。海军和海岸警卫队的舵手们拥挤着将希金斯艇驶到海滩上,或

者尽量接近海滩,因为水下的地形不均匀,并且仍然可以看见连接着水雷的障碍物。虽然舵手们已被巡逻艇引导到出发点,但在最后冲进烟雾笼罩的海滩时,他们只是将自己的登陆艇朝向岸边,打开油门,正如有人说的那样,"不顾一切地用最快的速度冲过去"。也有不少船在全速前进时被上升的浪潮推动,并真的被海浪抬起又狠狠地摔到沙滩上。有一名水兵记得,木船"就那样上上下下地跳动,直到最后,它们撞上了硬地"。它们中的一些"完全裂开",战士们不得不或游或爬地离开。海滩上那些没有损坏的船成为了德军大炮的目标,并立即遭到这些大炮轰击。

大多数希金斯艇必须小心穿过障碍物,有时两边只差几英尺就会碰到障碍物。由于海滩渐渐变浅,很多登陆艇在离海浪线很远的地方就已经碰到地面。有几个舵手退了出去,试图找到可以靠得更近的另一处海滩。其他舵手来回切换引擎,试图强行开到沙洲去。然而,他们或迟或早地都得出了结论,这里可能就是他们可以到达的最接近的位置,于是他们将跳板放进水中。舵手们叫喊着,"每个人都出来",经过这么长时间,终于从希金斯艇中那个导致幽闭恐惧症的炼狱中被释放出来的战士们摇摇晃晃地踏入海滩这个地狱。

虽然他们准时到达,但全体船员和排长们几乎立刻意识到,他们到了错误的地点。一股稳定的、速度为三节的东南向水流将大部分登陆艇推到了离他们预期目的地的左边相当远的地方,这种情况在犹他海滩特别明显。向舰艇驾驶员提供的合成照片是用陆军航空部队的飞行员在海滩上空俯冲低飞拍摄的地形照片精心拼接而成的,拼接工作花了许多个星期。当时的想法是,舵手可以使用照片上的图像来引导他们到合适的登陆区。但由于海滩上到处烟尘滚滚,几乎不可能认出可识别的标志性建筑,尤其是在犹他海滩上,那里的地形平坦得毫无变化。当 LCT-853 靠近海滩时,船长一直在问他的副艇长,他们是否在驶向正确的海滩。副艇长审视合成照片,并不断察看海滩,但他"因为烟雾而完全无法看到任何东西"。像几乎所有其他人一样,853 的船长干脆直奔他能看到的最近的一片开阔海滩。因此,当士兵们终于蹒跚着上岸时,他们的军官徒劳地四处寻找他们之前在英国极其仔细地研究了那么多个星期的任何标志性建筑。

犹他海滩的水流最强,那里的人在预期目标以南半英里以外的地点上岸。现在怎么办?指挥第八步兵团的陆军上校詹姆斯·范佛里特根本不考虑回到右边去重新执行进攻计划那个精确到分钟的时间表,而陆军准将小西奥多·罗斯福则作出了常识性决定,直接从他们的登陆点往前走。大约 46 年前,小西奥多·罗斯福①的父亲曾在古巴的凯特尔山也遇到了"忙碌的时间"，他像自己的父亲一样，力求在前线领军，并说服了艾森豪威尔让他在犹他海滩随第一拨部队登陆。他几乎立刻证实了这个决定的正确性，他批准调整犹他海滩进攻计划的方向，以适应当时的现实情况。该决定虽然导致后续几拨登陆以及后勤保障计划的时间表需要调整，但可以让士兵们更快离开海滩，这无疑挽救了许多生命。在犹他海滩上的盟军攻击虽然意外地到了错误的位置，其实却有几方面的幸运。相比于原定的登陆点，在实际登陆点的德国防线更弱，并且更容易找到进入内陆的路线。由于这一决定及他当天的其他行为，罗斯福在后来（在去世后）被授予荣誉勋章。

　　奥马哈海滩的近海水流没有那么强，但那里有其他更严重的问题。最突出的是地势问题，忽略了奥马哈是唯一的海边高耸峭壁的登陆海滩，这些峭壁的高度从 100 英尺到 150 英尺不等。在那些峭壁上，德国人架起了 30 门反坦克大炮和野战炮，以及惊人的 85 个机枪位，火力相当于在任何其他进攻海滩上的 4 倍之多。并且几乎所有的位置都伪装得非常巧妙，根本不可能发现他们。更糟的是，海滩的月牙形状让德军不仅可以从峭壁上居高临下地开火，还可以从两个侧面进行围攻。虽然最初的轰炸和炮火迫使守军一直低着头，但没有一个德军炮位被直接命中。因此，当第一拨盟军步兵冲上海滩时，几乎立即被大炮、迫击炮和机枪那密集的交叉火力压制住。最后，盟军所不知道的是，德军最近在该部分海滩上补充了第三五二师的兵力，这一个师是被送往那里进行训练的。因此，在地理、武器和人力资源的多重因素影响下，奥马哈是一个比任何其他目标海滩都艰难百倍的目标。

　　在那个早晨首批登陆奥马哈海滩的部队还有突击队（GAT，Gap Assault Teams），他们包括海军作战爆破队（Navy Combat Demolition Unit）和陆军工兵组（Army Combat Engineer group）。严格来讲，海军作战爆破队中所有的人都是志愿者，但许多人是通过由来已久的军事方式成为志愿者的：当在一艘运载英国新移民的特殊船只上没有足够的人举手参加这个危险的任务时，一位海军少尉直接宣布，名字以字母 A 至 C 开头的所有人都自愿参加。另外，他们也没有人反对或试图逃脱这个责任。

　　在奥马哈海滩上，有 16 支突击队，每队负责清理出一条五码宽的能穿过沙滩障碍物的路径。这些阻碍物有几种形式。有一种类型被盟军称为刺猬弹

---

① 原文为 Teddy Roosevelt，Teddy 是西奥多的昵称。——译注

(hedgehogs),其制作方法是将 3 条钢梁焊接在一起,形成一个自力支撑的四面体,约五六英尺宽。它们就像巨大的钢制立柱,就仿佛巨人的孩子们在一场游戏中被打断,离开时将他们的玩具散落在沙滩上。它们被放在涨退潮之间的位置,在涨潮时可以刺破小艇的底部。另一种常见的类型由类似于电线杆的木棍搭成,其中大部分都已经挂了碟状的特勒雷(Teller mines),如果木棍受到震动,水雷就会爆炸。即使舰艇成功地在两根木棍之间穿过,还是有机会碰到电线,触发最近的水雷。盟军决定在低潮后两小时登陆,是为了让海军作战爆破队(NCDU)有机会(尽管时间很短)清除其中的一些障碍物。最初的预期是在进攻前的猛烈轰炸后立即登陆,他们就几乎不会遇到阻力,但事实证明并非如此。

每个海军作战爆破队成员携带一个双面帆布包,就像在家乡那些报童所用的背包一样,但里面装的不是报纸,而是 60 磅的 C-2 炸药,这些炸药分成很多块,每块重两磅。带着这样的负担在海浪中挣扎上岸已经非常困难,当机枪和迫击炮火从沙滩后面的制高点及在两个侧面爆发时,情况就变得更加困难。由于极少数登陆艇能一路开到海岸线,突击队必须在离海滩很远的地方下船并涉水上岸。更糟的是,虽然在船只搁浅的地方,船头的水深可能只有一两英尺,但沿着海滨分布着许多不可预知的深沟,这意味着,许多人只向岸边走了几步就一头栽进了没顶的水中。

来自第一四九工兵旅的罗伯特·米勒将“永远不会忘记恐慌的感觉”,因为他走进了一条深沟,由于受到背包重量的拖累,他直接沉到了底部。他脱掉背包,拼尽全力蹬向沙质的海底,挣扎到水面,大口喘气。他半游泳,半挣扎地设法到达了海滩。他还记得,“我那个时候已几近筋疲力尽,觉得我的身体好像至少有 300 磅重”。海军作战爆破队队员欧瓦·韦克菲尔德在上岸时仍然带着他的背包,但是,他当时惊恐地注意到,他的腿虚弱得几乎无法站立。他短暂地怀疑过,这是否意味着自己是个懦夫,最后他意识到,他的帆布包已装满了海水。他用自己的小刀在每个袋子的底部割出小洞,让水排出来,发现他完全能站起来。

因为有很多人像米勒那样在挣扎上岸的绝望过程中失去了自己的炸药和雷管,有些人涉水回到船上,想取出装满了部队的后备炸药的橡胶筏。唉,可是这些橡胶筏也已经充满了水,重得无法移动。所以战士们抓起尽可能多的小背包,带着它们游回到海滩。与此同时,机枪子弹在他们周围搅起海水,在接触水面时发出轻轻的咻咻声。在岸上,子弹若没有找到更易击穿的目标,就会扬起沙子。许多人倒下了,那天早上,在奥马哈海滩上的海军作战爆破队伤亡率为 70%。

幸存者以海滩障碍物为掩护，趴在那里，开始将导爆索和 C-2 炸药粘到杆子上。利用敌人的水雷作掩护，同时部署非常不稳定的导爆索，这是非常危险的，但那个早上，在奥马哈海滩上没有什么活动是不危险的。

海军作战爆破队中有几个分队设法把炸药放在障碍物上，大叫"小心水雷"！并逐个引爆它们。有一个分队被分配到奥马哈海滩的犬白区，那是在莱斯莫林斯附近，他们设法在短短 20 分钟内清除了 50 码宽的突破口。然而，在其他地方的分队因凶猛的敌方火力而拖慢了进度。有一个分队全军覆没，当时将他们带到岸边的坦克登陆艇被一枚炮弹击中了。另一个分队的覆没是因为炮弹击中了他们装满了炸药的橡皮筏。在其他地方，人们不得不加快工作，因为步兵已开始上岸，有一个人回忆说，"步兵就在我们上面"。在峭壁的猛烈炮火压制下，到达的士兵本能地躲在那些已经准备好引爆的障碍物后面，而海军作战爆破队的人必须把他们赶走才可以触发炸药。不久，他们就必须全部停下来，因为再有任何爆炸都会危及到达的美国大兵。最终，在奥马哈海滩上的 16 支突击队分队只能设法建立五条通过障碍物的安全通道。因此，当在第二和第三拨部队到达海滩时，他们发现大部分水雷障碍物仍然存在。

前几拨大兵已被告知，轰炸和海军炮火将摧毁敌方防御阵地，许多人还预计，海滩将会是坑坑洼洼的，到处是现成的炸弹坑，他们可以将其用作散兵坑，但当然了，事实证明那些期望全部都落空了。一些德国机枪以每秒 20 发的惊人速度发射，这堵由炮火形成的虚拟墙是无法躲避的。那些在海浪中艰难到达海滩的人们蹒跚前进，在离海岸线只有大约 200 码的沙地上找一些小沙坡作为掩护。有一部分海滩上有一道低矮的水泥海堤，能够提供额外的保护，但在其他地方，卵石滩上只有由几个世纪的潮汐所形成的小沙坡。由于密集的火力遍布整个海滩，士兵们不可能继续推进，也无法回头，因为在海滩上尚未严重损毁或未被德军炮火击中的所有登陆艇都已经撤回。

事实上，被损毁的登陆艇如此之多，其灾难性之于盟军进攻计划，就几乎如同伤亡之于士兵。例如，美军"瑟斯顿"号（USS Thurston）（AP-77）在那天早上共放下了 25 艘希金斯艇。其中一艘在靠近海滩的地方与淹没在水中的一辆坦克相撞并沉没；另外两艘在登陆过程中横转；5 艘由于硬着陆或敌人的炮火而粉身碎骨，不得不抛弃；其余的让其士兵成功登陆并撤回，但其中又有 9 艘受到了严重损坏，不得不吊回"瑟斯顿"号上进行修理。由于这种种意外，参与第一拨登陆的 25 艘登陆艇中只有 3 艘仍然可参与后续的登陆。

　　驶向奥马哈海滩的第二拨人和第三拨人只是比第一拨人晚几分钟。除了希金斯艇之外,其中包括了许多更大更结实的坦克登陆艇。当在船上的人靠近时,可以透过烟雾看到岸上的情况,他们吓坏了。在一艘坦克登陆艇上有一名战士对大家喊道,"上帝呀,他们被压制住了"。而对于船上的舵手来说,更迫在眉睫的事实是,他们几乎没有地方可去。海军作战爆破队在障碍物之间清除出来的几条安全通道被沉没的坦克与损毁的希金斯艇,以及其他更可怕的障碍堵塞了。少尉卡尔·埃弗里特在将他的坦克登陆艇开向海滩的时候不得不减速,以避免碾过漂浮在水面上的很多尸体。他不想"让他们被我的螺旋桨割到",所以他让人站在船头,用船钩将尸体推开。舵手乔治·坡驾驶一艘希金斯艇,也看到了"水上全是人,有些已经死了",但他并没有减速,因为他担心如果慢下来,他的船就无法清理沙洲。

　　海滨的拥堵和来自峭壁的炮火打乱了即将到来的登陆艇的规定编队。导航艇将他们护送到出发线。在此之后,登陆指挥官应该引导他们到相应的登陆地点。但那些仍然活着的登陆指挥官,并没有比任何人更能控制局面。舵手和坦克登陆艇的艇长在海岸线上徘徊,往往挡了彼此的路,因为他们在拼命寻找海滩的一片空地。正如霍尔在他后来的报告中所述,其结果是"进攻组织的所有伪装都失去了"。还有更直白的表述,一艘登陆艇上的一名水手回忆说,"我们彼此撞来撞去,就像碰碰车一样"。

　　LCT-544 的副艇长是海军少尉比尔·奥尼尔,当他的船作为第二拨中的一员在大约 6:45 靠近奥马哈海滩时,他正趴在驾驶室上面观察岸上的混乱,并发现有一个登陆指挥官在疯狂地打信号。奥尼尔站起来给他一个要"前进"的信号,字母 K,然而得到的回复信息是:"保持低位。保持低着头。"奥尼尔怒不可遏地嘀咕着这个无用的建议,让自己又重新趴在驾驶室上的甲板上。然而,当他细看岸边时,他没有看到突破口,只看到连着水雷的障碍物和损坏的登陆艇。其艇长就在几英尺远的地方,站在进入驾驶室的梯子上,他在那里既能看到,也可以给予舵令。奥尼尔看了看他,在那一刻已经顾不上等级这种细枝末节的事情,奥尼尔激动地说:"你到底在这里干什么? 你会让我们全部死掉!"奥尼尔建议尝试右转,于是艇长下令向右急转舵。LCT-544 沿着滩头一路向西过了一英里,才发现了一条可能穿过障碍物的安全通道,并转向岸边驶去。

　　其他坦克登陆艇也同样如此。其中一艘 LCT-305 尝试了几次登陆。在第一次尝试中,它被机枪扫射,其指挥官受了重伤;而在第二次尝试中,负责指挥随船坦克的陆军上尉宣布现场太危险了。在第三次尝试中,在副艇长的指挥下,它被轻巧地推上了海滩,处于 LCT-544 的右侧。就在这时,它撞上了水雷,被拦腰炸断,几乎在同一时刻,两枚德国炮弹分别击中了它的前后两半,将所余无几的船身炸得粉碎。在 LCT-544 的另一边,LCT-25 也撞上了水雷,引擎室被淹没,不久也被磷炮弹击中,导致船上的弹药爆炸,整条船"突然陷入火海"。在几分钟之内,LCT-25 全毁了。

令人惊讶的是,尽管周围发生了这些事情,LCT-544 仍然能够卸下它的货物,其中包括一台推土机,6 辆吉普车,它们全都绑在一起,就像孩子的拉线玩具一样。推土机挖出自己上岸的路,拖拽着几乎全部被淹没的吉普车。但他们离指定的海滩很远,并且与他们分队中的其他人完全分开。尽管命令马上撤回,但 LCT-544 的队员在岸上的停留时间已足以使一部分人受伤。在海军 20 毫米舰炮所提供的掩护下,队员们跑出沙滩将伤员拖回船上,然后 544 才成功撤回。

奥马哈海滩上的火力非常密集,所以一些坦克登陆艇上的士兵犹豫是否要离船。登陆指挥官乔尔·史密斯看到一艘坦克登陆艇靠岸,并注意到在放下跳板的那一刻,"有一两挺德国机枪开火,可以看到了沙子就在船的前面被扬起来"。士兵们也可以看到它,并且,正如史密斯所说,"没有一个人动一下"。在同一时刻,指挥这艘船的海军少尉"站起来大叫",无论出于何种原因,全世界都突然安静了,所以史密斯清楚地听到他在哀伤地恳求:"看在上帝的份上,小伙子们,出来吧! 我必须去接下一拨呀。"

这并不是一个孤立事件。指挥 LCT-614 的唐纳德·欧文在猛烈的炮火下靠近海滩,这艘登陆艇上载有 5 辆吉普车、2 辆推土机和 65 个人。当 LCT-614 着陆,并且欧文降下跳板时,前两个战士一踏出就立即中弹,不得不被拉回了船井。之后,其余的士兵根本不肯离开舰艇。在进攻前的传达指示会上,欧文曾被告知,如果有人犹豫不肯下船,他就要强迫他们下船,"如果有必要,就用枪指着"。但欧文却不愿这样做。他回忆说,子弹"砰砰地打在船上并跳起来",对于他和士兵们来说,很明显的是,走出去到炮火中就相当于被判了死刑。他自己的船员求他撤回:"艇长,让我们离开这里吧!"他们恳求道。欧文试图顺从大家的请求,若要让船离开海滩,首先需要将锚绞起来,但锚钩住了什么东西,坦克登陆艇一动不动。欧文下令,所有引擎全速向后,然后全部全速向前,然后再次向后,但 LCT-614 真的被卡住了。LCT-614 在海滩上逗留了几乎 90 分钟,所有人都没有下船,并且在几乎恒定的火力之下,无法动弹。直到将近十点涨潮的时候,它才设法撤回。当 LCT-614 的船员终于将锚绞起来时，他们发现，它钩住了一艘沉没的希金斯艇。

其他坦克登陆艇因为被水雷或炮火损坏而滞留在海滩上，或者像 LCT-614 那样，被已损毁的和沉没的船只、吉普车，甚至是坦克所拖累。有一艘麦克艇试图撤回，但发现自己的螺旋桨被水中的什么东西绊住了。有两个人从船侧跳出去疏通阻塞，结果竟然是"一个人的下半身缠在螺旋桨中"。即使没有障碍物，撤离也不是一件容易的事情。当 LCT-612 准备好撤回时，少尉贺拉斯·"斯基普"·肖对一名年轻的水手下令"拉起绞盘，让我们离开海滩"，他只记得叫这名水手为"贺尔比"。这位年轻的水手将自己的救生衣挂在他旁边的排气管上，以便有更大的活动自由，他闭合控制杆将尾锚绞起。有一挺德国机枪在射程内，一阵暴雨般的子弹"将那件救生衣炸成数百万片"。更多的子弹在该水手周围呼啸着飞过，离坦克登陆艇的驾驶室只有几英寸远。肖很惊讶。肖回忆说，"那家伙连眼睛都没有眨一下。他只是简单地绞起绞盘，拉起锚，让我们离开海滩"。

在离坦克登陆艇后面不远处，是运送部队的步兵登陆艇，每一艘上面都挤满了至少 200 名士兵。由于步兵登陆艇是轻装甲，他们被分配到后面的几拨，想必当时的海滩将会相对安全。在靠岸过程中，"船头的浪花让士兵们不停地擦自己的脸"，他们除了"在快到达的陆地上那一片烟雾弥漫"之外几乎什么都看不见，这是一位水手的回忆。当终于可以看见沙滩时，士兵们开始分辨出"沙滩上破碎的希金斯艇，以及跑来跑去四处找隐蔽的人"。显然，海滩完全没有安全可言。

在奥马哈海滩登陆的第一艘步兵登陆艇是 LCI（L）-91，由海岸警卫队中尉阿门德·韦恩指挥。当他靠近海滩时，韦恩看到所分配的航道既没有清理也没有标记，而且它"似乎被一辆沉没的坦克封锁了"。他谨慎地绕过坦克，小心通过"顶部有特勒雷的木桩迷宫"，最终在 7：40 将他的船推到浅滩上。虽然在船和海滩之间仍然有近 100 码的水，但他放下船头两侧的双跳板，让士兵可以下船。机枪子弹猛撞到船头，并且打得两排梯子叮当作响，士兵们自然不愿意冒险下跳板，离船的速度极其缓慢。

正因为如此，并且潮水在快速上涨，韦恩不断用引擎推进，"以保持触地"。然而，它很快就不可能再继续前进，因为无法保证船的两侧"不引爆木桩上的水雷"。左舷船首附近有一个水雷爆炸了，在船体前部炸开了一个两英尺的洞，并且炸伤了两名士兵。再向前进就会危及登陆艇本身。尽管船上的201名士兵中只有60名离船,但韦恩还是撤离海滩,并悬挂信号Baker Queen①通知附近的希金斯艇,他们应该一起来协助部队登陆。但那些仍然在海上的希金斯艇都有自己的使命,韦恩明白,他必须另找一个登陆点。他发现了海滩上的另一个登陆点,并再次将他的船推上岸。当他这样做的时候,有一枚水雷在船下爆炸,几乎在同一时间,有一枚德国炮弹击中了船头。韦恩报告,"在几秒钟内,整个井型甲板变成一团火焰"。水管中没有足够的水压让船员去灭火,登陆艇无法在撤离中保持不沉没。韦恩极不情愿地下令弃船。

在那一刻,91的姊妹船,LCI(L)-92也前往海滩。虽然在船头的船员可以看到91已"笼罩在火焰和浓烟中",但92仍继续推进。船上的人能感受到几乎被击中的震荡,因为两侧喷出了高大的水柱。然后,"一个可怕的爆炸将整艘船抬起,并使其突然倾斜"。震荡把士兵们扔到甲板上,热力是如此强大,以至于有一名船员感觉自己就像在"鼓风炉之中"。几秒钟后,"另一次惊天动地的爆炸将船摇得就像一只玩具船一样"。像91那样,92也在撞上水雷几秒钟后就被敌方炮弹击中。水雷"在右舷轰开了一个大洞,足以让一艘希金斯艇穿过",并且炮弹落在那些聚起来冲向前准备下船的士兵中间。其中41人当场死亡。另一枚炮弹击中右舷跳板,有些士兵和水手开始从旁边跳下船,其他留在船上的人则试图灭火。涨潮将残缺的LCI(L)-92横着推上了海滩,完全就是一个残骸。像91的幸存者那样,92的船员和那些成功离船的士兵们加入了海滩上规模不断增大的人群。

到处乱七八糟。海军中尉哈里·蒙哥马利是LCI(L)-489的船长,他报告说,"各种类型的船只向着各个方向移动",让他或其他任何人都不可能沿直线航行。他无法到达海滩,因为那里挤满了"碎片、残骸、横转和沉没的船只、燃烧的坦克和车辆"。那些已经登陆的士兵,以及那些由于船被击毁而被迫加入的水手,担惊受怕地躲在卵石滩那些低矮的沙堆后面,脸朝下陷进沙子里,因为他们要试图避开离自己头顶只有几英寸的机枪子弹。德国的迫击炮很快就连这有限的保护都清除了。与此同时,无情的潮水继续涌上海滩,其速度比一些伤员的爬行速度更快,潮水缓慢但不可阻挡地缩窄士兵可以求生的狭长地带。8:30,在奥马哈海滩上的登陆指挥官通知海军上将霍尔:"他们在阻止后续几拨的推进。"在开始后才两个小时,对奥马哈海滩的进攻已经陷入僵局。

---

① 海军旗语,Baker代表字母B, Queen代表字母Q。——译注

当时,英国和加拿大部队已在宝剑、朱诺和黄金海滩登陆。英国版的希金斯艇是木制船壳的突击登陆艇,每艘运载 30 人,于早上 6:00 开始前往海滩,他们在 7:25 嘎吱嘎吱地上了沙滩,差不多比美国人晚一个小时。英国人和加拿大人也面临凶猛的抵抗,但他们拥有在奥马哈海滩上的美国人所不具备的几个优势。首先,海军炮击更为有效,特别是在宝剑海滩上。其次,在宝剑和朱诺海滩上的德国守军缺乏占领制高点的优势,并且没有在沙滩上形成交叉火力的能力。最后一点,攻击部队有更强的坦克支援,因为有更多 DD 坦克成功游到了岸边。有几位 DD 坦克士兵在宝剑海滩发现他们的引擎在前往海滩途中已经被海水损坏,但这并没有阻止他们在进攻中发挥作用。他们使用船尾螺旋桨将其坦克尽量推近岸边,然后,当坦克的大部分还淹没在浪里,只有炮塔露出来的情况下,他们向着德军的炮阵开火。一艘突击登陆艇从宝剑海滩返回接第二批士兵,其舵手向运输船的甲板喊道:"这是小菜一碟!"

跟着坦克和步兵后面来的是英国障碍物清理分队。就像在奥马哈海滩上那样,他们紧锣密鼓地工作,要在高潮将水雷和障碍物盖起来之前尽可能多地清除它们。英国突击队也上岸了,最引人注目的是第一特别服务旅(First Special Service Brigade),由准将西蒙·弗雷泽指挥,为人熟知的是其苏格兰头衔洛瓦特勋爵。当突击队溅着水花走到岸上时,洛瓦特的风笛手比尔·米林在用风笛吹奏《蓝色无边圆帽》(Blue Bonnets)。然后,洛瓦特带领他的突击队冲过乡村,以支援在康城运河上的佩加索斯桥的英国伞兵。其他部队在乌伊斯特勒昂挨家挨户地战斗,这是进攻的第一个巷战。负责这次袭击的一个小队是由上尉菲利普·基弗领导的一支法国部队。分配给法国突击队的任务是解决城外的德国据点,他们遇到了德军的激烈抵抗,直到基弗用几辆 DD 坦克形成合围;在坦克的支持下,他击溃了德军,并进入了城市。

保卫海滩的德军已认识到自己的危险处境,但在柏林和巴黎的高级指挥官还没有这种认识。正在庆祝 53 岁生日的德军第八十四集团军司令埃里希·马尔克斯将军,恳求允许在反击中使用坦克。但是,总部仍然相信这只是用来转移注意力的部署,因此否决了他的要求,这使得平常内敛的马尔克斯咆哮道,这一决定是"一种耻辱"。直到英国人和加拿大人已完成登陆并向内陆进发时,马尔克斯才获得许可出动他的坦克。他将 40 辆坦克组织成突击队,并下令指挥官插入宝剑海滩的英军和朱诺海滩的加拿大军之间。他告诉主管的军官,"如果你不能成功将英国人扔回大海，我们就会输掉这场战争"。虽然这迟来的进攻起初取得了成功，但英军用有效的反坦克火力削弱了它，并将它逼退。然而，德军的凶猛反击让盟军指挥官们相信，他们不应马上冲刺到内陆夺取康城这个城市，而是应该巩固前线并站稳脚跟。

　　在英吉利海峡的对岸，策划进攻的指挥官们焦急地等待着战报。艾森豪威尔在 6 月 5 日很晚才上床睡觉，但他几乎没有睡着。他特别关心空降师的伞兵们的命运。利-马洛里曾预言，如果按计划时间空投，那会是灾难性的，艾森豪威尔否决了他。现在 SHAEF 指挥官在等待返回的运输机报告那些伞兵的命运。利-马洛里在早上 6:40 亲自打电话到总部，当时第一批美国士兵正在希金斯艇中向奥马哈海滩挺进。艾克的海军副官哈里·布彻接了电话，他带着报告跑去艾森豪威尔的活动房屋。布彻发现盟军最高司令坐在床上，手中拿着一本西部小说，旁边是一个装满了烟灰的烟灰缸。布彻转达了利-马洛里的信息：850 架美国运输机已经损失了 20 架，而 400 架英国飞机只损失了 8 架。没有敌军战斗机反击，几乎没有高射炮。空投非常成功。然后，拉姆齐打来电话。他报告有几艘德国鱼雷快艇从勒阿弗尔出击，并且登陆正在进行。除此之外，他也没有什么新消息。艾克只好无奈地等待有关他所发动的战斗的进一步报告。他起草了一张便条给在华盛顿的马歇尔："我至今尚无关于实际登陆的信息"，并补充道，"初步报告是令人满意的"。

　　丘吉尔也在焦急地等待消息。他留在英吉利海峡的港口附近，用布鲁克的话来说，他"把自己变成了一个讨厌的人"，直到 6 月 5 日才离开；当天，艾森豪威尔将进攻推迟了一天。然后丘吉尔回到了伦敦，等待事态的发展。丘吉尔对进攻的结果从来没有像美国人那么乐观，他当晚与妻子克莱门汀道晚安时说："你是否意识到，当你在早晨醒来的时候，两万名年青人可能已经失去了生命？"当她睡下后，丘吉尔就下楼到他的地图室阅读刚送到的报告，并在必要时移动地图上的小图钉。中午他出发去下议院发表演讲。他宣布罗马已解放，这刚好是在两天前发生的，但对于诺曼底登陆，除了战斗在"按计划进行"，他也无法告诉大家更多的事实。

　　罗斯福原本计划飞往伦敦，在进攻期间与丘吉尔待在一起，但让他和丘吉尔都极为失望的是，他越来越差的健康状况，让这个计划不可能实现。（首相致电给总统时说，"我多么希望您在这里"。）罗斯福改变行程，与他的女儿安娜和她的丈夫一起去弗吉尼亚州夏洛茨维尔。他在 6 月 5 日上床睡觉时就知道,在他睡醒之前,进攻很可能已经发动。乔治·马歇尔在凌晨 3:00 从华盛顿打来电话(当时是诺曼底早上 8:00,韦恩的 LCI(L)-91 正在奥马哈海滩上燃烧。),马歇尔告诉总统,登陆已如期进行。罗斯福授权在半小时后发表公告,那些听到公告的人也听到了艾森豪威尔在前一个晚上向进攻部队所发表的录音讲话:"各位联合远征军的海陆空战士们! 你们马上就要踏上征程去进行一场伟大的圣战……"随着太阳升起,消息也传开了,教堂的钟声开始敲响,工厂也拉响了汽笛。然而,即使在庆典开始的时候,奥马哈海滩上的胜负仍然悬而未决。

———————

在美军负责的海面上,看着那些人在奥马哈海滩受到牵制,负责指挥的美国将领们无奈地几乎陷入疯狂。美国第一集团军的司令奥马尔·布莱德雷在柯克的旗舰重型巡洋舰"奥古斯塔"号上凝视那烟雾笼罩的海岸线。在犹他海面上,第七军军长乔·柯林斯和第四师师长雷蒙德·O."塔比"·巴顿在穆恩的旗舰运输船"贝菲尔德"号上观看战况,与此同时,在奥马哈海面上,指挥第五军的伦纳德·T.杰罗和指挥第一师的克拉伦斯·R.许布纳在美军"安肯"号上,这是一艘经过改造的远洋客轮,被吉米·霍尔用作指挥舰。所有这些将领都对岸上的情况感到十分焦虑,并且对于自己被强制远离战场而感到烦恼。根据美军进攻海滩的命令协议,柯克和海军拥有完整的行动权限和控制,直到各陆军将领登陆到海滩上接任指挥。这使得各陆军将领成为军阶稍高但很大程度上无能为力的乘客,这种情况至少要持续到他们的靴子踏上法国领土。这令人发狂。在他们的成年生活中,大部分时间都是在为这种时刻进行训练,他们已经花了几个月磨练其指挥能力。然而,即使自己的人正在死亡线上挣扎,他们却在离岸十几英里的海面上,无法做些什么来影响事件的进程。

"奥古斯塔"号是战舰中的高贵老妇。她是一艘所谓的条约巡洋舰(Treaty cruiser),在 1930 年下水,其设计勉强符合 1922 年《美英法意日五国关于限制海军军备条约(Naval Arms Limitation Treaty)》中的战列舰定义。她于 1933 年至 1940 年作为美军亚洲舰队的旗舰,然后,在 1941 年转移到大西洋,它曾将富兰克林·罗斯福送到纽芬兰,与丘吉尔在第一轮英美战略会议上会晤。现在,她是西部特混舰队的旗舰,并且在登陆日当天,它是由美军负责的众多海面疯狂活动的中心。

柯克和布莱德雷相处得很好。他们在西西里登陆时就一起服役,他们信任并由衷地喜欢对方，从一开始他们就互称"艾伦"和"布拉德"。现在是 1944 年 6 月 6 日上午 8:00，他们都深感忧虑。在犹他海滩上的部队似乎一切都没问题，虽然他们的登陆点在偏南面太远的地方。尽管那里的阻力仍然存在，但正如一位目击者回忆说，"带着人的吉普车和坦克似乎很顺利地爬上了沙滩"。出问题的是奥马哈。柯克承认自己"担心，非常担心奥马哈"，而布莱德雷后来也如他所写的那样，自己"严重的个人焦虑和沮丧"。从海滩到达"奥古斯塔"号的为数不多的报告都表示这是一场灾难。登陆的人都被牵制在海滩上，无法移动，而堵塞的海岸线则意味着，后续几拨的登陆艇没有地方可去。海上的舰艇明显在争夺位置，并且越来越混乱。布莱德雷写道，"我的印象是，我们的部队遭受了不可逆转的浩劫，我们几乎没有希望可以攻克海滩"。

柯克和布莱德雷都知道那句古老的军事格言"绝不要巩固失败"，布莱德雷自己则在琢磨，与其派遣更多的士兵去奥马哈被屠杀，他和柯克是否应该指示随后的几拨转移到其中一个取得重大进展的海滩。当然，如此重大的决定将完全打破精心设计的进攻计划，无论如何，这都是很难做到的，因为连续几拨的登陆艇只有 10 到 15 分钟的间隔，已经出发驶向岸边，现在将他们召回只会引起更多混乱。不过，柯克提醒穆恩，有些奥马哈的部队可能被转移到了犹他，而穆恩告诉他的海滩指挥官、陆军上尉詹姆斯·阿诺德，"在奥马哈的进攻没有完全按计划进行"，他们可能必须"承担一些额外的负担"。为此，穆恩下令 U 编队的坦克登陆舰移动到离海滩 4 英里以内。

吉米·霍尔的旗舰"安肯"号比"奥古斯塔"号离海岸更近一两英里，在"安肯"号上的杰罗和许布纳都觉得无法忍受自己被迫无所事事。来自奥马哈海滩那寥寥无几的报告带来让人痛苦的缓慢进展。这主要是因为登陆部队的无线电有四分之三在刚刚登陆时被击毁或泡了水。而发报员要么死亡、受伤，要么忙于保命，无法提交定期报告。极度渴望收到信息的杰罗派他的助理参谋长，陆军上校本杰明·塔利乘坐一辆 DUKW 去调查。塔利在海滨不断往返，离海滩仅 500 码，并上报杰罗情况非常糟。他证实，登陆的人被来自高地的猛烈炮火牵制住，并且海滨非常拥挤，各坦克登陆艇就像"一群牛"在团团乱转。

杰罗走上"安肯"号的舰桥碰上了霍尔。霍尔描述杰罗处于"一种恐慌状态"。是不是可以做更多事情？杰罗问道。霍尔高大、下巴突出，是一位铁人三项的运动员，在对"聪明的"库克和弗雷迪·甘冈讲话时也没有丝毫顾忌，他此刻泰然自若，或者至少表现出漠不关心的神态。他解释说，袭击仍处于发展阶段，即使它暂时停滞，解决方式也就是继续登陆。他让杰罗放心，这最终是会成功的。也许是为了让他下舰桥,霍尔叫杰罗不如去作战室看一下收到的消息,也许就可以更好地了解岸上的情况。

在他们对话时,海军上校洛伦佐·萨宾也在场,他主动建议,也许霍尔可以动用留作储备的两艘火箭坦克登陆艇。杰罗同意这一想法,并敦促霍尔去做,但霍尔摇头说,火箭坦克登陆艇上的瞄准精度很低,会让太多盟军士兵处于危险之中,并且无论如何都不太可能有很大帮助。霍尔补充说道,改变战局的方式就是继续登陆更多的人员和装备。他向杰罗和萨宾保证说,"敌人是不会[能够]阻止登陆",而最终的胜利"只是时间问题"。萨宾认为,"除了海军上将霍尔之外,大家都显得紧张、担心和不安"。对杰罗而言,他无法干等着,什么也不做,他决定让第一一五步兵战斗队提前投入战斗。虽然这有助于增加美军在岸上的力量,但这也导致海滩上更加混乱和拥堵。

许布纳将军是被称为"大红一师(Big Red One)"的第一师的指挥官,他非常严格,没有废话,他也在"安肯"号上,并且很担心;毕竟,那些在沙滩上被屠杀的都是他的士兵。许布纳忙着考虑霍尔对杰罗的建议,在作战室阅读战报,战报就在从电传打字机打印出来的薄纸条上,很像股票报价器的磁带。许布纳将纸条在桌子上摊开,并急切地阅读它们。到八点半时,他的结论是,奥马哈海滩的情况非常严峻,他派自己的参谋长,陆军上校斯坦霍普·梅森,到舰桥上去传达他的担忧。霍尔再次表现出耐心和自信的风范。梅森听从了,但他并不是需要被说服的人,他敦促霍尔下去跟许布纳谈谈。也许是为了传递那一刻的严重性,梅森暗示许布纳正在考虑撤出。

霍尔无意离开舰桥,也没有批准撤出的任何想法。他提醒梅森说,在许布纳建立岸上的总部之前,将军都没有权力考虑撤出,更不会下令撤出。只有海军指挥官能够这样做,而霍尔无意这样做。他告诉梅森,"我不想离开舰桥,因为我在这上面可以看到和做许多事情,我下去是做不了的。"如果许布纳将军想和他谈谈,霍尔说,梅森应该"下去把许布纳将军带上来。"当许布纳来到时,霍尔再次断言,情况虽然很不稳定,但并不严峻,他表达了自己有信心,经过足够的时间之后,盟军的大量人员和物资就会扭转进攻海滩上的势力平衡。霍尔后来坚持说"我从来没有担心过我们不会成功"。同时,他毫不含糊地告诉许布纳:"我在指挥,我并不担心"。

霍尔可能一直不担心,但在他东边50英里处的总部指挥舰"拉格斯"号(HMS Largs)上,拉姆齐很担心。"拉格斯"号以前是一艘法国船,当法国在1940年撤退时就已经停靠在直布罗陀。被英国皇家海军接收后,它改了名字,以纪念蒙巴顿的苏格兰庄园。经过重新设计,装配了先进的通讯设备,以充当指挥舰,船上到处布满了天线和无线电线路,至少有一名船员认为它看起来"像星期一早晨的清洗管路"。正是由于所有这些电子设备,拉姆齐才能够一次监视全部五个海滩,在6月6日,正是来自奥马哈海滩的消息让他感到震惊。拉姆齐让海军少将塔尔博特留下监督宝剑海滩的登陆,然后离开拉格斯,登上了一艘英国驱逐舰前往美军的区域,在那里他请柯克上船商议。

柯克发现拉姆齐明显焦虑不安,就像霍尔对杰罗和许布纳做的那样,他也提供了保证。柯克对拉姆齐说,"我们会解决它,别担心"。事实上,柯克并不像他的话那么自信,但他不愿向这位最近曾恶言相向的英国海军上将承认这样的事情。于是,他摆出一副自信的样子,并向拉姆齐保证,一切都会解决的。拉姆齐并不完全放心。他指责美军通信状态"非常糟糕",这是那些无线电被击毁的结果。不过,既然已过来与柯克会面并说明了自己的观点,他也没什么可以做的了。因为他们在英国皇家海军的舰船上,两个人放任地匆匆喝了一杯威士忌,然后各自回到自己的岗位。

那一刻的严重性是无法掩盖的。尽管霍尔反复强调信心,但岸上的情况真的很危险。奥马尔·布莱德雷后来承认,他正在考虑"撤离滩头阵地,并指挥后续的部队去犹他海滩或英军的海滩"。由于害怕可能失败,他问柯克,海军是否可以再做些什么来打破奥马哈海滩的血腥僵局。

事实上,是可以的。

第十三章
登陆日：危机

　　参加清晨轰炸的几艘美国驱逐舰已经在预定进攻时刻之前离开海滩。他们这样做，一部分是为了腾出空间给登陆艇，一部分是为了开始掩护面向大海的阵地。然而，驱逐舰的舰长们亲眼看到奥马哈海滩上的情况正在恶化，他们中的一些人甚至没有接到命令就返回了海滨，向着海滩后面的高地开火。现在，时间刚刚过八点半，霍尔召回其他驱逐舰，命令他们"对海滩上的目标保持尽可能猛的火力"。为了支持这一命令，海军上将布莱恩特用无线电从"德克萨斯"号向全体舰长发出了一条消息："伙计们，向他们进攻！向他们进攻！他们让海滩上的人进入地狱，我们不能再继续忍受这种情况！我们必须阻止它！"

　　驱逐舰舰长对此报以热情，事实上，几乎过于热情了。大多数船只是美军格里维斯（Gleaves）级的驱逐舰，吃水超过 13 英尺，而奥马哈海滩的缓坡让近距离火力支援变得极其危险。[①] 显而易见的是，如果驱逐舰搁浅，德国炮手就可以随时将其炸成碎片。不过，他们现在以 20 节以上的速度向岸边驶去，进入较浅的水域，并且在清理好的航道以外。一艘坦克登陆艇在接近海滩时，上面的一名水手震惊地看到，"在我们面前有一艘驱逐舰的大烟囱中涌出了浓烟"。在他看来，那艘船似乎已失控，并直接冲向海滩。他想：我的天啊，他们会搁浅，并且就在德军炮火前面失去战斗力。在最后一分钟，这艘驱逐舰突然艰难地左转，把它的右舷转向与海滩平行，开始"将它所有的大炮水平瞄准防御阵地连续射击。"这名水手很高兴地看到，"在驱逐舰快速经过时，烟雾和尘土在山坡上到处飞扬"。

　　十几艘盟军驱逐舰响应了那天上午的号召，其中 9 艘来自第十八驱逐舰中队（DESRON），由美国海军上校哈里·桑德斯指挥，就像欧内斯特·J.金的

---

① 美军格里维斯（Gleaves）级驱逐舰载有 5 门 5 英寸火炮，在战争期间进行了改装，减少一门 5 英寸火炮，以容纳更多的防空炮组。这些战时的版本被称为布里斯托尔（Bristol）级驱逐舰。在战争期间，一共有 96 艘被称为格里维斯或布里斯托尔级的各式船舰服役。为了避免混淆，这里的所有这类船只都将被称为格里维斯级。

策划官查尔斯·库克那样，桑德斯曾因在海军学院的学术成就而赢得了"聪明"（Savvy）的绰号。桑德斯的两艘驱逐舰，美国海军"萨特李"号（USS Satterlee）（DD-626）和美国海军"汤普森"号（USS Thompson）（DD-627），以及英国皇家海军"塔利邦特"号（HMS *Talybont*）去支持负责在奥马哈海滩西部的奥克角进攻几乎垂直的峭壁的美国陆军游骑兵。另外两艘，"卡米克"号（Carmick）（DD-493）和"麦库克"号（*McCook*）（DD-496），再加上后来的美国海军"哈丁"号（USS Harding）（DD-625），在圣·洛朗斯梅尔海滨占据了奥马哈海滩附近的中心位置，而另外5艘在该中队的旗舰"弗兰克福"号（Frankford）（DD-497）的带领下开向科勒维尔斯梅尔附近的海滩的东端，桑德斯也在旗舰上。他们大多占据了离海滩只有800至1 000码的位置，正如目击者所报告的，近得"德国人的步枪子弹都能击中他们"。虽然整个海滨的坡度不一，但在这个距离，水深只有约12至18英尺。桑德斯后来推测，有些时候，"弗兰克福"号的龙骨下只有几英寸深的水，柯克后来宣称"他们的船首曾触及水底"。即使实际情况没有如此夸张，这也说明驱逐舰舰长在这种明显的紧急情况下愿意让自己的船只冒险。这十几艘驱逐舰在参与进攻的5 000多艘船中只占一小部分，但在随后的90分钟，他们扭转了奥马哈海滩上的战况。

或许在整个进攻中最艰巨的任务是由陆军中校詹姆斯·A.鲁德带领美国陆军游骑兵第二二五分队在奥克角进行的攻击，有几艘驱逐舰在其中起到了关键作用。大家认为，在奥马哈海滩西部的这个海角上面，德军已经布置了几门重炮，可以覆盖美军负责的两个海滩。为了消除这种威胁，游骑兵将不得不在悬崖底部一条狭窄的石滩登陆，然后用绳索和梯子攀登几乎垂直的悬崖。他们在黎明前登上了10艘皇家海军的登陆艇，但像几乎当天上午的所有其他船只那样，这些登陆艇被水流冲到预定登陆点的左侧，舵手最初并不是将他们的船只瞄准奥克角，而是贝尔赛角，在维耶尔维尔偏西处。在大约6点半左右，他们意识到自己的错误，就如同在奥马哈和犹他海滩第一批登陆所发生的情况那样，舵手向奥马哈海滩洋面上其中一艘小登陆控制艇（56英尺）寻求指引和方向。

当天上午，美国海军上尉威廉·斯蒂尔负责指挥C区海滩（Charlie Beach）的控制艇，并且他全力设法在岸上的混乱中渐渐建立秩序，而鲁德的部下所乘坐的一组登陆艇正在接近他的位置。其中一艘船慢慢靠近斯蒂尔的小艇的右舷，一位皇家海军军官站了起来，手里拿着一个扩音器。他喊道，"我说，您能告诉我怎么去奥克角吗？"斯蒂尔吃了一惊；这问题问得带着游客那种随意又谦虚的口吻，就像"站在纽约市的一条街上说，'怎么去时代广场？'"。斯蒂尔很快回过神

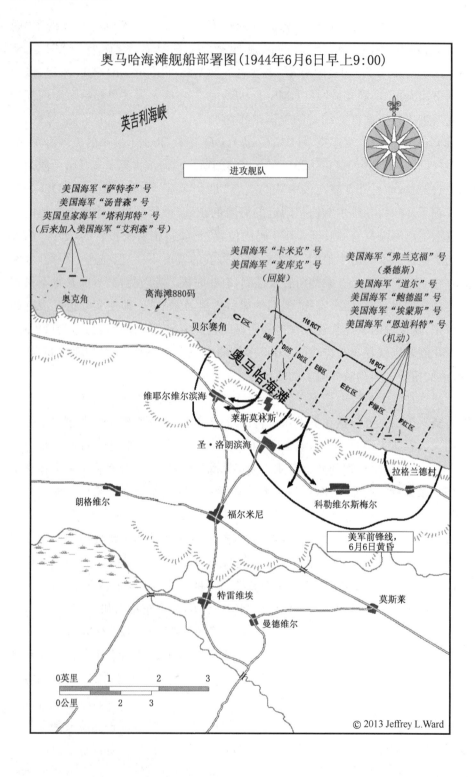

奥马哈海滩舰船部署图(1944年6月6日早上9:00)

来，并在查看图表后给了这位官员一个奥克角的方位。英国军官再次拿起扩音器："非常感谢"，他喊道，并挥了挥手，他们就出发了。

尽管如此气定神闲，延误确实影响了游骑兵的任务。他们并没有按计划于6:30登陆海角两侧，而是在7:10登陆，并且只在东侧登陆。在另一方面，正是在这里，美国海军"德克萨斯"号的几枚14英寸炮弹已经让悬崖的一部分倒塌在狭窄的海滩上，造成40英尺高的岩石堆。游骑兵爬上一堆落下的岩石，投掷他们的手榴弹，并开始登上崖面。德军用机枪扫射他们，并将手榴弹扔下悬崖，但大兵们仍继续攀登。他们中第一个到达崖顶的人放下绳索给其他队友，然后转身对付德国守军。在开始攀登的225人中，有108人到达了崖顶。就这么些人，又这么零零散散地到达，情况很危险。

他们最终获得成功有一个关键因素，就是来自驱逐舰的炮火支持。在德国轻型火炮的压制下，游骑兵使用方向指示灯的光将目标坐标发给海上的驱逐舰。"萨特李"号最早响应，"汤普森"号在8:30加入，一小时之后，"艾利森"号（DD-454）也加入了。由于无法看到目标，驱逐舰不得不依靠间接瞄准射击，每组翼次射后都停下来，接收游骑兵关于射击落点的报告。在9:52，游骑兵要求驱逐舰停火，在11:30，在驱逐舰上的瞭望员看到了美国国旗在那个位置飞扬。然而，在爬上了悬崖，赶走了守军，并攻占了制高点之后，游骑兵很快就发现并报告，在奥克角的大炮已被拆掉，放在那里的其实是木制的假炮。他们继续进入内陆，并建立了防御带，他们在当天剩下的时间直到深夜都坚守在那里。

桑德斯中队的其他驱逐舰在奥马哈海滩执行任务，最初在确定适当的目标时存在很大的困难。海滩的低能见度和德军的出色伪装使得他们不可能找出德军的炮位在哪里。其中一些机枪被收回地下防空洞；其他的也隐藏得非常好，正如一位水手说的那样，"如果距离它们10英尺，是看不到它们的"。从理论上讲，这些舰艇应该与岸基火力控制协调配合，后者负责确定目标并报告射击落点，就像游骑兵在奥克角做的那样。但那天早晨的海滩是如此混乱，并且如此缺乏可用的无线电，一直到下午，驱逐舰才与岸上的侦察员建立定期的无线电通信。在此期间，驱逐舰舰长被迫寻找"机会目标"。但是，他们的到来有一个直接的好处：很多德国炮手由于害怕暴露自己的位置，就会停火，而其他炮手则将火力集中在驱逐舰上。这两种情况即使是短暂的，也让海滩上的士兵有了喘息的机会。

在奥马哈海滩中心附近，靠近海滨村庄莱斯莫林斯的地方，"卡米克"号的舰长，高高瘦瘦的海军中校罗伯特·比尔正在察看峭壁，寻找"敌方炮位的烟雾或闪光"。因为德国人使用无烟火药，他没有看到烟雾，比尔变得不耐烦，觉得这个过程"又慢又不可靠"。不过,当他通过望远镜研究海滩时,他注意到,有一些盟军坦克在徒劳地努力爬上维耶尔维尔滨海附近的峭壁中的沟壑。他觉得,他们明显是被上面的猛烈炮火所压制,但他不能确定炮火的来源。几辆盟军的坦克都在射击峭壁的一个特定地点,比尔仔细地注意他们的射击落点,并指挥他的舰炮瞄准相同的那些位置。"卡米克"号的5英寸火炮对可疑区域发射了一系列的快速齐射。几分钟后,比尔注意到,坦克炮手已经将火力转移到另一个位置,比尔指示他的重炮军官照着做。比尔事后报告,"很明显,陆军希望使用坦克炮火来让支援船舰看到目标,并对其开火"。这种配合非常有效,坦克用炮弹指出敌炮阵地,而驱逐舰则据此瞄准目标。

在"卡米克"号附近的"麦库克"号上的海军少校拉尔夫·雷米对着崖面中两门壁垒森严的德国大炮开火。雷米的很多朋友认为他非常像喜剧演员威尔·罗杰斯,雷米在说话时也经常穿插着乡村格言,但他现在全心全意地投入工作。雷米和"麦库克"号对德军炮组保持连续超过15分钟的不间断火力,最终,集中的轰炸破坏了敌人架设枪炮的岩层。悬崖土崩瓦解;其中一门炮飞上了空中,而另一门炮则跌下崖面。

在东边一两英里处,"道尔"号(DD-494)的船长,海军中校克拉伦斯·博伊德在挤满了奥马哈海滩的F绿区海面的登陆艇中谨慎地移动着他的船。在离冲浪线仅800码处,博伊德可以看到岸上的士兵"在沿着海滩的小沙丘后面挖壕防守,而第二拨[实际上是第三拨]部队在近海成群乱转"。由于无法与岸上的火力管制组联系,他布置了瞭望员去观察海滩背后的制高点,寻找敌人炮阵地的证据,但能见度"非常低,因为目标区域烟尘滚滚"。有一名瞭望员报告在科尔维尔奥恩滨海和拉格兰德村之间的F红区海滩西端的陡峭山坡上有一架机枪,"道尔"号向那个位置进行了两次射击。然后,"道尔"号将火力转移向位于山顶的炮台,并再进行了两次射击,在这两次进攻中,博伊德都能够报告"目标已被摧毁"。然而,更多的时候,结果并没有这么确定。由于缺乏其他明确的目击证据,博伊德只能选择他认为合乎逻辑的炮位,即使他看不到在那里有任何东西,也对那些地方开火。"汤普森"号完成了在奥克角的任务后,加入了在F绿区海面的"道尔"号,其指挥官阿尔伯特·杰柏林有着深肤色,五官英俊,让人想起"雪茄店的印度人",他指挥"汤普森"号向"一个树丛"开火,他认为那可能是"一组野战炮的掩蔽物"。不管是不是,该树丛被彻底地破坏。

其他船舰也加入了行动。一艘坦克登陆艇上的一名水手正在观察沿断崖线生长的植被的时候,发现灌木丛中有微微的移动,一秒钟后,炮弹就在沙滩上爆炸了。他的眼睛继续盯着那片灌木丛，很快那里又微微动了一下，紧随着是在沙滩上又发生一次爆炸。他叫船长过来，并指出那个位置。这位军官看到了这种模式在重复，他就在自己的图表里标上坐标。然后，他打开短距离 TBS 无线电，并呼叫离得最近的驱逐舰。几乎马上就有一艘驱逐舰"快速冲到那里，侧身，左舷侧对着海滩，发出大约 8 轮 5 英寸炮弹"到德军的炮位。

相较于从高空投放的炸弹和从离岸 10 英里或 15 英里的海上发射的大炮弹，小口径的驱逐舰火力更准确，并因此更为有效。来自巡洋舰和战列舰的更大的 8、12 和 14 英寸的炮弹能让地面都震动，但德军炮位仍基本保持完好。现在，这些炮位被数百个 5 英寸炮弹连续猛击，并一个接一个地哑火。一名目击者回忆说，看到有 3 枚 5 英寸炮弹击中了一个掩体上的 20 英寸的狭窄炮缝口，并至少有一次，有一门德国炮被直接击中了炮口，完全绽裂开来。在奥马哈海滩上的一位登陆指挥官看着驱逐舰向悬崖发射炮弹，他后来声称，"你可以看到被击中的战壕、枪炮和人都被炸飞了"。毫无疑问，他心中想的是，"我们在那里的几艘海军驱逐舰可能挽救了这次进攻"。他的描述中激情甚于准确性，他坚持认为，几艘美国军舰就"几乎摧毁了德军在奥马哈海滩的整条防线"。即使他们没有完全做到这一点，他们也的确改变了战斗的轨迹。在奥马哈海滩背后的炮兵掩体里面，一名德军团长打电话给总部汇报，"舰炮破坏了我们的据点。我们的弹药不够。我们急需补给"。没有回答，因为这条线路已经断了。

从 9 点前不久一直到 10 点多，驱逐舰的炮火在一个多小时内几乎没有间断过。这是必须的。正如在不到 10 点钟就前往海滩的 LCI（L）-408 的指挥官指出，"如果一艘驱逐舰暂停轰击岸上的炮组，即使是非常短暂的时间，敌军炮组也会对海滩上的登陆艇恢复火力"。当然，不间断的开炮很快耗尽了驱逐舰上的弹药库。为了确保他们保留足够的应急能力，"海王"行动的进攻命令已经规定，驱逐舰在回到英格兰补给之前不得消耗超过 50% 至 60% 的弹药。然而，在这次危机中，驱逐舰船长无视了这条禁制令。格里维斯级驱逐舰携带 1 500 至 2 000 枚通用的 5 英寸弹药。在桑德斯的中队里，大多数船舰在当天清晨的轰炸中已发射了四分之一至三分之一的弹药，而现在他们耗费了大部分余下的弹药。在上午 8:50 至 10:15，"埃蒙斯"号（DD-457）发射了 767 枚，"麦库克"号 975 发，"卡米克"号 1 127 枚。柯克对此感到非常紧张，于是他发布了一条命令，"驱逐舰一定要节省使用［其］弹药"，提醒他们"我们的资源是有限的"。当"赫恩登"号（DD-638）上的炮手将高爆弹药耗尽之后，他们开始发射本来用以照明的照明弹。在"巴特勒"号（USS Butler）（DD-636）上，海军下士菲利克斯·波多拉克记得,射击导致炮筒非常热,以至于"我们不得不将一条1.5英寸的消防软管连接在消防栓上,对着我们的炮架喷水",即使这样,"炮筒仍然热得发红"。

德军炮手主要用他们的移动88毫米野战炮还以颜色,但即使是在浅水且拥挤的奥马哈海滩水域上,敏捷的驱逐舰也是很难击中的目标。当天上午当美国海军"科里"号(DD-463)撞到了水雷,几乎断成两半,并在不到30分钟就沉了下去时,德军声称击中了一艘驱逐舰。德军用炮火对付驱逐舰的措施不太成功。盟军的驱逐舰的船长"快速切换"他们的引擎,命令他们轮流"前进和后退,以摆脱敌方的炮击"。有几次险些被炮弹击中。F红区海滩背后的一个德国炮组对"埃蒙斯"号(Emmons)进行夹叉射击,而"鲍德温"号(USS Baldwin)(DD-624)则在短时间内被连续击中两次,第一枚炮弹击中在其右舷侧的救生艇,第二枚炮弹在其主甲板上炸开了一个8乘12英寸的大洞。但"埃蒙斯"号没有受损,而"鲍德温"号用准确的反炮组火力来回应,在几组射击之后就让恼人的德军炮组哑火了。在这关键和决定性的90分钟内,没有其他驱逐舰被击中。

快到中午的时候,当船舰终于和一些岸上的火力管制组建立了联系后,驱逐舰炮火的准确度得以提高。在11:24,陆军侦察员指挥"弗兰克福"号(Frankford)的火力集中到海滩后面的德国军队,那里超出了驱逐舰的可视范围。经过两组射击后,侦察员要求停火,因为士兵们已分散。有时它的工作与预期一致,例如,在两天后的6月8日,"艾利森"号(Ellyson)从岸上火力管制组获得了一个德国炮兵阵地的目标坐标。在一组射击后,侦察员报告,"向上400码";第二组之后,"向上50码";第三组之后,"任务成功"。当然,岸上的侦察也有一定的限制。当天后来记录的交火提示了原因。在接到火力支援的请求后,美国海军"拉菲"号(USS Laffey)(DD-724)上的枪炮官要求提供坐标。回来的答复是:"我们冒着敌人的炮火趴在一条沟里。不能提供坐标。"尽管如此,"拉菲"号还是开火了,在几组射击后,岸上的侦察员通过无线电报告:"刚才不管是谁在向我们射击,现在都已经停止了,所以你们肯定是做得对了。"

鉴于岸上缺乏可用的无线电,并且不同军种间的通信非常复杂,所以出现错误并不奇怪。那天下午晚些时候,几艘美国驱逐舰收到报告说,德军使用科勒维尔滨海和维耶尔维尔滨海的两个教堂尖塔作为观察哨。"埃蒙斯"号承担了解决科勒维尔尖顶的任务,经过几组射击之后,它完成了任务,粉碎了这个尖顶,正如一名水手回忆说,"就像用一把大斧头砍下去一样"。在西面几英里的维耶尔维尔海面上,"哈丁"号(USS Harding)把教堂笼罩在炮火之中。从海面上看,其效果蔚为壮观。"哈丁"号的第一组射击打下了顶部的十字架,第二组则击中了离顶部 10 英尺左右的尖顶位置，而第三组击中再低 10 英尺的位置。从靠海的地方看过去，就像"哈丁"号每次削掉 10 英尺的尖顶，而在"德克萨斯"号的舰桥上观察的海军上将布莱恩特认为这"美极了"。地面上的现实情况则大不相同。炮击不仅造成了大量的附带伤害，更糟糕的是，美国军队已经攻占了这个小镇，而"哈丁"号的炮弹炸死炸伤了许多美国人。第十六步兵团的陆军上尉约瑟夫·道森认为，这"太可耻了"。

尽管有这样的错误，近距离舰炮支援的总体效果是决定性的。那些面朝下趴在小沙堆和高潮标志处的鹅卵石后面的人自登陆以来第一次能够抬起头来看看四周，并离开海滩。早在 10:36，在"弗兰克福"号上的瞭望员就注意到有一些盟军部队开始推进，从低矮的小沙丘朝着悬崖的底部前进。一个小时后，在 11:37，一些德国守军开始走出自己的岗位，并举起他们的双手。虽然这很大程度上是士兵本身令人难以置信的勇气和决心所带来的结果，但驱逐舰的确起到了至关重要的作用。在布莱德雷的战后回忆录中，他承认，"海军救了我们的命"。几个小时之前在"安肯"号上曾试图说服霍尔离开舰桥，走下来跟许布纳商谈的陆军上校梅森宣称，"若没有那些炮击，我们肯定不可能穿过海滩"。

但他们做到了。当所有本能都告诉士兵们要趴下并保持不动时，其指挥官坚持，他们需要站起来并继续前进。其中，有第二十九师的助理指挥官，陆军准将诺曼·"荷兰"·科塔，他在七点半时随第二拨部队登陆。科塔沿着海堤背后的队列设法前行，告诉他所遇到的第一位军官："我们要让这些人离开这个该死的海滩。"另一位是第十六步兵团的指挥官陆军上校乔治·A.泰勒，他明确了选择。他告诉士兵们，"有两种人会留在这片海滩上。那些死去的和那些等死的人。现在，让我们赶快离开这里"。由于有驱逐舰的支援，并且军官们的热情和激情为他们壮了胆，士兵们开始向前推进。

原计划要求他们推进到穿过悬崖线切开狭窄山谷的几条山沟。德国人已预计到这一点，并在这些山沟戒备森严。为了逃离海滩的杀戮场，许多士兵现在跑向悬崖的底部。在那里，他们可以躲过德国大炮，但也不能说他们就是安全的。德军步兵蹑手蹑脚走到崖边，将他们的机枪伸出边缘，扫射下面的美国人。他们的目标是移动的，但很明显，在悬崖底部保命的机会只是略比海滩本身高一点。许多美国大兵挤在悬崖底部，与他们的指挥官分开，并且不同的分队绝望地混合在一起，这种情况让这个战术困境变得更难以解决。从某些角度而言，在悬崖底部的人群更像幸存者的集合，而不是有组织的军事队伍：这些人克服了重重困难，熬过了到达海滩的漫长旅途，从冲浪线挣扎到海滩高潮标志处的沙丘，并从那里前进到崖面。这些幸存者中有水手和士兵：极少数没有跟上队友的海军作战爆破队成员，以及由于船在沙滩上被击毁而被迫弃船的水手。他们所有人都意识到，大家现在彼此依赖，在一片混乱中，他们组成了由少校、上尉、中尉和军士领导的临时队伍。然后，他们的行动可以与南北战争中联邦军在传教士岭的崛起相媲美，他们开始攀登峭壁，双手交互地勉力往上爬，用步枪和手榴弹对付吓了一跳的守军。

在这次行动中，他们也获得了来自岸边的驱逐舰的帮助。仍然在维耶尔维尔和圣·洛朗之间的海滨巡逻的比尔看到了一些美国大兵被牵制在"D 绿区的一所大房子后面"。事实上，这是由美国陆军少校西德尼·宾厄姆集合起来的一群士兵。他们占领了海滩上一座三层的大石头房子，在莱斯莫林斯山沟附近，但他们无法再继续推进。虽然比尔看不到有什么在一直牵制着他们，但他仍然指挥"卡米克"号（Carmick）的火力射向他们上面的崖面，经过几次翼次射之后，他看到了美国大兵们奋勇向前，并开始登上峭壁。然后，比尔将"卡米克"号的炮口抬高瞄准崖顶，当这些人向崖面爬的时候，他让支援火力保持在他们的前面。

其中一位爬上崖面的人是罗伯特·盖古勒，这名 17 岁的水手为了加入海军谎报了年龄，他一大早就和他的海军作战爆破队小分队一起滞留在海滩上。与他的同船水手失去联系后，他与其他仍然走得动的人在低矮的海堤后面找到了掩护。在忍受了似乎永不止息的机枪和炮火后，他听到一位陆军军官说，"让我们……打掉这些机枪碉堡。我们到了内陆和在这里的海滩上一样都有可能被杀死"。人们响应他的号召，并开始往前跑。盖古勒和他们一起跑。他后来回忆说，"在那一刻，我从来没有想过自己可以过 18 岁生日"。

当盖古勒和数百人一起爬上悬崖时，还有另一些人在设法通过山沟。其中一人是海军少尉卡尔·埃弗里特。他的坦克登陆艇在登陆过程中被海滩上的障碍物撞坏了，他和船员们被迫弃船，和其他数百人一起躲在低矮的沙丘和石头后面，但埃弗里特不得不将一些死去的士兵推出去才腾出藏身的空间。他看到一些陆军工兵试图将几节班加罗尔鱼雷发射管拧在一起，以便将拦住维耶尔维尔山沟的铁丝网的粗线圈炸出一个洞。埃弗里特和他的船员没有冷眼旁观，而是"开始将这些发射管拧起来"。当他们组装起五六十英尺的时候，就试图将它向前滑动，但它被缠在铁丝上，他们不得不把它拉回来重新开始。在整个过程中，他们都忍受着猛烈的机枪扫射。最终他们将发射管放到合适的位置，并压下了活塞,随后发生的爆炸将铁丝网掀起来,"正对着那个悬崖,并且[它]就留在那里了"。埃弗里特记得接下来发生的事情:"噢,天呀,那些家伙蜂拥着冲出那里。……他们刚刚离开那片空地,并直奔向那个开口。"埃弗里特和他的船员随着大家一起过去,一路推进到山脊的顶部,在那里他们遇到了爬上崖面的人。在此之后,埃弗里特和他的部下已经过够了一天的陆军生活,回到了海滩,他们在那里看到浪潮已回落,他们的坦克登陆艇孤立无援地留在那里,被海滩上的障碍物刺穿了。他们只好等待下一次涨潮帮助它离开海滩。

———————

　　岸上的浪潮也正在改变。战斗仍然激烈,但它不再是一边倒的。霍尔曾预见,随着越来越多的盟军人员和装备大量涌入,在准确的驱逐舰炮火的帮助下,岸上的平衡最终会被打破。第十七拨部队在中午左右登陆,即使登陆艇队列并没有像规划者设想的那么严整,但各艇成功地卸下了自己的人员和车辆。同时,曾成功袭击维耶尔维尔西部悬崖的第一一六团战斗队(Regimental Combat Team,RCT)的战士从上面找到进入小镇的路。杰罗决定提早出发的第一一五团战斗队的其他士兵也成功到达了圣·洛朗附近的崖顶,第十六团战斗队的人登上科勒维尔和拉格兰德尔村之间的悬崖。至当天下午一点,他们已夺下了科勒维尔本身。大约在同一时间,"德克萨斯"号的炮火打下了德军在维耶尔维尔山沟的最后一个据点,这让第七四三坦克营的 17 辆坦克可以挤上山峡,并进入维耶尔维尔。在一点半的时候,杰罗向布拉德利报告,士兵已离开海滩,推进到制高点。

　　一个小时后,B 编队的第一批分队到达了奥马哈海滩,他们负责运输第二十九师的剩余人员。除了十几艘挤满了步兵的步兵登陆艇(L)外,还包括英国皇家海军"大洋路"号(HMS Oceanway),其前身是美国海军船坞登陆舰(LSD),在两个月前根据《租借法案》被移交给英国。霍尔把她送到科勒维尔附近的 F 绿区海滩,她在那里让水淹过井型甲板,送出了 20 艘麦克艇,每一艘上都预装一辆 M4 谢尔曼坦克。至五点钟,人员和坦克都上了岸,支援向内陆的推进。第二十九师的指挥官少将查尔斯·格哈特也上了岸。格哈特有点像玩杂耍的人,身上带着两把珍珠柄的左轮手枪。在乘坐坦克登陆艇到海滩的途中,他很生气地看到,登陆艇指挥官海军少尉柯蒂斯·汉森掉过头去寻找更好的登陆点。格哈特大发雷霆。"上岸!"他喊道。"我在那里有必须完成的工作,并且要继续执行这次进攻。"但是,汉森已经接受过关于这个问题的指示,他背诵出规程:"将军,现在由我负责这艘小艇,直到我们到达海滩,然后由您负责。"格哈特让步了,因为他也知道这个规章制度。"你说得对,少尉,"他说,然后他一反常态地保持沉默,直到他们在大约 10 或 15 分钟后登陆。

那时,许布纳将军也登陆了。他发现,在早晨的袭击导致许多军官和自己的部下分开了,而他的第一师中有许多部队都混合了。因此,他的大部分精力都放在恢复秩序上,在午夜时,他向霍尔报告,他已建立了一条连贯的前线,"从维耶尔维尔至科勒维尔以南约 1 英里的圣·洛朗"。(见本章地图)虽然与登陆日的官方目标距离甚远,但鉴于出现的所有问题,这已经是显著的成就。

在 6 月 6 日下午 6:00,虽然奥马哈海滩仍然是一个危险的地方,但势头已经明显掉转。德国的远程火炮继续将炮弹抛到海滩,而在海滩背后的高地上的战斗(有些是近身肉搏)仍然非常激烈,不过,似乎已不再可能将盟军赶回大海。希金斯艇及坦克登陆艇运输着人员、车辆和装备来回穿梭,在海上的运兵船及坦克登陆舰和沙滩之间形成几乎连续不断的船流。尽管最初的"海王"行动计划已为这些登陆艇规定了具体的角色,但他们大多只是开到附近的任意船只,装上所提供的人员或随便什么货物,然后直奔任何一块开放的沙滩。当一名希金斯艇驾驶员向坦克登陆艇上的官员报告,请求指令时,该官员只是淡淡地说,"就继续往返运送材料到岸上吧"。

现在,师级指挥官已在沙滩上,随后的行动控制正式从海军移交给陆军。但这并非意味着海军已经完成自己的工作。当潮水退去时,海军作战爆破队的幸存人员就要再次忙碌起来,继续向海滩障碍物发起进攻,为后续几拨的人员和装备清理出更多的路径。由于损失了很多装备,霍尔被迫向身处英国的指挥官服务队(Commander Service Forces)发出紧急请求,要求提供"更多炸药和爆破器材……以最快的方式"。事实证明,最快的方式就是用巴尔克利的鱼雷快艇。以 40 节的速度,他们在第二天早上 9 点前就完成了横渡英吉利海峡的往返。由于海军作战爆破队清除了水雷,工兵旅(Combat Engineer Brigades)的推土机开始将破损的希金斯艇、失去战斗力的吉普车,甚至死去的盟军战士推到一边。海军二等兵杰克逊·霍夫勒才 14 岁,几乎可以肯定是那一天在奥马哈海滩上最年轻的战士,他肯定自己将"永远不会忘记看着车辆辗过那些尸体"。

尽管盟军现在已占领了奥马哈海滩,但几乎每个人都清楚,袭击没有按计划进行。正如历史学家艾德里安·刘易斯直截了当地说的那样,"在奥马哈海滩的攻击计划是失败的"。令人失望的地方很多:最初的空袭和海军轰炸未能击垮德军据点;成功上岸的 DD 坦克太少;海军作战爆破队没有足够的时间清除障碍;

大部分军队在错误的地点登陆；太多登陆艇被击毁或失去作战能力，而向内陆的推进最终之所以会发生，很大程度上是由于勇敢而绝望的士兵们的积极性和决心，而不是在详细的作战计划中结构化的有序进攻，并且损失惨重。关于盟军在1944 年 6 月 6 日死亡、受伤和失踪的人数，最常被引用的数字大约是 10 000 人，其中 60%是美国人。近一半的伤亡是空降部队，但其中有近 3 000 人的伤亡是由于奥马哈海滩上的战斗，这个数字比其他所有四个进攻海滩的损失加起来的总和更多。尽管如此，盟军还是登陆了，到了夜幕降临的时候，很明显，他们要留在那里。有不少的功劳属于海上部队：英国皇家海军、美国海军以及美国海岸警卫队的船舰和人员。杰罗本人最后在当天晚上七八点左右上岸，他还在"奥古斯塔"号（Augusta）时发给布莱德雷的第一个消息是："感谢上帝赐予美国海军。"

其他海滩送来了更好的消息。犹他海滩已在完全掌控之中，柯林斯的第七军团已经向内陆进发，最终要与空降部队会师。在奥马哈海滩的西部，英国人和加拿大人在岸上站稳脚跟，并且已经吸引了数次猛烈的德军反击。在宝剑海滩的海面上，德军组织了当天唯一一次海上反击，德国鱼雷快艇从勒阿弗尔出发，跌跌撞撞地冲进了进攻部队。德军对如此壮观的景象充满敬畏，并且无疑会认为在这么多目标的环境中不可能击不中，所以德国鱼雷快艇向着盟军舰队的大方向发射鱼雷后就迅速离开了。有一枚鱼雷在"厌战"号和"拉米利斯"号之间穿过，另一枚则直接飞向拉姆齐的大本营"拉各斯"号，"拉各斯"号甲板上的军官下令全速后退，鱼雷越过其船头，只差几尺就击中了。挪威驱逐舰"斯文纳"号（Svenner）则没有这么幸运，一枚鱼雷击中了她的锅炉房，随之而来的爆炸将它抛出水面，使它断成两半。像"科里"号（Corry）那样，它在几分钟内就沉没了。不过，这是盟军当天与敌方水面作战中的唯一损失。

———————

太阳终于在 22∶06 落下。然而明亮的满月在海滩上投下了一层银光，薄薄的云层提供了良好的能见度，但它也使景观失去了彩色，把一切都变成黑白色调。在奥马哈海滩上的碎石对一场显而易见的灾难提供了无声的证词。尽管工兵们一直在工作，但海滨仍散落着被击毁的登陆舰、坦克、卡车和吉普车的残骸。虽然已在障碍物中清理出十几条通道，但许多障碍物仍留在原处，丑恶的黑色雕塑就像海滩的银色光泽中的疤痕。

然而，由于打过这场仗的官兵们坚定的意志，以及至少部分由于极少数驱逐舰的近距离火力支援,在6月6日黄昏,有132 450名美国、英国和加拿大的盟军士兵登陆到法国领土上。①在东部,英国军队从宝剑海滩小心翼翼地向康城前进;在西部,美国大兵从犹他海滩向圣梅尔埃格利斯村的内陆移动;而在奥马哈,人们终于离开了海滩,并占领了高地,包括维耶尔维尔、圣·洛朗和科勒维尔的村庄。最后,如果说辛苦准备了这么多个月的详细进攻计划提供了成功的保证,还不如说那是因为官兵们自己孤注一掷的凶猛进攻。如果说该计划失败了,可以说大兵们获得了胜利;如果说他们还没有完全站稳脚跟,但他们至少保住了立足点。现在的问题是,他们是否能集结所需要的人员、车辆和物资来维持这个立足点,并将其扩大。

---

① 在美国、英国和加拿大部队中,有一个营是跨国盟军突击队,其中包括荷兰、比利时、挪威、波兰军人,当然还有法国军人,甚至还有少数外籍德国人。

第十四章
"海岸线一片混乱"

"海王"行动的官方目标是"在欧洲大陆上建立一个立足点,并从那里展开进一步的进攻行动"。在6月6日午夜,可能有人认为,这一目标已经实现。但是,正如弗雷德里克·摩根早在1943年还是COSSAC(SHAEF参谋长)时就指出:"出其不意的突击……无疑会赢得第一轮。"还有一个更为重要的问题将最终决定战役的结果,那就是盟军的增援部队和装备是否可以比德军的机动师更快到达攻击海滩,摩根引用了邦联军将军内森·贝德福德·福雷斯特的朴实名言,"谁能够最快让最多人到达那里"。

在那场比赛中,登陆日当天的登陆只是第一轮。夺取海滩的盟军士兵必须获得食物及弹药供应。然后,必须再让船永无休止地将另外几千(几万,几十万)人带到岸上,以支持和扩大滩头阵地,而那些人也必须获得食物及弹药供应。在攻击期间损失的坦克、卡车、吉普车和火炮必须被更换,还有数千上述装备必须上岸,向进攻部队提供移动能力和火力。这一切都必须迅速完成,这样在诺曼底盟军部队才可以有足够的能力去抵御德军的反击,而反击终将到来。不能忘记的还有那些流离失所的诺曼底法国平民,他们瑟缩在自己的地下室或全部从家里被赶出来;他们也必须获得食物和供应。满足这些基本需求,就是最严峻的后勤挑战。正如艾森豪威尔在2月份写给马歇尔的一封信中所述,"从登陆日到之后的60天,这个东西将会吸掉联合国[①]有可能倒进去的一切"。

———————

开局并不好,特别是在奥马哈海滩。尽管一切都出错了,盟军在登陆日成功登陆的人员和车辆数量仍令人印象深刻,但储备和物资的运送则远远达不到进

———

① "联合国"这一名称是由美国总统富兰克林·罗斯福设想出来的,1942年1月1日,26个反对轴心国的同盟国代表在华盛顿会面,签署了《联合国家宣言》,以表示对《大西洋宪章》的赞成,这份文件第一次正式采用了罗斯福总统提出的"联合国"说法。——译注

攻前的目标。按照原定计划,第一批军用物资应在 H 加 3 小时开始上岸,即大约上午 9:30。时间表几乎马上就被推翻了,在登陆日上午 9:30,几乎什么都没有运上奥马哈海滩。当天原定要送达 2 400 吨的物资,但实际送达总量仅为 100 吨左右。此外,随后几天的积累也远远低于官方目标。目标是每天 8 000 吨,但在进攻的头四天,盟军总共才送达了 4 581 吨物资到奥马哈海滩。其中一个原因是显而易见的现实,正如霍尔简洁地说,"障碍物仍然使前往海滩的路受阻",正因为如此,来自英国的后续补给船队不得不在海面上徘徊,等待卸载。直到 6 月 9 日傍晚,海滨上的障碍和残骸才得以充分清除,实现对海滨的无限制使用。因此,海滩上的物资运送大大落后于时间表,即使是霍尔那著名的冷静也受到了考验。他写道,"卸载的总体进展太慢了"。

影响卸载过程的第二个因素是,在内陆与德军作战的陆军指挥官发回了对特定项目的迫切请求(有时甚至是疯狂的请求),尤其是对弹药的请求。为了响应这些请求,沙滩上的官员不得不首先分辨出哪些船舶装有所需要的物资,然后重新排序登陆时间表,让这些物资可以优先登陆。已经到位并准备卸载的船被勒令让开,让包含所需物品的其他船进来,而这种做法也造成了延误。霍尔抱怨说,这拖慢了运输,但陆军指挥官坚称,"必须根据优先级来完成卸载"。霍尔向布莱德雷申诉,并在 6 月 10 日从布莱德雷的参谋长,陆军少将威廉·本杰明·基恩处接到了许可,"不分优先级,尽可能快地"卸载所有船舶。正如拉姆齐所说的那样,"清空船舶,自己处理优先级"。在此之后,卸载的速度显著加快,但对优先某类用品的周期性要求偶尔会带来一些困难。

在最初的那几天阻碍卸载时间表的第三个因素是,拉姆齐决定,至少在奥马哈海滩上,在海滩仍在敌军的炮火范围内的情况下,体型大且造价昂贵的坦克登陆舰不得上岸卸货。两艘坦克登陆舰曾试图在登陆日上岸,却受到了重创,133 在沙滩上搁浅,而 309 不得不撤退并将货物卸载到较小的艇上。虽然拉姆齐授权让坦克登陆舰去英军负责的海滩,甚至去犹他海滩,但在 6 月 7 日的时候,他坚持认为"除非有紧急情况",在奥马哈海滩上不应该这样做。情况已如此严重,霍尔也不能问心无愧地拖慢卸载"紧急物资",因此,在头几天,送去奥马哈海滩的一切几乎都必须先在海上卸到较小的艇上。这已经是运输船和自由轮的标准程序,该规程的对象包括坦克登陆舰,这对小型登陆艇造成了额外的压力,并消耗了大量的时间和人力。

坦克登陆艇以及希金斯艇都运送士兵,运输车辆和重型货物的工作主要由大型、平坦的、类似驳船的"犀牛"渡船负责,其容量 6 倍于坦克登陆艇,10 倍于希金斯艇。大多数"犀牛"渡船及其"海蜂"船员是用锚链牵引到英吉利海峡对岸的,当他们到达进攻海滩的离岸海面时,他们首先要解开锚链,并发动引擎去坦克登陆舰的船头,完成装载。有些人觉得很难做到,因为波涛汹涌的海面将牵引的锚链扯得很紧,以至于许多锚链接头都已弯曲。在一艘"犀牛"渡船上,"海蜂"工作了一个多小时,"咒骂着,挥汗如雨,忙乱地"试图解开变形的锚链接头。当时,坦克登陆舰的船长站在自己的船尾,手上拿着扩音器,向他们大喊着要抓紧干。

在"犀牛"渡船解放出来之后,他们必须发动引擎绕到坦克登陆舰的船头,事实证明,这一步工作也很困难。"犀牛"渡船是特别笨拙的,而严重的海况让这种做法既危险又困难。正如一名水手所说,有些用于连接两艘船的钢索"就像风筝线"那样突然折断。至少有一次,一位"海蜂"要跳入冰冷的水中,重新连接断开的锚链。在"犀牛"渡船终于到位后,坦克登陆舰放下跳板,坦克和满载的货车驶出船的运输舱甲板,登上"犀牛"渡船那平整、外露的表面。在这个过程中,"犀牛"渡船吃水越来越深,有时只剩下几英寸的干舷。一位"海蜂"回忆说,水"开始冲洗船尾",很快,"犀牛"渡船上的每个人"从膝盖往下都湿了"。

一旦从坦克登陆舰分离,"犀牛"渡船就要靠自己完成艰苦的 10 或 11 英里,到达海滩。偶尔可能会指派一条拖船去协助他们,但大而笨重的"犀牛"渡船是如此笨拙,拖船完全无法匹配。正如一位"海蜂"所说,"这就像尾巴试图去摇一条狗"。在"犀牛"渡船到达离海滩一两英里的范围内之后,登陆指挥官往往下令他们排队等待上岸。当他们终于收到前进信号时,他们不得不与向东的水流作斗争,水流一直试图将他们推向左侧。正如一位"海蜂"所说,"我们一直顺着水流滑向海滩"。总而言之,这是一个困难,有时甚至危险的过程,也是运送上岸的总吨数令人失望的原因之一。

在最初几天,盟军后勤最大的担忧之一是弹药。正如历史学家罗素·韦格利所指出,"美国式战争"的一个显著特点是投入压倒性的火力。英国人既惊奇又反感。在他们看来,美国对军械的肆意挥霍只突出了他们那并不高明的军事技能。这又是英美合作伙伴之间文化差异的另一个方面。被迫用有限资源凑合着过生活的英国人对美国的倾向集体大摇其头,正如一名英国军官所说,那是"用大锤敲坚果"。对于美国人来说,投入压倒性的火力只是在打败敌人的同时尽量减少己方伤亡的一种最有效的方式。但是,这一观点也意味着,必须向美国的前线部队供应数量惊人的子弹和炮弹。为此,弹药船最初的计划是在离岸海面进行浮动装载,用小型 DUKW 将弹药摆渡到海滩。它们似乎特别适合这样的任务,因为它们带着军械供应上岸后,就可以继续开到内陆需要弹药的地方。

然而,布莱德雷从一开始就担心,德国潜水艇鱼雷或纳粹空军的炸弹可能会将弹药船送上天国,从而中断对其部队的弹药运送。因此,在进攻之前几个星期,他曾与柯克探讨一个想法,搞到一些汽车轮渡,让它们装满所谓的"火力装置"——作为子弹、机枪弹带、火箭筒火箭和炮弹的预包装容器。布莱德雷解释说,可以用锚链将汽车轮渡牵引到英吉利海峡对岸,并在涨潮时将它们放在沙滩上,让它们在那里作为永久的弹药库。远程德军火炮仍然可能幸运地射中它们,但至少它们不可能被击沉。那次谈话的结果是,在最初的登陆后几天里,几艘步兵登陆艇拖着8条弹药驳船横渡英吉利海峡,并于6月8日刚过午夜时将它们送上了进攻海滩。有一次,登陆指挥官极力反对停泊驳船的位置,但当驳船牢牢触地后,要重新定位就为时已晚了。

白天,盟军飞机统治着天空,盟军的海滩就空袭而言是相对安全的,但还是有一架大胆的德国飞机成功将550磅磷炸弹投到G编队的大本营舰"布洛洛"号(HMS Bulolo)上。更严重的危险是在晚上,德国轰炸机经常飞过海滩,投下照明弹(以照亮目标)、炸弹和水雷。虽然这些纳粹空军的袭击并不如盟军策划者所担心的那么凶猛,但德国人确实有几种厉害武器,如果被大量采用的话,可能会改变战争的进程。其中一种是压敏式牡蛎雷(oyster mine),盟军对此没有任何有效的对策。德国飞机在夜间突袭时将这些水雷投到诺曼底海滩岸边的海水中,这些水雷让数艘舰艇报废,但德军根本没有投放足够的这种水雷来阻止盟军进攻。

有可能改变历史进程的另一种武器是火箭推进的亨舍尔(Henschel)H.S. 293无线电制导航空炸弹,这是空射导弹的前身。德国轰炸机可以携带两枚这种导弹,每个机翼下放一枚,并且在数英里外就发射它们,通过无线电信号引导它们击中目标。盟军知道这种威胁,并已制定了对策。当船舶辨认出这些无线电制导炸弹所发出的音调时,就会对舰队发出一个单词的警告:"害虫(Vermin)!"因此而收到警报后,各船舰就会开启无线电干扰器,旨在让炸弹偏离其路线。这一般是有效的,但有些无线电制导炸弹还是找到了自己的目标。全新的萨姆纳级(Sumner-class)驱逐舰"梅雷迪思"号(USS Meredith)可能就是这种武器的一个受害者。在6月7—8日的午夜刚过一个小时之际,"梅雷迪思"号因"猛烈的爆炸"而大幅晃动,爆炸"似乎将她抬起并抛向前"。她开始倾斜向右舷,并几乎立即就在水中报废,向岸边漂去。主甲板已被淹没,其海军中校乔治·纽弗下令弃船。但奇怪的是,"梅雷迪思"号并没有下沉,第二天早上,两艘打捞拖船开始将它拖回英国。在途中,它有一次几乎被2 000磅的炸弹击中,让它剧烈晃动,并断成两半。它沉到海底,并蒙受了35人死亡、27人受伤的损失。

第三种德国反舰武器是一个特别孤注一掷的角色,就是所谓的人体鱼雷。舵手在水面上驾驶一枚改装过的鱼雷,这枚鱼雷携带另一枚鱼雷,这第二枚鱼雷的下面吊挂着一个弹头。这并不是一种自杀式武器;舵手将鱼雷投放到舰上,然后转身离去。德军在诺曼底海滩部署了47枚这种鱼雷,但它们只成功击沉了三艘扫雷艇。当然,也有因多种常规武器造成的损失。在"梅雷迪思"号被击中后仅仅几个小时,一枚水雷在"格伦农"号(USS Glennon)(DD-620)下面爆炸了,当护航驱逐舰"里奇"号(USS Rich)(DE-695)赶来提供帮助时,也中了水雷。两艘军舰均遭损毁。

在夜间空袭中,盟军船只上的炮手带着怒火予以回击。在盟军舰队中实际上有几千门高射炮,由于确信在夜间出动的飞机几乎肯定是敌方的,炮手们每当听到头顶有飞机的声音,他们就瞄准天空,并扣动扳机。这么多的高射炮火冲入夜空,当炸开的炮弹回落时,就好像在下子弹雨一样。在"德克萨斯"号上的海军上将布莱恩特回忆说,"弹片像雪一样落在我们的甲板上"。不可避免地,有些炸开的弹药造成了盟军水兵的伤亡。在"犀牛"渡船上有一名"海蜂"感觉自己的救生衣的衣领上有轻微的撞击,然后整个前胸都是强烈的烧灼感。他撕开自己的救生衣,他看到一个用过的曳光弹进入了他的衣领,并从衣领一路到他的胸口烧出了一道丑陋的红肿伤口。很快,命令下来了,两栖舰艇上相对缺乏经验的炮手应停火,不仅是为了降低误伤事故,也因为射上天空的所有这些曳光弹实际协助了德军定位盟军的舰艇。事实证明,更安全的做法是,就让舰艇位于黑暗中并停火。正如一位水手说的那样,"我们藏起来"。

在犹他海滩的海面上,穆恩下令在"贝菲尔德"号上的炮手全面停火,以免暴露他们的位置。然而,有一天晚上,德国轰炸机越来越近,炮手们再也控制不住自己。当他们开炮时,轰炸机的飞行员跟踪曳光弹的线路将500磅的炸弹投在离"贝菲尔德"号的船尾只有50码远的地方。这艘大船"摇晃得就像一个玩具娃娃"。士兵们被撞倒在甲板上,尘云从天而降。穆恩本人在桥上暴跳如雷,让他怒不可遏的是,炮手们缺乏射击纪律。据一位目击者说,"船长被怒言相向"。

另一个威胁是从勒阿弗尔和瑟堡出发的德国鱼雷快艇。在大多数情况下,很容易避开它们,但其中一艘德国鱼雷快艇在6月12日还是设法把鱼雷射中了"尼尔森"号(USS Nelson)(DD-623),有两艘坦克登陆舰(314和376)被鱼雷击沉,大概也是德国鱼雷快艇干的。由于这些来自空中和海上的威胁,在近海的盟军船舰上的人在第一周保持全天的全船战备部署状态。乘务员将咖啡、汤和三明治带到各个岗位,同一时间只允许一个人上厕所。当有暂时的平静时,允许有一半的人睡在其岗位附近的甲板上,但不允许任何人到下面去。

———————

在登陆的第 4 天,也就是 6 月 10 日,情况开始改善。拉姆齐的结论是,奥马哈海滩现在已足够安全,坦克登陆舰可以开始上岸,不必再将货物卸载到坦克登陆艇或"犀牛"渡船上。因为穆恩在 6 月 7 日下午已经授权坦克登陆舰开上海滩,运达犹他海滩的吨数超过了奥马哈海滩在 6 月 8 日和 9 日两天的总和。现在,由于坦克登陆舰也在奥马哈海滩上岸,总量快速增加。只运送车辆的那些坦克登陆舰卸载得相对迅速,因为他们在退潮导致搁浅之前就可以卸下坦克和卡车,并再次撤退。不过,载货的那些登陆舰要花更长的时间来卸载,并且在大多数情况下,这意味着滞留在海滩上,彻底搁浅,度过整个潮汐周期——该过程被称为"变干"。如果大型平底坦克登陆舰在高水位标记附近上岸,退潮让他们留在沙滩上较高的位置,船员可以绕着船走一圈都不用弄湿脚。即使是较小的坦克登陆艇偶尔也会在沙滩上"变干",其实希望"干载"的坦克登陆艇船员不在少数,这样他们在上岸后,就可以留在沙滩上,得到 8 至 10 个小时的休息时间,然后再回去工作。

对于坦克登陆舰的船员来说,在这些"变干"时段中最大的不便是船上没有电,因为船的发电机需要有不断循环的水。水手们并不是干坐在那里等待,他们经常上岸去帮助自己的或其他的船舰进行卸载,甚至去观光一下或收集纪念品。有些船员试图组织一场棒球比赛,但他们不得不取消它,因为球滚到了船下面。当然,奥马哈海滩仍然是一个危险的地方。有一次,炮弹在头顶呼啸而过,LST-75 的一些水手正接受命令上岸帮附近的坦克登陆艇进行卸载,他们要以悬崖为掩护。当他们站在那里的时候,登陆指挥官走过来问他们,他们本来的任务是什么。他们解释了坦克登陆艇卸载的任务,而登陆指挥官告诉他们:"那么,就到那边去卸载,或拿起这些步枪上山,开始射击那些该死的德国人"。鉴于这样的选择,他们决定还是宁愿去卸货。

登陆指挥官负责协调盟军的物资供给,这是一项艰苦的工作。他们和海军通信兵一起在沙滩上待了几个星期,住在有帆布顶的散兵坑里,或者被击毁的船里面,以冰冷的 K 型应急口粮果腹,还要指挥海上和沙滩上的交通。一些船长对他们的权力感到不满,尤其是当操作了几个小时后才终于发现了一个可能的登陆点,而却被登陆指挥官下令离开。一位坦克登陆艇的船长后来描述了他最初收到这种命令的心理反应:"嘿,这是我的船,你没有权力告诉我该怎么做。"但是,他只是心里这样想,还是执行了命令。当美军船长试图在英国负责的海滩登陆时,会发生一些额外的摩擦。尽管大多数美国人觉得英国口音很好笑,但起码有一名美国船长对此气得咬牙切齿,当时英国登陆指挥官告诉他:"船长,不要去那里……到这里来,老伙计。"

不过,在英国负责的海滩上登陆也可能有好处。当海军少尉唐纳德·欧文的 LCT-614 在黄金海滩上登陆时,英国登陆指挥官邀请他和副舰长在该船卸货时到他的"大本营"。大本营竟然是一艘被击毁的英国坦克登陆舰。这是登陆指挥官休息的地方,如果有时间的话,他可以在这里睡觉。那里存放的东西还包括英国朗姆酒。在他的美国游客上了船之后,登陆指挥官慷慨地倒了三大杯酒并递给他们。这两个美国人谨慎地啜饮,发现朗姆酒的烈性惊人。欧文觉得"像一条炽热的拨火棍一路向下烧"。因为不想被人认为不领情或怯懦,他等到登陆指挥官转身之后,就将酒都倒在旁边了。后来,他寻思着,这就是有这么多英国登陆指挥官看起来如此"脸色红润"的原因。

其他水手在试图修葺那些破损而搁浅的船只。许多在最初的登陆时被击中的希金斯艇及麦克艇已千疮百孔,看起来就像筛子一样。为了完成修理工程,每艘船都配备了一袋锥形木塞,船员开始从外部将这些木塞锤到孔里,留下半英寸长的尾部伸出来。到他们完成的时候,一名水手认为,"老船看起来似乎长出了一些东西"。

对许多人来说,粮食是一个问题。水手们在离开英国时,都配发了 K 型应急口粮,但许多人在拿到香烟和巧克力棒之后,就干脆将口粮扔到了一边。现在,在沙滩上住了几天后,连 K 型应急口粮都听起来是不错的东西。他们很快了解到,虽然大多数的小船都缺少食物,但较大的坦克登陆舰和运输船仍储备充足,并且至少有一些大船是愿意分享的。其中一艘皇家海军的坦克登陆舰实际上就是一家浮动面包店;当较小的船只来到旁边时,英国水手就会递过去一些大面包。消息传开后,附近几乎总是有小船在排成长队,但至少有一名美国海军水兵抱怨说:"面包这么硬,几乎都嚼不动。"

被迫滞留在沙滩上的船员无法到达储备充足的近海船舶,所以他们不得不凑合着过。6 月 9 日,有一名来自搁浅的麦克艇的船员被装满炖牛肉和炖鸡肉罐头的木箱绊倒了。他提醒与自己同船的水手,他们在沙中挖了一个浅坑,用柴油点起了火,用点 50 口径机枪的瞄准器作为炉顶,在上面加热罐头。并不是所有的船员都这么幸运,有的干脆是什么也没有。有一条船的船员只靠罐装番茄汁捱了两天。

在坦克登陆舰被清空后,他们就会在下一次高潮时撤回,并随护航舰队横渡英吉利海峡回去接下一批物资。举一个典型的例子,LST-543 在登陆日卸下自己的货物,6 月 7 日横渡英吉利海峡回去,6 月 8 日在南安普敦再次满载,6 月 10 日送达货物,6 月 13 日再次越过英吉利海峡,并在 6 月 15 日完成另一次输送。这是让人筋疲力尽的工作。以 10 节的速度航行,从斯皮特黑德(Spithead)往返诺曼底需 18 个小时。这意味着,为了保持符合这一时间表,船舰必须不断地行驶、装货、卸货。大部分坦克登陆舰至少要这样往返 40 或 50 次,一名船员确信他的船已经横渡了"至少一百次"。也难怪他们会期待着"变干"。不可避免的是,这个疯狂的时间表不知不觉地就乱了,但是发生这种情况时,船舰和船员们好歹终于应付过去了。海军上将莫里森讲述的一艘美国坦克登陆舰的故事,就是一个很好的例子,该船在犹他海滩卸载,然后回到朴茨茅斯装更多的货。但是,在它装满货之后,并没有接到进一步的命令,所以船长自己决定加入一队出发的英国舰队。当船离开索伦特海峡时,在岸上的信号站发出的灯号消息是"你认为你要去哪里?"而船长对此的回答是:"我不知道。"在短暂的停顿后,回复是:"继续。"

尽管如此混乱和疯狂,但是将人员、车辆和物资运送到沙滩的效率似乎在 6 月 10 日之后变得越来越高。进攻前的目标是每天 8 000 吨运送到奥马哈海滩,该目标于 6 月 12 日达到并超越,当天有 8 529 吨上了岸。至 6 月 15 日,未卸载的船所积压货物已被清空,霍尔有些骄傲地指出,"每一天都在打破 O 编队海滩上所有以前的登陆储备纪录"。从 6 月 12 日至 6 月 16 日这 5 天里,盟军在奥马哈海滩共登陆了 75 383 人、10 926 辆车和 66 571 吨物资。这大约相当于一个全装备的步兵师每一天的量,在五个盟军海滩上的情况都是如此。如果盟军能够保持这样的速度,德国人做任何事情都无济于事。

然而,要把人员和物资带到海滩上,依然是危险的。虽然德国空军的夜间突袭,以及来自瑟堡的德国鱼雷快艇的偶尔出击,从来没有严重到足以危害进攻,但事故、敌方水雷和天气确实导致进攻偶尔中断。美国海军"苏珊·B.安东尼"号(USS Susan B. Anthony—APA-72)的前身为客轮"圣克拉拉"号(Santa Clara),现在被称为"苏茜蜜蜂(Susie Bee)",在 6 月 7 日上午 7 时,它载着第四步兵师的 2 300 多人,撞到了一个水雷,那很可能是德军轰炸机在夜间投下的压敏式牡蛎雷。所有电力供应中断,这艘大船开始下沉。由于停电,进行损害控制是不可能的。在确定已经无法挽救该船后,海军中校 T.L.格雷船长,马上向所有船舶发出了一个信号:"靠过来,我们需要帮助。"附近有一艘坦克登陆艇以为它需要卸载方面的帮助,于是回复:"对不起,我们有其他命令在身。"格雷对此回复道:"我们正在下沉。"这导致该地区内的所有船舰都来帮助它,包括英国护卫舰"纳布勒"号(Narbrough)。在"苏茜蜜蜂"上的船员将登船网扔到船的侧面,战士们爬下到海中,在那里有救援的船只来接他们。海陆军都没有人员损失,但该事件突出了盟军的一个观点,即在战役早期阶段占领一个主要港口是至关重要的,这样卸载就可能会更可靠,更高效。为了实现这个目标,"闪电乔"柯林斯的第七军的战士们已经从犹他海滩一路血战向北,到达目标港口城市瑟堡。不过,在攻下瑟堡之前,盟军有一个后备计划。

————————

"苏茜蜜蜂"沉没的同一天,奥马哈海滩上的人若向海面看去,就会见证一个奇怪的景象,有人将它描述为"几艘大型驳船,满载着长长的钢支架,巨大的、混凝土制成的奇怪形状,还有两条生锈的旧货船被拖船又拉又推地带到岸上"。这些货船是第一批所谓的玉米棒子(被弃置的阻塞船,它们将被沉没,以形成防波堤),而"混凝土制成的奇怪形状"是巨大的"凤凰"沉箱装置,它每一个都像一座城市办公楼那么大。这是桑树项目的第一批基本部件,用于在圣·洛朗滨海附近的奥马哈海滩离岸和阿罗芒什附近的黄金海滩离岸建造人工港口。

这一计划的存在和进攻本身几乎是同等级别的机密。然而,"凤凰"沉箱装置是如此之巨大,完全隐瞒是不可能的。5月,负责"凤凰"沉箱装置的船员被吓着了,因为他们听到哼哈勋爵(Lord Haw Haw)①在纳粹德国的宣传电台上宣布,"我们确切地知道你们打算如何处理这些混凝土装置。你们打算在攻击中将它们沉没在我们的海岸。"然后,哼哈勋爵承诺,德国海军将很乐意代劳:在它们到达海岸之前就让它们沉下去。

盟军最高司令部中并不是每个人都热心于桑树项目。其中一位监督该项目的官员后来写道,"桑树部队(Force Mulberry)是没人要的孤儿"。拉姆齐、柯克、霍尔和许多其他作战指挥官都公开地对其表示怀疑,甚至鄙夷,首先是它能

———————————

① 像在太平洋中的"东京玫瑰(Tokyo Rose)"那样,"哼哈勋爵(Lord Haw Haw)"是对轴心国所使用的一些英语广播电台的总称,其用意是削弱同盟国海陆军的士气。哼哈勋爵的很多(如果算不上大多数的话)广播是由一名在美国出生的英国公民负责的,他的名字叫威廉·乔伊斯。战争结束后,乔伊斯被逮捕,以叛国罪接受审判并处以绞刑。

否完成，其次即使它可以完成，是否值得为它花这么多精力。对错误直言不讳的霍尔告诉海军上将坎宁安，"一个风暴就能将它们全部冲走"。然而，持怀疑态度的人知道，最好不要阻挠丘吉尔支持的项目，他们很高兴管理该项目的是别人，而他们自己可以专注于更常规的问题。由于缺乏机构的积极性，该项目的材料获取变成一场艰苦的斗争。因此，对于负责执行桑树计划的人来说，进攻从 5 月推迟到 6 月是非常关键的。

随着登陆日的即将来临，很明显英国根本没有带着桑树项目的所有部件横渡英吉利海峡所需要的牵引能力。这个项目共需要 132 艘拖船，美国人勉强同意贡献 25 艘，但当它们到达时，其中 11 艘被证明是小拖船，缺乏在水中移动巨大的"凤凰"沉箱所需要的马力。然而，尽管有海军上将们的质疑、资源稀缺、几乎不可能满足的时间表，以及拖船的不足，但工作还是完成了，组件到了海上，并且在登陆后的第二天，这个庞大项目的第一批基础部件就出现在奥马哈海滩和黄金海滩。

所有五个进攻的海滩是由被称为"鹅莓"的人工防波堤保护，但其中两个海滩（奥马哈海滩和黄金海滩）要建成由几个基础部件组成的完整人工港口。首先，在离岸约 2 000 码处，盟军将放置所谓的"簧舌塞子（bombardons）"：巨大的钢铁沉箱，它们每段有 200 多英尺长，首尾相连串在一起，像一张巨人国的浮床。然后，在距离海滩近 1 000 码的地方，拖轮将巨大的"凤凰"沉箱装置巧妙地移动到位，并将它们排成一长排沉下。在这些混凝土结构的保护里面，有一些钢制突堤码头，以其设计师亨利·皮尔森·莱布尼兹命名，因此被称为莱布尼兹码头（Lobnitz piers），它们将由"鲸鱼（whales）"连接到海滩，"鲸鱼"是长长的浮动道路。这些堤道需要超过 13 000 段钢铁沉箱，用超过 2 000 个名为"风筝（kites）"的特殊固定器将它们固定在海底。道路部分会浮在水面上，随浪潮而升降。从理论上讲，一旦所有这些基础部件到位，满载的船舰就可以进入由"凤凰"沉箱装置所建成的庇护港中，无论高潮还是低潮，船头都可以到达莱布尼兹码头，迅速将他们的坦克、卡车，或物资卸到浮动道路上，然后马上撤退执行下一次运输。如果成功的话，整个项目就是想象力和工程的一个奇迹。

要落实到位的第一批基础部件是构成"鹅莓"防波堤的"玉米棒子"。在奥马哈海滩，由前英国皇家海军无畏的"森特恩"号（HMS Centurion）将"鹅莓"固定在海滩的西端，其实在 6 月 7 日下午拖船就已经将"鹅莓"移动到位。德军立即对这艘战舰开火，在他们看来，它进入火炮射程实在太愚蠢了。当"森特恩"号上预先放置的炸药被引爆，这艘大船沉到底部时，德国人认为自己已经击沉了它。

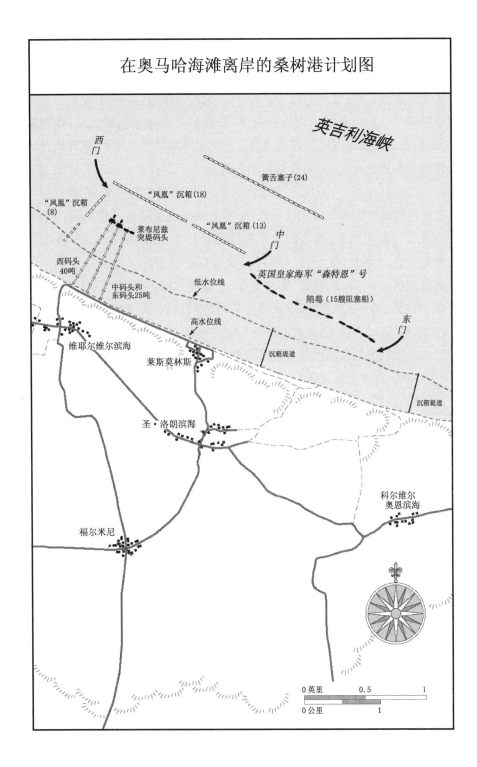

在奥马哈海滩离岸的桑树港计划图

当天晚上,戈培尔在电台上亲自宣布了德国海防部队的这一胜利。

当天下午,另外两艘玉米棒子阻塞船也被推到位,并在"森特恩"号的船尾沉没。德军炮兵继续他们的攻势,而被弃置船舶上的平民船员开始怀疑自己是否做了一个赔本的买卖,虽然他们这项工作有"危险津贴",但这项补贴的名称实在是过于准确了。在所有五个进攻海滩上,旧货船都由拖船推拉到位,炸药被引爆,而船舶或多或少地沉降到指定位置。在犹他海滩,"玉米棒子"放在离计划规定处往南 1 英里的地方,以符合修订后的登陆点。所有五个海滩的计划都要求船只在沉没时首尾相连,形成一条连续不断的直线,但事实证明,在持续的海流和迅速涨退的潮汐中很难做到这一点,船舶之间有几个缺口导致这是一个不完美的防波堤。即便如此,海水的波动程度还是得以大幅降低。由于决定允许坦克登陆舰在海滩上"变干","鹅莓"的放置有助于供应工作的持续加速。在美军负责的两个海滩的"鹅莓"都在 6 月 12 日前完成,在 6 月 14 日,一天就有超过 27 000 人、近 2 000 车辆,以及另外 7 752 吨物资在奥马哈海滩上岸。

在"醋栗"完成之前,巨大的混凝土"凤凰"沉箱装置就已被拖到在奥马哈海滩近岸的维耶尔维尔和靠近黄金海滩的阿罗芒什的指定位置。它们是如此之巨大且不听使唤,再加上如此强有力的潮汐和海流,拖船很艰难地将"凤凰"沉箱推到合适的位置,并让它们保持稳定,而船上的人则打开海底旋塞,将这些装置沉到海底。即使有四艘海洋拖船一起推,"凤凰"沉箱仍然很难对抗海流,保持在同一个地方。有时,不管拖船怎么做,沉箱都会自己漂走。与"玉米棒子"一样,"凤凰"沉箱的最终定位只是表面上类似于在规划图上所绘制的直线。

莱布尼兹突堤码头必须建立在受保护的锚地内。装置都是大型的复杂结构,200 英尺长,60 英尺宽,10 英尺高,其巨大的金属桩被称为"土豆(spud)",有60 英尺长,竖在每一个角上。至少有一位观察者认为,它们类似于"一只巨大的水生蜷,那四条缩进去的桩腿伸出来就像伸向天空的巨大触角"。一旦突堤码头到达适当的位置,"土豆"被降至海床,成为它的腿,在莱布尼兹码头上用钢索悬挂的钢制平台被放到土豆的顶部。与"鲸鱼"堤道不同的是,它不会浮动。实际上,柴油发动机会随着潮汐去升降码头,并由一个 15 人的固定团队来管理"复杂的柴电起重设备迷宫"。

为了将坦克、卡车及其他设备从突堤码头运输到将近 1 英里远的岸上,盟军建造了一条浮动钢道("鲸鱼"),这条堤道由数百个 80 英尺长的预制件组成。为了保持"鲸鱼"的稳定性,美国人将所有其他部分都固定在海底。细心的英国人固定了"鲸鱼"堤道的每一个部分。美国人认为,英国人像往常一样过于小心,但正因为如此,英国人会笑到最后。但就目前而言,它让美国人可以提前3天完成奥马哈海滩离岸的桑树项目。

6月16日下午4:43,在奥马哈海滩的整个桑树项目团队停下来,看着LST-342离开了中间的莱布尼兹码头的末端。这艘船将其斜坡放在金属平台上,一辆接一辆地,78辆车从坦克登陆舰开到了码头上,然后以稳定的15英里时速沿着"鲸鱼"到达海滩,在短短38分钟内,船就空了。士兵和水手拼命地欢呼,疲惫的桑树项目管理人员为这个了不起的工程成就而彼此祝贺。在接下来的36个小时里,十几艘坦克登陆舰在莱布尼兹码头卸载,每艘船的平均卸载时间仅为64分钟。富有远见的桑树项目倡导人已经证明了自己的正确,或者看起来如此。

虽然每艘坦克登陆舰都卸载得很快,远远超过直接卸载在海滩上的速度,尤其是当遇到"变干"(海滩退潮)的情况,每个莱布尼兹突堤码头在同一时间只可容纳两艘坦克登陆舰,尽管在理论上沙滩至少可以容纳数十艘。是选择少数船迅速卸载,还是选择许多船慢慢卸载,需要在这两者之间进行权衡。目前尚不清楚哪种选择将会更高效。当桑树项目在6月16日正式投入运作后,每天运送到奥马哈海滩的货物吨位略有增加,从8 500吨到8 700吨,但在同一时间,人员的登陆实际上从平均每天17 843人(6月13日至16日)下降至每天仅11 686人(6月17日至19日)。(见下表)无论哪种方式,进入诺曼底的人员、车辆和物资在数量上都是举世瞩目的。在登陆日之后的两周内,盟军共有618 855人、93 986辆交通工具和245 133吨物资在诺曼底的五个海滩上登陆,尽管在宝剑海滩上的大部分卸载都因持续的德军炮火而不得不被暂停。其中只有一小部分是通过桑树项目进来的,因此,现在还不能明确,在桑树项目中所投入的巨大努力是否会产生显著的回报。为了验证该项目是明智的,未来几天将是至关重要的。

在奥马哈海滩上卸载的人员和物资情况表(1944年6月6—26日)

日 期	人 员	车 辆	储备(吨)
6月6—11日:最初的登陆:平均1 075吨			
6月6—9日	73 667	8 538	4 581
6月10日	5 000	—	—
6月11日	15 250	2 030	2 472

续表

日　　期	人　员	车　辆	储备(吨)
6月12—16日:允许坦克登陆舰"变干":平均8 502吨			
6月12日	4 010	2 369	8 529
6月13日	12 444	2 270	7 500
6月14日	27 060	1 881	7 752
6月15日	19 554	2 836	9 352
6月16日	12 315	1 570	9 380
6月17—19日:桑A运作:平均8 700吨			
6月17日	11 538	2 228	8 535
6月18日	10 791	2 515	8 876
6月19日	12 729	2 087	8 690
6月20—23日:风暴中:平均3 028吨			
6月20日	8 318	1 902	5 764
6月21日	3 299	533	676
6月22日	1 498	243	1 077
6月23日	10 915	541	4 595
6月24—30日:在沙滩上登陆:平均13 321吨			
6月24日	22 630	3 513	10 974
6月25日	11 948	2 470	12 708
6月26日	10 400	2 781	13 689
总　　　　计	273 366	40 307	126 479

资料来源:Hall to Wilkes, July 9, 1944, John Lesslie Hall Papers, box 1, Swem Library, W&M.

在6月19日到来的风暴几乎让每个人都感到惊讶。事实上,在6月5日的恶劣天气迫使进攻推迟之后,英吉利海峡的天气一直相对温和,并且所有的预测都认为好天气会保持下去。在6月18日,对第二天的官方天气报告是:"多云到晴间多云。能见度良好,4—6英里。东北风,风速平缓,8—13节。"尽管这份预测发给了舰队,然而,阵风的风速超过20节。6月19日,来自爱尔兰的一个向南移动的冷锋与从地中海向北移动的低气压相遇,产生了历史上最猛烈的夏季飓风。气压表降至29.92英寸,风速提高至30节。当晚10点钟,海浪撞击在"凤凰"沉箱装置的顶部,在每个装置上的防空炮组中的英国炮兵们必须被疏散。当麦克艇抵达安排疏散时,英军士兵在"拼命紧紧抓住大炮"。甚至在防波堤里面,大海也非常汹涌,麦克艇的升降幅度高达15英尺,在波峰上飙升至"凤凰"沉箱装置的顶部,然后又突然俯冲下来。在一艘麦克艇中,人们脱下木棉救生衣,扔到露天甲板空间,让士兵在着地时可以有一个缓冲,然后鼓励"凤凰"沉箱上的人跳下来。有一个炮组的5人分队跳下去了,其中两人严重受伤。

从莱布尼兹码头到海滩的浮动金属道路疯狂地波动起伏,正如有人所说,"像蟒蛇那样扭动着"。"海蜂"拼命工作来固定它们,他们试图用8英寸的锚索加固莱布尼兹码头和浮动道路,在工作的同时还要用一只手紧紧抓牢固定物,以避免被冲进大海。在阿罗芒什的"鲸鱼"堤道则没有那么脆弱,部分原因是沿海地形的保护,也因为英军决定固定每个部分的两端。

盟军的运输也受到了狂怒的风暴的影响,较小的船只特别危险。较大的船舰在左舷和右舷都放出了沉重的锚,但坦克登陆艇、希金斯艇和麦克艇只带了一个锚,并且他们没有配备可以缓解应力的绞船索。这些较小的船只在七英尺的海浪和30节风力的冲击下,他们的锚索被拉紧,"绷紧得像弓弦",难免会有些锚索绷断,让船只无助地倾侧在风的面前。许多船只被推到岸上,并且在沙滩上横转,然后被重重的激浪反复猛击。一名目击者声称,他们"在岸边堆起的高度达36英尺"。在一些船上,船长故意将船开到海滩上,认为搁浅比沉下去更好。

风暴持续了一整夜,第二天,连大船都开始拖锚,因为一股强大的东北偏北风将它们推向岸边。许多船启动,并向外开去,离开目前是下风岸的地方,以图在海面上获得立足之地。即便如此,当天下午,一艘打捞驳船和五艘英国坦克登陆艇的锚索断裂,猛烈地撞到奥马哈海滩离岸的"鲸鱼"堤道中。其钢制船体刺破了保持道路漂浮的沉箱,"鲸鱼"的几个部分被破坏;其他部分根本就消失了。

6月20日上午,透过灰色的云可以瞥见蔚蓝的天空,许多人希望最坏的天气已经过去。事实却正好相反,这场风暴发展成为了一个成熟的飓风,那是英吉利海峡40多年来最严重的风暴。为了避免被风吹上岸而已经开始航行的那些坦克登陆艇现在开始燃料不足,他们要寻找一个安全的停泊点。有这么多船要寻找避难处,这种地方很难找到。大船实际上已经被停靠在一起的较小的船只包围,再没有多余的空间。通常,当一艘坦克登陆艇或麦克艇试图靠近的时候,就会被警告远离,最初是喊叫声,然后是威胁,在少数情况下,还伴有炮火。当一艘英国坦克登陆艇请求靠近一艘已经被靠在一起的希金斯艇团团包围的美国大型船舰时,在甲板上的美国军官,海军少尉克利福德·辛尼特喊"回去,没有地方了"。这位英国坦克登陆艇的船长很绝望,但是,在沉默了片刻之后,他宣布:"我们要进来靠在一起。"这一次,辛尼特的答复更强硬,宣布"他绝对不能进来停靠",并使用了一些水手的语言来强调。这位英国军官回答说:"我不知道您是谁,先生,但您没有绅士风度。"

此时,"整个塞纳湾都是许多黄灰色的脏水,夹杂着白色的泡沫和汹涌的大浪。"莱布尼兹码头固定在海底的锚索开始断裂,虽然"腿部"(或"土豆")仍然完好无损,保持在原地,但整体结构随着巨大的涌浪而大幅摆动,其中一些涌浪长达 100 英尺。由于担心应力太大,船员松开固定平台的联轴器,使平台能够随涌浪起伏。这缓解了平台上的应力,但它让突堤码头上的人更加不适,当平台不可预知地大幅升降时,他们必须用双手抓牢。更糟糕的是,伸出海面 1 000 码的那些 200 英尺长的簧舌塞子挣脱了锚的束缚,猛冲向人工港,就像许多个攻城槌砸下来一样。它们如此高速地砸向桑港,有些"凤凰"沉箱装置实际上断成了两半。在风暴结束前,奥马哈海滩那里的 31 个"凤凰"沉箱装置中有 20 个损坏了。此时,共有 17 艘船与浮动金属道路相撞,把它变成"扭曲起伏的一大块金属"。

6 月 22 日的晚上,风势终于开始减弱,在 23 日上午,终于可以评估损失了。柯克感到很震惊,他后来回忆说,"登陆艇被堆在沙滩上,海岸线就是一个烂摊子"。柯克的参谋长亚瑟·史储伯估计,有 2 200 至 2 400 艘船在沙滩上损毁,其中的很多船是之前故意搁浅在那里,并且之后可以被打捞上岸。实际,被损毁的船总共大约有 300 艘,但这已经够糟糕了。那天早晨,在奥马哈海滩离岸只有 12 艘坦克登陆艇和一条"犀牛"渡船可以正常工作。

人工港口的损害更难以估量。虽然有几个"玉米棒子"已离开了原来的位置,但"鹅莓"大多完好无损。由"凤凰"沉箱装置形成的屏障是桑树人工港的重要组成部分,如今受到了严重的破坏,至少在奥马哈海滩那里,"鲸鱼"堤道已被完全摧毁。从一开始就参与桑树计划的一些人认为,它可以全部修复。但美国海军的打捞主管准将威廉·A.沙利文另有决定。他向艾森豪威尔建议,应关闭奥马哈海滩的桑树人工港,并且它那些可打捞的基础部件应该被拖到阿罗芒什,用于修复处境要好得多的桑树 B 人工港(Mulberry B)。艾森豪威尔同意了。"鹅莓"将被修复,甚至加强,但在奥马哈海滩的那个复杂的莱布尼兹码头和"鲸鱼"堤道被遗弃了。

当时,没有人知道这对盟军的计划会有什么影响;如果没有人工港口,是否有可能保证输送维持进攻所需的人员和设备。希望还是有的。布莱德雷让弹药船停泊在岸上的主意被证明是天赐之福,因为他们基本上没有受到风暴的影响。但布莱德雷仍然担心,随着风暴减弱,他于 6 月 22 日敦促柯克让更多的弹药驳船登陆到沙滩上。虽然岸上的弹药储备一度减少到只够用三天,但将人员和物资输送到海滩的工作从未完全停止。每天的总量从风暴前的每天 8 700 吨下降至 6 月 21 日的只有 676 吨,当天的风暴达到了最高点。但随后,该数字在次日上升至 1 077 吨,并在 6 月 23 日达到了 4 595 吨。在 6 月 24 日,他们居然第一次突破 10 000 吨,比桑树港全面运作的时候更多。就在那一天,22 630 人、3 513 辆车,以及 10 974 吨物资在奥马哈海滩上登陆,全部都在沙滩上完成,并且主要由坦克登陆舰完成。此外,坦克登陆舰在接下来的几个星期都能够维持这一水平。这证实了在桑树港正式开始运作前 5 天就应该是很明显的事实:虽然桑树项目毫无疑问是英美(尤其是英国)的想象力、创造力和决心的证明,但那对于维持盟军的进攻毕竟不是必不可少的。

━━━━━━━

将人员和物资送到进攻海滩的船舶没有空载返回英国。早在 1 月的时候,拉姆齐就曾建议,由于坦克登陆舰如此稀缺和宝贵,它们不应该被用来撤离伤亡人员,因为这很可能会拖慢其周转时间,从而让快速且持续的增援和补给运输承受风险。这只可能是一个策略,以证明增加坦克登陆舰的可用性有多重要,因为在实际的进攻中,有些坦克登陆舰专门配备了海军医生和医务员来照顾伤员。有些船上甚至有临时手术室。有此装备的船舶执行穿梭服务,将部队和车辆运送到海滩,并在回程时运送伤员。

第一天在奥马哈海滩上有非常多的伤员,因此只有相对较少的人可以被撤离。太多人必须躺在沙滩上熬过一个,甚至两个寒冷的夜晚。当战士们奋力向内陆推进,并且来自德国火炮的威胁减少时,盟军在沙滩上建立了急救站。在头几天,这些急救站只是几个散兵坑,以沙袋作墙,盖上帆布顶篷,但至少在那里工作的海军医务员可以有绷带和(关键的)吗啡。许多伤员在其队友的协助下来到急救站。另一些伤员乘坐专门配置的救护卡车到达,这些救护车是用几乎无处不在的 2.5 吨道奇卡车改装的。还有一些人躺在斯托克斯担架上从悬崖上被抬下来,那是在金属框架中的一种铁丝篮。偶尔会有受伤的士兵自己蹒跚着走进来。

许多伤员在心理上和身体上都受了伤。当时,还没有"创伤后应激障碍"这个名称,常用的术语是"战争疲劳"。不管它是什么名称,受害是确定无疑的。来自 LST-491 的医务员比尔·米尔恩治疗了一名受伤的美国空军士兵,这名伤员在没有帮助的情况下自己撑到了急救站。他半夜时在敌方领土上空跳伞,忍受了只有他才清楚知道的环境,虽然他的腿部被子弹射穿,但他仍然一路坚持走到奥马哈海滩。当到达急救站的时候,他看起来就是一个可怕的幽灵,并且米尔恩马上就看出,他被吓坏了。米尔恩回忆道,"他一只手拿着他的点45口径手枪,另一只手拿着一把战斗匕首。我特别记得,我们在给他注射吗啡之后才能拿走他的手枪和匕首。"沉船的幸存者也有类似的反应。有一个人从水中被拉到"犀牛"渡船上,他似乎不知道自己在哪里,也不知道发生了什么事。有人把外衣放在他的手中,而他全身落汤鸡似地站在那里,显然不知道自己应该用它来做些什么。一两分钟后,有人把外衣披在他的肩上。这人一动不动。

在急救站分流后,伤员被抬上坦克登陆艇或麦克艇,或者在少数情况下,被抬进 DUKW 两栖装甲车,并转运到等待的坦克登陆舰上。事实证明,若伤员们头脚相接地并排躺着,在麦克艇的露天货物甲板上可以躺下 20 名伤员。然后,登陆艇从海滩撤回,将伤员摆渡到空的坦克登陆舰,并用升降机吊起登船时没有使用斯托克斯担架的那些伤员。伤员被带进下面的运输舱甲板后,就被放在沿舱壁排列的架子上,或者放在其担架上,使用从英国出发时用来固定坦克的那些固定带子来将担架拴在甲板上。海军医务员和其他人剪掉他们那潮湿和污秽的衣服(上面往往凝结着干的血),并用洁净的毛毯盖住他们。

有几艘坦克登陆舰在其厨房下面的运输舱甲板尽头设置了临时手术室,对于受伤最严重的人,海军医生在那里做了数百次手术,其中许多还涉及截肢。此后,截除的肢体被粘贴到一块铁板上,并从舷侧扔出去。尽管条件和环境很恶劣,医生还是出色地完成了工作。在一艘坦克登陆舰上的一位医务员记得,医生们"工作好几个小时……取出弹片,包扎好枪伤,并试图让一些完全疯狂的人平静下来"。

并不是每艘船都有医生。在宝剑海滩,一辆漏水的 DUKW 载着一些严重受伤的英国士兵找了四艘不同的船,才找到了一艘有医生的船。在这辆 DUKW 中的最后一个人走后 5 分钟,它就在旁边沉没了。由于缺少医生,医务员常常发现自己不仅要固定夹板和管理输血,还要执行手术,即使该任务已远远超出了他们的训练。在穆恩的指挥舰"贝菲尔德"号上,医务员二等兵文斯·德尔·古德斯负责处理头部伤口。当他帮助一名美国陆军游骑兵取下头盔时,他看到一块弹片切断了这个人的头骨的顶部,他的脑组织溢出了。出于本能,他试图将其推回原位,但伤口是致命的,这名士兵很快就死了。

除了受伤的盟军士兵,返回的坦克登陆舰也运送战俘。这些战俘中有许多人竟然根本不是德国人,而是来自其他被希特勒征服的东欧国家的男人(其实是男孩):波兰人、立陶宛人和讲俄语的格鲁吉亚人。当波兰裔的美国人用战俘的母语与其讲话时,囚犯会被吓一跳,这样的情景发生了不止一次。至该战役的第三天,这些人大批投降,登陆指挥官难以收容所有这些人。当一个排的美国大兵将200多名战俘押到奥马哈海滩时,一名海军上尉问他们,"我应该怎么处理他们呢?"美国大兵们只是耸耸肩,他们已经完成了自己将战俘带到海滩的任务,他们准备返回到前线。这位海军上尉分配了四个带着老式卡宾枪的水兵来看管这200人,但他不需要担心,因为战俘们"温顺得像羊羔",但负责看管这些战俘的其中一个人,海军二等通信兵比尔·德弗雷兹在多年之后仍被"战败士兵们眼中的茫然"所困扰。

大多数战俘都走上了专用于运送战俘的坦克登陆舰。在这样的情况下,战俘们只是被赶进运输舱甲板,直到挤不下人为止。LST-983上的弗农·保罗估计,"肯定有3 000人像沙丁鱼那样"挤进了他的船上的运输舱甲板。战俘们吃的是K型应急口粮,为此他们大概很高兴。大多数战俘都完全顺从,按被告知的时间和地点排队,完全没有怨言地服从命令。然而,也有例外。有一次,当一名海军军官命令一批战俘在浪花中步行到一艘坦克登陆艇上的时候,一名德国军官反对让他的人弄湿脚。所负责美国人完全无动于衷。他告诉德国人,我们上岸的时候也弄湿了自己的脚;你向另一个方向走也会弄湿自己的脚。

德国战俘和受伤的美军士兵偶尔会同坐一条船,有时会出现尴尬的情况。一些受伤的美国人反对与敌方士兵(即使是受伤的敌兵)一起坐船。在一艘坦克登陆舰上,医务员拉尔夫·克伦肖注意到,当他对受伤的德国人提供治疗时,附近的美国人就会大声地发牢骚,认为他应该让那个德国人去死。由于感受到船上的这种情绪,当载着另一批战俘的登陆艇来到旁边时,克伦肖拒绝让他们上船。在登陆艇上的美国军官提出反对,坚称他是根据命令行事。但克伦肖告诉这位军官,如果他坚持让这批战俘上船,自己无法负责战俘们的安全。

无论是盟军还是战俘都不想和党卫军(SS troops)在一起。很明显,党卫军对此并不介意。在LST-371上的一名美国水手指出,党卫军士兵们"都衣冠楚楚,穿着很好的制服"。当他们被赶进一艘坦克登陆舰的运输舱甲板时,他们"立即形成与其他德国军人分离的一个区域",甚至成立一支卫兵小分队来让其他人远离他们在登陆舰上的这个小角落。一位观察者认为,党卫军士兵对其他德国人的鄙视与他们对盟军的鄙视程度是一样的。

与那些将伤员运回英国的船只一样,那些负责运送战俘的坦克登陆舰也执行穿梭服务,以下一位船员的日记可以作证:

周日:运送美国陆军士兵和重型设备去法国。

周一:运送战俘回到波特兰。

周四:运送美国部队去法国。

周日:运送战俘去南安普敦。

在最初登陆的两个星期后,拉姆齐、柯克和"海王"行动的其他指挥官对总体情况可能会感到满意。横渡几乎没有流血事件,登陆虽然混乱而昂贵,最终还是取得了成功。美国海军和海岸警卫队在让部队登陆美军负责的海滩的过程中发挥了核心作用,而英国皇家海军在英国和加拿大负责的海滩上的表现堪称完美。船舰持续为士兵们提供舰炮火力支持,甚至在面对恶劣天气和猛烈对抗时仍保持稳定的物资输送。尽管损失了在奥马哈海滩的桑树港,但物资继续大量送达,甚至超出了预期。盟军损失了一艘大型运输船("苏茜蜜蜂"号)和几艘驱逐舰,以及数百艘小型登陆艇,但损失已经低于预期。现在,参与"海王"行动的人员和船舰只剩下一个任务:占领一个主要海港。

第十五章
"一片废墟"

　　盟军策划者从一开始就认为，即使在沙滩上获得立足点之后，为了保持征服欧洲大陆所需要的那种大规模集结，还需要在法国海岸上占领一个主要港口。海王计划要求在头两个星期部署18个装备齐全的师上岸，几乎没有人相信在一个开放的海滩上有可能做到这一点。即使那被证明是可行的，但如果没有一个可用的海港，当然不可能在盟军所需要的长时间段内保持这样的速度去集结100万人以上的部队。盟军有效地利用了朱诺海滩上的库尔瑟莱滨海的诺曼底式小港口，以及在黄金海滩上的贝桑港，但这些都是小型港口，无法处理吃水较深的船舶。为此，盟军需要占领一个主要海港。选择诺曼底作为盟军的目标，意味着所考虑的港口必须是位于科唐坦半岛尖端的城市瑟堡。因此，盟军的首批目标之一是，一旦海滩安全，"闪电乔"柯林斯的第七军，包括第四步兵师和分散的、伤亡惨重的第八十二空降师，向北推进到半岛的东海岸，闪电奇袭，占领瑟堡。

　　这并没有发生。登陆日后，瑟堡仍留在德国手中长达三周，当盟军最终于6月27日夺取它时，它已经完全失去了作为一个海港的价值，因为纳粹的嗜好就是粉碎和破坏自己无法拥有的任何东西。夺取瑟堡的战役是"海王"行动的顶点，虽然它最终成功了，但盟军到底还是无法将物流重点从诺曼底海滩转移到正常运作的海港。相反，正如进攻的许多方面一样，盟军在这一方面取得成功的关键是参与者的调整、适应，并顺势而为的能力。

　　艾森豪威尔在6月8日巡视了滩头。在拉姆齐和蒙哥马利的陪同下，他乘坐英国布雷舰"阿波罗"号横渡英吉利海峡，并调查了所有5个登陆海滩。他关注的是蒙哥马利的部队向康城的缓慢推进，那里是德军的反击重地，同时他还担心在奥马哈海滩上的情况。他会见了布莱德雷，后者现在已经在岸上建立了大本营,艾森豪威尔表达了对于在犹他和奥马哈海滩上的美国飞地仍然彼此分开的不安。有4个团已经开始沿着海岸向北面的瑟堡前进,但艾森豪威尔决定,更重要的是在继续急行军之前要统一和稳定滩头,布莱德雷表示同意。可以想象,他们在布莱德雷的大本营弯腰看着地图,而艾森豪威尔指出修订后的目标。首先,他希望消灭圣梅格里斯小镇附近的德军抵抗力量,这将统一第四师与第八十二空降师的分队,然后他希望布莱德雷占领陶德河上的卡兰坦市。这将统一奥马哈和犹他海滩,使这两个海滩都更安全。只有到那时候才有可能转向北部前往瑟堡。

海军战舰为这两项任务提供炮火支持,根据岸上火力管制组的请求,向10或15英里远的内陆发射炮弹。巡洋舰"昆西"号(Quincy)将其8英寸炮弹砸入在卡兰坦的杜沃河上的桥梁,其他重型炮舰则向敌方部队集结点、坦克车场、炮兵阵地,甚至停在岔线上的铁路列车发射炮弹。陆军向着卡兰坦和伊斯尼前进,这让柯克可以考虑将这些城市开放为可能的海港,但因为将它们连接到海面的通道非常狭窄,它们只可以供小轮船和驳船使用。对于远洋船只而言,占领瑟堡依然是至关重要的。

在波长基乡间前进是艰难的,那里有厚厚的灌木丛和无数的水道,但6月14日,盟军占领了卡兰坦,并建立了一条连贯的阵线,从犹他海滩以北的屈伊内维尔,到宝剑海滩东边的奥恩河上的乌伊斯特勒昂。但是,那时距离初次登陆已整整一周,而在半岛上迅速推进到瑟堡的机会已经失去了。相反,现在更重要的是要在其起点切断科唐坦半岛,以孤立这个城市,并阻止德国派遣增援部队到那里。柯林斯将任务分配给经验丰富的第九步兵师,他们在6月15日与第八十二空降师的分队一起开始向西急行。前进部队于6月16日到达圣索弗莱维孔特,并连夜迅速推进,附属于第九师的一个坦克连于6月17日黎明前到达巴讷维尔拉滨海。现在,他们已经切断了半岛,转向北部瑟堡的时机到了。

柯林斯调整了他的命令,由陆军少将特洛伊·米德尔顿指挥的新第八军(VIII Corps)向南,确保半岛的孤立状态,而他自己的第七军(VII Corps)中的三个师(第九师、第七十九师和第四师)则转向北部的平行战线,包围瑟堡。正如其绰号一般,"闪电乔"柯林斯是一位勇于进取的指挥官,据一位同僚所述,他"独立,充满激情,头脑清楚,有能力,并且精力充沛"。在太平洋战争中,他在瓜达尔卡纳尔岛服役,以其极具个人特色的亲身指挥方式而闻名。现在,在他的三个师北上的过程中,经常可以在前线发现他的身影。部队的推进于6月19日开始,正是暴雨袭击诺曼底海滩洋面上船只的那一天。

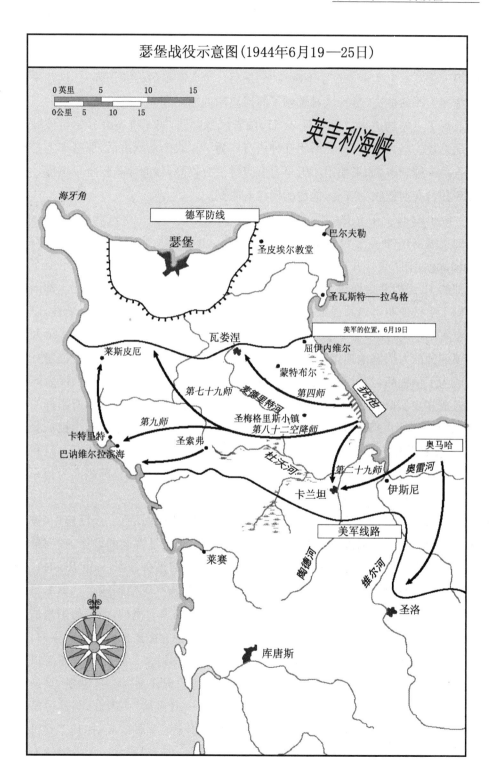

瑟堡战役示意图(1944年6月19—25日)

0 英里 5 10 15
0 公里 5 10 15

英吉利海峡

海牙角

德军防线

瑟堡

巴尔夫勒

圣皮埃尔教堂

圣瓦斯特——拉乌格

瓦娄涅

美军的位置,6月19日

莱斯皮厄

屈伊内维尔

蒙特布尔

第七十九师

第四师

麦德里特河

沙尔堡

第九师

圣梅格里斯小镇

第八十二空降师

卡特里特

圣索弗

巴讷维尔拉滨海

杜沃河

第二十九师

奥马哈

奥雷河

伊斯尼

卡兰坦

莱赛

美军线路

陶德河

维尔河

圣洛

库唐斯

德国守军的指挥官卡尔·冯·施利本向总部请求撤出其部队，进入该城市四周准备好的防御工事。这显然是正确的军事行动，但希特勒坚持不得撤退，所以冯·施利本忠实地命令手下战斗"到最后一个人和最后一颗子弹"。这几乎没有拖慢美军的推进，尽管风暴重创了海滩离岸的船舶和人工港口，但美军的三个师取得了飞速的进展。至6月21日，随着风暴减弱，美军准备好开始对该城市发动总攻。当天下午，柯林斯用几种语言广播了正式的劝降讲话，那基本上是在警告冯·施利本，如果他第二天早上9点钟没有投降，他的部队将全军覆没。柯林斯并没有期望收到答复，他也的确没有收到。

6月22日上午9:00之后不久，盟军对该城市的防御工事发起大规模空袭。英国皇家空军的4个台风战机（RAF Typhoons）中队和6个野马战机（RAF Mustangs）中队轰炸并扫射德军的防御工事。随后是来自美国第九战术空军司令部的12组战斗轰炸机。空袭的结果再次令人失望。在奥马哈海滩上，德国的防御工事被证明可以顽强抵抗空中轰炸。此外，由于瑟堡外前线的流动性，以及敌友军的距离过近，盟军部队偶尔会发现自己成为了盟军炸弹的目标。第九师和第四师的人愤怒地抱怨，他们受到了友军飞机的扫射。柯林斯本人也差一点就成为了牺牲品，当时台风战机扫射的位置离他不足100码。但如果说轰炸没有造成多少实际伤亡，它也确实压低了守军的士气。在冯·施利本所指挥的士兵们中，有很大一部分是被强迫服役的非德裔士兵，他们来自东欧某个被征服的国家，包括苏联。他们知道，他们的支援已被切断，极少数人会听从冯·施利本要战死沙场的号召。正如冯·施利本自己表示，"如果我们期望苏联人为德军在法国与美军作战，这是我们的奢求"。

尽管如此，瑟堡的防线依然坚固。该城市及其海港坐落在一个巨碗中，被一连串可以俯瞰战斗前进路线的山脊包围。城市的西面是古老的城堡，东面是佛兰芒堡垒（Forte des Flamands）。位于中心的是鲁莱堡垒（Forte du Roule），建在可以俯瞰整个城市的高崖上。在这些据点之间，德军深挖到地下。美军将不得不单独攻击每一个防守位置，步兵负责保持稳定的火力掩护，而工兵则悄悄爬到侧翼去布置炸药包。任务最终是有可能完成的，但它需要耗费时间和生命，现在，时间就是关键。冯·施利本早在6月10日就收到命令要开始破坏港口设施，当时瑟堡战役还没有开始。希特勒告诉他，他的责任是"保卫[瑟堡]至最后一个碉堡，并且，留给敌人的不是一个海港，而是一片废墟"。因此，与其说冯·施利本的目标是保卫城市，还不如说是将沦陷延迟足够长的时间，使其工兵可以彻底摧毁港口设施。德军保持控制的每一天，都等于他们有多一天去继续无情的破坏。

为了加快攻破城市并尽量减少海港的损失,布莱德雷问拉姆齐,海军是否可以利用其远程火炮攻击德军据点。柯林斯所拥有的最重型武器是155毫米(6英寸)火炮,并且其数量并不充足。但海军在重型巡洋舰上有8英寸炮,在战列舰上有12英寸炮和14英寸炮。也许海军可以从海面上攻击德军阵地。

虽然拉姆齐并不那么热心于让船舰与海岸防御工事对抗,但他还是要求柯克作出一个计划。两个月前,在斯莱普顿沙滩的"老虎"演习之后,柯克就已敦促拉姆齐用美国战舰摧毁瑟堡的德军的鱼雷快艇基地。在那次会议上,拉姆齐拒绝了他,而这个决定引起了一些难听的话和挥之不去的怨恨。现在柯克认为这是一个机会,可以展示一下那些大型战舰对德军坚固的防线可能做到的并且仍然可以做到的破坏。

在对瑟堡的海军突击中,柯克成立了特遣部队129(Task Force 129),由海军少将莫顿·德约指挥,这位57岁的职业军官曾在登陆日指挥犹他海滩上的炮击团,并且与约翰·韦恩相似地承担了摆渡任务。德约将其特遣部队分成两组。第一小组由他直接监督,包括许多他在登陆日指挥过的船:战列舰"内华达"号、重型巡洋舰"塔斯卡卢萨"号和"昆西"号,还有英国轻型巡洋舰"企业"号和"格拉斯哥"号,再加上6艘驱逐舰。第二小组由海军少将卡尔顿·F.布莱恩特指挥,包括战列舰"德克萨斯"号和"阿肯色"号,还有5艘驱逐舰。他们的总体任务是要夺取瑟堡,而不是捣毁它。毕竟,该战役的目的就是要在夺下港口时保持设施完好,或者说,尽量保持完好。其实,他们的工作是要支持柯林斯的地面攻击,即清除一些坚固的防御阵地,并抑制敌人的重炮。

为此,德约建议首先攻击沿海的德军炮组,因为它们保护着进入海港的面海通道。盟军的情报是,那里有20座混凝土炮台,炮组的口径范围从155毫米(6英寸)一路攀升至280毫米(11英寸),出于对其部队安全的考虑,必须先抑制这些重炮,然后船舰才可以把注意力转向陆地那边的防御。德军只有4门280毫米大炮,全部都在城东约6英里的列维角背后汉堡炮组(Battery Hamburg)中,它们将由布莱恩特的两艘战列舰负责。许多较小的6英寸火炮都围绕着城西3英里的屈埃尔屈埃维尔村(Querqueville),德约预计他的巡洋舰应该能够解决它们。一旦沿海炮组被压制,特遣部队就可以占领城外的阵地,响应岸上柯林斯部队的射击要求。德约打算在那里逗留至少3个小时,从6月25日中午到下午3:00。

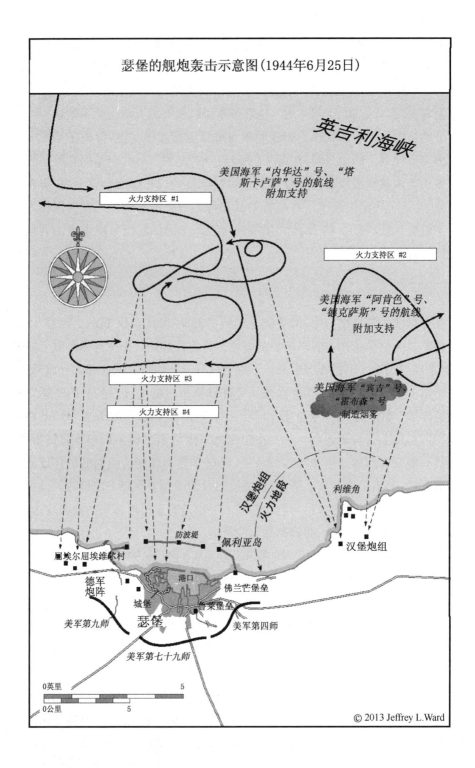

瑟堡的舰炮轰击示意图(1944年6月25日)

英吉利海峡

火力支持区 #1

美国海军"内华达"号、"塔斯卡卢萨"号的航线
附加支持

火力支持区 #2

美国海军"阿肯色"号、"德克萨斯"号的航线
附加支持

火力支持区 #3

火力支持区 #4

美国海军"宾吉"号、"霍布森"号制造烟雾

汉堡炮组
火力地段

利维角

汉堡炮组

屉埃尔屈埃维欧村

防波堤

佩利亚岛

德军炮阵

城堡

港口

佛兰芒堡垒

香莱堡垒

瑟堡

美军第九师

美军第四师

美军第七十九师

0英里　　　　　5

0公里　　　　　5

© 2013 Jeffrey L.Ward

然而,几乎是在最后一分钟,布莱德雷和柯林斯决定,他们不希望德约的船只射击,除非是响应岸上侦察兵的具体要求,即使这样,他们向内陆的炮火也不能超过2000码。在三天前的突袭期间误伤情况还记忆犹新,柯林斯希望确保这些12英寸和14英寸的炮弹都不会轰到自己的前沿阵地,现在阵地离该城市不到1英里。正如德约所说,他使用了被动语态,"让人担心的是,我们会击中自己的军队"。此外,布莱德雷和柯林斯决定,海军舰艇的火力应该只保持90分钟,而不是德约建议的3个小时。

德约反对这些限制,并指出他们将主动权完全留给了德国,并且至少在开始的时候会让他的船成为被动的目标。柯林斯让步了,他同意舰艇如果受到攻击,只要海军炮手能确定其目标就可以回击。当然,这仍然将主动权留给了守军,虽然德约依然不高兴,但他没有选择,只能执行命令。他要在6月25日中午出现在瑟堡海面,与岸上的火力支援方建立无线电联络,并响应射击请求。如果受到火力攻击,他可以保护自己,毫无疑问他会这样做,但在其他时候,他就要等待指令。他只停留90分钟,然后撤退。

舰艇于6月22日在波特兰集结,当时英吉利海峡的风暴正逐渐消退。那场风暴使得他们的任务增加了一定的紧迫感,因为在奥马哈海滩的桑树港所遭受的破坏让夺取一个大型的海港显得更加迫切。柯克的话让德约和布莱恩特留下深刻的印象,他说,"必须以最快的速度夺取瑟堡"。舰艇在黎明前的黑暗中出发,那是6月25日早晨四五点的时候。在他们横渡英吉利海峡时,太阳升起来了,并且在风暴过后,破晓时在海上看到的天空非常明净,一位目击者回忆说,"就像一块玻璃"。

在这次攻击中不会有暗中行动。整个行动都将在中午明亮的阳光下发生。大船的唯一掩护是随行的驱逐舰,他们要"在巡洋舰和战列舰与海滩之间急驰,并制造厚厚的烟幕"。当天上午九点半,全船进入一级战备状态,一个小时后,两个特遣组分别靠近岸边,速度放缓至5节,以跟随英国扫雷艇到达自己的射击位置。德约的"内华达"号组的初始位置是火力支持区♯1,在瑟堡的正北约28000码(16英里)。中午的时候,他转移到火力支持区♯3,离该城市只有12000码。与此同时,布莱恩特的"德克萨斯"号、"阿肯色"号组进入列维角以东的火力支持区♯2。

尽管有陆军提出的限制,但德约和布莱恩特仍有信心成功。他们当然知道,岸上的火炮比起在海上漂浮的火炮有一些固有的优势。岸上的炮组架在稳定的射击平台上;他们不必移动,也不必担心引擎被击中;当然,他们受到攻击的可能性也低得多,因为它们是较小的目标,往往还有钢筋混凝土的厚墙提供保护,也不可能下沉。这些都是最初让拉姆齐不愿接受任务的因素。然而,登陆日之前12个月,美国海军炮手已经变得越来越自信,不仅因为他们有能力用重型大炮对付目标,还因为舰炮优于岸上的炮组,即使是大口径火炮的炮组亦不在话下。在西西里、萨勒诺、安齐奥等地方,盟军的舰炮已经证明他们的压制能力,甚至在对阵守军的岸上炮组时占据明显优势。但是,这种新建立的信心将在瑟堡受到严峻的考验,主要是因为汉堡炮组的4门280毫米大炮是海军到目前为止所面对过的最大口径,它们被安置在沉重的混凝土钢筋炮台中,由德国海军(Kriegs-marine,也称帝国海军)的水兵们操作,他们对自己击沉船只的能力也同样充满信心。

　　盟军的舰艇在中午都到位了。因为要求是在接到陆军请求前都不得开火,德军打响了头炮,在12:06,在屈埃尔屈埃维尔村内部和周围的炮组向德约的第一组舰队开火。第一组射击证明,德国炮手们非常,甚至是惊人的精确。第一组射击对驱逐舰墨菲(Murphy)(DD-603)进行了夹叉射击,并且有一枚6英寸的炮弹击中了"沃克"号(Walke)(DD-723)。炮弹粉碎了"沃克"号的驾驶台上的挡风玻璃,大块的碎玻璃几乎从船头一直飞到了船尾。有一名水手在船体中部操作40毫米火炮装置,玻璃碎片从他旁边飞了过去,他当时就被激怒了,生气地嚷着:"那些不要脸的——向我们射玻璃!"仅仅几分钟之后,炮弹就落在美国海军的"昆西"号(USS Quincy)周围,而英国皇家海军的"格拉斯哥"号被击中了两次。"内华达"号本身遭到三门大炮的夹叉射击,有一枚炮弹落在离她右舷船尾只有100码远的地方。在12:09,才投入战斗短短三分钟,"内华达"号的驾驶员就在航海日志干巴巴地记下:"敌军迅速调整好了射程"。

　　德约下令进行反炮兵火力还击,但似乎没有什么立竿见影的效果,因为在12:40至12:45这5分钟里,"内华达"号被夹叉射击了6次。船上的一名海军少尉后来坚称,"内华达"号在当天下午总共遭遇敌军27次夹叉射击。有一名水手的战位是在船的上层结构上的防空武器中,他回忆说看到炮弹沿着其弧形轨迹穿过清澈的蓝天朝着船飞过来。他看着一枚炮弹在"'内华达'号的桅杆之间"穿过,落在离船的侧面只有几码远的地方,"升起了一个巨大的海水喷泉,并将炮弹碎片撒向船体"。"内华达"号的船长鲍威尔·瑞亚决定要快速移动,努力甩开德军炮手,他要求下面的引擎室调整至应急速度,让这艘老战舰的速度提升至21节,她自珍珠港事件前就再没有展示过这种行速。

与此同时,布莱恩特与第二组的舰艇,包括战列舰"德克萨斯"号和"阿肯色"号,从东边接近瑟堡。布莱恩特的任务是压制在列维角后面的汉堡炮组里的大炮,然后再与德约在城外会师。布莱恩特知道,汉堡炮组的定位是覆盖瑟堡港向海的通道,因此,其大炮只能跟踪到正北偏东约35度的位置。(见本章地图)因此,他的计划是当自己的船还在弧线的东边时就开火,慢慢地将炮组敲得粉碎。该计划在最后一分钟被撤销,因为命令是在遭到攻击或收到岸上火力管制组的联系之前都不得开火。但是,在实际行动时,"阿肯色"号一早就与岸上可以直接观察到汉堡炮组的侦察员建立了无线电联系。这让"阿肯色"号可以驶近至18 000码(10英里),并在12:08对汉堡炮组"从容不迫地开火"。她的12英寸炮在目标周围爆炸,但敌人没有反应。美国战舰中的一些人想知道德军炮阵是否已经被遗弃了。

德军只是在消磨他们的时间。布莱恩特的舰艇向西徐行,直到进入汉堡炮组的火力地段范围,然后,德军在12:29开火了。在汉堡炮组中的大炮射程明显优于"阿肯色"号和"德克萨斯"号上的舰炮,并且和在屈埃尔屈埃维尔村的情况一样,它们的射击"极其精确"。驱逐舰"巴顿"号(Barton)(DD-722)在12:30的第二组翼次射中被击中,一枚9.4英寸的炮弹跳出水面,撞向她的船身,砸穿几层舱壁,躺在船的内部。但它没有爆炸。几秒钟后,另一组射击的炮弹刚好落在"拉菲"号(USS Laffey)(DD-724)的前面。同样有一枚炮弹跳出水面,砸入这艘美国驱逐舰的船体,而且,也一样没有爆炸。通常,一枚11英寸的炮弹,甚至9.4英寸的炮弹,可以让驱逐舰断成两半,让她马上沉没,这两枚炮弹都没有爆炸,这在某种程度上而言无异于天赐良机。布莱恩特后来推测,炮弹可能是在捷克斯洛伐克的皮尔森那著名的斯柯达军火厂(Skoda Arms Works)制造的,那里的反纳粹志士冒着生命危险来破坏其产品。如果是这样,瑟堡外的美军就欠了他们好大的人情。

尽管他们的炮弹有缺陷,但德军的射击之精准还是令人不安。他们用三门大炮进行射击,事实证明,他们非常善于修正射击。在12:51的一组射击瞄准了驱逐舰"奥布莱恩"号(O'Brien),落点有600码长;仅仅几秒钟后的第二组射击只有300码长;第三组对她进行了夹叉射击;在12:53,她被击中,并且这枚炮弹真的爆炸了。13人当场丧生,另有19人受伤。炮弹还打掉了"奥布莱恩"号的雷达,她在几艘快速移动的舰艇中间,周围都是浓烟,什么都看不见。为了避免碰撞,"奥布莱恩"号的船长,海军中校 W.W.奥特布里奇决定暂时向北撤退。当他稍后重新投入战斗时,他将弹药更换为空爆炮弹,希望迫使德国炮手一直低下头。

正如在屈埃尔屈埃维尔村的炮手集中攻击"内华达"号那样,汉堡炮组将大部分注意力集中在"德克萨斯"号。"德克萨斯"号在第三组射击中被夹叉射击,正如布莱恩特所说,"他们很精确地定位到我们。"当"德克萨斯"号快速移动时,射击每二三十秒钟就无情地到来。布莱恩特认为,炮弹在飞过来时有一种"诱人的声音——柔软的沙沙声,几乎是柔情蜜意"。然后,它们在接触水面时带着"你听过的最不虔诚的亲吻声——比你自己的大炮的声音更清晰"。可惜的是,它们并没有全部射到水面上。有一枚 9.4 英寸的炮弹击中了"德克萨斯"号,划穿了几层甲板,躺在该船装着 14 英寸炮弹的弹药库正上方的准尉客舱中。它也是一枚哑弹。[1]另一枚炮弹击中了"德克萨斯"号的装甲指挥塔的顶端,并且爆炸了,摧毁了舰桥,炸死了舵手,炸伤 11 人。当炮弹击中时,海军上校查尔斯·贝克刚刚下令转向右舷,并离开舰桥去观察操作,否则,他也将在伤亡人员之列。

1:10,在这种快速而准确的火力下,布莱恩特下令特遣小组北上离开,而驱逐舰"宾吉"号和"霍布森"号制造烟雾掩护其撤退。小型扫雷艇"山雀"号(Chickadee)也在遭到了敌军火力的猛烈攻击下放出保护性烟幕。"德克萨斯"号和"阿肯色"号绕到右舷,并继续从 20 000 码(刚刚超过 11 英里)处射击,但汉堡炮组的射程是 40 000 码,布莱恩特的动作几乎没有降低炮轰的频率或准确性。

当他们与德军炮组硬拼时,海军舰艇也在尽自己的最大能力去响应柯林斯部队的射击请求。屈埃尔屈埃维尔附近较小的炮组得到了很多的关注,因为这些大炮可以面对陆地,也可以调转炮口面向大海。驱逐舰"艾利森"号(Ellyson)离一个炮组不足 1 英里,在一分钟内发射了 27 枚 5 英寸炮弹,"全弹发射,快速射击"。"艾利森"号停火只是因为随之而来的烟雾遮蔽了目标,侦察员再也看不到它。也许是"艾利森"号的目标的怒气已被摧毁,或者德军炮手决定保持低调一段时间,因为炮组停止了射击。

至 1:20,舰艇已经到位了 80 分钟,根据他们的命令,他们应该在 1:30 撤退。但是,显而易见的是,德军防线并没有被抑制,德约用无线电问柯林斯:"你希望更多的炮火吗?"在收到询问的时候,柯林斯可能已经离开了他的指挥部,因

---

① 那枚炮弹直到今天还留在美国海军"德克萨斯"号的船上,参观战舰的游客都可以看见它,这艘战舰作为展览馆船停在休斯敦的洋面上。

为他直到 2:05 才回复,当时他回答说,"是的,谢谢。"他问,海军舰艇是否可以继续射击至 3:00,正如德约最初建议的那样。

因为在屈埃尔屈埃维尔的大多数炮组现在已经哑火,至少是暂时停火,德约下令"昆西"号东移,并加入布莱恩特对汉堡炮组的仍在继续的战斗。列维角附近的一些较小的炮组已被压制,但汉堡炮组仍然在积极反抗,但现在布莱恩特的小组中几乎每艘舰艇,再加上"昆西"号,都以它为目标。8 艘舰艇同进射击,他们的炮弹在目标周围产生了巨大的烟尘云,侦察员分不清楚哪艘船发射了哪枚炮弹,无法进行修正。海军炮手们直接向着硝烟的帷幕开炮。他们只有在发现炮口焰那亮橙色强光时,才能确定敌方炮组的位置,即使那仅仅提供了目标的方位。尽管困难重重,在 1:35,"德克萨斯"号终于有一枚 14 英寸的炮弹直接落在德军的其中一门大炮上,让它无法工作。但是,另外三门大炮继续射击,并很快再次对"德克萨斯"号进行了夹叉射击。在 2:51,布莱恩特下令特遣小组在驱逐舰再次制造烟雾时第二次撤离。

在结束前,"德克萨斯"号向汉堡炮组发射了超过 200 枚 14 英寸的炮弹,而"阿肯色"号发射了 58 枚 12 英寸炮弹。"昆西"号和 5 艘驱逐舰发射了 600 枚 8 英寸和 5 英寸的炮弹。然而,在三点钟,当德约下令整体撤离时,3 门大炮仍在行动。"塔斯卡卢萨"号继续射击,直到超出其射程范围,但德军也在这样做,因为他们的射程更长,他们笑到了最后。在 3:10,一枚几乎是嘲讽的炮弹落在离"德克萨斯"号仅仅 25 英尺的地方,将海水和弹片溅在她的甲板上。布莱恩特再次下令驱逐舰制造烟雾。当在汉堡炮组中的帝国海军炮手看着盟军特遣部队消失在北方地平线时,他们很可能会彼此祝贺击退了敌人。

布莱恩特在其官方报告中对该次行动说尽好话,他写道,虽然他的舰艇"在射程上完全不如对方,并且在历时两小时二十分钟的过程中不断受到敌方炮火骚扰",但他们"处置巧妙,持续作战,直到奉命撤退"。拉姆齐也同样善于辞令,大赞德约指挥的"技巧和果断"。然而,在瑟堡海军袭击之后,几乎每个人都有目共睹的是,尽管有最近在地中海的经验,但大口径海岸炮在有坚固防御工事并由训练有素的人员应用得当的情况下,对于舰炮来说仍然是一个非常难缠的对手。战争结束后,布莱恩特自己也怀疑海军的攻击是否"有助于[瑟堡的]投降提前一个小时"。

也许是有助的。虽然 6 月 25 日的海军攻击并没有导致德军举手投降,但几乎可以肯定这次行动对守敌产生了或大或小的影响。像三天前的空袭那样,海军炮击进一步削弱了德国守军已经萎靡不振的士气。即使冯·施利本失去了勇气,他打电报问隆美尔,"是否有必要牺牲剩余的部队?"为了获得谈判的许可,他宣称,"我必须在执行任务时说明,进一步的牺牲不能改变任何东西"。这并不重要。隆美尔给他回电:"根据元首的命令,你将继续战斗至最后一个弹药筒。"冯·施利本无论多不情愿都要服从,但他和他指挥的人都完全明白,他们的处境是绝望的。被柯林斯的地面部队三面包围,空中轰炸,现在还有来自海上的袭击,许多人(也许是大部分人)都只期盼着迅速结束战斗。而迅速结束战斗正中柯林斯的下怀。

最终,瑟堡被地面部队占领。"塔比"巴顿的第四师封锁了城市的西面,在6月25日,第九师和第七十九师攻进了城市的郊区,甚至德约和布莱恩特的舰艇还在继续他们的炮击。最后的攻击是多个小分队的联合行动,其中不乏让人难以置信的个人英雄主义。爬上鲁莱堡垒的美国大兵将炸药放入到通风竖井,里面的德军迅速意识到他们的危险处境,于是鲁莱堡垒投降了。

当盟军得知冯·施利本在附近的一个地下掩体中,他们封锁了隧道入口,并派出一名德军战俘劝他投降。服从希特勒要战斗至最后的命令,冯·施利本拒绝投降。然后,美国人派出几辆反坦克装甲车(tank destroyers),那是一种履带式火炮牵引车,牵引3英寸火炮,从隧道口往里面发射了半打炮弹。这就够了。有一个德国人的声音请求停火,一名讲德语的美国军官走进隧道,告诉冯·施利本他有两分钟时间投降。他不需两分钟。几秒钟内,数百名德军士兵在一面巨大的白旗(极有可能是床单)下从隧道中蜂拥而出。冯·施利本曾希望有一个正式的投降,但他随着其他人的溃逃而被推出来,他的尊严荡然无存。在现场的美军官员是戴着眼镜、胖乎乎的陆军少将曼顿·艾迪,他吃惊地发现自己不仅看到了冯·施利本,还发现了在瑟堡的德国海军指挥官,海军上将瓦尔特·亨内基。

艾迪将两个人带去见柯林斯,柯林斯直接了当地问冯·施利本,他是否代表他的整个部队投降。即使现在,他也担心会挑起希特勒的愤怒,他回答说不是,他只是自己投降。柯林斯大怒,并质问冯·施利本,他如何能证明"在他投降自救时还让他的士兵继续战斗"。冯·施利本对于独立行动的小团体如何仍有可能延缓美军的胜利发表了一些言论。深感厌恶的柯林斯确保向全城守军广播这个消息,他们的主将为了救自己的命而投降了,同时却让他的人落得战死在最后一条壕沟中的下场。

其他据点一个接一个地投降了。最后的障碍是海军武器库,那里的德军指挥官,少将罗伯特·萨特勒只是想确保自己可以宣称,他是在面临绝对的兵力优势下才不得不低头。当柯林斯送来休战旗时,萨特勒表示,如果美军向堡垒发射几枚炮弹装装样子,他就会投降。炮弹恰当地发射,萨特勒和400人带着他们收拾好的行李大步走了出来。外围防波堤上的堡垒又多坚持了两天。柯克派出驱逐舰"舒伯里克"号(Shubrick)和巴尔克利的6艘鱼雷快艇来考验他们的决心,但德军仍然和他们进行了一些对抗,并且岸炮再次证明比预期中更具韧性。被美军飞机多次扫射后,他们终于在6月29日投降了。当时,柯林斯已经在市政厅主持了一个仪式,并在市政府上升起了一面用降落伞布自制的法国国旗。

甚至在此仪式之前,由海军少校昆汀·沃尔什指挥的海岸警卫队先遣队就已经开始调查港口设施的情况。沃尔什及其团队在此陆上战役的过程中曾随同第七十九师,当他们穿越被破坏的城市前往码头区域时,他们偶尔会遇到零星的持续抵抗。一路躲避狙击手并带着战俘,他们终于到达了港口,在那里他们发现德国人保持了一贯的高效率,几乎破坏了一切。那些他们没有砸坏的东西上面都布置了用于诱杀的水雷和爆炸物。他们使用装满炸药的整节货运列车来拆毁铁路码头,而内港区则塞满了几十艘自沉舰船,并散布了133个地雷。德军甚至炸掉了柯克自4月以来就密切关注的鱼雷快艇基地。这些鱼雷快艇基地的用钢筋加固的混凝土顶盖竟然有8英尺厚,沃尔什和他的人赶到时,里面的鱼雷快艇仍在燃烧。沃尔什向柯克报告,海港是没用的。

尽管如此,美国、加拿大和英国的打捞队仍然立即开始工作,清除残骸,清扫地雷,并修复设施。进展缓慢。超过两周后,到了7月中旬,完全没有盟军船只可以使用该海港码头,等到吃水较深的物资船舶可以进入瑟堡,并在重建的码头卸货时,已经是8月。当然,这意味着盟军仍然要依赖诺曼底的海滩。值得庆幸的是,那里稳定运送的物资量也继续超出预期。7月29日,在瑟堡的最后零星抵抗被清除,盟军在奥马哈和犹他海滩上登陆了超过23 000吨物资,并且他们在接下来的几周都保持了这种效率水平,同时瑟堡港口也已被修复。8月1日,盟军仅在奥马哈海滩上就登陆了16 000吨物资,该数量正好相当于进攻前的每日目标的两倍。

6月30日,拉姆齐宣布,"海王"行动正式结束。在超过两年半的时间里,尤其自从 1941 年 3 月(即珍珠港事件前 9 个月)在华盛顿的 ABC 对话以来,英美一直在纠结进攻欧洲的设想。他们战略谈判的标志是在何时何地登陆,这往往是有争议的,并且有时会引起愤怒的争论。尽管有时对话变得尖锐,并且许多当事人私下在自己的日记和信件中彼此咒骂,但他们从来没有让分歧破坏联盟。乔治·马歇尔、艾森豪威尔和美国人将欧洲北部(特别是法国)确定为战略重心,这已被证明是正确的,丘吉尔、艾伦·布鲁克和英国人断言过早进攻将会是灾难性的,这也是正确的。从"波莱罗"和"围捕",到"海王"和"霸王",这些计划都经过多次修订。"海王"行动于 1943 年 5 月在魁北克最终确定,然后花了 13 个月来计划、集结和执行这一场历史上最大的海上探险。在这 13 个月中,盟军在大西洋击败了德国潜水艇威胁,并取得了法国上空的控制权;他们将超过 100 万的美国大兵带到英国,在英国海滩上进行了无数次训练演习;他们建造了发动进攻所需的数千艘舰艇(驱逐舰、自由轮、登陆舰,特别是坦克登陆舰),并将它们一起停泊在英国港口。这是毅力和生产力惊人的编年史,1944 年 6 月 6 日,地球历史上最庞大的舰队集结在诺曼底海滩。

然而,尽管有关盟军人力和优越物质资产的重要性的说法都对,但让"海王"行动得以执行的并不仅仅是这些巨大的数字。也不是有创意但往往令人半信半疑的噱头武器:DD 坦克、火箭坦克登陆艇,或者甚至是桑树港,在一定程度上,所有这一切都证明是令人失望的。相反,成功的关键是人本身的投入和奉献。从温斯顿·丘吉尔的坚定和不屈不挠的决心,到富兰克林·罗斯福务实的灵活性和乐观的精神;从乔治·马歇尔的冷静、头脑清晰的专业素质,到伯纳德·蒙哥马利个性张扬的自信;从德怀特·艾森豪威尔的政治敏感性和沉着的反应能力,到伯特伦·拉姆齐的贵族作风和高度专业性,正是这些参与的人让"海王"行动成为可能。策划者试图考虑到每一个可能发生的结果,但最终导致盟军胜利的因素,是人在危机时刻所作出的本能且无私的判断。这当然包括艾森豪威尔作出的 6 月 5 日开始行动的勇敢决定,尽管当时风暴仍在索思威克庄园附近肆虐。其中包括了年轻的海军和海岸警卫队军官及舵手们的坚定决心,他们穿越了刺猬弹和特勒雷,将其登陆舰推送到目标海滩。还有驱逐舰对奥马哈海滩的近距离炮火支持,这些舰船都开到自己的船头触及海底的位置,以压制德军岸上的火力。此外,还包括被困在那致命沙滩上的士兵,他们徒手爬上悬崖,并夺取了制高点;还包括守住佩加索斯桥的英国突击队,以及夺取奥克角的游骑兵;还包括成千上万的其他官兵,他们必须在各个海滩激烈的战斗之中作出生死攸关的决定。在他们的家乡,报纸以大号粗体字公布了盟军指挥官们的名字。但是,参与"海王"行动的大部分人都是不为人所知地完成了自己的工作:海军少尉和上尉、舵手、机工、副水手长、线路员、爆破专家、炮手、"海蜂",以及医务人员——事实上,包括一个庞大而复杂的国际海事组织中所有不同等级的人员,其中有美国人、英国人和加拿大人,以及海军和海岸警卫队。他们让"海王"行动获得了成功。

尾　声

6月22日，当天在诺曼底海滩附近海面的风暴已开始减弱，当柯林斯的3个师准备发起他们对瑟堡的最后攻击时，在东线（Eastern Front）的苏联军队开始了"巴格拉季昂"行动（Operation Bagration），这是沿300英里长的前线的大规模地面进攻，涉及146个师中的230万人和2700辆坦克。最初，该进攻计划与诺曼底登陆同步发生，但斯大林一直等到登陆日之后两周，因为6月22日是德国入侵苏联的三周年纪念日。到此，终于对敌人形成全大陆规模的双重包围。纳粹德国现在正面临两线作战，有100万美国、英国、加拿大和法国士兵在西部攻击，并且有超过200万苏联人在东部进攻。

希特勒拒绝接受现实。正如他已下令冯·施利本在瑟堡要战死在最后一条壕沟中那样，现在他也下令他的所有军队都要在自己的战场上奋起抵抗，并坚持不应该撤退。当然，那只会让他们大多数人落得阵亡的下场。他们的确阵亡了，数以万计的人。提出任何其他战术解决方案的官员都会被免职。在西部指挥德国军队的陆军元帅卡尔·冯·伦德施泰特，觉得有义务要告诉希特勒在法国的战略格局是没有希望的。希特勒的反应是用京特·冯·克鲁格替换他。

在6月剩下的几天一直到进入7月的时间里，在诺曼底的主要战斗继续围绕着康城，这让蒙哥马利有理由声称，他的部队承受着敌人反击的主要压力。这也使英国皇家海军战列舰和巡洋舰可以连续轰击该城市内部和周围的德军阵地，这样做非常有效，以至于西线装甲兵团（Panzer Group West）的指挥官陆军少将里欧·希维本堡向柏林请求撤至盟军舰炮射程以外的许可。希特勒拒绝了这一请求，并将希维本堡免职。

那段时间，盟军继续将人员、车辆及设备输送到法国。由于瑟堡港还没有完全投入使用，坦克登陆舰和较小的登陆艇把人员和物资送到诺曼底海滩，以及阿罗芒什的英国桑树码头。7月4日，登陆的盟军士兵达到100万，两天后，作为假目标在英国等候已久的乔治·巴顿在奥马哈海滩后面的小飞机跑道上降落。

一下飞机,他就告诉挤在他周围的士兵们,他们将要去柏林,他坚持声称,在柏林,"我要亲自枪毙那个该死的狗娘养的骗子"。

三个星期后的 7 月 25 日,美国人发起了"眼镜蛇"行动(Operation Cobra),该计划从他们在布列塔尼和诺曼底的飞地开始。前期的获益是渐进的,并且代价高昂。然而在 8 月 1 日,柯林斯的第七军的两个装甲师在德军防线打开了一个缺口,巴顿新成立的第三集团军冲破了它,进入了法国的乡村。希特勒下令立即反击,虽然他的副手试图服从,但反击受到了挫败,然后被逼退。凭借空中的绝对控制权和地面上的主导优势,盟军各纵队在法国各地全速行进,就像德国人早在 1940 年的做法那样。盟军几乎成功将两个完整的德国部队合围在康城南部著名的法莱斯口袋里,不过,德军设法从最狭窄的边缘逃脱,向东一路逃到了塞纳河。

———————

当战斗转移到内陆,远离海滩时,"海王"行动的部队解散了。拉姆齐本人与蒙哥马利的第二集团军(Second Army)继续在低地合作,特别是在 9 月夺取了安特卫普,但维安和柯克都回到英国等待新的任务。柯克的西线海军特遣部队在 7 月 10 日正式解散,他成为在法国的美国海军的指挥官。维安获得了巴斯爵级司令勋章(Knight Commander of the Bath)和海军中将军衔,他前往太平洋,在那里担任航母舰队的指挥官。在这个岗位上,他指挥了对被日本占领的苏门答腊的袭击,这次袭击是丘吉尔的长期主张。吉米·霍尔和莫顿·德约也都接到了去太平洋的命令,在 1945 年的春天,他们参加了美军进攻冲绳的行动,为此他们两个人都获得了海军的杰出服务奖章(Distinguished Service Medal)。利-马洛里也被派往太平洋,担任东南亚的空军总司令,他的飞机在途中因天气恶劣而坠毁于法国阿尔卑斯山,机上所有人都遇难了。

唐·穆恩接到命令去地中海指挥部队进攻法国南部,最初的行动代号为"铁砧"(Anvil),但现在更名为"龙骑兵"(Dragoon),据说是因为丘吉尔声称,他是被龙骑兵团挟持进去的。穆恩在 7 月抵达那不勒斯,其上司是"龙骑兵"行动的总指挥官肯特·休伊特,是他在海军学院时的数学教授,也算是他的人生导师。穆恩对于在短时间内必须消化这次新行动的所有不同元素感到不安。他敦促休伊特推迟登陆。休伊特拒绝了他。休伊特提醒他,行动已经推迟过一次,并且涉及的因素太多,包括政治和后勤的因素。

穆恩已经连续几个月都是天天工作 15 个小时,没有休息日,现在的身体疲劳让他近乎被拖垮。这仰仗他的工作热情,在"海王"行动的整个规划期间,在"老虎"演习的危机期间,在进攻本身的全过程,他都是每天工作 15 个小时,没有休息日。他试图亲自管理一切,即使是最小的细节也不愿委托给自己的下属去处理。在"贝菲尔德"号上的医官海军中校弗兰克・洛韦曾多次告诉他,他需要多一点休息和运动,并警告他说,"没有人可以无限期地工作这么长时间而不让工作压垮"。洛韦坚持认为,穆恩应与第八舰队的医官海军上校弗雷德里克・格里夫斯见面。

穆恩向格里夫斯承认自己非常努力地工作,他坚持认为,"他有必要每天工作很长时间"。格里夫斯后来证实,在他们谈话过程中,穆恩头脑清晰且精神集中,没有证据显示心智迷乱或疑惑。然而,每个人都有一个临界点,在 1944 年 8 月 5 日,海军少将唐・帕迪・穆恩已经达到了他的临界点。

早上 7:00,穆恩在"贝菲尔德"号的客舱中,坐在自己的桌子前。"失去思考能力了,"他以清晰稳定的字迹写道,"大脑停顿了,疯了……曾经很简单的事情现在都看不见了"。他仍然只穿着内衣,以及他那一反常态的混乱语法,这些事实证明,他正在自己无法控制的严重精神危机中挣扎着。"在这样的状况下指挥是错误的。……多年来的过劳工作,我已经将自己的一切给了海军,太多了,它压垮了我。"他写道,"我的祖国,我在对您做些什么啊。我的妻子和亲爱的孩子们……我生病了,很严重。"他签署了自己名字的首个字母,然后,为了尽量减少混乱,他像平常一般一丝不苟地用毛巾裹好他的点 45 口径手枪,把枪对准自己的脑袋,扣动了扳机。

没有了他,这场战争仍然继续。10 天后,"龙骑兵"行动如期执行,卢西恩・特拉斯科特的第六军的 3 个师在法国里维埃拉上岸,那里竟然只有较少的反抗。又过了 10 天之后,于 8 月 25 日,盟军由法国第二装甲师率领进入巴黎,他们在巴黎解放中被赋予了最重要的地位。一个星期后,美国第三集团军的分队越过默兹河,并且,英国第二军在 9 月 3 日解放了布鲁塞尔。

有那么一会儿,看起来战争可能很快结束,也许在冬天到来之前就可以结束。但那一会儿很快过了。在结束之前还会有更多的战斗,包括 12 月那血腥的突出部战役(Battle of the Bulge),当时希特勒试图通过进入阿登森林的一次孤注一掷的地面攻势,扭转战争的局势。当德国人开始这次反扑时,拉姆齐决定从他设在巴黎西北部的司令部飞到蒙哥马利在布鲁塞尔的司令部,与其面谈安特卫普的防守。在潮湿的天气里,他的小双引擎飞机成功起飞,然后突然猛摔到地面并爆炸。拉姆齐和他的参谋长及上尉参谋当场死亡。

在阿登的突然袭击让德军在前线抢占了一个很大的凸角（著名的"突出部"），但是他们的进攻仅仅在一周后就停滞了，而英军和美军则发起了反击。至圣诞节，德国的开局失败了，大家都很清楚，或者至少是除了希特勒以外的每个人都知道，战争的结束只是时间的问题。到了春天，英美在柏林以西只有250英里的地方，而苏联人则进入了城市的郊区。虽然希特勒多掌权几天，更多的人会死去，但盟军在欧洲的胜利现在已是大势所趋。太平洋战争一直持续到8月，最后由扭转乾坤的原子弹终结。

富兰克林·罗斯福没能活着看到胜利。尽管从多条战线都传来了好消息，总统还是被劳累拖垮了。1945年1月20日，他宣誓就职其第四个任期，2月他出发前往另一次会议，该次会议在苏联克里米亚的雅尔塔举行。在那里，他试图在丘吉尔和斯大林之间扮演调停人的角色，这种微妙的、艰难的平衡让他更加疲惫不堪。他的皮肤呈现不自然的灰色，松弛地垂在他那曾经健壮的骨架上，虽然他仍然偶尔会对着照相机闪现他那著名的微笑，但那往往是僵硬的咧嘴，并且显然是病入膏肓的人。

在3月底，罗斯福前往南部的乔治亚州温泉镇，他经常为了他的瘸腿去那里，他确信在当地泉水中游泳可以治愈他的腿。他同意当他在那里时为他画像，他在4月12日下午很早就摆好了姿势，当时他告诉画家，"我的后脑勺感到很痛"。然后，他瘫倒在椅子上。他再也没有恢复意识，在几小时内，他就被宣布死于脑溢血。他在大萧条时期恢复了美国人的乐观，在英国最黑暗的日子支持了英国，并在四年的战争时期中领导了反法西斯同盟，他的工作终于结束了。他享年63岁。

乔治·马歇尔于1944年12月被晋升为陆军五星上将，当时在阿登的突出部战役激战正酣，但他从来没有执行过他梦寐以求的现场指挥，他的很多同僚都觉得那应该由他负责。战争结束后，他辞去参谋长一职，但因为他的新军衔是终身制的，按照严格意义来说，他仍是现役的。1947年，他接受哈里·杜鲁门总统的邀请担任国务卿，在该岗位上，他提出了欧洲复兴计划（European Recovery Program），更为人熟知的名称是马歇尔计划（Marshall Plan），这可以说是他对历史作出的最大贡献。为表彰这一功绩，他被授予1953年的诺贝尔和平奖。虽然马歇尔在1949年辞去国务卿一职，但他在一年后朝鲜战争爆发时被召回，担任国防部长。他在1952年总统竞选期间感到失望，并且很可能伤了心，因为有些人批评马歇尔在这两个内阁职位任期内的领导力，而他以前的门生艾森豪威尔居然公开支持那些人。然而，忠实于他的性格，马歇尔从不回应这些指控，也没有讲过关于艾森豪威尔或任何其他战时同僚的一句坏话。他于 1959 年 10 月 16 日在位于华盛顿的沃尔特·里德陆军医院中逝世,享年 78 岁。

艾伦·布鲁克比马歇尔多活了四年。退休后,布鲁克成为第一代艾伦布鲁克子爵,并沉溺于观鸟的嗜好中,成为英国皇家鸟类保护协会(Royal Society for the Protection of Birds)的副会长,以及伦敦动物学会(Zoological Society of London)的会长。他担任过多个荣誉职位,其中包括伦敦郡(County of London)的郡治安长官(Lord Lieutenant)。作为英格兰的王室总管,他在 1953 年伊丽莎白二世的加冕仪式中发挥了关键作用,他以前的对手乔治·马歇尔也出席了该仪式。在四年后的 1957 年,他出版了一本经过修改,但还是相当坦诚的日记,内容中包含对丘吉尔、马歇尔、艾森豪威尔等人的尖锐批评,这引起了一阵公众的兴趣和快感。1963 年 6 月,艾伦·布鲁克致命的心脏病发作,此刻离他的 80 岁生日只差一个月。

温斯顿·丘吉尔活得比他们都更长久。罗斯福去世一个月后,他在伦敦的一个大型露天集会上担任主讲人,庆祝德国投降,那是 1945 年 5 月 8 日。丘吉尔告诉听众,"这是你们的胜利",他们几乎就像变成同一个人那样,大声回应:"不,是您的。"从许多方面来说,这是真的,因为正是丘吉尔在 1940 年和 1941 年那些黑暗的日子里让处于困境的国家团结一致。他那不可征服的意志、他对国王和国家的爱,以及他对古老帝国的尊崇,让他成为无可匹敌的战时领袖,然而,讽刺的是,这些优点却没有在战后以同样的方式得到共鸣。到 1945 年,英国人厌倦了"血、泪、辛劳和汗水",尽管他们感谢他为他们所做的一切,但他们在那年晚些时候的战后第一次大选的投票中让他的党派下了台。丘吉尔深受打击,并马上辞职,但他从来不会静悄悄地淡出人们的视线,他仍然是国会中滔滔不绝的活跃成员。与以往一样,他也是一位多产的作家,他撰写了权威的六卷本史书《第二次世界大战》(*The Second World War*),这为他赢得了 1953 年的诺贝尔文学奖,与马歇尔获得诺贝尔和平奖是同一年。丘吉尔于 1951 年重新上台,但身体状况不佳,包括一次严重的中风,1955 年他再次辞职,时年 80 岁。尽管终生保持嗜烟酗酒、极晚睡觉的习惯,他还是活到了 90 岁,于 1965 年 1 月在位于伦敦海德公园的家中去世。

德怀特·艾森豪威尔 1945 年 11 月返回美国,接替他的导师乔治·马歇尔任陆军参谋长。1948 年,两个政党都邀请他竞选美国总统,他拒绝了,并成为了在纽约市的哥伦比亚大学的校长。两年后,他成为了北约(NATO)部队的盟军最高司令,在 1952 年,他接受了共和党的总统候选人提名。他以绝对优势的票数当选了两届总统,在他的任期内,国内和国外都相对稳定,并于1961年以备受敬爱的国家要人的身份下台。他退休后回到了在宾夕法尼亚州葛底斯堡附近的农场,在第一次世界大战期间,他在那里度过了许多时间,并且他沉迷于高尔夫。他的晚年生活的大部分时间都备受心脏疾病的折磨,他没能抗住于1969年3月的一次严重的心脏病发作,于3月28日在沃尔特・里德陆军医院病逝,享年78岁。

伯纳德・蒙哥马利被证明几乎和丘吉尔同样的坚忍不拔。他向所有愿意聆听他的人坚称,在诺曼底登陆后,他会派先头部队突进德国的心脏,并在冬天到来之前就赢得战争。事实正好相反,他的部队几乎立即陷入了困境。应该在登陆日当天就被攻陷的康城坚守了两个多月。蒙哥马利试图弥补这种失望,在代号为"市场花园"的行动(Operation Market Garden)中深入低地,但该行动也出了差错。不过,因为他是蒙哥马利,这一切都没有挫伤他饱满的自信,而他在突出部战役①的紧急情况处理中也发挥了他的最佳状态。战争结束后,他接替布鲁克(现在的艾伦・布鲁克子爵)担任大英帝国总参谋长(chief of the Imperial General Staff),但处理该工作的政治和战略元素超出了他的能力范围,这并不是一次成功的转变。他于1958年71岁时从军队退役,获封阿拉曼的蒙哥马利子爵(Viscount Montgomery of Alamein),并撰写了他的回忆录。作为一名热忱的保守党成员,他支持在南非的种族隔离制度并为之辩护,并且参加了反对同性恋在英国合法化的运动。在个人生活习惯方面,丘吉尔有多么地自我放纵,他就有多么地节制,但他还是比不上丘吉尔的长寿,逝于1976年,享年89岁。

至于其他人,参与了从1943年春天形成概念,到1944年夏天结束的"海王"行动的无数无名的初级军官和士兵,几乎所有的人都因其经历改变了。英国人回到了被战争的伤痕萦绕多年的国家。他们会进行重建,但资源短缺问题(包括粮食短缺)持续了近10年。美国人回到了几乎看不到伤痕的国家。他们不愿意谈论战争,至少不愿意与家人谈论这个话题。许多人试图表现得好像战争从来没有发生过一样。根据《军人安置法案》(GI Bill),他们回到了学校,或者他们得到了住房、冰箱和汽车。他们结婚,买房子,生孩子,修剪草坪,并建设美国。

---

① 当时同盟国媒体原依战役爆发所在地称阿登战役,但盟军将士依作战经过称为突出部战役。——译注

但他们永远不会忘记。卡尔·比肖夫曾在 LCI(L)-489 舰艇上担任了一年多的"马达机工",即机械师的副手,也参与了登陆日在奥马哈海滩的登陆。他的主要工作是确保发动机可以工作并且状态良好。一天晚上,他在昏天黑地中醒来,毛骨悚然地意识到,他无法听到引擎声。他掀掉被子,冲向大门。他使劲拉开门,完全搞不清楚为什么父亲站在那里,拿着一杯咖啡。没道理呀:他的父亲在机房里做什么? 他花了几秒钟来清理头脑,然后,他明白了,他在家里。

致　　谢

　　就像在每一个课题中那样，我要感谢很多人用自己的方式来帮助我找到关于"海王"行动和盟军进攻欧洲这个举世瞩目的事件的资源和材料，提供信息和见解，并提出宝贵建议。

　　在马里兰大学帕克分校的美国国家档案馆（第二档案馆），纳撒尼尔·帕奇引导我找到美国海军和盟军的资源；蒂莫西·穆里根将我的注意力带到我本来会忽略的德国资源，甚至还为我翻译了这些资料。在华盛顿海军工厂的海军历史和遗产司令部（NHHC）的约翰·霍奇斯在我的访问期间提供了非常多资源和后勤方面的帮助，并设法在塞缪尔·艾略特·莫里森的旧文件中挖掘出海军少将莫尔顿·德约对犹他海滩的海军炮击的描述。伊夫林·查帕是美国海军战争学院的档案保管员，也是休伊特的回忆录编辑，他帮助我查阅了肯特·休伊特的论文。珍妮弗·布莱恩和大卫·多诺弗里奥在我访问美国海军学院的尼米兹图书馆的特藏室时一直让我感觉到愉快和舒适。已故的斯蒂芬·安布罗斯花费数年时间收集数百个登陆日老兵的口述历史，并将其转录成文字，这些记录目前存放于新奥尔良的国家二战博物馆的艾森豪威尔中心（这是他所创建的）。学习二战的所有学生都要感谢安布罗斯，我同样很感激林赛·巴恩斯，他是该博物馆的高级档案保管员兼数字项目经理，当我的妻子玛丽露和我在那里进行研究时，他盛情大方地接待了我们。同样，我很感谢里根·格劳，他是位于得克萨斯州弗雷德里克斯堡的太平洋战争国家博物馆的档案保管员，不仅为我提供了博物馆的口述历史集，还提供了在该博物馆中归档的有关 LCI 协会的大量有价值的论文。在美国海军研究所的詹尼斯·乔根森再一次为我寻找并确定合适的照片提供了非常宝贵的帮助，同样感谢在英国达特茅斯的不列颠皇家海军学院的博物馆馆长理查德·波特。

　　我很感谢奥的斯·比格默，在诺曼底，他在 LST-325 上服役，他曾带我到印第安纳州埃文斯维尔参观他以前的船。在战争期间所建造的千余艘坦克登陆舰中,只有 LST-325 仍处于运行状态。战争结束后,该船被卖给了希腊海军,希腊人在上世纪 70 年代让 LST-325 退役了。当时,美国海军的二战老兵已经 70 多岁,其中几位决定,他们的船不应该当作废品被卖掉。他们募集资金买下它,飞到雅典,横渡大西洋将它开回来,这次冒险值得拍成一部电影大片。这艘船如今停泊在埃文斯维尔的俄亥俄河,它就是在那里建造的。我也很感谢海军少将唐·穆恩的女儿梅雷迪思·穆恩博士,还有她的表亲,也叫唐·穆恩,他们两位慷慨地提供了大量时间和材料,帮助我了解他们的少将长辈的情况和性格。我还要感谢海军上校威廉·加勒特(退役),他从一开始就对这个课题特别感兴趣;还要感谢牧师约翰·R.肯尼,他曾于 1944 年在诺曼底海滩服务。

最后,我深深感谢诸多人士帮助我从不同角度看待这个事件,并提供了实质性帮助和编辑上的协助。本书的念头来自于我在牛津大学出版社的编辑蒂姆·本特,他对我合适的指引、鼓励和认可,让我能够充分参与该主题。再次与牛津的专业团队合作是非常愉快的事情,他们是基利·莱瑟姆、乔琳·奥桑卡和苏·瓦尔哈。我要感谢埃文·戴维斯,我以前在英国达特茅斯的不列颠皇家海军学院的同事,我第一次参观诺曼底海滩就是与他一起去的。我特别要感谢阅读了整篇文稿的两位朋友,他们让我重新思考这个故事的某些方面,纠正了多个错误,并热情地鼓励我。这两位大人物是理查德·B.弗兰克,他的第二次世界大战的知识是无可匹敌的;还有保罗·史迪威,我已经认识他超过 30 年,并且每一位研究海军史的历史学家都欠他很大的人情,因为他在美国海军学院领导了口述历史计划(U.S. Naval Institute),也因为他有许多著作和文章。如果在这两位学者仔细推敲后仍有些瑕疵,那并不是因为他们没有尽全力。我还要感谢杰弗里·沃德,他极其仔细和准确地制作了这本书的地图和图表,并容忍我多番补充或更正。

最后,一如往常,我衷心感谢我的妻子玛丽露,她是我最严格和最支持我的编辑,也是我在所有事情中不可或缺的合作伙伴。谨以本书献给杰夫·西蒙兹和苏珊·威特,他们是我们两个孙子威廉和比阿特丽斯的优秀教师兼家长,并献给我的姐姐卡罗尔,她声称已经读过我所有的书,包括我八岁时写的《教授将军》(*The Professor General*)。

注释中的名称缩写与全称对照表

ANCXF   Allied Naval Commander, Expeditionary Force, 盟国远征军海军总指挥（拉姆齐）

BAOR   World War II Battle Action and Operational Reports(Mss 416), 二战战役行动和工作报告(MSS416), 尼米兹图书馆, 特藏馆, 美国海军学院

Brooke Diary   艾伦·布鲁克, 陆军元帅勋爵[将军艾伦·布鲁克]的《战争日记(*War Diaries*)》, 1939—1945。亚历克斯·丹切夫和丹尼尔·托德曼, 编。伦敦: Weidenfeld & Nicholson, 2001。

CCS   Combined Chiefs of Staff, 联合参谋长委员会

ComUSNavEu 或 COMNAVEU   Commander, U.S. Naval Forces, Europe, 美国驻欧洲海军总司令（斯塔克）

COS   Chiefs of Staff, 参谋长委员会（英国）

DDE   Dwight D.Eisenhower, 德怀特·D.艾森豪威尔

FDR   Franklin D.Roosevelt, 富兰克林·D.罗斯福

FDRL   Franklin D.Roosevelt Library, 富兰克林·D.罗斯福图书馆, 海德公园, 纽约

FRUS   U.S. Department of State, *Foreign Relations of the United States*, 国务院之《美国外交关系》。
华盛顿特区: 政府印刷局, 按不同日期分卷和系列。

GCM   George C.Marshall, 乔治·C.马歇尔

JCS   Joint Chiefs of Staff(American), 参谋长联席委员会（美国）

NA   National Archives and Records Administration(Archives II), 美国国家档案和记录管理局（第二档案馆）, 马里兰大学帕克分校, 马里兰州

NHHC   Naval History and Heritage Command, 海军历史和遗产司令部, 华盛顿海军工厂, 华盛顿特区

NMPW   The National Museum of the Pacific War, 太平洋战争国家博物馆, 弗雷德里克斯堡, 得克萨斯州

NWWIIM-EC   The National World War II Museum(Eisenhower Center)，国家二战博物馆(艾森豪威尔中心)，新奥尔良，路易斯安那州

PGCM   *The Papers of George Catlett Marshall*，乔治·卡特利特·马歇尔文件。拉里·I.布兰德，编。巴尔的摩：约翰·霍普金斯大学出版社，1996 年。

PDDE   *The Papers of Dwight David Eisenhower*，德怀特·大卫·艾森豪威尔文件。阿尔弗雷德·D.钱德勒，编。
巴尔的摩：约翰·霍普金斯大学出版社，1970 年。

Ramsay Diary   *The Year of D Day*：*The 1944 Diary of Admiral Sir Bertram Ramsay*，登陆日之年：海军上将伯特伦·拉姆齐爵士的 1944 年日记。小罗伯特·W.爱和约翰·梅杰，编辑。赫尔，英格兰：赫尔大学出版社，1994 年。

RG   Record Group，全宗(在国家档案馆)

USNA   United States Naval Academy(Nimitz Library)，美国海军学院(尼米兹图书馆)，安纳波利斯，马里兰州

USNI   United States Naval Institute，美国海军学院，安纳波利斯，马里兰州

W&M   William and Mary University，威廉和玛丽学院

WSC   Winston S.Churchill，温斯顿·S.丘吉尔

图书在版编目(CIP)数据

诺曼底登陆:盟军进攻欧洲及"海王"行动/(美)
西蒙兹(Symonds,C.L.)著;刘嫩,黄海枫译.—上海：
上海人民出版社,2015
书名原文:Nepune：The Allied Invasion of
Europe and the D-day Landings
ISBN 978 - 7 - 208 - 13225 - 2

Ⅰ.①诺… Ⅱ.①西… ②刘… ③黄… Ⅲ.①美英联
军诺曼底登陆作战(1944)-史料 Ⅳ.①E195.2

中国版本图书馆 CIP 数据核字(2015)第 181829 号

责任编辑　张晓玲
封面设计　微言视觉|杜宝星
插页设计　吴志勇

诺曼底登陆
—— 盟军进攻欧洲及"海王"行动

[美]克雷格·L.西蒙兹 著

刘　嫩　黄海枫 译

出　　版　上海人民出版社
　　　　　（200001　上海福建中路 193 号）
发　　行　上海人民出版社发行中心
印　　刷　常熟市新骅印刷有限公司
开　　本　720×1000　1/16
印　　张　17.75
插　　页　10
字　　数　298,000
版　　次　2015 年 8 月第 1 版
印　　次　2020 年 6 月第 2 次印刷
ISBN 978 - 7 - 208 - 13225 - 2/E·53
定　　价　75.00 元